三联
精选

Montague Summers

The History of Witchcraft and Demonology

巫术的历史

[英] 蒙塔古·萨默斯 著
陆启宏 汪丽红 等 译
陆启宏 校

上海三联书店

目 录

序

费利克斯·莫罗(Felix Morrow)

在本书中,读者会经常碰到玛格丽特·默里(Margaret Murray)
这个名字,并且会明白她是萨默斯强大的对手。默里认为,巫术是由朋友和敌人传播与信仰的,她反对"开明的"历史学家将此视为暂时的疯狂。当萨默斯引用默里的观点时,他们的争论加剧了。默里小姐的观点遭到了强烈的指责。然而,萨默斯并没有解释这些观点是什么。

我大体上同意默里小姐的观点,我认为重要的是让读者明白这些观点是什么。默里小姐在《西欧的巫术崇拜》(*The Witch Cult of Western Europe*)和《女巫的上帝》(*The God of the Witches*)这两本卓越的著作中以及用《大英百科全书》中一个非常简要的条目将这些观点阐释得很清楚。我相信,默里小姐为百科全书写词条意味着她的观点现在很流行,但不幸的是情况并非如此。默里首先指出女巫来自智者。女巫的知识通常是预言,"当以正统宗教的某位神祇的名义进行,这就是预言;当以某位异教神祇的名义进行,这就是巫术"。*Devil* 这个词是一个指小词缀,其来自词根 *div*,从这个词根我们还可以得到 *divine* 这个词,而 *devil* 仅仅指"小神"。"众所周知的事实是,当一个新的宗教在一个国家建立时,旧宗教的神祇就变成了新宗教的恶魔。

在研究中世纪女巫的记录时，我们处理的正是异教的残余，这一异教至少在英格兰一直存在到 18 世纪，即自基督教引入后持续了 1200 年。古代信仰的实践可以在当今的法国看到；在意大利，尽管基督教会不断努力，旧宗教仍然拥有很多追随者。”

viii 如果不存偏见地进行描写，那么欧洲女巫的异教信仰对于《金枝》（*The Golden Bough*）或其他人类学作品的读者来说是相当熟悉的，其核心是化身为人或动物的神，在集会或巫魔会上穿着黑衣或伪装成各种动物形象出现在崇拜者面前。默里小姐让我们想起其与希腊人的神圣婚姻或罗马人的农神狂欢是何等相似，而萨默斯所描写的性狂欢则完全不同。使用咒语、药物等方法对付敌人无疑属于前文字时代，但是没有任何客观的比较宗教学学者会断言女巫比她们基督教的后继者犯下了更可怕的罪行。

对于有兴趣的读者来说，他们非常容易获得默里小姐那些大量的引人入胜的材料。关键是，默里小姐使我们确信，在巫术的名义下流传下来的是一种被基督教战胜的宗教，它的术语及对其仪式的描写都是由胜利者来书写的。

基督教征服者将被打败的宗教的核心归纳为与撒旦签订契约。如赫伯特·瑟斯顿（Herbert Thurston）在《天主教百科全书》关于巫术的词条中告诉我们的，“不仅在黑暗时代的传统信仰中，而且在宗教改革之后的信仰中，女巫都与撒旦签订契约”。与撒旦签订契约似乎是基督教时代的创造。《旧约》尽管要求处死女巫，但并没有提到契约。

萨默斯避免处理如下问题，即为什么针对巫术的主要斗争出现在 13 世纪中叶之后——当时宗教裁判所被建立起来。1484 年，教皇英诺森八世的训谕掀起了大规模的斗争。从 16 世纪直至 18 世纪，消灭女巫的活动一直残酷地进行着。学者们所估计的被处死女巫的数量存在很大差异，从三万到几百万不等。根据记录不可能知道数字，但显然有大量的人被处死。关于斗争为什么结束，答案很明显：一方面，基督教取得了完全的胜利；另一方面，理性主义精神出现并否认了巫术的魔法效力。但是，为什么针对巫术的斗争在15世纪开始扩大和加剧？萨默斯回避了这个问题。默里小姐的回答在我看来是确切的：直至那时，西欧的基督教主要是上层的宗教，他们仅仅在15世纪之后才觉得发动针对大众的旧宗教的斗争是安全和有力的。 ix

我们现在来看一个非常有意思的问题：萨默斯是一位罗马天主教的教士，但他的著作风格以及他的观点几乎不符合天主教会官方和半官方的论述。萨默斯并不耻于教会于17世纪和18世纪所做的过度行为；相反，他极力为教会消灭女巫和异端所做的一切辩护。萨默斯不认为消灭很多无辜者可能会有负罪感，至少在巫术狂热的时期是如此。1484年之前，有教皇禁止杀害女巫，而之后有主教（如果不是教皇）怀疑巫术的魔法效力——这些并没有出现在萨默斯的书中或他的思想中。的确，萨默斯的书中有一些令人毛骨悚然的内容，而没有任何严肃的人会将这些归咎于梵蒂冈。至少在两百年的时间内，梵蒂冈否认对犹太人的中伤，人们指责犹太人使用基督教儿童的血来制作逾越节的无酵饼；然而（第195页的页边注，尤其是第197页的注释37）萨默斯竟然抱怨对这样的仪式性谋杀的记录是不完整的！萨默斯列举了发生在沙俄的孟德尔·裴理斯（Mendel Beiliss）的仪式性谋杀的案例，然而他没有注意到，即使是在沙俄的这次审判，最终也是以宣判无罪而告终的。萨默斯是一位顽固的研究中世纪的专家，他简单地拒绝接受近两个世纪梵蒂冈所进行的修正。[1]

但是，如果我们将这样的极端言论放在一边，那么萨默斯的观点是很有价值的，因为它们提供给我们这些现代英国人罗马天主教版本的关于巫术和教会反对巫术历史的最好叙述。我们倾向于赞同萨默斯的论点，他的叙述不仅对于17世纪和18世纪的天主教会而言是真实的故事，而且不管天主教辩护者在百科全书中和其他公共讨论会上说了什么，它保持了今天天主教会的立场。我们将萨默斯的观点与赫 x

① 萨默斯将阿尔伯特·派克（Albert Pike）（第8页）描述为撒旦崇拜团体的主席。

伯特·瑟斯顿神父在《天主教百科全书》中关于巫术的词条相比较的话，萨默斯这本书的独特性就非常明显。

瑟斯顿神父认为，《旧约》和《新约》采取的立场是“占卜（巫术）不仅仅是欺骗行为”。“我们从早期教会的态度中可以得出相同的结论。”但是，瑟斯顿神父强调：“在公元后最初的13个世纪，我们发现并不存在如以后时代那样残酷的、猎巫般的对假想的女巫的告发和迫害。”瑟斯顿神父发现，处理教会关于人魔交媾的一系列论述是非常困难的：“人类和恶魔交媾的可能性非常不幸地为一些大学者——尤其是托马斯·阿奎那——所接受。然而，在教会内部存在着反对理论化的共识……”新教徒甚至更为残酷，“基本上，更大规模的猎巫出现在德意志的新教地区，而非天主教省份”。

最后，瑟斯顿神父认为，“对巫术的现实性问题很难得出确切的判断。面对圣经以及教父和神学家们的教义，与恶魔签订契约以及恶魔干涉人类事务的可能性不容否认，但是人们在阅读这一主题的著作时，会意识到这种信仰所产生的残酷，并确信这些主张十有八九是纯粹的幻觉”。

对于瑟斯顿神父而言，作出一个关于巫术现实性的确切判断并不容易，但我们很容易注意到，瑟斯顿神父犹豫不决的言辞局限于百科全书以及其他语言恰当的地方。罗马天主教会在教导其教士时和在为信徒提供的材料中所使用的语言是非常不同的。

xi 《罗马仪式书》(*Rituale Romanum*)有很大一部分内容是关于为着魔者驱魔的仪式。在这里，有兴趣的读者会看到有关驱除恶魔的方式方法的庄严说明，而不是瑟斯顿神父关于“与恶魔签订契约可能性”的讨论。在《罗马仪式书》(Benziger Bros.，New York，1947)中，我们可以读到：

“指示＃3。首先，不要过于轻信某人着魔；观察征兆，这可以将黑胆汁或其他疾病与着魔区分开来。着魔的征兆有：会说未知语言的大量词汇或者懂得它们；能发现远处或隐藏的物件；展现出超越年龄或自然条件的力量……”

“指示＃5。小心恶魔用以扰乱祓魔师（教士）的技艺和诡计；他们经常撒谎，让事情变得复杂，从而使得教士疲惫，或让病人看似根本没有着魔。”

“指示＃9。恶魔有时会离开病人，并允许他接受圣餐。恶魔会使用无数的诡计。祓魔师必须留意。”

“指示＃13。祓魔师手持十字架，或至少让十字架在视线之内。如有圣徒的遗物，那么祓魔师可以用它们触碰着魔者的头和胸，但必须谨防这些圣物被恶魔亵渎或以任何方式被破坏。”

“指示＃19。在为一名女性驱魔时，若恶魔扰乱她，教士可让可靠的人（最好是亲属）按住她，但他不要说或做任何可能在他本人或他人身上引起猥亵思想的话或行为。”

“指示＃20。教士需问恶魔是否是由于诡计、魔法、符咒或药物而 xii
进入着魔者身体的，如果这些是通过嘴进入着魔者身体的，则必须吐出。如恶魔表示这些邪恶的事物（药物、符咒、偶像等）仍在体外，则这些东西必须被烧毁。”

在礼仪、圣歌、经文和预备祈祷之后，驱魔仪式继续：

“我驱逐你，邪恶的灵魂，恶魔、幽灵和敌人的化身，以耶稣基督之名连根拔除，从这个天主子民的身上出来。基督命令你，他曾从至高之天让你下降到至深的地狱。基督命令你，他曾给大海、狂风、暴雨出命。因此，撒旦听着，害怕吧，你这信仰的破坏者、人类的敌人、死亡的实现者、生命的摧毁者、公正的破坏者、邪恶之源、人类的诱惑者、国家的叛徒、嫉妒的挑拨者、贪婪之源、不和谐之因、麻烦的鼓动者，当你知道主基督可以毁灭你，你为何还要忍受和抵抗？害怕他吧，他如以撒被牺牲，如约瑟被出卖，如羔羊被宰杀，在肉身上被钉十字架，然后成为地狱的战胜者……”

“恶龙，以圣洁的羔羊之名，这羔羊将狮子和蛇踩在脚下，将幼狮和龙踩在脚下，命令你离开这个人，离开上帝的教堂。当呼求耶稣圣名时，你要恐惧，快逃避吧，地狱诸恶魔都害怕他；天上的异能天使、大能及宰制天使都隶属于他；智天使和炽天使以永不疲倦的歌声赞美他：圣、圣、圣，万军之主。”①

当然，驱魔仪式很少被采用，但是《罗马仪式书》中驱魔仪式的存在表明了罗马天主教会对巫术和恶魔崇拜的立场。

很少有天主教徒听说过驱魔仪式，但很多人都听说过新生婴儿的洗礼仪式。这里也包含了驱魔仪式。

在洗礼仪式中，洒水之前，教士必须驱除恶魔：“以全能的圣父和圣子我主耶稣基督的名义，并借圣灵的力量，我命令你，邪恶的灵魂，离开这天主的子民，我主已将他纳入他的圣殿，这是永生神的圣殿，圣灵居住其中。”②

当蒙塔古·萨默斯声称他（不同于瑟斯顿神父）在阐述罗马天主教的正确观点时，显然他并没有夸大。基于其自身的原因，教会现今很少用其他语言提及萨默斯所使用的术语。洗礼仪式和驱魔仪式都使用拉丁语。当我说教会很少使用其他语言时，我指的是有公众出席的场合。在教堂的四墙之间，人们经常可以听到洗礼仪式的教条和驱魔仪式。

我们中其余的人，或至少是对这一主题感兴趣的学者，要感谢蒙塔古·萨默斯，因为他将这些观点用英语直接表述了出来。

当本书第一次面世时，《泰晤士报》的文学副刊写道：“萨默斯先生越是显示出综合素养、学术能力和广博的阅读底蕴，越使我们怀疑他这是在神秘化，是在娱乐我们。”这是《泰晤士报》很少犯的错误。这篇评论的作者不能相信萨默斯是严肃的，他之所以怀疑，是因为他不能理解萨默斯所持观点的要点。这个观点由萨默斯本人在《二十世纪作者录》（*Twentieth Century Authors*）的补充传记材料中简要地进行过

① *Rituale Romanum*, Benziger Bros., New York, 1947, pp. 326 - 347.

② *Priests New Ritual*, P. J. Kennedy., New York., 1947, p. 21.

阐述。萨默斯将自己的观点描述为“完全和彻底的超自然和巫术信仰”。这是超自然的概念,其中没有魔鬼的上帝是不可思议的。

我认为,很多客观的学者会同意我的观点,即这是一本由一位严肃的、有才能的教士所写的迷人的、有时是令人感到恐惧的书,他坚信超自然和巫术之间有着紧密的联系。

导论

巫术史，这个与世界同样古老和广阔的主题——因为就当下的目的来说，我理解巫术、邪术、黑魔法、通灵术、秘密占卜、撒旦崇拜以及各种邪恶、神秘的技艺——它使作者面临一个非常困难的问题。作者被要求作出选择，他的困境绝不会变得容易，因为他敏锐地意识到，无论选择哪条路，他都面临着指责。因为作者的工作必须处于一个合理的范围内，他得以鸟瞰从中国到秘鲁，从土著人在生命之初混沌、有节奏的咒语到最近降神会的狂热和灵魂显现。这些段落必定单薄和肤浅，或者作者也许会集中于巫术史的一两个方面，相当详尽地处理它们，强调一些重要性现在已被忽视的被遗忘之事实，利用经艰苦调查而得到的新材料。但是，所有这些都是有代价的：不可避免地省略、脱落、自我否定、避开了迷人的小径和有价值的调查、在讨论和阐述时保持沉默。在对其缺点和危险有了完整认识的基础上，我选择了第二种方法，因为在处理诸如巫术这一主题时，不可能记录大量的事实。我认为，最好是就某些方面给出文献上的叙述，而非试图对整体进行混乱的概述；甚至其自身也有着大量的断裂和空隙，我们尽力仔细地使其完整。我意识到，在本书中，几乎每一个段落都能很容易地被扩充

xvi 成一页，每一页都能被扩充成一章，每一章都能被扩充成一卷。

我已经提到，很多省略是我所用计划的必然结果；我斗胆假设，或者也是关注于处理诸如巫术这一普遍主题的任一计划的必然结果。我只能对那些进入这一历史并试图寻找芬兰魔法和拉普兰邪术细节的学者，以及希望了解毛利人的 Tohungaism、印度人的巫术和魔法、冰岛的 Bersekir、西伯利亚的萨满教、韩国的瞎眼 Pan Sus 和 Mutangs、中国的巫婆、塞尔维亚的狼人、黑人的伏都教、古老的斯堪的纳维亚和伊斯兰黑暗传说的学者表示歉意。我希望读者相信，我对书中的这些缺漏感到遗憾，但是毕竟在任何的人类努力中，总有着空间上的实际限制。

在一本补充性的书中，我试图处理特定地区的巫术，包括不列颠群岛、法国、德国、意大利、新英格兰以及其他国家。有很多著名的例子，如兰开夏巫术审判、马修・霍普金斯（Matthew Hopkins）、吉尔斯・德・莱斯（Gilles de Rais）、戈弗里迪（Gaufridi）、于尔班・格朗迪耶（Urbain Grandier）、科顿・马瑟（Cotton Mather）和萨勒姆巫术，这些都会被仔细地处理和讨论。

这是个令人吃惊的事实，在英语作者中，欧洲的巫术近年来并没有得到严肃的历史学家的足够重视，他们没有认识到这一作为政治和社会因素的信仰的重要性。根据人类学和民俗学的观点，魔法、魔法崇拜和仪式的起源、土著人的仪式、传统的迷信以及辅助的传说形成了大量博学研究的主题，但是这一主题的黑暗面——撒旦崇拜的历史——几乎没有受到关注。

这一疏忽可能是因为英国在 18 世纪和 19 世纪时十分普遍的唯
xvii 物主义，它否认超自然，并试图用冰冷的道德体系取代宗教。因为巫术被完全推翻，所以它最多表明了对往昔的兴趣。即便如此，发掘令人厌恶和可鄙的迷信并未受到鼓励。更恰当的做法应该是，遗忘过去丑陋的一面。这是盛行了超过 150 年的态度，当巫术被诸如莱基（Lecky）或查尔斯・麦凯（Charles Mackay）这些带有狭隘偏见和无能的作者讨论时，他们没有讨论早期权威记述的可能性，他们先入为主地认为这些权威都是错的、夸大的、迟钝的和误入歧途的。时间轮回，这种理性主义的迷信迅速消逝。招魂术的盛行证明对神秘主义的广泛兴趣是一个更为有益的征兆，它表明世界不再满足于干枯的外壳。这些仅仅是迹象，而绝不是最重要的。

我们不可能理解伊丽莎白和斯图亚特时期的英格兰人、路易十三和路易十四时期的法国人，以及文艺复兴和天主教改革时期的意大利人——仅仅列举三个国家的特定时期——的真实生活，除非我们意识到巫术在这些时期的这些国家事务中所扮演的角色。这涉及从教皇到农民、从女王到村姑的所有社会等级。

演员是"时代的概要和简要编年史"。在最后一章中，我论述了舞台上的巫术，其中主要关注英格兰戏剧。这一回顾以前没有人尝试过，因为巫术是如此可怕的社会不幸，并且交织着所有的等级，显然我们能在戏剧中发现当时更好的例子，因为剧作家的手指触碰到了公众的脉搏。在小说发展之前，戏剧是社会风俗和历史的反映。

有很多很有价值的有关巫术的法语研究，我们可以列举如下： xviii
Antoine-Louis Daugis, *Traité sur la magie, le sortilège, les possessions, obsessions et maléfices*, 1732; Jules Garinet, *Histoire de la Magie en France depuis le commencement de la monarchie jusqu'à nos jours*, 1818; Michelet, *La Sorcière*; Alfred Maury, *La Magie et l'Astrologie*, 3rd edition, 1868; L'Abbé Lecanu, *Histoire de Satan*; Jules Baissac, *Les grands Jours de la Sorcellerie*, 1890; Theodore de Cauzons, *La Magie et la Sorcellerie en France*, 4 vols., 1910。

德语著作有：Eberhard Hauber's *Bibliotheca Magica*; Roskoff's *Geschichte des Teufels*, 1869; Soldan's *Geschichte der Hexenprozesse* (neu bearbeitet von Dr. Heinrich Heppe), 1880; Friedrich Leitschuch's *Beitræge zur Geschichte des Hexenwesens in Franken*,

1883; Johan Dieffenbach's *Der Hexenwahn vor und nach der Glaubensspaltung in Deutschland*, 1886; Schreiber's *Die Hexenprozesse im Breisgau*; Ludwig Rapp's *Die Hexenprozesse und ihre Gegner aus Tirol*; Joseph Hansen's *Quellen und Untersuchungen zur Geschichte des Hexenwahns*, 1901;以及更多很好的研究。

在英格兰,有很多很好的著作值得被推荐。托马斯·赖特(Thomas Wright)的《邪术和魔法记述》(*Narratives of Sorcery and Magic*, 2 vols., 1851)值得被推荐。托马斯·赖特是一位致力于原始材料的博学的古物研究者,但此书粗略,不能满足细致的学者。写作良好、观点合理清晰的著作有:Dr. F. G. Lee's *The Other World*, 2 vols., 1875; *More Glimpses of the World Unseen*, 1878; *Glimpses in the Twilight*, 1885; *Sight and Shadows*, 1894。所有这些应得到更为广泛的声名,因为它们值得被从容不迫地反复阅读。

最近的著作是华莱士·诺特斯坦(Wallace Notestein)教授的《1558年至1718年的英格兰巫术史》(*History of Witchcraft in England from 1558 to 1718*,1911),如题目所告诉我们的,这一关于一个半世纪的细致研究仅仅关注英格兰,此书附有大量有用的附录。就这些来源于审判和其他资料的被有序编排的数据而言,诺特斯坦教授
xix 应得到广泛的赞誉,他的解释和推论应受到公正的批评。尽管诺特斯坦教授的怀疑不时遭到不断增加的证据的动摇,然而他拒绝承认那些有着超自然力量的人于夜幕降临时在偏僻之所出于个人目的和密谋进行秘密聚会的可能性。人类的证词有其价值,除非我们比著名的马尔弗里乌斯(Marphurius)博士更具有怀疑精神,马尔弗里乌斯博士曾说道:"我来了,我认为我来了。"当罗杰·诺埃尔(Roger Nowell)于1612年突然出现在兰开夏女巫团前,并将伊丽莎白·丹戴克(Elizabeth Demdike)和其他三位女巫带到兰开斯特城堡监禁时,伊丽莎白·迪维斯(Elizabeth Device)号召整个彭德尔(Pendle)团体去她位于玛尔金塔(Malking Tower)的家中,以便讨论形势,并计划解救犯

人。一旦他们聚集，他们便举行宴会，宴会上有牛肉、熏肉和烤羊肉。当然，这并非不同寻常，这些证据出现在托马斯·波茨（Thomas Potts）著名的记述（*The Wonderfull Discoverie of Witches in the countie of Lancaster*, London, 1613）中，这些证据包含有很大的真实性："前面提到的这些人进行宴会，宴会上有牛肉、熏肉和烤羊肉；羊肉（据证人的兄弟说）来自克里斯托弗·索耶（Christopher Swyers）的公羊；这只公羊由证人的兄弟詹姆斯·迪维斯在当天夜晚带到证人母亲的家中，他们在证人的面前杀死并吃掉了这只公羊。"但是，诺特斯坦教授不承认这些，他写道："玛尔金塔故事中出现的证词不比欧洲大陆大量女巫聚会的故事更具有说服力，这些聚会被认为是生理压力或精神压力的产物。接受这些事实的基础似乎是不必要的。"（第124页）面对如此彻底和武断的论断，证据是没有任何用处的。因为我们知道，欧洲大陆关于女巫聚会的故事具有相当的真实性。必须承认，如此无力的怀疑不断损害着诺特斯坦教授对巫术审判的概述，也损害了 xx
他的著作；考虑到诺特斯坦教授的勤奋，我们深感遗憾。

默里小姐不支持任何对证据的仓促否认和不加批判的拒绝，她细致阅读巫术作家的著作，并确信他们的论断必须被接受。诸如格利高里十五世（Gregory XV）、博丹（Bodin）、瓜佐（Guazzo）、德·朗克雷（De Lancre）、德斯巴尼（d'Espagnet）、拉雷尼（La Reynie）、波义耳（Boyle）、马修·黑尔爵士（Sir Matthew Hale）、格兰维尔（Glanvill）等敏锐的学者和调查者既非骗子也非受骗者。证据有效，但默里小姐发现自己无法认可其中的逻辑推理，她匆忙说道："这些论述不能支持对这些证据的解释。"在《西欧的巫术崇拜》（1921年）中，默里小姐提出了一个非常有独创性的假设，但完全站不住脚。我们不难发现，默里小姐在其著作中所收集的很多细节都与她先入为主的理论相一致。无论我的观点与默里小姐的有多大的差异，并且我们的意见不一并非微小的和表面的，但我依然赞赏她对很多基本细节（这些常常遭到压制）的直率和勇敢的处理，其结果很少会绘制出错误和伪造的图像。

有大量有关现代巫术的文学作品(坦白而言主要是招魂术),提及这些著作并非易事,这些著作论述了一个复杂且困难的主题,其中包括:Surbled, *Spiritualisme et spiritisme*; *Spirites et médiums*; Gutberlet, *Der Kampf um die Seele*; Dr. Marcel Viollet, *Le spirtisme dans ses rapports avec la folie*; J. Godfrey Raupert, *Modern Spiritism*; *Dangers of Spiritualim*; Rev. Alexis Lépicier, O. S. M., *The Unseen World*; Rev. A. V. Miller, *Sermons on Modern Spiritualism*; Lapponi, *Hypnotism and Spiritism*; Monsignor Hugh Benson, *Spiritualism* (*The History of Religions*); Elliot O'Donnell, *The Menace of Spiritualsim*; Father
xxi Simon Blackmore, *Spiritism*:*Facts and Frauds*, 1925。我的观点一方面来自对涉及所有观点的问题的研究和专著的阅读,另一方面也是与热情的信徒通信和讨论的结果,同时它也来自放弃了这些危险实践的人的陈述和告诫。

神学家、心理学家和历史学家对巫术史充满了兴趣,巫术史不能被忽视。但是,巫术史呈现出一个非常黑暗和可怕的方面,在少数严肃的英文研究中出现的细节几乎没有被记录下来,而是被故意地回避和压制了。这样的处理方式是不足取的、非学术的、应受指责的和不诚实的。

例如,诺特斯坦教授的著作遭到了严重的损害,因为他完全忽视了巫术崇拜的不庄重,从而掩盖了邪恶。诺特斯坦教授的确不加批判、非学术、天真地评论道(第300页):"每个独自阅读的人都对存在于巫术手册中的指控和供认的邪恶特征有看法。这是记录中没有被讨论的问题的一个方面。"这样的说法是令人惊异的。没有人能写出撒旦崇拜者的优美话语和巫魔会。无论疾病多么令人厌恶,医生不能不愿诊断。这一鸵鸟政策是道德上的怯懦。没有教父和教会的大作家会因此过分拘谨。当圣埃皮法尼乌斯(S. Epiphanius)论述诺斯替教徒时,他详细地描述了他们的可憎行为,并恰当地评论道:"为什么我要对提及这些你们胆敢而为的事情犹豫不决？通过提及这些，我希望使你们对自己所干的邪恶行为充满恐惧。”亚历山大的圣克莱门(S. Clement of Alexandria)说道：“我不耻于提到胎儿在其中形成和成长的身体器官。为什么？因为上帝并不耻于创造它们。”

一些作者在绸缎上用美丽的色彩描绘中世纪的女巫。女巫成为了一个有点古怪但和善的老妇人，精明且敏锐，有着治疗性药草的知识，准备给予头脑迟钝的邻居建议和帮助他们，并获得腌熏猪肉、餐 xxii
食、幼禽或鸡蛋作为回报。就此而言，女巫没有确切的理由会轻易成为狂热的法官和调查官的猎物，无知且愚蠢的人抓捕她、对她施以泳刑、审问她、折磨她，并最终将她烧死在火刑柱上。很多现代的作者依然对此表示怀疑，并将女巫归入童话和圣诞舞剧的范畴；他们认为，女巫绝不比灰姑娘的神仙教母或奥诺伊伯爵夫人(Countess D'Aulnoy)的鳕鱼夫人更真实。我甚至听到过一个研究伊丽莎白时代的学者在演讲中公开声称，伊丽莎白一世时代的人事实上不相信巫术。无法想象莎士比亚、福特(Ford)、琼森(Jonson)、弗莱彻(Fletcher)这些人会有源自病态想象和歇斯底里的无用幻想，他们的观众默许这么多自我满足，并乐于认为这些伟人免于如此可耻和粗俗的迷信的污名。很多未受过教育的农民可能由于无知而想象女巫，诗人在民谣和戏剧中利用女巫。至于在给予这些想象以实际的信任上，我们伟大的伊丽莎白时代的人无疑更为开明！的确，巫术是17世纪社会的一个方面和因素，而默契在一些地方几乎被忽视。

所有这些都是非历史和不科学的。在下面的篇章中，我将尽力展现女巫真实的情况——邪恶的存在者；社会的寄生虫；一种令人厌恶的、淫秽的教义的信奉者；善于下毒、勒索和犯其他罪行的人；一个与教会和国家对抗的强大秘密组织的成员；言行上的亵渎者；通过恐怖和迷信控制村民的支配者；江湖骗子；老鸨；施堕胎术者；求爱和通奸的黑暗顾问；邪恶和堕落的代理人。

这本书是我密切关注巫术超过30年的产物，在此期间，我对过去 xxiii

的恶魔学家进行了系统和透彻的研究，我确信他们的一手证据非常重要且极具价值，因为他们的著作卷帙浩繁，所以它们通常被忽略，无人问津。此外，由于用语和词汇的专业性，这些著作的阅读难度通常很大。在主要的权威中，我会引用下列作者：斯普伦格(Sprenger)(《女巫之锤》)；瓜佐；巴托罗米欧·斯皮纳(Bartolomeo Spina, O. P.)；约翰·奈德(John Nider, O. P.)；格里兰(Grilland)；杰罗姆·门戈(Jerome Mengo)；宾斯菲尔德(Binsfeld)；热尔松(Gerson)；乌尔里克·莫利托(Ulrich Molitor)；巴辛(Basin)；穆尔纳(Murner)；克雷斯佩(Crespet)；亚拿尼亚(Anania)；亨利·博盖(Henry Boguet)；博丹；马丁·戴尔里奥(Martin Delrio, S. J.)；皮埃尔·勒·罗耶(Pierre le Loyer)；路德维格·埃利希(Ludwig Elich)；戈德曼(Godelmann)；尼古拉·雷米(Nicolas Remy)；萨莱里尼(Salerini)；伦纳德·韦尔(Leonard Vair)；德·朗克雷；阿方索·德·卡斯特罗(Alfanso de Castro)；塞巴斯蒂安·米夏埃利斯(Sebastian Michaelis, O. P.)；西尼斯特拉里(Sinistrari)；佩罗(Perreaud)；卡尔梅特大师(Dom Calmet)；西尔威斯特·马佐里尼(Sylvester Mazzolini, O. P.)。当我们用法庭记录和法典进行补充时，我们有了大量的材料。针对所有诉诸笔端的内容，我着眼于原始材料，尽力客观地权衡证据，没有偏见地进行判断，从而给出事实并公正地进行评论。同时，我清楚地认识到，我与我所尊敬的一些大学者在很多细节上有所不同。

我意识到，我所草拟的粗略书目与书后的参考文献并不相称，它很不完整，但有所助益。我还要说明，除了明确注明之外，我所引用的圣经版本是拉丁文圣经(*Vulgate*)或其英文译本(通常被称为“杜埃本”[Douai Version])。

1925 年

第一章

女巫：异端和无政府主义者

“巫师是为了达到自己的目的而与魔鬼交往的人。”博学的法学家让·博丹(Jean Bodin)在他著名的《巫师的恶魔狂热》(*De la Demonomanie des Sorciers*)①中以这句话作为开篇。博丹是他那个时代最敏锐和最公正的人之一,我猜想,几乎不可能找到一个关于巫师更简练、准确、全面和更有才智的定义了。巫术这个巨大的主题——尤其体现在从 13 世纪中叶直至 18 世纪初遍布南欧和西欧每个地区的巫术的各种显著的表现之中——很少得到公正的研究。② 唯一可靠 1

① Paris. Jacques du Puys. 4to. 1580. The preface, addressed to De Thou, is signed:“De *Laon*, ce xx iour de *Decembre*, M. D. LXXIX.”在 1604 年之前有 9 个版本。最完整的是 Paris, 4to. 1587。除了正文之外,它还包含了另外的 10 页,记述了对巫师亚伯(Abel de la Rue)的审判,他在 1582 年被处死。

② 第一个涉及巫术的教皇训谕是由亚历山大四世(Alexander IV)于 1258 年 12 月 13 日颁布的。最后一个涉及这种罪行的教皇训谕是乌尔班八世(Urban VIII)于 1631 年 4 月 1 日颁布的 *Inscrutabilis iudicirorum Dei altitudo*。英格兰最后一例正式的审判涉及一位老妇人和她的儿子,他们于 1717 年在莱斯特被宣判无罪。1722 年,苏格兰处死最后一个女巫的活动发生在洛斯(Loth);英格兰和苏格兰的巫术法令都于 1735 年被废除。爱尔兰的法令直至 1821 年才被废除。在巴伐利亚的肯普滕(Kempten),一位疯狂的异端妇女于 1775 年以巫术罪被处死。在瑞士的格拉利斯州(Glaris),(转下页)

的信息来源是同时代的记录；记叙真实审判的细节的详细的法律报告；大量关于女巫的亲历记述和法庭上证词的小册子；最重要的是宗教审判官和恶魔学家，受尊敬的教士，民法及教会法博士，顽固、迟钝和冷静的律师，博学的人，有哲学思想的学者，在欧洲大学里的那些在文学、科学、政治学和文化方面最受尊敬的人；保持着国王和主教良知的修道士；那些能够用语言激发欧洲，使皇帝臣服于他们的人的大量高度理论化的著作。

2 确实，巫术形成了一个并非微不足道的写作主题，但是我们会发现，研究者已经最大程度地从存有偏见的角度出发（尽管完全不同），接近了人类历史上这永恒而可怕的事件。因此，我们必须彻底地审查针对这一主题的不公正的陈述，排除无根据的评论和不合理的结论，及时回到坚实的事实基础之上。

我们首先碰到的是那些只能被称为古物研究的著作和兴趣。巫术被视为历史的一条新奇的小道，它是消亡很久的迷信，在现今社会中已不存在，也不再产生任何影响。这是民间传说的领域，在那儿可以采集到奇异的花朵与有害的野草。再则，我们常常会浪漫地看待巫术。这是圣乔治节的前夜，一个昏暗的夜晚，黯淡的月光挣扎着穿过厚厚的云层。女巫遍布在各处，她们在空中急速地飞行，以骇人听闻的交通方式在呼啸的风中急飞。在极度兴奋的语调中，女巫们叫喊着污秽而神秘的词语："Har! Har! Har! Altri! Altri!"她们飞速到达布罗肯峰或塞文山之巅，那儿有巫魔会的纵酒狂欢、恶魔的圣礼、地狱之舞、甜蜜而恐怖的邪恶幻想，以及"邪恶的淫荡行为和污秽的行为"①。地狱似乎将最污秽的污物呕吐在退缩的尘世之上；令人厌恶的淫秽恐怖之物端坐在乌木的王座之上；沉闷的空气带着污秽和亵渎；

（接上页）一位名叫安娜·戈尔蒂（Anna Goeldi）的女佣在 1782 年 6 月 17 日被当作女巫吊死。1793 年，两名女巫在波兰被烧死。

① Roland Brévannes, *Les Messes Noires*, I^{ier} tableau, scène VII.

女巫的淫秽之轮越转越快；风笛之声越来越刺耳；然后，一道苍白的光线在东方的天空闪烁；乡村公鸡的号角响起；令人厌恶的变幻无常的情景瞬间消失，一切在平静的拂晓中归于寂静。

参考现今的研究，古物研究者和浪漫主义者对巫术的评论可能被视为微不足道且不恰当的，但其对于很多读者而言却是娱人而有趣的，他们不仅获得了一些令人愉快的时光，而且从那儿还能够获得关 3
于旧时巫术的高度戏剧性和色彩丰富的图画之描绘。然而，对此不用太过认真，因为这些事情不曾也不可能发生过。①

当不可避免地碰到巫术的主题时，理性主义史学家和怀疑论者会选择一个简单的方法来处理这些复杂的问题，即断然拒绝所有不符合或不完全符合他们自己狭隘偏见的陈述。那些在任何其他控告中都毫不犹豫地被视为决定性的、最无法反驳的证据有什么重要的？几个世纪以来，欧洲最有文化的人和最有才智的人的那些合乎逻辑的信仰又有什么重要的？当然，任何诉诸权威的做法是无益的，如同怀疑论者批判一切权威以保全自己。事情不可能如此。我们必须从原则出发展开讨论，因此那些不可能用幻觉、歇斯底里、自我暗示或任何其他当时流行的含糊的标语来解释的事必须被坚决地抛弃，对温和而有决定性的判断进行粉饰这一傲慢的同情态度被证明在很多场合有帮助。为什么要检查这些证据？这确实没任何助益，并且是在浪费时间，因为我们知道这些指控都是没有根据的和荒谬的；几个世纪以来，无数证人宣誓的“事实”在每个国家和每个城镇被没有任何改动地重复，而它们根本没有发生过。怀疑论者并没有告诉我们如此不真实的证据是如何被证明的，但是我们必须毫不犹豫地接受他们在理性、证据和真理面目下一贯正确的权威。

假设我们用清晰、公正的头脑来仔细地研究这些累积的证据，探

---

① 我听到过一个演讲者在一次关于莎士比亚的讨论中认为，伊丽莎白一世时代的人不可能真正相信巫术。

究许多典型案例的环境，以及比较法国 15 世纪的审判和英格兰 17 世纪的审判，那么我们是否能发现，在幻想和多余的细节之中，一个有着不变特征的坚实基础被准确无误地加以描绘？这一点不能被合理拒绝，因为我们有着存在几个世纪的巫术和巫术崇拜的核心与持久的真实性。

4 存在一些纯粹的迷信；存在一些毫不受拘束的想象；存在骗局，存在戏法；存在幻想；存在欺骗；亨利·博盖（Henri Boguet）似乎有些轻信，他急于诉诸超自然来解释难以被理解的行为；叶瑟兄弟（Brother Jetzer）——伯尔尼的多明我会修士——可能仅仅是上级的工具或是一个狡诈的骗子；马修·霍普金斯（Matthew Hopkins）是个十足的无赖，他激起艾塞克斯郡（Essex）乡绅的恐惧，并掏空他们的口袋；托菲肯勋爵（Lord Torphichen）的儿子是个游手好闲的顽皮男孩，他的恶作剧不仅欺骗了他的父亲和尊敬的约翰·威尔金斯先生（Rev. Mr. John Wilkins），而且引起了整个考尔德地区（Calder）的大量神秘事件；戈尔丁夫人（Mrs. Golding）的女仆安妮·罗宾逊（Anne Robinson）和鲍尔达罗什（Baldarroch）的两个女仆是些有着高超手法和技巧的变戏法者；所有这些无知、轻信、恶意和欺骗的例子，其数量可能很容易成倍增加。然而，在作出了所有的考虑和可能的解释之后，不能被忽视（除了理性主义者愚钝的偏见）和不能被解释的已被证实之事实仍然存在。我们承认存在着故意而狂热地投身于邪恶仪式的个人和团体，他们渴望这样的情绪和经验，以及由邪恶的奴役带来的酬劳。

怀疑论者拒绝相信巫术，但是对巫术审判的证据理智地进行检查将会显示出，现代大众的怀疑被建立在一个对事实的完全误解之上，这值得我们简要地回顾和纠正一些普遍的反对意见，而这些意见被反复地坚持。有一些论点被用来证明整个体系的荒谬和显而易见的不可能性，然而人们针对这些现象都能提出一个令人满意而简单的解释。首先出现在一个人头脑中的关于女巫的形象可能是一个骑在扫

把上的、从烟囱中飞向天空的老妇人。此形象常常图画般地浮现在他 5
的想象之中，这不仅仅是受传统中出现在书中的木版画和插图的影响，而且也受到了那些大画家们的影响，如盖韦多（Queverdo）的《出发去巫魔会》（*Le Départ au Sabbat*）、大卫·德尼埃尔（Daivd Teniers）的《出发去巫魔会》（*Le Départ pour le Sabbat*），以及戈雅（Goya）的午夜幻想。著名的澳大利亚艺术家诺曼·林赛（Norman Lindsay）有一幅名为《参加巫魔会》[1]的画，女巫在其中被描绘为骑在奇怪的猪和丑陋的山羊背上在空中急速飞行。莎士比亚也详细描述了这种观念，“在雾中和空中飞行”给英国人的想象提供了印象基础。但是，我们必须从绘画和诗歌的空想王国下到现实的坚实地面之上。在整个记录中，很少有证人明确地断言自己看见女巫骑在扫帚或任何棍子上在空中飞行，这通常是为了取得某种效果而进行的明显夸张。有时女巫自己为了给听众留下印象而夸口这种交通方式。博盖记录了一个名叫克劳丁·博班（Claudine Boban）的年轻姑娘，她头脑中充斥着病态的虚荣，她显然是一个意欲通过想方设法占据舞台中心来成为公众关注焦点的偏执狂，她承认自己参加过巫魔会，这无疑是事实；但是，走路或骑马去巫魔会是很平常的交通方式，而戏剧性事件必须出现在她们的叙述中，所以她声称她和她的母亲骑在扫帚上，从烟囱飞向天空到达巫魔会。[2] 朱利安·考克斯（Julian Cox）宣称，某个夜晚当她在离屋子一英里（1.6093 千米）远的田地里时，“三个骑在扫帚上的人飞向她，并在大约离地面一码半（约合 1.3716 米）的空中飞行”。[3] 此处存在着明显的夸张，朱利安·考克斯看见两个男人和一个女人骑着扫帚在空中跳跃。事实上，他们正在进行一个巫术仪式和跳一种舞蹈。关于阿拉伯女巫有这样的记载：“在蒙基德（Munkidh）的时代，女巫们在舍伊

① 该画于 1925 年 3 月在伦敦的莱斯特画廊（Leicester Galleries）被展出。

② ... qu'elle, & sa mère montoient sur vne ramasse, & que sortans le contremont de la cheminée elles alloient par l'air en ceste façon au Sabbat. Boguet, *Discours*, p. 104.

③ Glanvill, Part II. p. 194.

萨尔(Shaizar)墓地的坟墓间,赤身裸体地骑在棍子上。"①没有人会拒
绝相信女巫们骑在棍子上,并在她们的仪式中以这种方式来回跳跃,
6 这是一个相当古怪但并非绝不可能的行为。关于这种古怪仪式的证
据是很多的——其中并不涉及在空中飞行——这种仪式被夸大,并被改造为流行迷信:女巫在空中飞行,从一个地方移动到另一个地方,这是一种被她们用来证明其巫术力量的奇迹。然而,存在着在空中浮起的实际例子。这并非不可能。因为,除了圣徒之外,降神会也提供给我们这种超自然现象的例子。如果人类的证据不值一提,那这些例子则超越了所有的疑问。

至于巫师涂抹在自己身上的油膏,我们有现存的配方,克拉克教授(A. J. Clark)检验了这些配方②,并认为用力地涂搽这种油膏可能会产生异常的兴奋甚至于谵妄。但是,以前的恶魔学家否认油膏具有女巫们所认为的那些特性。"油膏对女巫参加巫魔会的飞行毫无帮助",这是博盖的观点③,对此他非常确信和肯定,这倒与后来理性主义者的怀疑完全一致。

女巫在巫魔会上变形为动物和特别的模样,而"魔鬼"则以令人厌恶且不自然的样子出现,这两点被反复用来支持对显而易见的不可能性的批评以及有关整个体系的不可信和证据不可靠的决定性证明,但我们可以用一种完全的且令人信服的方式来简单地对这两点进行解释。第一种变形在坎特伯雷第七任大主教圣西奥多(S. Theodore,668–690)的《悔罪之书》(*Liber Pœnitentialis*)④的第27章中被提到,并得到了充分的解释,在其标题为《论偶像崇拜和亵渎》(*De Idolatria*

① Julius Wellhausen, *Reste arabischen Heidenthums*, Berlin, 1897, p. 159.

② *Apud* Miss Murray's *The Witch-Cult*. (1921). Appendix V. pp. 279–280.

③ Boguet, *Discours*. XVI. 4.

④ Benjamin Thorpe, *Monumenta Ecclesiastica*, II. London, 1840, p. 34. *Liber Poenitentialis* 第一个完整版是由 Wasserschleben 在 1851 年出版;一个简易本是 Migne, *P. L. XCIX*。

et Sacrilegio)的章节下有此规定:“如果任何人在1月1日以牡鹿或
公牛的样子出行——就是说将自己变为一个动物,披上动物的皮,戴
上动物的头——那这些将自己变形为动物模样的人需用三年的苦行 7
来赎罪,因为这是邪恶的。”这些仪式的面具、毛皮和兽皮当然都是女巫在特定的仪式中为巫魔会而穿戴的。有充足的证据表明,巫魔会的“魔鬼”通常是一个人,他是地区的首要人物,而由于他的官员和随从也被女巫称为“魔鬼们”(Devils),因此有时会出现一些混淆。一些例子中有着足够的细节,因此我们能够确认“魔鬼”的姓名。在一份伊丽莎白女王统治时期的嫌疑犯名单中,我们可以看到其中书写着“乌尔德·伯特斯(Ould Birtles),大恶魔,罗杰·伯特斯(Roger Birtles)和他的妻子,以及安娜·伯特斯(Anne Birtles)”。[1] 赫米特杰(Hermitage)城堡的邪恶威廉——苏里斯勋爵(Lord Soulis)——通常被称作“红帽”(Red Cap),他是一个巫师团的“魔鬼”。通常“魔鬼”很少是妇女。1569年5月,苏格兰摄政出现在圣安德鲁(St. Andrews),“一个被称为尼克尼凡(Nicniven)的著名巫师被判处死刑并被烧死”。现在尼克尼凡是艾尔芬(Elphin)王后,她是巫魔会的女主人,这个职位显然由这名女巫充任,而她的真实姓名没有被记录下来。1576年11月8日,在埃尔郡(Ayrshire)的达瑞(Dalry)男爵领地,莱恩(Lyne)的伊丽莎白(Elizabeth)或贝茜·邓洛普(Bessy Dunlop)因巫术罪被起诉,她承认某个神秘的托姆·雷德(Thom Reid)遇到她,要求她弃绝基督教和洗礼,并崇拜他。无疑,托姆·雷德是巫师团的“魔鬼”,因为丰富的原始细节都指出了这一点。托姆·雷德似乎有预谋地、熟练地扮演自己的角色,因为被告人提到自己经常在达瑞的教堂墓地看到他,也经常在爱丁堡的街道上看到他,他在那儿的人群和货物中来回走动。因为那些待售的货物被大量地堆积,所以托姆·雷德不会引起别人特别的注意。当被告被询问为何不与托姆·雷德说话时,她回答

[1] *Calendar of State Papers*. Domestic, 1584.

说，他禁止她在任何这样的场合中与他打招呼，除非他给出暗示或他首先与她说话。被告“被判有罪，并被烧死”。① 在 1588 年 5 月 28 日审讯的艾莉森·皮尔森（Alison Peirson）案中，“魔鬼”事实上是她的亲戚威廉·辛普森（William Sympson），她“被控使用邪术和巫术，并召唤魔鬼；魔鬼尤其是以威廉·辛普森先生的形象出现，这是她的表兄弟，她证实他是一位学者和医学博士”②。被判有罪并处以火刑（*Conuicta et combusta*）是法庭记录空白页边的简要记录。

8 关于“魔鬼”，最有意思的证明出现在 1590 年至 1591 年对费安（Fian）博士及其同伙的臭名昭著的审判中。众所周知，整个团伙与鲍特威尔（Bothwell）伯爵弗兰西斯·斯图亚特（Francis Stewart）结成同盟，甚至当时有根据的谣言及其他信息都将他的名字与符咒、巫魔会和女巫的狂欢相连。弗兰西斯·斯图亚特被怀疑使用黑巫术；他无疑是术士和施毒药者的客户；他的野心几乎公开地指向王位，巫师团疯狂地攻击詹姆士国王。无疑，鲍特威尔是激励和指挥这些众多魔鬼崇拜者团体的动力，这些团体被偶然发现，并遭到因王位和生命面临威胁而受到惊吓的国王的严酷镇压。

19 世纪，查尔斯顿（Charleston）的阿尔伯特·派克（Albert Pike）和他的继任者阿德里亚诺·莱米（Adriano Lemmi）被证明是实施撒旦崇拜（Satanism）团体的主席，他们相当于是现代巫魔会中执行“魔鬼”职能的人。

就上帝在自然界通常的存在和行动而言，上帝是隐藏在第二因（secondary causes）的面纱之后的，当上帝的模仿者——魔鬼——能够如此成功，并且不仅有虔诚的信徒而且有狂热的崇拜者时，他就无须亲自出现在某个特别的人面前或巫魔会中，但他依然可以而且的确是如此做的，因为这是教派的意义，在记录和审判中存在着大量无法通

① 沃尔特·斯科特爵士（Walter Scott）在《恶魔崇拜和巫术》（*Demonolgy and Witchcraft*, Letter V）中描述了这个案例，但根据后来的研究，他的版本需要被修正。

② Pitcairn. I. pt. ii. p. 162.

过其他的途径得到解释的引人注意的案例。

如伯恩斯・贝格(Burns Begg)所指出的,女巫"似乎很少是那些肆无忌惮地和有计划地扮演撒旦的恶棍的受害者"①之事实并不能减轻她们的罪行,所以她们对邪术和魔鬼崇拜没有丝毫负罪感,因为这是她们内心的意图和愿望。我不认为在集会中扮演撒旦的人是一个 9
肆无忌惮的和有计划的恶棍,他们是恶魔信仰者,他们相信自己黑暗力量的真实性,他们完全献身于邪恶的事业。

我们看到,女巫有时习惯于按照皮肤和仪式面具排列;我们有充分的证据显示,当一个人在巫魔会中扮演导师(hierophant)的角色时,他通常穿着相应的伪装衣。而且,针对不列颠群岛的情况——在其他国家,习惯很相似——我们有着关于"魔鬼"出现在女巫面前时的形象化呈现。在著名的费安审判中,艾格尼丝・桑普森(Agnes Sampson)供认:"魔鬼身穿黑衣,头戴黑帽……他的面容可怕,鼻子像鹰嘴,手和腿灰白,手上有爪,脚类似于狮身鹰首兽。"②在小册子《来自苏格兰的新闻,关于费安博士可憎的生活和死亡》(*News from Scotland, Declaring the Damnable life and death of Doctor Fian*)③中,我们可以发现一个粗糙的木版画,它出现了两次,它显示了来自北贝里克郡(North Berwick)的"魔鬼"向整个巫师团布道的情景。考虑到绘画者的粗糙和一些不重要的细节差异——没有描绘黑色的长袍和帽子——图画中的魔鬼与艾格尼丝・桑普森的描绘完全一致。必须记住,艾格尼丝・桑普森在巫魔会上显然处于一种病态的兴奋状态之中,这部分地归结为如下因素:醉人的葡萄酒;时间是在半夜;地点是一个鬼魂出没的旧教堂;以及仅有的光线是摇曳着蓝色火苗的蜡烛。

---

① *Proceedings of the Society of Antiquaries of Scotland*, New Series, vol. X. Edinburgh.

② Sir James Melville, *Memoirs*. Bannatyne Club, Edinburgh. pp. 395 - 396.

③ London. "*for William Wright*". N. D. [1591]. 木版画在标题页和签名页。未标明页码。

《来自苏格兰的新闻，关于费安博士可憎的生活和死亡》的插图所显示的“魔鬼”同样出现在了米德尔顿（Middleton）和罗利（Rowley）的假面剧《扔向网球的世界》（*The World tost at Tennis*, 4to, 1620）之中。这幅木版画呈现了假面剧结尾的一个情节，其中穿着传统伪装衣的魔鬼有着令人生畏的多毛外形、巨大的鸟嘴状的鼻子、巨大的爪子，
10 以及怪兽般的偶蹄，这与艾格尼丝·桑普森描述的细节十分符合。我不怀疑假面剧的图画是在剧院中被绘制完成的，因为尽管这种昂贵的和装饰性的娱乐通常是为宫廷或一些大贵族的家庭设计的，但我们知道《扔向网球的世界》“凭借王子的仆人们”在公众舞台获得了巨大的成功。“魔鬼”在巫魔会中的衣服像是一件精致的戏剧服装，它就像是可能会在一家富有的伦敦剧院的衣橱中被发现的服装，但它与民间——甚至是乡村——没有任何联系。

怀疑论者有时指向那些记录受害者在女巫诅咒之后罹患疾病或死亡的案例，并带有怀疑地提出咒语是否有可能产生这样的结果。我坦承我个人相信邪恶的力量，甚至是在这样一种灾祸中的毁灭力量，我相信由浓缩的憎恨而引发的诅咒和意志的所有能量能带来不幸和灾祸，我将用其他的方法来回答这些反对意见。当惹女巫生气的人受到伤害或被害时，探究诅咒的象征意义是很方便的，也是可以实行的，它可能是对蜡像刺孔，或施以精心配制的毒药，这可能带来想要的结果，无论是疾病还是死亡；来自巫术受害者（他们往往由于一种消蚀性疾病而衰弱）的证据显示，这似乎更可能是被不断施以致命毒药的结果，如克拉克教授所指明的，“女巫的社会有一种关于施毒技艺的非常可信的知识”[①]，她们自由地使用乌头、颠茄和钩吻叶芹。

就女巫（仅仅是歇斯底里和幻觉）的供认来看——甚至是依赖于

① *Flying Ointments. Apud* Miss Murray's *Witch-Cult in Western Europe*, p. 279. 值得注意的是，路易十四统治时的黑弥撒丑闻与大规模的施毒起诉有着紧密的联系。La Voisin 是一个臭名昭著的有毒春药的卖家。人们经常争论毒害国王、王太子妃、柯尔贝尔（Colbert）和其他人的可能性。

最唯物的解释——这些被证实基本上是骇人听闻的事实。

在选择事例来论证这一点时,我所提到的巫术几乎全部发生在13 11
世纪中期至18世纪初期,因为恶魔崇拜在这一时期达到了顶峰,它如疾病和灾祸般在欧洲传播,并显示了其最可怕的部分。但是,我们不应假设——如人们通常所轻信的——巫术是中世纪的产物,也不应假设权力机构只采用镇压的手段和立法来反对术士与女巫。将注意力集中在这个时期是因为在此期间以及在随后的世纪里,巫术以史无前例的毒性和残忍性蔓延,它威胁和平,而且在一定程度上威胁人类的救赎。甚至异教国王也下令绝对禁止不可思议的法术,查抄魔法书(grimoires, *fatidici libri*),以及处死通灵师。在罗马建城721年时,罗马处于屋大维、安东尼和雷比达的后三头统治时期,所有的占星师和术士都遭到了驱逐。[1] 米西纳斯(Maecenas)呼吁奥古斯都惩处巫师,并直言施行魔法的人是轻视神的人。[2] 在罗马,超过两千本流行魔法书(希腊文和拉丁文)被发现,并被公开烧毁。[3] 在提比略皇帝统治时期,元老院的一项法令驱逐了所有从事神秘技艺的人;卢修斯·彼图阿尼乌斯(Lucius Pituanius)——一名臭名昭著的巫师——被人从塔尔皮亚岩石抛出,另一名巫师波伯里乌斯·马提乌斯(Publius Martius)在埃斯奎里门(Esquiline gate)外按照古法被处死。[4]

在克劳迪皇帝(Claudius)统治时期,元老院重申了流放的惩罚,塔西佗写道:"元老院制定了关于将占星家驱逐出意大利的严酷法令。"[5]维特里乌斯(Vitellius)皇帝继续严酷地对待预言师和占卜师,他下令立即处死其中很多人,甚至没有提供给他们一个审判的形

---

① Dio Cassius. XLIX. 43. p. 756. ed Sturz.

② *Idem*. LII. 36. p. 149.

③ Suetonius. *Augustus*. 31.

④ Tacitus. *Annales*. II. 32. *More prisco*. "Ute um infelici arbori alligatum uirgis cædi, et postremo securi percuti iuberent." Muret.

⑤ XII. 32.

式。[1] 韦斯巴芗皇帝(Vespasian)以及他的继任者拒绝水晶占卜者和巫师进入意大利,并加强了已有的法令。[2] 我们从所有这些不断被扩充的严厉法律和事例清单中可以看出,尽管皇帝们重视预兆,请教神谕,并尊重占卜官和占卜师,但是这种危险知识的黑暗影响与邪恶罪行被识别了出来,它的信仰者为一再重申的法令之力量所惩治。

12 德·考松(de Cauzons)在提及将巫术的起源追溯到中世纪的作者时提到[3],"C'est une mauvaise plaisanterie, ou une contrevérité flagrante, d'affirmer que la sorellerie naquit au Moyen-Age, et d'attribuer son existence à l'influence ou aux croyances de l'Eglise"(认为巫术起源于中世纪,并将它的存在归因于天主教教会的影响或信仰,这是个愚蠢的玩笑或不恰当的讽刺)。

有一种更错误的主张,其由带有偏见和论证不充足的历史学家提出,他们认为反对巫师的欧洲运动、严厉而彻底的诉讼以及最终在火刑柱上的死刑完全是因教皇英诺森八世(Innocent VIII)于 1484 年 12 月 5 日颁布的名为《最为深沉忧虑的要求》的训谕(*Summis Desiderantes Affectibus*)而引发;如果这份著名的文件事实上没有导致这场运动,那么它至少也燃起了闷烧和半冷的灰烬。这种荒谬的主张由麦凯(Mackay)提出,他毫不迟疑地写道[4]:"在那时,教皇十分关注巫术,在打算发现这种假想的罪行上,他比之前任何人在这方面都做得更多。契波(John Baptist Cibò)于 1485 年被选举为教皇[5],他警觉女巫的数量,并发表了反对她们的可怕宣言。在 1488 年的著名训谕中,契波号召欧洲国家解救'遭到撒旦诡计危害'的基督在尘世的教

---

① Suetonius. *Vitellius*. 14.

② Dio Cassius. LXVI. 10.

③ *La Magie et la Sorcellerie*. Paris. (1912.) I. p.33.

④ *Memoirs of Extraordinary Popular Delusions*, II. p.117.

⑤ 日期与陈述一样不准确。Giovanni Battista Cibò 于 1484 年 8 月 29 日被选举为教皇,训谕于同年的 12 月被颁布,而不是 1488 年。

会。”其中，最后一句话似乎是对事实非常公正的陈述。莱基（Lecky）断言英诺森教皇的训谕“推动了迫害”[1]。在关于英诺森八世的简短但具有诽谤性的记述中，戴维森（Davidson）博士愤怒地指出教皇严厉地“打击巫师、术士和女巫”。[2] 引用更多的这类肤浅的和歪曲的判断是无益的；但是，由于权威们也被迷惑并掉入陷阱，因此我有必要在这个 13
问题上多费精力并强调如下事实：英诺森八世的训谕仅仅是镇压巨大而普遍的邪恶的一系列教皇训谕中的一个。[3]

第一个直接针对巫术及其信仰者的教皇训谕是亚历山大四世于1258年12月13日写给圣方济各会裁判官的。此处有必要对“裁判官”（inquisitor）和“审讯”（inquisition）这两个经常被误解的术语的早期含义进行分析。我们的研究尽管简短，但能够阐明巫术这一主题，而且能够顺便说明那些将巫术的起源归于中世纪的作者是如何被导向错误的；因为中世纪的邪术被揭露，所以可怕的技艺在其最隐秘的色彩和最令人厌恶的表现中第一次被权威性地揭露了出来，它自始就存在着，只是被小心地隐藏了起来。

“宗教裁判所”（Inquisition）（*inquirere* = 窥视）这一术语现在通常被理解为一个反对或镇压异端的特殊教会机构，而“宗教裁判官”（Inquisitor）则是参加这个机构的官员，尤其是指被委任调查异端指控以及审问因指控而被带到他们面前的人的法官。在最初的十二个世纪，教会除了争论和说服之外不愿意涉及异端；当然，顽固的和被公开承认的异端会被逐出教会，而在一个信仰的时代，背教使他们陷入很大的困难。圣奥古斯丁[4]、圣约翰·克里索斯托（S. John Chrysostom）[5]、7世

---

[1] *Rise and Influence of Rationalism in Europe*, c. 1.

[2] *Dictionary of Universal Biography*. VIII. (1890).

[3] 详细的内容可参见本书作者的《巫术的地理学》（*The Geography of Witchcraft*），其中有训谕的详细内容。

[4] *Epist.*, c. n. 1.

[5] *Hom.*, XLVI. c. 1.

纪塞维利亚的圣伊西多尔(S. Isidore of Seville)[1],以及其他许多学者和教父认为,教会不应流血;但是,另一方面,君士坦丁的继任者们认为,他们必须关注教会在尘世的物质福利,而异端总是不可避免地、无法解决地被卷入对社会秩序的攻击,他们总是无政府主义和政治性的。甚至异教的迫害者戴克里先皇帝(Diocletian)也承认这个事实,即
14 异端在获得优势之前始终否认和尽力伪装。287 年,即戴克里先皇帝继位后不到两年,他将摩尼教的领袖送上火刑柱,他们的追随者大多被斩首,一些罪行小的人则被送到政府的矿场当永久的强制苦力。296 年,戴克里先皇帝再次下令将摩尼教作为一个肮脏的、可憎的和不道德的教派予以消灭(*stirpitus amputari*)。因此,基督教皇帝们相信维护正统是他们神圣的职责,他们颁布镇压异端的法令,并将异端视为叛国者和反社会的革命者。[2] 但是,教会对此表示反对,当阿维拉(Avila)的主教普里西利安(Priscillian)因异端和邪术罪[3]于 384 年在特里尔(Trier)被马克西穆斯皇帝(Maximus)判处死刑时,图尔(Tours)的圣马丁(S. Martin)用平实的语言向皇帝报告,称他可以庄严地宣誓该判决不能被执行。可是,誓言被打破,愤怒使得圣马丁很久都拒绝以任何方式与那些对处决负有责任的人共事,圣安布罗斯(S. Ambrose)指责这是一个可憎的罪行。[4] 更具决定性的是教皇圣西里休斯(S. Siricius)的话,马克西穆斯皇帝在他面前乐意屈尊,教皇因为特里尔的菲里克斯(Felix)主教在事件中的行为而将之逐出教会。

---

① *Sententianum*, III. Iv. nn. 4-6.

② Theodosius II. *Nouellæ*, tit. III. A. D. 438.

③ Uanissimus [Priscillianus] et plus iusto inflatior profanarum rerum scientia: quin et magicas artes ab adolescentia cum exercuisse creditum est. *Sulpicius Severus*. II. 47.

④ 亨利·查尔斯·利(Henry Charles Lea)在《中世纪宗教裁判所的历史》(*History of the Inquisition in the Middle Ages*, [1888]1. 215)中认为,利奥一世(Leo I)将这种行为合法化,之后反对异端的法令都是由于受到教会的影响。这与历史真相完全相反,该书作者毫不犹豫地将皇帝的话转嫁给了教皇。

异端有时依据他们所遵守的民法被处死，如一伙摩尼教徒于556年在拉文纳被处死。培拉吉乌斯一世(Pelagius I)在这一年继任为教皇，当时弗姆布隆的保利努斯(Paulinus of Fossombone)因反对教皇的权威而公开煽动分裂和叛乱，但教皇仅仅是将叛乱的主教移交到一个修道院。阿尔勒的圣凯萨里乌斯(Saint Cæsarius of Arles)死于547年，他提到了[①]对那些顽固地坚持异教者的惩罚。阿尔勒的圣凯萨里乌斯建议这些人首先应该受到指责和训斥，如果可能的话，劝说他们放弃错误；但是，如果他们坚持，则施以特定的身体惩罚；在极端的例子中，也可能采用一系列的惩罚，包括侮辱性的剪发和禁闭。当时不存在超越个人的措施，不召集任何教会权威，也不诉诸任何惩罚性法庭。

在查理曼统治时期，年老的托莱多(Toledo)大主教埃利班笃斯 15
(Elipandus)宣扬一种聂斯托利派(Nestorian)异端的分支嗣子说(Adoptionism)，这种巧妙但极端错误的学说获得了乌吉尔的菲里克斯(Felix of Urgel)的支持。作为法兰克的高级教士，菲里克斯被召集到艾克斯拉沙佩勒(Aix-la-Chapelle)。宗教会议谴责了菲里克斯的学说，他公开认错，但他仅仅是撤回了自己的言论，亵渎行为依然在被重复。菲里克斯再次遭到谴责，并再次放弃了自己的学说。菲里克斯直到最后都是诡计多端且善于应变的，因为在他死后，里昂的阿各巴(Agobar of Lyons)在其手稿中发现，菲里克斯在其中一卷中声称自己完全相信这一异端学说，尽管他假意地同意反对意见。然而，菲里克斯在罗马仅仅遭到了短期的监禁，同时也并没有针对埃利班笃斯的措施，他一直都生活在错误的信仰中。人们或许认为，正统学说得到了诸如利巴拿(Libana)的修道院院长比图斯(Beatus)、奥斯玛(Osma)的主教埃塞里乌斯(Etherius)、阿尼亚的圣本尼迪克特(S. Benedict of

---

① 在一份1896年出版的布道中：Dom Morin，*Revue benédictine*，c. xiii. p. 205。

Aniane)和显赫的阿尔昆(Alcuin)的辩护就已经足够了。[①]

40 年之后,大约在 9 世纪中叶,富尔达的一个修士戈德斯卡尔什(Gothescalch)因顽固而无耻地主张基督并没有为全人类而死(这是加尔文异端的先声)而引起了愤慨。848 年,戈德斯卡尔什在美因茨的宗教会议上遭到谴责,并于 849 年在基尔西(Kiersey-sur-Oise)的宗教会议上被处以鞭笞和监禁,这与修道院对违反规定的惩罚是相同的。同样臭名昭著的兰斯大主教希涅玛(Hinemar)是一个因严厉而声名狼藉的高级教士,他判处罪犯监禁。但是,戈德斯卡尔什的有害学说成了严重骚乱的根源,他煽动性的演说激起了喧哗、骚乱和动荡,并为宗教带来了憎恨。基尔西宗教会议的判决是:“Frater Goteschalc…quia et ecclesiastica et ciuilia negotia contra propositum et nomen monachi conturbare iura ecclesiastica præsum-psisti, durissimis uerberibus te cagistari et secundum ecclesiasticas regulas ergastulo retrudi,
16 auctoritate episcopali decernimus.”(戈德斯卡尔什兄弟,……由于你违反修士的事业和誓言,胆敢像精神事务那样卷入世俗事务,以及违反一切教会的法律和规定,我们凭主教的职权判处你鞭笞,并根据教会的规定判处你监禁。)

我们从上述例子中可以看到,在充斥着暴力、掠夺、入侵和战争的世纪,原始的野蛮状态占优势,骇人听闻的残酷是生活中的普遍秩序,教会非常温和地对待叛乱者和异端,尽管它完全可以轻易地大规模处死他们;没有反对的声音,除了教皇、博士和圣徒们;而且,镇压因被视为恰当的和公正的而得到普遍赞同。但是,世俗权力起诉了这些无政府主义者和信仰错误者,并处死他们。

---

① *Epistola Elipandi ad Alcuinum*, Migne. Pat. Lat. CXCVI. P. 872. Alcuin. *Opera Omnia*, Migne Pat. Lat. C-CI., especially *Liber Albini contra hæresim Felicis*; *Libri VII aduersus Felicem*; *Aduersus Elipandum Libri IV*. Florez, *España sagrada*. V. p. 562. Menendez y Pelayo, *Historia de los heterodoxos españoles*, Madrid, 1880, I. p. 274.

大约在1000年，6世纪时已经在西方消失的摩尼教之恶意在西方再获新的立足点。1030年至1040年间，一个重要的摩尼教团体在皮埃蒙特(Piedmont)靠近阿斯蒂(Asti)附近的蒙特佛特(Monteforte)城堡被发现。一些成员被阿斯蒂主教与住在附近的众贵族逮捕，由于他们拒绝放弃信仰，民事机构将他们烧死。另一些人根据米兰大主教阿里贝托(Ariberto)的命令被带到米兰，因为主教希望能够转变他们。这些成员回应主教的努力，试图改变信仰；然而，兰扎诺(Lanzano)——一个显赫的贵族和平民政党的领袖——促使地方行政官进行干预，这些人一被投进监狱就被立即处死。在随后的两个世纪中，摩尼教秘密地传播邪恶的教义，直到约1200年瘟疫袭击了意大利和南欧之时，摩尼教向北到达德意志，它在那儿被彻底组织化。英格兰对摩尼教也有所耳闻，因为早在1159年就有30名摩尼教徒在那儿秘密定居。这些摩尼教徒于1166年被发现，并由牛津市议会的主教移交给世俗当局。愤怒的亨利二世(Henry II)命令对他们进行鞭笞，在他们的前额上烙印，让他们在寒冷的冬季漂泊，并禁止任何 17
人救助这些邪恶的罪犯，因此所有这些摩尼教徒都在寒冷和野外暴露中丧生。摩尼教分裂成无数的派别和体系，其中最著名的是卡特里派(Cathari)、Aldonistæ教派和Speronistæ教派、伦巴第的Concorrezenses教派、Bagnolenses教派、阿尔比教派(Albigenses)、保罗派(Pauliciani)、巴大尼派(Patarini)、波各米勒教派(Bogomiles)、韦尔多教派(Waldenses)、Tartarins教派、贝格哈德派(Beghards)和里昂穷人派(Pauvres de Lyon)。

我们必须明确，这些异端团体以及它们无穷的分支不仅是错误宗教信仰的拥护者——通过这些信仰，他们在道德上腐蚀所有受他们影响的人——而且也是法律和秩序的敌人。狂热的无政府主义者不会停止追求他们的目的，恐怖主义和秘密谋杀是他们惯用的手段。1199年，两个煽动叛乱者——巴大尼派帕尔马的埃尔玛诺(Ermanno of Parma)和马西的哥达(Gottardo of Marsi)的追随者——卑鄙地暗杀了奥维多(Orvieto)的统治者圣彼得·帕兰佐(S. Peter Parenzo)。1252年4月6日,维罗纳的圣彼得(S. Peter of Verona)从科莫(Como)返回米兰,当穿越一片荒凉的树林时,他被一名受雇的摩尼教亡命徒用斧头击倒。[1] 通过这类行动,摩尼教徒试图恐吓整个地区,并用血和暴力胁迫人们效忠。摩尼教派同时攻击教会和政府,一个铤而走险但计划精密的组织试图摧毁整个社会的构架,并将文明引向混乱。首先,教皇开始察觉到斗争的重要性,他们要求主教们遏制其发展。在1163年的图尔会议(Council of Tours)上,亚历山大三世(Alexander III)召集加斯科涅(Gascony)的主教采取积极的行动镇压这些革命分子,但是在1179年的拉特兰会议(Lateran Council)上,人们发现这些公共秩序的破坏者在朗格多克(Languedoc)煽动了骚乱,会议要求世俗权力阻止罪恶。1184年,鲁西阿三世(Lucius III)在维罗纳颁布训谕《彻底摧毁》(*Ad Abolendam*),其中明确地提到了许多异端派别的名字,包括卡特里派、巴大尼派、谦卑派(Humiliati)、里昂穷人派、Pasagians派、Josephins派和Aldonistæ派。情势迅速发展,
18 并变得严重。异端被搜捕并被处以适当的惩罚,其中并没有死刑。英诺森三世尽管没有对这些规定增加实质性的内容,但是他提供了更完整的视野和更清晰的定义。英诺森三世在教令中明确地提到了控告、告发和审讯,显然这些措施是应对一个意图摧毁现行秩序的巨大秘密会社所必需的,因为摩尼教的所有成员都致力于最热情的宣传,他们的追随者已在欧洲大部分地区呈网状蔓延。摩尼教的成员以"兄弟"和"姐妹"相称,新入会者通过暗号和标记相互辨认,但他们不会向别人泄露他们的秘密。[2] 伊凡·德·纳博讷(Ivan de Narbonne)从该异

---

① 圣彼得的殉难是艺术中有名的主题。提香在威尼斯的多明我会的圣乔万尼与保罗教堂(St. Giovanni e Paolo)中的作品在1867年8月16日毁于大火,但是还有洛伦佐·洛托(Lorenzo Lotto)和贝利尼(Bellini)描绘的关于这个主题的精美绘画。圣彼得的圣祠在米兰的圣埃乌斯托乔教堂(San Eustorgio),他于1253年3月25日被英诺森四世封圣。主要的节日是4月29日。

② Muratori. *Antiquitates italicœ medii œui*, Milan, 1738－1742.

端转变过来，他在给波尔多大主教吉拉尔德斯（Giraldus）的一封信中写道（如巴黎的马太[Matthew of Paris]所引用的），在他旅行的每座城市，他总能够因标记而为人所知。[①]

教区主教在搜捕异端的繁重任务中必须得到协助，因此教皇派遣具有特别权力的代表处理复杂情况。1177 年，在雷蒙德五世（Raymond V）伯爵的特别要求下，圣基所恭（San Crisogono）的红衣主教彼得作为亚历山大三世的代表访问图卢兹地区，以遏制卡特里派学说的蔓延趋势。[②] 1181 年，作为亚历山大教皇的代表，克莱尔沃（Clairvaux）修道院的院长、现为阿尔巴诺（Albano）的红衣主教的亨利（Henry）得到了不同异端领袖的投诚，他有着很大的权力，并罢免了里昂和纳博讷的大主教的圣职。1203 年，作为英诺森三世的代表，卡斯特尔诺（Castelnau）的彼得以及劳尔（Rouel）在图卢兹行动，且似乎是全权代表。第二年，西笃（Citeaux）修道院的院长阿尔诺·阿莫瑞（Arnauld Amaury）加入他们，从而一个在艾克斯（Aix）、阿尔勒（Arles）、纳博讷（Narbonne）等省及邻近主教教区拥有审判异端绝对权力的三人法庭被组建起来。当英诺森三世于 1216 年去世时，一个搜寻异端的机构已经存在；主教法庭通常由一个助理法官（未来的裁判官）监督案件的审讯，他可能还要向教皇代表提交报告。教皇代表必然是有大量紧急事务需要处理的高级教士——例如，阿尔诺·阿莫瑞有相当多的时间都不能参加在克吕尼（Cluny）的全体会议（General Chapter）——渐渐 19
地，越来越多的权力被委托给助理法官，因而助理法官逐渐发展为裁判官，即一种以教皇的名义行动的特别但永久的法官，他们被教皇授予权力和职责以合法地处理反对信仰的罪行。此时，两个新的修道会开始形成，即多明我会和方济各会，其成员因他们的神学训练和誓言的性质而非常适合执行裁判官的任务，并能获得成功。这些成员完全

---

① Gabriel Rosestti, *Disquisitions*, vol. I. p. 27.

② Gervasius Dorobernensis, *Chronicon*.

不受任何世俗动机的影响，所以新的官员自然都从这些修道会中被选拔出来，尤其是其中有学问的等级，因为多明我会认为研究神性很重要。

教皇如此有远见地将异端审判指派给一个特别的法庭而非主教的原因是显而易见的。无须考虑这样的事实，即这些新的职责会严重侵占（如果不是完全占用）一个主教的时间和活动；与此同时，统治大多数教区的高级教士是某些君王的臣民，他们在许多问题上存在冲突，而这些不和的结果会伴随着无尽的政治困难和内部阻碍。一个宗教的、仅向教皇负责的法庭会运作得更公正、更自由，且没有顾虑和偏袒。例如，在挥霍无度的法国国王菲利浦一世（Philip I）那漫长、无益和不名誉的统治时期（1060—1108 年），他邪恶的行为遭到了教会的责难，因为他驱逐了博韦（Beauvais）的主教，并撤销了主教法庭的决议。[①] 教皇格里高利七世（Gregory VII）在给普瓦提埃（Poitiers）伯爵威廉（William）的一封信中[②]积极地宣称，如果国王不停止干扰主教和干涉他们的司法，那么国王将会被逐出教会。格里高利七世在另一封信中抱怨对教会法庭的无礼行为，他对法国的主教说道："你们的国王
20 不能被称为国王，而是受撒旦影响的残酷暴君，他是这些罪恶的源头。因为他（你们的国王）这些日子在实施最恶劣的罪行和最邪恶的事情。"[③]主教和卑劣的君主之间的冲突是历史中的老生常谈。这些麻烦几乎不会出现在久远的法庭案例中。

"审讯"和"裁判官"这两个词在 13 世纪前半叶开始明确地获得了它们被接受的含义。1235 年，教皇格里高利九世（Gregory IX）写信给桑斯（Sens）大主教："要知道我们已经指示在这个王国的外省修道团

---

① *Vita S. Romanœ*. n. 10；Acta SS. die，3 Oct. p. 138. S. Gregorii VII. Lib. I. Epistola 75，*ad Philippum*.

② Labbo. *Sacrosancta concilia*. 18 vols. folio. 1671. Vol. X. col. 84.

③ Quarum rerum rex uester，qui non rex sed tyrannus dicendus est，suadente diabolo，caput et causa est，qui omnem aetatem suam flagitiis et facinoribus polluit. *Idem*，vol. X. col. 72.

体中委任一些适于繁重任务的兄弟作为宗教裁判官，他们要在这个王国中反对所有声名狼藉的作恶者……并且我们也要责令你，亲爱的兄弟，你必须立即热情地委派一些合适的人选建立一个宗教裁判所并准备开始行动。兄弟，勇敢地为主战斗。”①1246 年，英诺森四世写信给方济各会院长，允许他们随意召回“那些被派到异国去宣扬基督十字架的真理，或搜寻与反对异端的兄弟”②。

蔓延于欧洲中世纪的异端以及异端秘密团体是诺斯替教徒和摩尼教徒。诺斯替教兴起于基督教到来的时候，作为一个或多个教派，它混合了基督的教义和异教幻想家的学说，他们宣称有一个更高的、更广泛的知识(Knowledge)，这种学说的第一个倡导者无疑是行邪术者西门(Simon Magus)。曼塞(Mansel)写道：“来自异教哲学的两个问题是由诺斯替教带入基督教启示的，它们是绝对存在的问题和邪恶起源的问题。”③诺斯替教徒否认自由意志的存在，因此邪恶不是人类自愿违反的结果，从某些方面来看，它必定来自造物主本身。大多数支持这种论点的人认为，造物主必定是一个邪恶的力量和黑暗王国的统治者，它反对至高的、不可言说的上帝。这一学说由波斯的诺斯替教派传授，它深受琐罗亚斯德教(Zoroastrianism)的影响，琐罗亚斯德 21
教认为存在着善、恶两种原初且独立的力量。两种力量是相等的，它们在各自的统治权内都是至高的，两者进行着持久的战斗。这一学说尤其得到了叙利亚的诺斯替教徒之支持，包括奥菲派(Ophites)、那西

---

① Sane ... prouinciali ordinis prædicatorum in eodem regno dedimus in mandates, ut aliquibus fratribus suis aptis ad hoc, inquisitionem contra illos committeret in regno præfato ... fraternitati tuæ... mandamus quatenus ... per alios qui ad hoc idonei uidebuntur, festines ... procedere in inquisitionis negotio et ad dominicum certamen accingi. Ripoll et Brémond, *Bullarium ordinis S. Dominici*, I. p. 80. (8 vols. Romæ. 1737, *sqq.*).

② Fratres ... qui ad prædicandum crucem uel inquirendum contra prauitatem hæreticam ... sunt deputati. Wadding. *Annales Minorum*. ed. secunda. 24 vols. Romæ, 1732. *sqq*. III. 144.

③ *Gnostic Herestics*.

尼派(Naasseni)、彼拉特派(Peratæ)和塞特派(Sethians)。在这些派别中,蛇是重要的象征。由于造物主是邪恶的,因此引诱者(Tempter)与蛇是人类的帮助者。事实上,在一些教派中,上帝等同于逻各斯(Logos)。该隐派(Cainites)遵循奥菲派的学说,并得出完全符合逻辑的结论。因为造物主(《旧约》中的上帝)是邪恶的,所以圣经所赞颂的也必定是邪恶的;相反,所有被谴责的则是善的。该隐(Cain)、可拉(Korah)和叛逆者都值得被仿效和赞美。真正的使徒是犹大(Judas Iscariot)。这一信仰在中世纪的路西法派(Luciferians)中非常鲜明;该隐派的仪式在巫魔会中占据其位。①

所有诺斯替教义都被概括在波斯摩尼(Mani)的教义中。公元242年3月20日星期日是沙普尔一世(Shapur I)的加冕礼节庆,当时摩尼是个26岁的青年,他首次在塞琉西亚-泰西封(Seleucia-Ctesiphon)的街道和集市上宣扬他的教义。摩尼在自己的国家没有获得成功,但他的学说在各地生根。276—277年,摩尼被捕,并被沙普尔的孙子巴赫拉姆一世(Bahram I)钉死在十字架上,他的信徒遭到无情的追捕。一旦摩尼教徒被发现,他们就会被快速地审讯、处死,并遭到普遍的仇恨和蔑视。在穆斯林看来,摩尼教徒不仅是不信教者和欺诈的骗子的追随者,而且还是国家不自然的、反社会的威胁。摩尼教徒被忠实的基督徒和宣称穆罕默德是安拉的先知的那些人所憎恨,对此我们不知道确切的原因。但是,摩尼教后来在每个方向都传播到其极致,这或许可以通过如下的事实得到解释:在某种意义上,诺斯替哲学
22 的综合——两种永恒原则(善和恶)的理论——得到了特别强调。此外,历史上的耶稣——“犹太人的弥赛亚,被犹太人钉死在十字架上”——是“一个魔鬼,由于干涉永恒耶稣(Æon Jesus)②的事业而遭受惩罚”,这个永恒耶稣非生非死。随着时间流逝,摩尼复杂的宇宙观消

① Jules Bois. *Le Satanisme et la Magie*, c. 6.

② 诺斯替教将耶稣分成两个存在,一个是神圣的永恒耶稣(divine aeon Jesus),另一个是人性的耶稣(human Jesus)。——译注

失了，但是否定基督的观念被保留了下来。从逻辑上看，基督的敌人成了受敬拜的对象，一个支派（梅赛林派［Messalians］或祈祷派［Euchites］）宣扬神圣的荣耀必须被赋予撒旦。此外，撒旦依靠对基督的每个可能的愤怒而得到安抚。这是公开宣称的明显且简单的撒旦崇拜（Satanism）。卡珀奎提斯（Carpocrates）甚至走得更远，他强调该隐派的教义，并将施行《旧约》中每一种被禁止的罪视为一种神圣的职责，因为这是反抗邪恶的造物主和世界统治者的最彻底的方式。这完全是中世纪女巫的教义，并且其为现代崇拜撒旦者（Satanist）所信奉。尽管摩尼教徒假装纯洁，但是可以肯定的是，并非不洁，而是单独繁衍的行为挑战了其观点，他们秘密地进行了骇人听闻的猥亵。① 特别是梅赛林派教徒吹嘘一篇名为《苦行》（*Asceticus*）的文章，它在431年的以弗所（Ephesus）第三次全体会议上被谴责为"异端的猥亵之书"；5世纪，亚美尼亚通过了特别法令以禁止其不道德行为，因此他们的名字成了"猥亵"（lewdness）的代名词。梅赛林派教派在中世纪以波各米勒派（Bogomiles）的名义继续存在。

我们的注意力已经被引向了这样的事实，即甚至戴克里先皇帝也热衷于反对摩尼教徒。当我们发现尽管瓦伦丁一世（Valentinian I）和他的儿子格拉提安（Gratian）容忍其他的团体，但他们却在372年通过相当严厉的法律时，我们感觉到这样的禁止尤其重要。提奥多西一世（Theodosius I）在381年的一项法令中剥夺了摩尼教徒的公民权和继承权，他在第二年判处他们死刑，并在389年要求严厉执行这些惩罚。

瓦伦丁二世没收了摩尼教徒的财产，废除了他们的遗嘱，并将他们驱逐出境。399年，霍诺里厄（Honorius）恢复了前任的严酷措施；405年，他对那些没有严格执行命令的外省总督或地方官员处以罚款； 23
407年，他宣布摩尼教的成员和公共罪犯没有合法地位；408年，他详

① 的确，圣奥古斯丁并没有以堕落来指责摩尼教徒，但是他们非常谨慎地掩饰了他们的恶行，圣奥古斯丁只是个新入教者和一名听众，他并不了解这些隐秘的可憎行为。

细地重申了之前的律法,以使之没有任何漏洞。423年,提奥多西二世再次重申了这一法令,同时瓦伦丁三世在425年和445年通过了新的法令。安纳斯塔苏皇帝(Anastasius)再次要求处以死刑,这得到了查士丁皇帝(Justin)和查士丁尼皇帝(Justinian)的支持,他们从摩尼教转变过来,并且没有马上谴责信奉同一宗教的前任。意在根除这一信仰的一系列法令具有独特的重要性。

约660年,一个摩尼教的派别保罗派(Paulicians)出现了,它否认《旧约》、圣礼和神职体系。835年,保罗派被认定为政治性的,其立志于革命和无政府主义。970年,约翰·齐米塞斯(John Zimisces)修复了在色雷斯(Thrace)的总部。1115年冬天,亚历克西斯·科穆宁皇帝(Alexis Comnenus)居住在菲利波波利斯(Philippopolis),他公开承认要转变摩尼教徒的信仰,而结果仅仅是异端被迫西行,并在法国和意大利迅速传播。

波各米勒派(Bogomiles)也是摩尼教徒,他们公开崇拜撒旦,否认弥撒和基督受难,用邪恶仪式代替洗礼,并拥有一个特殊版本的《约翰福音》。如同卡特里派,这些可怜人在法国的中心是图卢兹,在德意志的中心是科隆;在意大利,米兰、佛罗伦萨、奥维多(Orvieto)和维泰博(Viterbo)是他们的集会地。波各米勒派的集会通常露天,在山上或在幽静山谷的深处举行;他们的仪式十分秘密,但我们知道他们在夜间举行圣餐礼(Eucharist)或安慰礼(Consolamentum)。所有人围着铺着白布的桌子呈圆形站立,四周点着许多火把,仪式在阅读他们改编过的福音书的十七韵诗的第一首中结束。面包被掰碎,但有一个传统:根据基督教的规定,仪式的言辞不会被念出;在一些情况中,它们完全被忽略了。

11世纪,很多秘密组织在欧洲传播,它们的信徒秘密地举行体现
24 他们信仰的隐秘仪式,其主要特征是崇拜恶魔。除了撒旦崇拜(或被称为"巫术"),还能是什么?的确,当这些异端与天主教会产生激烈的冲突时,他们丧失了各种非本质的添加物和东方放纵思想的微妙,但

摩尼教教义和巫术的目的是相同的，对摩尼教徒和女巫的惩罚也都是火刑柱。这些异端被视为巫师（sorcerer）之事实可以解释（其他的都无法解释）反对他们的法令的严厉性，摩尼教徒和术士（warlock）早在11 世纪就被等而视之。

卡尔·哈斯（Carl Haas）是一位博学和公正的权威，他认为中世纪
的邪术（sorcery）源自早期的异端，需如同基督教当局对付异端般对付
不断蔓延的巫术。两者皆是怀疑和无信仰的结果，都是一种混乱的想
象、高傲和自大，以及智力的傲慢；两者都是病态的幻想，它们在阴暗
和罪恶中快速滋长，直至正确的推理和有益的力量明确地反对它们。
《女巫之锤》（*Malleus Maleficarum*）的作者明确地将异端和巫术等而
视之。当班贝格（Bamberg）的君主主教冯·多海默（John George II
Fuchs von Dornheim，1623—1633 年在位）建造了一个专门安置巫师
的监狱（*Drudenhaus*）时，他在门上雕刻了正义女神的形象以及维吉
尔的诗句："*Discite iustitiam moniti et non temnere Diuos.*"（你们要
学习实践正义，不要侮慢神灵。）（《埃涅阿斯纪》，VI，620）左右两边
刻有出自《列王记上》（ix. 8,9）的词句，一为拉丁文，一为德语，后面
则是英文："这殿虽然甚高，将来经过的人必惊讶、嗤笑，说：'耶和华
为何向这地和这殿如此行呢？'人必回答说：'是因此地的人离弃领他
们列祖出埃及地之耶和华他们的神而去亲近别的神，侍奉敬拜他，所
以耶和华使这一切灾祸临到他们。'"这是对迫害女巫的基本动机和 25
基督教当局立场的一个简要概述，基督教学者们合理且合逻辑地认
为邪术在本质上是异端，其需以相同的措施被镇压，以相同的刑罚被
处罚。

巫术和异端之间的紧密相关性中存在着一个值得被注意的事实，而它的重要性并没有引起人们的关注。17 世纪上半叶（即宗教大动乱的时代之后），英格兰爆发了诉讼狂潮，由玛丽一世女王发起的天主教复辟工作由于她妹妹的傲慢、欲望和卑鄙而遭到了破坏。在苏格兰，由于受到加尔文和诺克斯（Knox）的毒害，火刑和绞刑几乎没有停止

过。显然,异端迅速引发了巫术。爱尔兰曾异乎寻常地免于巫术诉讼,除了罕见的例外——如 1324 年的艾丽丝·凯特勒夫人(Dame Alice Kyteler)之案例——记录的案例很少属于 17 世纪,且很少由新教发起。出现这种情况的原因是很简单的,即在外来者强行进入爱尔兰之前,那里并不是异端的据点。我们知道,爱尔兰人坚定地相信女巫,但是魔鬼的爪子受到了很好的束缚。

1022 年,大量摩尼教徒因罗贝尔一世(Robert I)的命令而被活活烧死。这些摩尼教徒在奥尔良宗教会议上遭到谴责,但他们拒绝放弃错误。[1] 一份当时的文件明确地将这些摩尼教徒视为巫师和魔鬼的崇拜者,魔鬼以动物的形象出现在他们的面前。此处提到了一些令人厌恶的仪式,这可与斯普伦格(Sprenger)[2]、博丹[3]、博盖[4]、德·朗克雷(De Lancre)[5]、瓜佐(Guazzo)[6]以及其他人的著作相比。文件提到:"在我们转向其他细节之前,我将相当详尽地告诉那些对这些事情还一无所知的人,那些他们所称的天上的食物(Food from Heaven)是如何被制作和准备的。在一年中的特定夜晚,他们齐集在一个指定的房屋中,每个人手中都提着一盏灯。然后,他们开始吟诵各种恶魔的名字,就好像念连祷文一般,直到魔鬼以动物或其他形象出现在他们面
26 前。当魔鬼以某种神秘的方式出现在大家面前时,他们迅速熄灭亮光,并且每个人都迅速抓住身边最近的女人……当一个孩子碰巧出

① Extra ciuitatis educti muros in quodam tuguriolo copioso igne accenso …cremate sunt. *Gesta synodi Aurelianensis*. Arnould. *L'Inquisition*. (Paris, 1869). VI. p. 46.

② 雅各布·斯普伦格(Jocobus Sprenger)是《女巫之锤》(*Malleus Maleficarum*)的作者。——译注

③ 让·博丹(Jean Bodin)著有《巫师的恶魔狂热》(*On the Demon-Mania of Witches*, 1580)。——译注

④ 亨利·博盖(Henri Boguet)著有《关于巫师》(*Discours des sorciers*, 1602)。——译注

⑤ 皮埃尔·德·朗克雷(Pierre de Lancre)著有《对邪恶天使善变品质的描述》(*Tableau de l'inconstance des mauvais anges*, 1610)。——译注

⑥ 瓜佐(Francesco Guazzo)著有《女巫手册》(*Compendium Maleficarum*, 1608)。——译注

生……在第八日他们便聚集在一起，在中间点燃火堆，然后根据古代异教的献祭，将孩子仪式性地穿过火堆，最后置于火中焚烧。灰烬被收集和保存，如同基督徒希望保存圣餐般尊敬，他们给那些濒死的人一些灰烬，就好像这是临终圣餐。这种力量似乎是魔鬼注入灰烬之中的，一个异端如果碰巧吃了哪怕是很少的灰烬，那么他就几乎不会被说服放弃异端学说并转到正确的信仰上来。提供这些细节已经足够了，作为对所有基督徒不要参与这种可憎行为的一个警告，上帝禁止人们因好奇心而去探察这些事情。”①

1661年，在福法尔（Forfar），海伦·格思里（Helen Guthrie）和另外四个女巫在靠近教堂东南门的墓地内挖掘出一个未经洗礼的婴儿的尸体，“她们取下它的一些肉（如脚、手、头和臀部），并将之做成可以食用的饼，通过这种方式，她们认为自己不会招供巫术的事情”②。

1022年和1661年的信仰是一样的，因为是相同的组织。坚定的异端分子韦尔多派（Vaudois）的名声在伏都（Voodoo）崇拜中被保存了

① Sed antequam ad conflictum ueniamus, de cibo illo, qui cœlestis ab illis dicebatur, quail arte conficiebatur, nescientibus demonstrare curabo. Congregabantur si quidem certis noctibus in domo denominata, singuli lucernas tenentes in minibus, ad instar letaniæ demonum nomina declamabant, donec subito Dæmonem in similitudine cuiuslibet bestiolæ inter eos uiderent descendere. Qui statim, ut uisibilis ille uidebatur uisio, omnibus extinctis luminaribus, quamprimum quisque poterat, mulierem, quæ ad manum sibi ueniebat, ad abutendum arripiebat, sine peccati respectu, et utrum mater, aut soror, aut monacha haberetur, pro sanctitate et religione eius concubitus ab illis æstimabatur; ex quo spurcissimo concubitu infans generatus, octaua die in medio eorum copioso igne accenso probabatur per ignem more antiquorum Paganorum; et sic in igne cremabatur. Cuius cinis tanta ueneratione colligebatur atque custodiebatur, ut Christiana religiositas Corpus Christi custodire solet, ægris dandum de hoc sæculo exituris ad uiaticum. Inerat enim tanta uis diabolicæ fraudis in ipso cinere ut quicumque de præfata hæresi imbutus fuisset, et de eodem cinere quamuis sumendo parum prælibauisset, uix unquam postea de eadem heresy gressum mentis ad uiam ueritatis dirigere ualeret. De qua re parum dixisse sufficiat, ut Christicolæ caueant se ab hoc nefario opera, non ut studeant sectando imitari. Schmidt. *Histoire et doctrine des Cathares ou Albigeois*. Paris. 1849. I. p. 31.

② G. R. Kinloch. *Reliquiæ Antiquæ Scoticæ*. Edinburgh, 1848.

下来，伏都崇拜是非洲的拜物教或被移植到美洲土地上的巫术。

1028年，阿尔都因伯爵(Count Alduin)在安格雷姆(Angou-lême)烧死了很多摩尼教徒，编年史写道："Interea iussu Alduini flammis exustæ sunt mulieres maleficæ extra urbem."(大约在这时，一些邪恶的妇女和异端在阿尔都因的命令下在郊外被烧死。)[①]圣殿骑士团被镇压，他们的成员以邪术罪的名义被处死。圣殿骑士团显然是诺斯替异端的团体和积极的宣传者，其与波各米勒派(Bogomiles)和曼达派(Mandæans)或约翰耐德派(Johannites)有着紧密的联系。[②]

27 在近期的研究著作《摩尼教徒的宗教》(*The Religion of the Manichees*)[③]中，布斯基特博士(Dr. F. G. Buskitt)用大量有意思的细节和研究竭力向我们展示波各米勒派、卡特里派、阿尔比派和其他不纯洁的团体仅仅是从摩尼教中获取了他们教义的片断，并且他明确地论述道："我认为以摩尼教徒的名义称呼这些派别容易引起误解。"不去考虑布斯基特博士机敏的辩论所留有的历史事实，我们勉强可以承认各种诺斯替教派令人憎恶的信仰可能来自或发展自摩尼的真实教义。然而，这些团体的邪恶依然被包含在摩尼教的异端学说中，并且是其逻辑上的必然结果。

20世纪初，重要的摩尼教手稿被发现。三四个到中国新疆的考察队带回了大量的片断，尤其是从吐鲁番的邻近地区。这些片断用摩尼教徒特有的文字书写，其中一些能被释读；尽管不幸的是，新发现的文献仅仅是些从书本和卷轴中被撕下的碎片，并且是用尚未完全了解的语言所书写的。新教义中的大部分内容是狂热和奇异的通神论(theosophy)，如我们所知，入会者十分狡诈，他们不将深奥的和真实的教义诉诸文字，而是倾向于口传。一篇重要的文献——*Khuastuanift*，

---

① Adhémar de Chabannes. (A monk of Angoulême.) *Chronicon*, *Recueil des historicus*, vol. X. p. 163.

② Fabré Palaprat. *Recherches Historiques sur les Templiers*, Paris, 1835.

③ Cambridge University Press, 1925.

即《忏悔录》（*Confession*）——被完全复原，它是用古老的突厥语书写的，其中充斥着矛盾（contradiction）或悖论（paradox），以及双重意义和细微的统一。

那么问题被提出来了，即我们是否应该视摩尼教为一个独立的宗教或基督教的一个异端？5 世纪时的亚美尼亚作者科尔布的埃兹尼（Eznih of Kolb）攻击琐罗亚斯德教（Zoroastrianism），他显然视摩尼教为波斯宗教的一个变种。从执事马克（Mark the Deacon）开始，正统的文献都大体上视摩尼教为基督教的一个异端，这无疑是正确的观点。在未被保存得很好的一页中存有一个辩论的片断，摩尼教作者在其中 28
说了大量亵渎的语句，并卑劣地攻击那些称呼玛利亚（Mary）之子（巴尔·满艳［*Bar Maryam*］）为上主（Adonay）的儿子的人。

此处我有必要说两句，以纠正一种流行于一定地区的关于阿尔比教派的古怪过时的误解和一种我们偶尔受其影响的错误，如格兰塞夫人（Mr. Grenside）所写，阿尔比教派是“一个 14 世纪的派别，其因秘密的教义而受到教会的迫害”[①]。阿尔比教徒给人的印象是一个严厉的新教牧师，其手持圣经和剑，并用牧师的计谋对抗攻击他的土匪以保卫家园，这种印象在 70 年前并非完全不同寻常。当然，事实并非如此。阿尔比教徒是崇拜撒旦者和邪恶力量的崇拜者，在克伦威尔统治下的清教英格兰，他们可能会获得简短的忏悔和火刑，而在信奉加尔文教的苏格兰，他们的实践会被苏格兰教会（Kirk）隐约猜到。如阿兰德赞博士（Dr. Arendzen）所说[②]：“阿尔比教派并非一个反对基督教和天主教会的真正的异端，它是一个反对自然的叛乱，以及对人类本能的致命颠倒。”

19 世纪末，一个新诺斯替教会由法布尔·德·艾萨尔（Fabre des Essarts）建立，然而教皇利奥十三世（Leo XIII）迅速地以适宜的严厉

---

① *The Philosopher*, July-August, 1924.

② *The Philosopher*, January-March, 1925. *The Albigenses*, pp. 20－25. 整篇文章持有极大的克制，值得一读。

态度将它谴责为旧阿尔比异端的复苏，并遣责其附加了新的错误的和不敬的教义。此教会仍有大量不幸的追随者。这些新诺斯替教徒相信世界是由撒旦创造的，它是全能的上帝强有力的对手；他们也鼓吹一种危险的共产主义，尤其是在诸如“人类的兄弟会”(Brotherhood of Man)、“民族的兄弟会”(Brotherhood of Nations)等一些名目的伪装下。

1900年，在里昂的世界诺斯替教的宗主教(patriarch)乔安尼·布里科(Joanny Bricaud)①(他在1913年时住在里昂的比戈[Bugeaud]街8号)的一封信之后，新诺斯替教徒与华伦提努派(Valentinians)联合，并于1903年得到了图卢兹伪宗教会议(Pseudo-Council)的同意。但是，在几年后，里昂的福盖伦博士(Dr. Fugairon)采用了索福罗尼乌斯(Sophronius)的名字，并不顾华伦提努派的反对，在里昂诺斯替教会
29 (Gnostic Church of Lyons)的名义下合并了所有的分支。尽管被排除在外，但这些团体继续遵循自己的救赎之路，他们于1906年正式向共和国政府提交了法律声明，要求保护他们团体的宗教权利。于斯曼斯(Huysmans)告诉我们，撒旦崇拜确实在里昂蓬勃发展，“où toutes les heresies survivent”(在那儿每个异端都在发展)。这些诺斯替团体由男女“完人”(perfected ones)组成。现代华伦提努派有一种精神婚姻，神秘的新娘以海伦为名。根据圣伊皮凡尼乌斯(S. Epiphanius)(*Hœresis* XXXI)所言，这个团体的最初创建人华伦提努(Valentinus)出生在埃及，并在亚历山大接受教育。华伦提努因自身的错误而被逐出教会，并于大约160—161年死于塞浦路斯。华伦提努的异端思想是希腊思想和东方思想的奇异混合，并带有一些含糊的基督教色彩。尤其是华伦提努的基督论(Christology)被混淆了。华伦提努似乎假设存在三个救世主，但玛利亚的儿子基督并不具有真实的身体，也没有受难。

---

① 他的作品包括：*Éléments d'Astrologie*；*Un disciple de Cl. de Saint-Martin, Dutoit-Membrini*；*Premiers Éléments d'Occultisme*；*La petite Église anticoncordataire, son état actuel*；*J.K. Huysmans et le Satanisme*；*Huysmans, Occultiste et Magicien*。

甚至华伦提努的那些著名的弟子——如赫拉克利翁（Heracleon）、托勒密（Ptolemy）、马库斯（Marcos）和巴尔德撒纳斯（Bardesannes）——彼此之间观点不同，而且与他们的导师亦有很大的不同。这些诺斯替教徒的许多著作以及大量华伦提努著作的摘要仍然存在。

19世纪时的一两位作者注意到巫魔会仪式中的一些元素与各种异教仪式之间的联系，这显然是很正确的意见。我们已经注意到，自11世纪起存在于欧洲的巫术主要是诺斯替异端的产物。就其性质而言，异端含有并吸收了大量异教的东西。在某种意义上，巫术是前基督教古老魔法的派生物，但其呈现出一种略有不同的形式，而在基督教出现时，它被揭露出崇拜邪恶力量与人类的敌人——撒旦——之邪恶本质。

人们可能会坦率地承认存在着与基督教和古代宗教相同的符号。30
当教会在希腊—罗马文明中试图传播它的教义时，教会为了与大众交流而采用了一种人们完全不熟悉的语言，并且系统地批判直到那时仍被用于表达宗教情感的一切，这的确是令人惊奇的。

在种族和文化习俗的界限之内，解释精神情感的方式不能被无限地改变。新宗教应该选出并合并仪式中好的东西，而其中大部分内容仅仅是需要被正确地解释，并被指引成为信仰唯一真神的基督教精神的语言。祷告和崇敬的明确态度，圣殿中被日夜使用的香和灯，以及作为受恩证明的还愿物，所有这些都是人类对神圣权力的虔诚和感恩之自然表达，如果它们的对等物并没有在所有宗教中出现，那么这的确有点奇怪。

西塞罗告诉我们，阿格里根图姆（Agrigentum）有一座非常受人尊敬的赫拉克勒斯雕像，它的嘴和下颚由于受到许多礼拜者的亲吻而出现磨损。[1] 首位教皇圣彼得在罗马的青铜雕像的脚并没能经受住信徒的虔诚之吻。想象现代基督徒从威勒斯（Verres）的西西里同时代人

① *In Uerrem*. IV. 43.

身上学习是愚蠢的。真相是类似环境中的相同思想在几个世纪的间断之后，在同一的行动和态度中找到了自然的表达。

在希腊人之中，英雄被视为某些神的凡人子嗣，他们在出生或施过恩惠的城市尤其受到尊敬，并在死后成为这些城镇的保护者。每个地区——甚至每个村庄——都有地方神灵，人们竖立纪念碑并向他们祷告。祈祷的地点通常是英雄的坟墓，其通常被建造在市集的中央，从而位于公共生活的中心。英雄的坟墓通常为一种被称为ἡρῷον的礼拜堂的建筑物所保护。著名的神殿通常也为大量的英雄纪念碑所装
31 饰，犹如基督教教堂中受到尊敬的圣徒们的圣祠。[①] 此外，在希腊，尸骸或骨灰的转移是很普遍的。公元前469年，阿浦塞费翁(Apsephion)作为雅典执政官将提修斯(Theseus)的遗体从斯科勒斯(Scyros)带到了雅典，并在祭品和凯旋般欢乐的气氛中将遗体运送进城。[②] 底比斯在特洛伊重新找到了赫克托耳王(Hector)的尸骸，并将俄狄浦斯的尸骸赠予雅典，将阿塞西劳斯(Arcesilaus)的尸骸赠予列巴狄亚(Lebadea)，将阿伊基阿莱乌斯(Aigialeus)的尸骸赠予迈加拉(Megara)。[③]

这些古代习俗与基督教之间的相似性可能会更多。犹如属于圣徒的物品在我们的教堂中可供信徒礼拜，因此游客在古老的教堂中会表现出各种能够引起敬意的与某一神或英雄相关的好奇心。在米尼希·特雷吉尔(Minihi Tréguier)，我们能够礼拜圣伊夫(S. Yves)祈祷书的残片；在桑斯(Sens)，我们能够礼拜坎特伯雷(Canterbury)的圣托马斯的圣衣；在贝叶(Bayeux)，我们能够礼拜圣雷诺伯特(S. Regnobert)的十字褡；在圣玛丽亚·马焦雷(S. Maria Maggiore)，我们能够礼拜圣思嘉(S. Scholastica)的腰带和面纱。因此，希腊各地展示着帕里斯(Paris)的西塔拉琴(cittara)、俄耳甫斯(Orpheus)的竖琴，

---

① H. Th. Pyl, *Die griechischen Rundbauten*, 1861, p. 67, *sqq*.

② Plutarch, *Theseus* 36; *Cimon* 8.

③ 帕萨尼亚斯(Pausanias)在这方面是权威。参见 Rohde *Psyche*, I. p. 161。

以及阿伽门农(Agamemnon)和埃涅阿斯(Æneas)的战舰残骸。难道还需要进一步的证据证明对圣迹的崇拜仅仅是异教的残留吗？

这一理论表面上看似有理，然而在历史评判面前却无法成立。对圣徒及其遗迹的崇拜并不是古代英雄崇拜的结果，而是对殉教者崇拜的结果，这可以被毫无疑问地加以证明。因此，我们在这里有两个惊人的相似物，每个都有类似的出发点，以及按照逻辑和相似的路线自然发展起来的仪式，但无论如何，二者没有相互影响。毋庸赘言，不可靠的民俗学者通常不对自己的说法提出任何质询，而是运用自己的理论仓促行事。巫术体现在巫魔会仪式和其他直接源自异教的恶魔迷信的仪式之中，但情况事实上远非如此。因此，我们承认默里(Miss M. A. Murray)在她的人类学研究著作《西欧的巫术崇拜》(*The Witch-Cult in Western Europe*)[1]中的论点是完全错误的，尽管作者有着杰出的才智和大量的材料。默里事实上假定“被置于基督教之下的 32
是由社会很多阶层所实践的仪式”，“这可以被追溯到前基督教时代，其似乎是西欧的古代宗教”。我们有着关于这种想象之崇拜的主要节日、等级、组织以及其他许多细节的完整记录。盛宴和舞蹈——巫魔会的淫秽行为——“表明这是一个欢乐的宗教”！不可能再构想一个更令人惊异的断言了。默里继续说道：“那些镇压它的阴郁裁判官和改革者同样令人无法理解。”改革者尽管严厉，但他们重视自己的所作所为；裁判官是热衷于施舍的圣道明(S. Dominic)和对众生有着基督般关爱的圣方济各(S. Francis)的继承者，他们有着渊博的知识和深切的同情心，他们的首要职责是扑灭精神上的腐蚀，以防止整个社会的堕落。默里似乎并不怀疑巫术确实是一种邪恶的和有害的异端，以及摩尼教徒的毒害。默里将这种“古代宗教”命名为“黛安娜崇拜”(Dianic cult)，并认为其直至中世纪甚至更晚近时仍然存在，并且是基督教的强大对手。这种崇拜正是邪恶异端和撒旦崇拜，其有着前农业

① Clarendon Press，1921.

仪式的非原始信仰，并在近期被迫害和误解。的确，中世纪的基督教有一个敌人（并非对手），它是教会永远的敌人，与上帝之城相对的那个城的黑暗主人，以及毁灭和绝望的恐怖阴影。

默里不辞辛劳地收集了大量的细节，用以构建和支持她想象的主题。甚至那些流行于野蛮人和堕落者中间的更骇人听闻的异教仪式的邪恶崇拜（欲望的、残酷的），也不能提供关于更早期宗教的连续性
33 之证据；同时，默里目前为止所引用的大量事实都是偏斜的，尽管是无意地被曲解。例如，默里提到女巫“如同早期基督教的殉教者，鲁莽地冲向自己的命运，为了他们的信仰和上帝决定赴死”。[①] 之后，默里讨论了“上帝的献祭”，这是一个有趣且重要的主题，民俗学家依据不充足且完全矛盾的证据，以及大量的理论和故事，以更具想象力的方式对其进行阐述。默里告诉我们，死刑执行者烧死女巫是“人格化神的献祭”。[②] 人们可能会假设遭受谴责的人愉快地和自愿地走向最为残酷和痛苦的惩罚，因为其中使用了词语“献身死亡”（Self-devotion to death）。相反，我们继续在巫术审判中发现罪犯试图通过各种方式从厄运中逃脱：通过飞行，如吉尔斯·德·莱斯（Gilles de Rais）的同伙吉尔·德·希雷（Gilles de Sillé）和罗杰·德·布里克韦尔（Roger de Bricqueville）的案例；通过冗长且持久的辩护，如艾格尼丝·费尼（Agnes Fynnie），她于 1644 年在爱丁堡被处死；通过有影响力的保护人的威胁和勒索，如彼得文（Pittenween）的老贝蒂·兰恩（Bettie Laing）平安地于 1718 年逃脱；以怀孕为借口，如沃博伊斯（Warbois）

---

① *The Witch-Cult in Western Europe*, p. 16. 的确，13 世纪时鼓吹亚当派异端（Adamite heresy）的自由精神兄弟会和无政府主义者唱着欢乐的赞歌走向绞架，但他们有可能服用了药物。J. L. Mosheim, *Ecclesiastical History*. London. 1819. III. p. 278. *sqq*. 亚当派是一个淫乱的教派，他们称自己的教会为天堂，并崇拜裸体。亚当派是诺斯替教徒，他们宣称从道德戒律中完全解放，他们过着无耻的共产生活。波希米亚的亚当派一直存在到 1849 年。在俄罗斯，*teleschi* 被称为“神圣之人”（Divine Men）的一个分支，他们在自然的状态中——如他们自己所声称的——追随伊甸园中亚当和夏娃的例子来进行他们的宗教仪式。这些集会通常以乱交告终。

② *The Witch-Cult in Western Europe*, p. 161.

女巫塞缪尔大妈(Mother Samuel)，她于 1593 年 4 月 7 日死于绞刑架；通过自杀，如声名狼藉的术士约翰·里德(John Reid)，他于 1697 年在佩斯利(Paisley)的狱中自缢。

关于理论性的“人格化神的献祭”，默里写道：“这种解释说明了男巫或女巫的身体通常被焚烧以及骨灰被抛撒之事实；说明了到 18 世纪仍然存在反对任何处置他们身体的其他方式的巨大偏见；说明了与特定受害者的死亡相联系的其他不可解释的事件。”[①]默里引用了三个事例来证明这三个论点，但是没有一个事例可以提供最细微的证据以支持它们。首先，我们知道，“根据这个理论，围绕着圣女贞德的命运的很多神秘事件可以得到解释”。秘密如何不被泄露，但是这被圣女 34
贞德“属于古代宗教，而非基督教”的令人震惊的和不恰当的断言掩盖。声称没有一点证据可以证明关于圣徒的这一令人惊异的假设之做法是多余的。

默里接着引用吉尔斯·德·莱斯的案例来支持其假设，这是一个非常不幸的案例。默里认为，“同贞德一样，吉尔斯·德·莱斯愿意为他的信仰受审”，即想象的“黛安娜崇拜”。这是一个毫无根据的论断，其既不能通过吉尔斯·德·莱斯在审讯中的行为得到证实，也不能通过审讯的官方记录或报告中的细节得到证实。

吉尔斯·德·莱斯在一个火刑柴堆之上的绞架上被吊死，但当火烧过绳子的时候，他的身体被迅速从燃烧的木头上带走，然后被葬在邻近的加尔默罗会修道会(Carmelite)的教堂。人们可以比较萨佛纳罗拉(Savonarola)和他的两个随行修士于 1498 年 5 月 25 日被处死的案例，他们在绞刑架上被绞死，尸体被焚烧，骨灰被仔细收集并撒入阿尔诺河(Arno)。吉尔斯·德·莱斯遭到三个地区法庭的审判，他被宗教裁判所副主席南特主教让·德·马雷特洛伊(Jean de Malestroit)和副裁判官、神学大师让·布鲁恩(Jean Blouyn)宣判犯有异端罪和巫

① *The Witch-Cult in Western Europe*, p. 161.

术罪，被主教法庭宣判犯有渎圣罪和违反教会权利，以及被约翰五世(John V)和布列塔尼公爵的世俗法庭宣判犯有多项谋杀罪。

默里第三个引用的是韦尔的例子，他“奉献自己，并在爱丁堡作为巫师被处死”。托马斯·韦尔(Thomas Weir)是一位伪善的清教徒，他是一个“长老会严格教派的”领袖，并在爱丁堡被视为圣徒。托马斯·韦尔一直秘密地过着骇人听闻的放荡生活，并犯有令人憎恶的、违背社会规范的罪行。1670年，即托马斯·韦尔70岁那年，他似乎遭受了懊悔与绝望的袭击；罪恶感使他到了发疯的边缘，以至于他只能通过对自己的罪行进行一次完整的和公开的忏悔才能减轻痛苦。在
35 一段时间内，托马斯·韦尔的同伴为了避免丑闻和耻辱而试图压制这件事，但是一位“他们认为拥有超越智慧的”高级成员向市议会议长透露了这个秘密，于是一场调查开始了。这个可怜的老人不停地宣称“上帝施于他灵魂上的恐怖迫使他忏悔并自我谴责”，他与涉案的疯狂姐妹琼(Jean)一起被捕。“托马斯·韦尔在狱中一直处于对上帝巨大愤怒的极其强烈的忧惧之中，这使他陷入绝望”，他对探监的各位高级成员宣称：“我知道对我的判决已经被密封在天堂了……因为我在灵魂之内只能发现黑暗和在地狱之底燃烧的地狱之火。”[1]整个记录提供了一个完整的、十分易于理解的心理学研究。如此突然的情感剧变、对邪恶行为的厌恶以及对此完全无法忏悔的情感，这对于一个70岁的老人来说是可以理解的，他因常年劳累而身体消瘦，以及因经常扮演人为的和艰难的角色所产生的巨大压力而精神虚弱。精神不稳定者的强烈感情不易被察觉，其最终将变为狂怒，精神病学家马格南(Magnan)为此杜撰了“焦虑妄想症”(Anxiomania)一词，以指代一种迅速驱使病人陷入歇斯底里的忏悔和无限绝望的精神疾病。一位作者在提到韦尔时说道：“我确信犯人在审判中发疯了。”[2]韦尔的姐妹疯

---

[1] *Additional Notices of Major Weir and His Sister*; Sinclar's *Satan's Invisible World*. (Reprint. 1875).

[2] *Criminal Trial*, 1536－1784; Hugo Arnot, 4to, 1785.

狂地控告他犯有巫术罪，但是在这个案例中，这项指控并没有被采纳和调查。我并不是说韦尔没有被认定为术士，事实上他在这方面素有恶名，并且存在着关于他的法术和魔法的奇异故事，但是巫术罪在官方法庭上并不是针对他的主要指控。韦尔被判犯有通奸、乱伦、兽奸等罪名，并被判处于1670年4月11日星期一在爱丁堡和利斯(Leith)之间的绞架上被绞死，然后被焚尸。琼·韦尔被判处乱伦罪和巫术罪，并于1670年4月12日在爱丁堡的格拉斯市场(Grassmarket)被吊死。最终，这个不幸的疯子“对圣约的无限忠诚保持了很大的信心，这 36
被琼·韦尔称为基督的事业和权益”①。

我们可以发现，默里的引文是不正确的，并且与主题无关。韦尔并没有“作为巫师”被处死。此外，韦尔和吉尔斯·德·莱斯事实上是被绞死的，这样的例子不能说明“男巫或女巫的身体通常被焚烧以及骨灰被抛撒之事实”；尤其在后一个例子中，我们注意到尸体被体面地安葬在加尔默罗会教堂中。总之，无论如何巧妙，尽力根据民俗学家关于“人格化神的献祭”之理论建立起圣女贞德的命运、吉尔斯·德·莱斯和韦尔的处决之间的联系不过是想象。

整个事件的要点在其他地方。火刑是对异端的惩罚。如我们已经看到的，戴克里先皇帝残酷地烧死摩尼教徒：“我命令对导师和教师施以极刑，他们要与他们所有极坏的著作一起被焚烧。”②西哥特人的法典判处犯有渎圣罪的异教或异端以及所有的摩尼教徒以火刑：“众所周知，许多地方总督将亵渎者扔给野兽，小部分人甚至被活活烧死。”③拉基斯文斯(Rakeswinth，652－672)的西哥特法典对皈依犹太教者处以死刑，“aut lapide puniatur，aut igne cremetur”(向他们投掷石头或处以

① *Ravillac Rediuius*, Dr. George Hickes, 4to, 1678.

② Iubemus namque, auctores quidem et principes, una cum abominandis scripturis eorum seueriori pœnæ subiici, ita ut flammeis ignibus exurantur. *Baronius*, 287,4.

③ Scio multos [Proconsu[esl et ad bestias damnasse sascrilegos, nonnullos etiam uiuos exussisse. *Lex Romana Visigothorum nouella*, XLVIII, tit. xiii. c. 6－7.

火刑)。但是,事实上是世俗权力在 11 世纪时首先颁布法令对异端施以火刑,这些异端被认为是致力于摧毁一切社会秩序、权威和准则的疯狂的无政府主义者。安格雷姆(Angoulême)的一位修士阿德玛·德·夏巴内(Adhémar de Chabannes)约于 11 世纪中叶时写道:"在意大利发现了很多这种有害信仰的追随者,这些不幸的人被剑刺死或被烧死。"[1]列日主教瓦松(Wazon)在一封信中也提到了在佛兰德斯的类似惩罚。

关于困扰 12 世纪初期欧洲的异端无政府主义者的一个引人注目
37 的例子可以在坦彻林(Tanchelin)[2]和他的追随者中被发现。这个狂热者原先是西兰岛(Zealand)的居民,他在佛兰德斯鼓吹荒谬的教义,并且在各处都有听众,尤其是在安特卫普。在 1108 年和 1109 年,这个狂热者出现在阿拉斯(Arras)和康布雷(Cambrai),他说服很多邪恶和无知的人接受他那令人厌恶的信条。十分重要的是,在三个世纪之后,大约在 1469 年,整个阿图瓦(Artois)地区出现了严重的巫术流行,当时一本名为《加沙里安人的错误》(*Erreurs des Gazariens ou de*

---

① Plures etiam per Italiam tunc huius pestiferi dogmatis sunt reperti, qui aut gladiis, aut incendiis perierunt.

② Tanchelinus, Tandemus, Tanchelmus。这场重要的革命运动之历史已被仔细地研究了。下列权威著作具有重要价值和学术性。*Corpus documentorum Inquisitionis hereticæ prauitatis neerlandicæ*, ed. Dr. Paul Frédéricq, vol. I, p. 15 *et sqq.* Ghent, 1889; *Tanchelijn* by Janssen in the *Annales de l'académie Royale d'archéologie de Belgique*, vol. XXIII, p. 448 *et sqq.* 1867; Foppens, *Historia Episcopatus Antuerpiensis*, p. 8 and p. 146, Brussells, 1717; Dierxsens, *Antuerpia Christo nascens et crescens*, vol. I, p. 88, Antwerp, 1773; Poncelet, *Saint Norbert et Tanchelin* in the *Analecta bollandiniana*, vol. XIII, p. 441, 1893; Schools, *Saint Norbert et Tanchelin à Anvers* in the *Bibliothèque norbertine*, vol. II, p. 97, 1900; De Schapper, *Répense à la question: Faites connaître l'hérésiarque Tanchelin et les erreurs qu'il répandit au commencement du XIIIe siècle* [an error for *XIIe siècle*] in the *Collationes Brugenses*, vol. XVII, p. 107, 1912. L. Vander Essen, *De Katterij van Tanchelm in de XIIe eeuw in Ons Geloof*, vol. II, p. 354, 1912; *Antwerpen en de H. Norbertus* in the *Bode van Onze Lieve Vrouw van het H. Hert van Averbode*, Nos. 18 and 19, pp. 207-211 and 217-220, 1914.

ceux que l'on prouve chevaucher sur un balai ou un bâton)的书的无名作者(可能是一名裁判官)明确地将加沙里安人视为异端,并称他们是卡特里派和韦尔多派(伦巴第穷人[Poor Lombards]),以及术士和巫师。1112 年,坦彻林在从罗马回来后被捕,并被投入科隆的监狱,他在那里与一位背教的牧师埃弗瓦赫(Everwacher)和一位曾是铁匠的犹太人马纳塞斯(Manasses)试图逃跑,他们带领了一支三千人的队伍,其中有流氓、歹徒、赌徒、强盗、杀人犯、乞丐和小偷,这使得整个地区陷入恐慌,人们感到害怕,而主教和世俗君主似乎无力对抗他。

坦彻林的教义大多是不连贯且无逻辑的,虽然是一个疯子的胡言乱语,但其依然是危险且完全令人生厌的。当然,教会遭到了直接的攻击和亵渎。通过辱骂和粗话(如同 16 世纪的宗教改革者之语言),坦彻林批判和蔑视了教士集团与所有修道团体,并迫害和清洗教士与修士,因为神职是一种谎言和陷阱;弥撒的献祭是嘲讽,所有的圣礼是无用和空洞的形式,其对救赎是无益的①;教堂被视为妓院和羞耻的市场。"撒旦和悲哀黑天使的产物表明忠于上帝信仰的教堂是妓院。在弥撒中,教士的手中不是祭品;祭坛的仪式是不洁的,不是圣事。"②坦 38
彻林声称自己是弥赛亚、上帝、上帝之子、完人、一个体系内所有神圣发光物的总和,是圣灵的"丰盛之光"(pleroma)的住所。"这个可怜的人从邪恶到邪恶,最后进入这样一个前所未闻的邪恶之巅,他视自己

---

① "最无耻和放荡的恶棍变得如此公开,并完全堕落为基督教信仰的敌人,他拒绝对主教和教士所遵守的所有宗教规范表示尊敬;此外,他宣称吾主神圣的身体和鲜血无益于永恒的生命和人类的救赎。""Erat quidem ille sceleratissimus et christianæ fidei et totius religionis inimicus in tantum ut obsequium episcoporum et sacerdotum nihil esse deceret, et sacrosancti corporiset sanguinis Domini J. C. perceptionem ad salutem perpetuam prodesse denegeret." *Vita Noberti archiepiscopi Magdeburgensis*, *Vita A. Monument. Germ. Scriptores*, vol. XII. p. 690, ed. G. A. Pertz, Hanover, Berlin.

② "Immo uere ipse angelus Sathanæ declamabat eccelsias Dei lupinaria esse reputanda. Nihil esse, quod sacerdotum officio in mensa dominica conficeretur; pollutiones, non sacramenta nominanda." *Lettre des chanoines d'Utrecht au nom de leur diocèse à Frédéric, archevêque de Cologne*. *Apud* Frédéricq, vol. I. n. 11.

为神，并声称如果基督是神，那么是因为圣灵停留于基督，而他本人也具有同样的神性，因为他享有圣灵之完全。”[1]在这里，坦彻林教义中的诺斯替特征是很明显的。坦彻林甚至建立了一座神殿，人们在其中以献祭和圣歌崇拜他。坦彻林的追随者确实过度崇敬这个疯子，他们将他沐浴后的脏水收集在小瓶子中，并将其视为圣餐，庄严地在内部分发。

人们必定认为坦彻林的计划并不仅仅包含对基督教的教义之否认，对此我们可以在宗教改革时期的很多改革者那儿发现，但其最终目标是实现一场社会革命以推翻既存秩序，并引起共产主义式的混乱，而他本人则是最高统治者和独裁者。政治混乱只能在摧毁教会、世界的权威和秩序的最高代表的基础上产生，因此坦彻林发起了对教会最猛烈的谩骂。为了推进目标，坦彻林鼓励和命令信徒实施公开的恶行；乱伦和通奸被认为是具有精神效力的行为；不宜说出口的令人厌恶之事被公开宣扬；德行变成一种犯罪；人被驱使行恶和犯罪，之后他们渐渐地沉沦于丑行和完全的堕落之中。

不幸的城市安特卫普直接受到了坦彻林的影响。坦彻林在那儿如国王般进行统治，他的四周围绕着卑劣的和谄媚的随从，他们压榨市民，并使得每条街道和每个街角都充斥着欲望与鲜血的狂欢。坦彻
39 林那邪恶的事业和当今的暴政之间有着显著的相似之处。1116年，当坦彻林于某个下午在斯凯尔特河（Schelde）上进行盛大航行时，一位由于这一邪恶人群的暴行和亵渎而发疯的教士将他击倒在甲板上，“在恶行、流血和异端的一生之后，当他在河中航行时，被某个教士击中头

---

① Talibus nequitiæ successibus miscro homini tanta sceleris accessit audacia, ut etiam se Deum diceret, asserens, quia, si Christus ideo Deus est, quia Spiritum Sanctum habuisset, se non inferius nec dissimilius Deum, quia plenitudinem Spiritus Sancti accepisset. *Idem*.

部,倒地身亡"[1]。不幸的是,坦彻林有害的错误并没有随着创始人的死亡而消失。安特卫普依然陷于放荡和暴乱之中,尽管人们花费艰巨的努力以恢复道德和秩序,但这些努力起先似乎完全是无效和徒劳的。康布雷主教伯查德(Burchard)立即派遣十二名最受尊敬和最博学的教士在一位公认的睿智且富有经验的教士希多夫(Hidolphe)的带领下,通过言语和榜样革新这座城市,但似乎他们的努力注定要失败。最终,几乎陷入绝望的主教请求圣诺伯特(S. Norbert)[2]尝试这费力不讨好且几乎不可能的任务,诺伯特三年前在普雷蒙特(Prémontré)创立了自己的修道会。这位圣徒毫无异议或迟疑就愉快地着手这项艰难的任务,他只有圣埃弗蒙德(S. Evermonde)[3]和尊敬的沃特曼(Blessed Waltman)陪同,还有一些狂热的追随者,他没有耽搁就到达了安特卫普,并在那儿开始工作直至1123年。圣诺伯特的努力很快获得了成功:在相当短的时间内,人们忏悔了自己的错误,弊端得到改革,城市清除了邪恶,公共安全、秩序和礼仪得到重建。尤其值得注意的是,过去的编年史作者关注到这样的事实,即大量陷入深深忏悔的男女提供给圣诺伯特大量献祭的圣体,他们从神龛中盗取这

---

① Qui tandem post multos errores et cædes, dum nauigaret, a quodam presbytero percussus in cerebro occubuit. *Sigiberti continuatio*. Apud *Monument. Germ. Scriptores*, vol. VI, p. 449. See also, Johannes Trithemius, *Annales Hirsaugienses*, vol. I, pl 387, Saint-Gall, 1690; Du Plessis d'Argentré, *Collectio iudiciorum*, vol. I, p. 11 sqq. Paris, 1728; Schmidt, *Histoire et doctirne des Cathares ou Albigeois*, vol. I, p. 49, Paris, 1849.

② *Uita Norberti* 有两个校订本:*Uita A.* by R. Williams in the *Mon. Germ. Hag.*, SS., vol. XIII, pp. 663 - 706, Hanover, 1853; *Uita B.* by Surius, *De probatis Sanctorum historiis*, vol. III, pp. 517 - 547, Cologne, 1572。其他权威的著作有 J. Van der Sterse, *Uita S. Norberti*, Antwerp, 1622; Du Pré, *La Vie du bienhereux saint Norbert*, Paris, 1627; Ch. Hugo, *La Vie de St. Norbert*, Luxembourg, 1704; G. Madelaine, *Histoire de St. Norbert*, Lille, 1886; B. Wazasek, *Der Hl. Norbert*, Vienna, 1914。一本杰出但具学究气的著作是 *The Life of S. Norbert* (London, 1886),作者是我尊敬的好友 Abbot Geudens, C. R. P. 。

③ Feast, 17 February.

些圣体，将其密封在盒子和其他隐秘的地方，并在魔鬼崇拜和巫魔会中将圣体用于魔法和邪恶的祈祷。这是从黑暗到光明的惊人改变，因此普雷蒙特修会每年在圣体节（Corpus Christi）第八天后的星期六①庄严地庆祝纪念神圣教父诺伯特胜利的节日。

在偷盗圣体的事件中，诺斯替异端和撒旦崇拜之间的联系是显而
40 易见的。在坦彻林的唯信仰论（antinomianism）的土壤中，邪术的有害种子才会迅速地生长。官方认识到必须采用激烈的措施，因此一群试图在波恩传播他们思想的不道德的狂热者被送上了火刑柱。

默里提出的支持她关于原始宗教连续性的论题的其他论点主要是“数字 13 在巫师团（Coven）中的持续性、听差精灵（familiar）狭窄的地域分布、避免动物变形中的特定形式、女巫私人名字的有限数量，以及一些早期神祇名称的留存”②。即使这些细节能够被充分证明并且与证据相关，但仍不能令人信服；它最多指明了一些奇异的残存，如对研究圣徒传、历史、神话和传说、古老宗教、地理学、图像学、地形学、语源学、人类学以及有着古物知识的每个学者有着上百种形式的相似性。如果我们广泛地调查事物，就会发现这些细节大部分是区域性的，而非普遍性的，它们在很多情况下不能被确证，因为证据是冲突且模糊的。

默里写道：“大不列颠女巫的‘固定数字’似乎是 13。”③在英国审判的很多案例中，巫师团似乎确实是由 13 个成员组成的，尽管人们认为其他同伙很有可能是因无法被追踪而逃脱了审讯。然而，默里无法解释为什么数字 13 会与早期的仪式和崇拜形成任何联系。另一方面，恶魔学家不厌其烦地坚称撒旦在所有事情上都是上帝的模仿者，而邪恶的崇拜者乐于模仿每一个神圣的仪式和制度。因此，恶魔学家很容易解释出巫师团采用数字 13 就是对我主耶稣及其使徒的模仿。

---

① 以前是在星期日。

② *Op. cit.*, pp. 16,17.

③ *Op. cit.*, p. 191.

“听差精灵狭窄的地域分布”根本不是显而易见的，所以基于如此薄弱的论点的任何假设都是无用的。“避免动物变形中的特定形式” 41
是基于巫术的一般观念，巫术中没有羔羊和鸽子，这二者为巫师所痛恨，因为基督是上帝的羔羊，即神羔（Agnus Dei），而鸽子是圣灵的表示。[1] 1597 年，在阿伯丁（Aberdeen）的艾格尼丝·沃伯斯特（Agnes Wobster）的案例中，当魔鬼出现在女巫面前时，它“像一只羊羔，人们称其为上帝，向它跪拜，并和它说话”[2]。但是，这种罕见的例外必须被理解为黑色且畸形的羔羊，而非雪白的神羔。在教会博士们的图片中，尤其是大格里高利（S. Gregory the Great）和圣阿方索·德·力古利（S. Alphonsus de Liguori）的图片中，鸽子将神圣之灵注入写神圣讯息的圣徒的耳中，而讯息直接来自圣灵。因此，在 11 世纪的《欢愉的花园》（*Hortus Deliciarum*）中的一幅法国—日耳曼微型画中，我们可以看见一只黑色丑陋的鸟将邪恶和黑暗的思想注入魔法师的耳中。这一有着强烈的态度和瘦弱的身体的阴沉妖怪，将它细小的咽喉伸向邪恶者的耳朵，而这位邪恶之人坐在桌边，在羊皮纸上抄写妖怪向他口授的有害的和邪恶的符咒。事实上，这就是魔鬼。[3]

基于“女巫私人名字数量有限”的论点被简单地转化为这样的事实，即 16 世纪和 17 世纪的人们很少使用私人名字（尤其是在农民中）。声称“基督教的名字清楚地表明了另一种宗教的存在”[4]简直就是胡说八道。人们同样可以注意到，默里认真编目的名字是如此之多！无关的细节是对那些知名圣徒的崇拜在欧洲很普遍：艾格尼丝（Agnes）、艾丽丝（Alice）、安妮（Anne）、芭芭拉（Barbara）、克里斯托夫（Christopher）、科莱特（Collette）、伊丽莎白（Elizabeth）、贾尔斯

---

① 完整详细的陈述参见 Didron，*Iconographie chrétienne*，Paris，1843。

② *Spalding Club Miscellany*，I，p. 129，Aberdeen，1841.

③ 在黑弥撒中，当圣体被举起时，低比利牛斯山（Basses-Pyrénées）的女巫（1609）说道“黑乌鸦，黑乌鸦”。De Lancre，*Tableau de l'Inconstance des mauvais Anges*，Paris，1613.

④ *Op. cit.*，p. 255.

(Giles)、伊莎贝尔(Isabel)、詹姆士(James)、约翰(John)、凯瑟琳(Katherine)、劳伦斯(Lawrence)、玛格丽特(Margaret)、玛丽(Mary)、迈克(Michael)、帕特里克(Patrick)、托马斯(Thomas)、厄休拉(Ursula)——这个目录可以无限地延伸。

默里还提出“一些早期神祇名称的留存”。关于巫术,即使我们很
42 仔细地研究也很少能找到例证。少数古老的符咒和无意义的韵诗可能不时地重复一些已被遗忘的无意义的文字或叠句。因此,在德·朗克雷(1609年)引述的一个低比利牛斯山地区(Basses-Pyrénées)的女巫符咒中,我们发现其中提到了古老的巴斯克神祇贾尼科特(Janicot)。博丹提供了一个舞蹈押韵诗(dance-jingle),“啊,啊,魔鬼,魔鬼,这里跳,那里跳,这里玩,那里玩”,其中的合唱是“巫魔会,巫魔会”。默里告诉我们,“据报道,目前仍被使用的”格恩西(Guernsey)版本是“啊,啊,Hon, Hon,这里跳舞”。[1] Hon是一个古老的布列塔尼神祇,其仍然存在于遥远的地区,其中一些当地的名字让人想到它们可能是混合古老神祇的名字。在一个案例中,我们看到一个巴斯克神祇和一个布列塔尼神祇;巴斯克神祇和布列塔尼神祇是密切相关的,即使这种相关是含糊的。这样的痕迹足以引起我们的注意,但绝非仅仅如此,因为他们具有广泛的相似性,将任何关于一个组织完善的崇拜之连续性的精致论点建立在方言地名中细微且无关的残存和一首农民歌曲的打油诗曲调之上是没有价值的。

特别是默里提出的一个论点极其有助于表明她是如何完全下意识地使材料符合她的理论的。默里写道:“目前,没有证据显示女巫的弥撒(其中,面包、葡萄酒和蜡烛都是黑色的)有多少来源于基督教仪式,又有多少属于黛安娜崇拜[这一名字赋予这种假设但普遍的古代宗教];然而,女巫的仪式是早期的形式并且其影响了基督教是确有可

[1] *Op. cit.*, p. 165.“单词*diable*显然是博丹自己对神祇名字的质询”,而根本不是证据,这个假设的确完全不足以支持论点,因而不能被承认。

能的。”[①]后面这句话实在是一种令人惊奇的论断。倒置法（hysteron-proteron）的一个更为大胆的例子是几乎不可想象的。其荒谬性不言而喻，且足以驳斥自身，人们只能假设言词能够被保留是由于它在长期艰难研究的修正中被忽视了，即一个细小的疏忽。弥撒中的每一次祈祷和每一个姿势都得到了历代礼拜仪式学家和礼法学者（他们的图书馆在数量和范围上是无限的，从最谦逊的小册子到庞大的对开本都有涉及）非常细致的研究。当人们增加这样一个早期的词句，以及当 43
人们在这样一个祈祷的词句中第一次使用这样一个标记时，我们能够追踪每一次灵感的发展。女巫的仪式是对弥撒的令人厌恶的模仿，默里提出模仿可能存在于被模仿的事物之前。一些颠倒的作者实际上宣称魔法在宗教之前，但是这一观点逐渐遭到所有学派的权威之质疑。例如，弗雷泽爵士（Sir James Frazer）、莱尔爵士（Sir A. L. Lyall）和杰文斯先生（Mr. F. B. Jevons）认识到“魔法与宗教之间的基本区别以及原则的对立”[②]。

总之，在公正地研究原始宗教（出现在巫术和邪术中的基本组织，其作为教会所害怕和憎恨的一个重要对手而存在）连续性的理论后，我们发现根本没有那样的事情发生，即在邪术和一个想象的“黛安娜崇拜”之间没有联系。认为“英诺森八世在15世纪时的著名教皇训谕中宣布了针对异教最后残存的公开战争”[③]的观点忽视了历史。如前面所强调的，1484年的训谕《最为深沉忧虑的要求》（*Summis desiderantes affectibus*）仅仅是直接反对一种无法被容忍的邪恶（是异端而非异教）的系列教皇训谕之一，因为异端、邪术和无政府状态几乎是相互之间可以互换的词语。第一个直接针对巫术的训谕是226年之前的亚历山大四世（Alexander IV）的训谕（1258年）。

---

① *Op. cit.*, pp. 14,15. 我不愿意强调这种意见的冒犯性，因为我确信它不是故意的。

② *Golden Bough*, Part I, vol. I, p. xx, Third Edition. 1911.

③ *Op. cit.*, p. 19.

到处都残存着各种古代无害的习俗和节日，而这些来自前基督教时代，教会甚至允许使之神圣化，如现在被用于对施洗者约翰表示尊敬的五朔节舞蹈(Maypole dance)和仲夏之火，这是常识。但是，这些习俗和节日并非异教崇拜的延续。

从基督教时代的最初几个世纪开始，贯穿中世纪，再持续到今天，其间总是存在着巫术崇拜的信徒公开承认有意的恶行。信徒们造成的危害越大，就越能令他们的主人满意。信徒们狂欢淫荡且令人厌
44 恶，而巫魔会恐怖且邪恶。这本身是反对默里理论的一个论点，因为并不存在以行恶为明确目的的早期宗教。在读到希腊学者西里尔神父(Father Cyril Martindale, S. J.)[①]对艾琉西斯密教仪式(Eleusinian Mysteries)生动而优美的描写时，我们无法获取意义或对美、纯洁与神圣(这些充满了女神珀尔塞福涅[Persephoneia]的崇拜者之心)的无法言说的渴望之理解，而珀尔塞福涅庄严和感人的仪式规定了斋戒、在海水中沐浴、自我约束、克己、自制，其在入会仪式上达到高潮，并被大地母亲(Earth-Mother)得墨忒耳(Demeter)神圣化。生命、死亡和复活的象征戏剧在那里由导师指示给那些抗争者和忍受者，并且它们被认为是有价值的。这个即将到来的永恒现实的阴影是多么明亮，虽然它始终且永远是个阴影。这和来自女巫的邪恶狂欢、巫魔会、黑弥撒和地狱崇拜的神秘仪式是多么不同。

确实，英诺森八世发出的战争宣告并非针对异教，而是针对异端。教会憎恨秘密组织，这不是邪术或其他复兴和繁荣一些古代仪式与异教教义的巫术崇拜，但是巫术崇拜在最堕落和最邪恶的形式上对诺斯替教表示认同，并持续与之保持紧密联系。

这是具有象征意义的一个新奇的小片断，其被湮没于比利牛斯山的方言中。男巫(wizards)通常被视为 *poudouès*，女巫则被视为 *poudouèros*，这两个词都来自 *putere*，意思是有邪恶的气味。根据恶

---

① *The Goddess of Ghosts*, pp. 137–158.

魔学家的报道(往往被采信),巫师通常因其臭味而被发现。圣徒传作者们告诉我们,圣菲利普·奈里(S. Philip Neri)能够通过气味辨别异端,当在街上遇到他们时,他不得不转过脸去。其他圣徒也有类似的记录,当这个传统被用于魔法和异端之间在现实中的联系时,其是令人感兴趣的。[①] 修士圣帕科米乌斯(Saint Pachomius)能够通过无法忍受的恶臭辨别异端;修道院院长欧根迪斯(Eugendis)能够根据香味或臭味分辨那些在路上遇见之人的德行和恶行。如圣哲罗姆(S. Jerome)所述,圣希拉里翁(Saint Hilarion)甚至能够根据温暖的外衣或斗篷的气味辨别一个人的罪。帕拉代斯的多明妮嘉(Blessed Dominica of Paradise)在街上经过一个士兵时,她通过其臭味知道他弃绝了信仰,她热诚的劝导和祈祷最终拯救了他。瑞典的圣布里奇特(Bridget)几乎因一个跟她说话的臭名昭著的罪人之恶臭而窒息。锡耶纳的圣凯瑟琳(Saint Catherine)有着同样的经历;西多会修女圣卢特加德(Saint Lutgarde)在遇到一个邪恶的堕落者时感觉到一阵如麻风病和疾病般的腐烂气味。 45

另一方面,圣徒自己则散发着最芬芳的香气,而"神圣的气味"实际上并不仅仅是一个短语。1566年的一天,当圣查尔斯·波洛米奥(S. Charles Borromeo)进入索玛斯查(Somascha,位于米兰和贝加莫之间的一个隔离的小村)的教堂时大叫道:"根据圣堂的神圣香味,我知道这儿埋葬着一位伟大的上帝仆人!"事实上,这个教堂保存着死于1537年的圣哲罗姆·艾米廉(S. Jerome Emiliani)的尸骨。人们能够通过圣赫尔曼·约瑟夫(S. Herman Joseph)走路时所散发的罕见香味在斯坦富德(Steinfeld)的走廊上追踪到他。类似的例子有杰出的神秘主义者库珀蒂诺的圣约瑟(S. Joseph of Cupertino)。圣托马斯·阿奎那可以闻到男性的乳香。我本人认识一位有着炽热信仰的教士,他有时会散发出焚香的味道。热那亚的玛丽亚-维多利亚(Maria-

① Cassiodorus, *Hist*, *Eccl.*, VII, 11 *fin.* speaks of the *fetidissimus fons* of heresy.

Vittoria)、鲁汶的艾达(Ida of Louvain)、圣科莱特(S. Colette)和圣修米利亚娜(S. Humiliana)都具有如花般的香味。保罗的圣弗朗西斯(S. Francis of Paul)和贝加莫的凡杜里尼(Venturini of Bergamo)在供奉祭品时会散发出芬芳的气味。圣十字约翰的脓发出很强烈的百合香味。

默里以极大的才智完成了她的论文,但是当被仔细地考虑、历史性地检查细节,并被置于合适的比例时,古老宗教连续性的理论可以被判定为是没有根据的。至于默里的著作《人类学研究》(*A Study in Anthropology*),我们在这里可以立即指出其基本的错误。人类学并不能单独提供巫术的解释,只有受过训练的神学家才能处理这个主
46 题。人们收集了许多有意思的材料,但并不能发现打开黑暗秘密的钥匙。

然而,如我们的研究所显示的,寻找巫术并不是很困难,它就在渊博且多产的学者托马斯·斯塔普莱顿(Thomas Stapleton)[①]的简明短语中:"Crescit cum magia hæresis, cum hæresi magia."(异端的杂草在巫术的杂草旁生长,巫术的杂草在异端的杂草旁。)

---

① 1535–1598.他的作品被收录于四个对开本中,Paris,1620。序言作者是 Henry Holland's *Uita Thomæ Stapletoni*。原稿保存于 Douai Abbey,Woolhampton。

第二章
巫术崇拜

为了清楚理解和充分认识作为巫术的关键与核心并刺激着整个基督教世界的人类与恶灵之间的各种类型之交往所产生的惊悚与焦虑；为了了解欧洲那些最有知识的作者为什么就这一主题连篇累牍地进行撰述，为什么教皇和睿智的法官、严肃的哲学家和审慎的学者、国王和农夫、轻率的贵族与诚挚的教士在控诉邪术上意见如此一致，以及为什么无论是信奉天主教的西班牙还是信奉清教的苏格兰，抑或无论是冷酷的日内瓦还是温和的罗马，都毫不犹豫且不遗余力地企图用所有刑罚中最恐怖的火刑来清除这一瘟疫；为了不至于因误读历史而导致我们肤浅愚蠢地将修士和地方官员、俗人和律师仅仅当成吃人的老虎和疯狂的狂热者——尽管他们经常被如此呈现与诽谤——扼要重述黑暗力量的正统教义不算过分，虽然今天这些事实经常被人们忽视或遗忘，但对于中世纪那些敏锐的头脑来说，这曾经是非常可怖且显著的。 51

正如许多其他信仰一样，我们在这里会发现一些教义，寻找到某些很难被轻易否认的事实，以及涉及很多我们难以确知从而难以下定论的事情。

首先，魔鬼通常指堕落天使，其也被称为恶魔。我们可以从第四次拉特兰会议的教令中看出这两个词语在教会用语技巧上的区别①：“Diabolus enim et alii dæmones”（魔鬼和其他恶魔），即一切皆为恶
52 魔，而恶魔之首被称为魔鬼。拉丁文《新约》保留了这一区别，*diabolus* 来自希腊文διάβολος，它在几乎所有情况下皆指撒旦本人，而根据希腊文，其追随天使则被称为 *dæmones* 或者 *dæmonia*。但是，除了一些需要极高精确度的高度专业的文本之外，我们现在使用“devil”和“demon”两词时一般不对它们进行区分，而是使用定冠词（The Devil）表示恶魔之首路西法（撒旦）。因此，《马太福音》（25：41）写道：“魔鬼和他的使者。”希腊文διάβολος的意思是诽谤者、控告者，它正是在这个意义上被用来指“那在我们的神面前昼夜控告我们弟兄的控告者已经被摔下去了”（《启示录》12：10）。因此，这个希腊文单词对应着希伯来语中的撒旦，意思是反叛者、控告者。

《旧约》和《新约》中的很多段落都提到了撒旦的由来，但大部分内容比较模糊，我们只有将分散的注释串起来并依照教父指引和神学传统来阅读，才能理解圣经中关于恶魔军团的全部教义。教会对此的权威论断出现于第四次拉特兰会议的教令（cap. 1. *Firmiter credimus*）中，其中提出上帝最初创造了精神的和肉体的两种生物，即天使以及由泥土和身体组成的人；教令还提及“上帝创造出来的魔鬼和恶魔本来都是善的，但他们自甘堕落而变得邪恶”②。教义在这里说得十分清楚，即魔鬼和其他恶魔是由上帝在无恶意的情况下创造出来的精神的或天使的生物，他们因自身的自由行为而变得邪恶。教令还补充说，人是由于魔鬼的劝诱而犯罪的，那些堕落和不悔悟的人在另一个世界将同魔鬼一起受到惩罚。这就是现行的教条与教义之精要。但是，后来的理论家们添枝加叶——权威的博士弗朗西斯科·苏亚雷斯

① *Under Innocent* III，1215.

② Diaolus enim et alii dæmoes a Deo quidem natura creati sunt boni，sed ipsi per se facti sunt mali.

(Francisco Suarez, S. J.)[1]的《论天使》(*De Angelis*, VII)特别有价
值——他们的大部分推断不会引起反对和争议,从而引发了严厉的 53
“谬误”审查。[2]

为了了解发生于创世之前的天使堕落事件,我们显然必须回过头去看圣经的最后一卷——圣约翰的《启示录》。尽管过去的描述被混合进了未来的预言,但我们无疑还是必须将其视为帕特摩斯的幻象。“在天上就已有了争战。米迦勒同他的使者与龙争战,而龙也同他的使者与米迦勒去争战。龙与他的使者并没有得胜,天上再没有他们的位置。巨龙就是那古蛇,名叫魔鬼,又叫撒旦,是迷惑普天下的。它被摔在地上,它的使者也一同被摔下去。”(《启示录》12:7—9)此处还应佐以圣犹大(S. Jude)的话:“对于不守本位而离开自己住处的天使,主用锁链把他们永远拘留在黑暗里,以等候大日的审判。”[3]在这些材料中,我们还应加上先知以赛亚(Isaiah)的一段引人注目的话:“明亮之星,早晨之子啊,你何竟从天坠落。你这攻败列国的,何竟被砍倒在地上。你心里曾说:我要升到天上。我要高举我的宝座在神众星以上。我要坐在聚会的山上,在北方的极处。我要升到高云之上。我要与至上者同等。然而,你必坠落阴间,到坑中极深之处。”(《以赛亚书》14:12—15)先知的话也许主要是为了直接反对巴比伦国王米罗达巴拉旦(Merodach-baladan),但是所有早期的教父和后来的注释家们都这样理解这一段,即将更深层的含义应用于反叛天使之堕落这一事件。我主对门徒说的话肯定了这种解释:“我曾看见撒旦从天上坠落,像闪电一样。”(Uidebam Satanam sicut fulgur de cœlo cadentem.)(《路加福音》10:18)

接着呈现出来的一个明显的问题是叛乱天使所犯的罪究竟是什

① 波舒哀(Bossuet)认为,苏亚雷斯的著作囊括了所有的经院哲学。

② 因为它与一个明确的(*certa*)神学结论或真理相矛盾,而这个结论或真理显然是由两个前提所引致的,其中一个前提是信条(*de fide*),而另一个前提则是天然地确定的。

③ 语见《犹大书》(1:6)。——译注

么性质，这也是被神学家们讨论得最充分的问题。这个问题有点难度，因为神学逻辑表明了天使的性质、天使知识的力量和可能性的高
54 度完美性。肉身之罪对于天使来说当然是不可能的，而他们也应该同样被禁止犯有许多纯粹精神性的和智力上的罪。路西法（Lucifer）的巨大过错似乎是试图独立于上帝，并与上帝平起平坐。

理论上可以确定的是，路西法在天庭处于高位阶，他显然对其跟随者持有一定权柄，我主说："Si autem, et Satanas in seipsum diuisus est quomodo stabit regnum eius?"（若撒旦自相纷争，那么他的国怎能站得住呢？）[1]圣保罗提及："Principem potestatis æris huius, qui nunc operatur in filios diffidentiæ."（空中掌权者的首领，就是现今在悖逆之子心中运行的邪灵。）（《以弗所书》2:2）反抗造物主的反叛天使会屈尊并听命于一个带领他们去进行破坏的同伙，这听上去似乎有些奇怪，但这恰恰证明路西法乃是更高的无形生命体。天使的知识也表明，尽管联合的纽带是仇恨，但他们能进行合作和组织，与混乱和分裂相比，这能造成更大的破坏，也更邪恶。我们可以毫不怀疑地说，天使中间有一些相比较而言更为低级和普通的精灵[2]，即便如此，他们也能影响和欺骗愚蠢自大的人。如果我们听从苏亚雷斯的观点，那么我们就立于稳妥之地了，他将路西法放在天使中最高的位置，也就是说，尽管还有许多天使可以与之相当（其中包括三个大天使：圣米迦勒、圣加百列、圣拉斐尔），但没有人能高过他。

有争论说，由于天使具有更高的智慧之光，因此最高的天使应该能充分认识到要与上帝平起平坐是根本不可能的。所以，圣安瑟伦（S. Anselm）在《论魔鬼的堕落》（*De Casu Diaboli*（IV）中说道："Non enim ita obtusæ mentis [diabolus] erat, ut nihil aliud simile Deo cogitari posse nesciret?"（魔鬼当然不会如此愚蠢，以至于不知道没有

---

① 语见《路加福音》(11:18)。——译注

② 这解释了招魂术中大量的琐碎和愚蠢，以及那些有影响力的灵媒给出的无价值的答案。

其他实体像上帝那样不可思议?)圣托马斯(S. Thomas)在回答这一问题时认为,不管魔鬼是否想与上帝比肩,“如果据此就说其与上帝相同,那么魔鬼不会这样企望,因为他知道这是不可能的”。但是,受人尊敬的“精微博士”(Doctor subtilis)邓斯·司各特(Duns Scotus)极好地指出,我们必须区分有效的意志(efficacious volition)和自满的意志(the volition of complaisance),后者导致天使可以奢望那些不可能的事物。邓斯·司各特还指出,尽管受造物不能直接决定自身的灭亡,但其可以相应地如此行为,即他会选择那些将不可避免地发生的事。 55

尽管人应当意识到自己不可能成为上帝,然而还是有人让人们称自己为上帝,甚至如上帝般受到崇拜。例如,希律·亚基帕一世(Herod Agrippa Ⅰ)在凯撒里亚(Cæsarea)的节日庆典上穿着一件全银制作的外袍,他清晨来到人群拥挤的剧场,阳光照在外袍上发出耀眼光芒,希律的奉承者们教唆迷信的民众呼他为神,并向他祈祷说:“怜悯我们吧,虽然我们之前只是把您当作人来尊敬,但从今以后我们将您视作神。”[1]卡里古拉(Caligula)[2]也冒称自己为神,“Templum etiam umini suo proprium, et sacerdotes et exogitatissimas hostias instituit”(他建立神庙供奉自己的头像,并敕令祭司们向他奉献最好的祭品)[3]。此外,这位皇帝在耶路撒冷的神庙里竖立自己的雕像,并祭以人牲。言词不足以称颂他的伟大的图密善(Domitian)被马提雅尔(Martial)称为“Dominus Deusque noster”(我主、我们的上帝)[4],他当得起这个称号。赫利奥盖巴勒斯(Heliogabalus)以某种神秘的方式将自己与伊德沙(Edessa)等同,并下令要求罗马乃至全世界除他以外不能崇拜他神:“设法在罗马除了赫利奥盖巴勒斯以外不能供奉其他

---

① Josephus, *Antiquities*, XIX. 8. 2.

② 卡里古拉(Caligula)、图密善(Domitian)和赫利奥盖巴勒斯(Heliogabalus)均为古罗马皇帝。——译注

③ Suetonius, *Caligula*, XXII. 在这里可以读到关于卡里古拉崇拜的详细叙述。

④ *Epigrammatum*, V. 8. 1. 亦见 IX. 4, *et sæpius*。

神……他不仅企图清除各种罗马的仪式，还想在全世界范围内只供奉赫利奥盖巴勒斯这一个神。”[1]罗马历史上有许多类似的例子，不胜枚
56 举。[2] 也许最令人惊骇的要数波斯国王科斯洛埃二世（Khosroes [Khusrau] Ⅱ），他于7世纪攻陷了耶路撒冷，并将十字架真木抢回了首都。科斯洛埃二世沉浸在胜利之中，他庄重地宣布自己是全能的上帝。科斯洛埃二世修建了一座非凡的宫殿或塔楼，其中大厅的天花板上绘有光芒四射的日月星辰，以模仿天空。科斯洛埃二世坐在高高的金色王座之上，头戴王冠，长袍上缀满令人眼花缭乱的宝石，手执权杖与球，一边是十字架，一边是镶宝石的鸽子，他命令臣民将他作为上帝般供奉，焚以熏香，向他祈祷“借着圣子”。直到波斯被拜占廷帝国的皇帝赫拉克利乌斯（Heraclius）攻亡，这一渎神行径才告结束，十字架于629年春天被重新放回耶路撒冷。[3]

根据圣哲罗姆的记载，弗里吉亚的异端孟他努（Montanus）原是女神西布莉（Cybele）的祭司，他于公元2世纪时宣称自己是圣三位一体。“我是圣父、圣子和圣灵，”[4]孟他努还说，“我是道成肉身为人的全能上帝……不是天使，也不是使者，但我是主，是圣父降临。”[5]8世纪，托莱多的埃利班笃斯称基督是“众神之一”，他认为还有许多其他的神。人们可以比较一下中国西藏今天崇拜的人格化神灵。一位名叫威廉敏娜（Wilhelmina）的波希米亚女人死于米兰，她于1281年时声称自己是圣三位一体中的第三位道成肉身，有众多的狂热者崇拜她，由此造成极大的丑闻和混乱。俄罗斯的赫里斯蒂派（Khlysti）不仅自

① ... id agens ne quis Romæ deus nisi Heliogabalus coleretur ... Nec Romanas tantum extinguere uoluit religiones, sed per orbem terræ unum studens ut Heliogabalus deus unus ubique coleretur. Ælius Lampridius, *Antoninus Heliogabalus*, 3:6.

② 甚至Christian (Arian) Constantius II也被称为“Nostra Æternitas”。

③ 如今9月14日的圣十字架节就是为纪念此事。十字架被运回到耶路撒冷后不久，（或许是出于安全考虑）木头被切成了碎片，并被分发于整个基督教世界。

④ Didymus, *De Trinitate*, III. xli.

⑤ Epiphanius, *Hær.*, xlviii. 11.

称先知，还认为自己是“基督”和“救世主”，他们相互祈祷。大约在
1830 年，美国肯塔基州边境的一个骗子自称是基督，他预言末日审判
即将来临，很多失衡和歇斯底里之徒大受迷惑。有一天，当这个骗子
像往常那样面对大众演讲时，一个德国人站起来很谦卑地请他用德语
重复他的预言，因为在座的有些人只懂德语。这个演讲者说他从没有
学过德语，而这个回答对于一个自称神圣的人来说是何其可笑，听众 57
爆发出笑声，这个亵渎的骗子也因此失去了声誉。法拉杰（Flaget）主
教在其 1833 年 5 月 14 日的一封信中记述了这个骗子[1]，他在其中提
到，这件事大约发生在 3 年前。大约在 1880 年，旁遮普（Punjaub）的
伯蒂亚拉（Patiala）有一个名叫哈基姆·辛（Hakim Singh）的狂热者，
他外表肮脏不堪却自称基督，他在很短的时间内就拥有了超过 4000
名追随者，然而几个月后他们就作鸟兽散。[2]许多“假基督”组织了俄
罗斯的教派。1840 年，有人自称救世主以骗取辛波伊斯克（Simboisk）
和萨拉托夫（Saratov）两地农民的钱财；1880 年，波伊基（*Bojki*）的创
建者——一名大字不识一个的狂热者萨瓦（Sava）——自称圣父，他的
亲戚萨穆伊勒（Samouil）是圣子。“俄罗斯摩门教”的创始人伊万·格
里高列夫（Ivan Grigorieff）宣扬自己是神；另外一些狂徒，如菲利波夫
（Philipoff）、卢普金（Loupkin）、伊斯雷尔（Israil of Selegisk）等，都宣
称自己是弥赛亚和上帝。

显然，理性告诉我们任何有知觉的生命体自称为神都是荒谬的，然而实际情况正相反。撒旦的罪在于企图篡夺上帝的权柄。这可通过下列事实进一步得到证实，即在我主受到试探时，撒旦“omnia regna undi, et gloriam eorum”（把天下的万国及权柄荣华）都指给他看，并说道：“Hæc omnia tibi dabo, si cadens adoraueris me.”（你若在我面前下拜，这都要归你。）耶稣说：“Uade Satana：Scriptum est enim：

---

① *Annales de la Propogation de la Foi*, VII (1834), p. 84.

② D. C. J. Ibbetson, *Outlines of Punjaub Ethnography*, Calcutta. 1883. p. 123.

Dominum Deum tuum adorabis，et illi soli seruies. ”（走开，撒旦：经上记着说，当拜主你的神，单要事奉他。）[1]人们会说路西法说谎，因为世上众国不是他能赐予的，他只能给予罪恶和愚行，以及失望和死亡。但是，魔鬼却在这里要求赋予耶稣神圣的荣耀。这一点贯穿巫术审判始终。女巫们相信他们的主人撒旦、路西法、恶魔、罪恶之本就是上
58 帝，他们以敬拜上帝之礼供奉他，崇敬他，向他效忠，向他祈祷，为他奉献牺牲。因此，兰伯特·达诺（Lambert Danéau）在《女巫对话》（*Dialogue of Witches*）（1575 年译本）中断言：“魔鬼命令他们应当认他为主，召唤他，向他祈祷，信任他。——然后，他们全都重复誓言，认他为主。”1595 年，卡纳特（Cannaert）记录了针对阿罗斯特的伊丽莎白·伏拉米耐克斯（Elisabeth Vlamynex of Alost）的指控：“你毫不知耻地跪拜在你所信奉的别西卜（Belzebuth）面前。”[2]从德·朗克雷的《对邪恶天使和恶魔的善变品质的描述》（*Tableau de l'inconstance des mauvais anges*，1613）中，我们得知当女巫们奉献小孩时，她们跪在恶魔面前祷告说：“Grand Seigneur，lequel i'adore. ”（伟大的主，我敬奉你。）要加入女巫队伍的新人必须说如下一段话：“我将自己完全交付与你并置于你手中，从现在开始，你就是我的主，除你之外不信他神。”[3]1614 年，在奥尔良接受审判的西尔万·内维仑（Silvain Nevillon）所说的话更明白易懂：“我们对魔鬼说，我们认他为主人、我们的神、我们的造物主。”[4]1692 年，在美国[5]，玛丽·奥斯古德（Mary Osgood）供认说“魔鬼告诉她，他才是上帝，她当服侍他和崇拜他”。

---

① 事见《路加福音》（4：1—8）。——译注

② . . . vous n'avez pas eu honte de vous agenouiller devant votre Belzebuth，que vous avez adoré. J. B. Cannaert，*Olim procès des Sorcières en Belgique*，Gand，1847.

③ Ie me remets de tout poinct en ton pouuoir & entre tes mais，ne recognois autre Dieu：si bien que tu es mon Dieu.

④ On dit au Diable nous vous recognoissons pour nostre maistre，nostre Dieu，nostre Createur.

⑤ John Hutchinson，*History of the Province of Massachusett's Bay*，1828，II. p. 31.

向魔鬼祈祷的例子不计其数。亨利·博盖在《关于巫师》(*Discours des Sorciers*, Lyons, 1608)中提到，安泰德·克拉斯(Antide Colas)在1598年时承认“撒旦要求她在做任何事之前都需日夜向他祈祷”[1]。埃德蒙顿(Edmonton)的著名女巫伊丽莎白·索耶(Elizabeth Sawyer)在精灵的教授下学会了祷文。亨利·古德科尔(Henry Goodcole)去新门监狱(Newgate)拜访伊丽莎白·索耶时，他问：“当魔鬼找到你时，你是不是在祈祷？难道魔鬼没有禁止你向耶稣基督祈祷，并要求你只向他祈祷吗？”伊丽莎白·索耶回答说：“他问我在向谁祈祷，我回答说耶稣基督，他就令我不要再向耶稣基督祈祷，而只向魔鬼祈祷，魔鬼教我如下祷文：愿你的名被尊为圣，阿门(*Sanctibecetur nomen tuum*, *Amen*)。”[2]斯特恩(Stearne)在《巫术的证明和发现》(*Confirmation and discovery of Withcraft*, 1648)里提到萨福克(Suffolk)的女巫：“萨福克的巴顿(Barton)的尼古拉斯·格林莱费(Nicholas Greenleife of Barton)的妻子艾仑(Ellen)供认，她祷告时是向着魔鬼而非上帝。”

此外，魔鬼会模仿上帝行奇迹，尽管只是一些既无益又不能令人 59
信服的假奇迹。例如，埃及巫师雅尼(Jannes)和孟庇(Mambres)仿效摩西，将自己的手杖变成毒蛇。就这个方面，我们可以很确切地提出一些东方骗子的把戏。一位英国官员说：“我对那个当地‘贤人’在精灵帮助下完成的表演很满意。旁观者看见一颗芒果树从一个被填了一点土的空容器里长出来，没有人知道其中的秘密，这大概是与古埃及魔法师模仿摩西奉上帝之命而在法老及其子民面前公开行奇迹相类似的神秘力量。”[3]柳条筐把戏则可以不需要任何准备地在任何地点——草地、庭院、餐室——进行，一个男孩被放在一个巨大的锥形柳

① Satan luy commãda de le prier soir & matin, auant qu'elle s'addonat à faire autre œuure.

② *Wonderful Discoverie of Elisabeth Sawyer*, London, 1621.

③ Rev. F. G. Lee, *More Glimpses of the World Unseen*, 1878, p. 12.

条筐里，任何人都可以翻弄检查这个柳条筐，然后骗子拿起一把长剑反复穿刺柳条筐，直到把柳条筐两面都穿透。每刺一下，男孩就发出一声痛苦的嘶叫，观众也看见长剑上有新鲜的血迹。惨叫声越来越弱，直至完全没有了声息。然后，骗子一边绕着柳条筐舞蹈一边念咒语，突然他把筐子打开，小孩不见踪影，柳条筐也没有缝隙，剑上也没了污迹。几分钟后，小男孩毫发无损地笑着从远处跑来。我们在这里可以回想起苏亚雷斯的话："[魔鬼]会欺骗感官，他让我们看见头被砍下，血在流，然而事实上这些都没有发生。"①

鞑靼和中国西藏的巫师 *bokte* 在举行盛大仪式的一些特殊日子里出现在人群拥挤的寺庙中，当信徒们高声祈祷鼓噪，他们就突然抛开外袍，用一把锋利的刀子从上到下剖开自己的肚子，鲜血顺着伤口流
60 下来。信徒们匍匐跪下，陷入癫狂。巫师将血洒向信众，大约五分钟之后，他把手从伤口上挪开，伤口突然不见了，甚至没有留下一点点疤痕。人们看到施术者似乎疲惫不堪，但一切都已经完成。看过这一令人惊骇的场面的人认为，这不能仅仅被解释为幻觉或者骗术，唯一能解释得通的就是无形的邪恶力量对被愚弄群众所施的魔法。②

招魂术(Spiritism)③在一代人的时间内就远超出了一般骗子活动的范畴，它的发展引起了整个科学界和哲学界的严肃关注与专业质

---

① Potest [diabolus] eludere sensus et facere ut appareat caput abcisum, *De Religione*, 1. 2, c. 16, n. 13, t. 13, p. 578.

② Huc. *Voyage dans la Tartarie, le Thibet et la Chine*, I, ix, p. 308. The author remarks: Ces cérémonies horribles se renouvellent assez souvent dans les grandes lamaseries de la Tartarie et du Thibet. Nous ne pensons nullement qu'on puisse mettre toujours sur le compte de la superchérie des faits de ce genre; car d'après tout ce que nous avons vu et entendu parmi les nations idolâtres, nous sommes persuadé que le démon y joue un grand rôle.（鞑靼和中国西藏较大一点的喇嘛庙经常举行这种恐怖的仪式。我确信，我们不能总是仅仅将发生的这些事情简单地归结为骗术或把戏，因为我在异教徒中间看到和听到的一切使我确信邪恶的力量在此受到极大的关注。）

③ 我在这里没有使用更为通用的"Spiritualism"。"Spiritism"通行于意大利、法国和德国。"Spiritualism"在教义上更确切地说是个专业名词，它否认世界的实质限于物质以及物质的性质和运作。

询，并为我们提供了自然和超自然两方面特别的例证，而这些例证任凭一般普通的方法再怎样仔细精确地探究都无法得到解释。威廉·克鲁克斯爵士（Sir William Crookes）在《通灵现象研究》（*Researches in the Phenomena of Spiritualism*）一书中将这些现象进行归类，包括不接触而移动重物，或者接触不足以解释这个移动；转换物体重量；不通过任何人为的接触而使桌椅离地；人体悬空；“物体显形”（apports），在不使用任何可见载体的情况下将花、硬币、石块之类的物体转移到一个密闭的房间内；外观发光；或多或少有些不同的幽灵的脸孔和形体。尽管这些精巧且不断发生的骗局一再被曝光——这不仅涉及那些江湖骗子，也关乎像威廉·艾格林顿（William Eglinton）这样著名的灵媒——但这些经常发生的现象得到了这些权威不容被否认之人的证明。这些显灵事件是否来自逝者的幽灵或无形体的智慧体？即便是那些急于同死去的朋友进行沟通而进行善意招魂术的
信徒，也被迫承认这是非人类灵体的不可靠的频繁行为。这个结论是 61
被建立在一长串翔实的证据之基础上的，这里我只能做简单的概述。事实证明，我们很难确认幽灵的身份，也很难确认交流者实际上是哪一位或者它声称的是哪一位；在一定程度上，从逝者那里获得的总是琐碎且无意义的信息；幽灵谈到的自身状况总是矛盾且令人困惑的，其中渗透着的道德口吻从一开始就模糊不明且不能令人满意，因此其通常变得令人厌恶，甚至猥亵。所有这些细节无疑指向了恶魔干涉和欺骗。[1] 第二次巴尔的摩全体会议（1866 年）在讨论到有关招魂术中的欺骗行径和巧妙把戏时，认为这些显灵事件中至少有一部分得归因于撒旦的干预，因为没有其他方法可以对其进行解释。（*Decreta*，33－41）1898 年 3 月 30 日，罗马教廷下令禁止招魂术实践，禁止与恶灵沟通，只能与善天使沟通。

---

① 更全面确切的结论性的论述可见 Godfrey Raupert's *Modern Spiritism*, London, 1904；以及 Monsignor Benson's *Spiritualism*, *Dublin Review*, October, 1909, and reprinted by the Catholic Truth Society。

路西法觊觎上帝的宝座，他不仅在行奇迹方面模仿上帝，而且在预言方面也模仿上帝。主教皮埃尔·宾斯菲尔德(Pierre Binsfeld)在《关于恶业》(*De Maleficis*，1589)中写道："Nunc uidendum est an dæmones præscientiam habeant futurorum et secretorum，ita ut ex eorum reuelatione possit homo prognosticare[1]et occulta cognoscere? … Prima conclusio：Futura，si in seipsis considerentur，anullo præterquam a solo Deo cognosci possunt."(下面我们将会询问恶魔是否能预知未来或者隐秘之事，以便人类能从他得到的启示那里预言未来或者了解未知之事……第一个结论是，除了上帝，没人能预知未来。)但是，我们必须记住，即便堕落了，天使仍属于最聪敏的等级，如西门·马欧罗(Simon Maiolo)在《天狼星日》(*Dies caniculares*)中所解释的："Astutia，sapientia，acumine longe superant homines，et longius progrediuntur ratiocinando."(在敏锐性、学识和清晰性方面，
62 他们远胜于人类，他们能通过逻辑推导以窥探未来。)恶魔往往能够正确预言即将发生的事，尽管这种预言更多时候是谎言或者被包裹着无意义与矛盾的外衣，如异教的神谕。关于错误预言的最著名的例子大概是加米撒尔派(the Camisards，此词大概来自 *camise*，一种作为制服的褐色上衣)，这是一个活跃于 18 世纪初的邪恶狂热教派，它使多菲内(Dauphine)、维瓦莱(Vivarais)以及特别是塞文(the Cévennes)陷入恐慌。加米撒尔派很可能起源于从未在这一地区被根除的阿尔比异端，后又受到混乱的传教和法国加尔文教徒无序宣传册子(如 Jurieu's *Accomplissement des prophéties*)的煽动。教皇克莱门十一世(Clement XI)将加米撒尔派定性为"古阿尔比异端中极坏的一种"。多菲内的一名加尔文教徒德·塞尔(De Serre)突然受到煽动，从而使一股邪恶的歇斯底里潮流四处传播。1702 年，神圣的沙亚拉(Chaila)

---

① *Prognosticare* 是稍晚出现的一个词。严格地说，"prognosticate"是从实际迹象推断出的，而"prophesy"是在没有任何预兆的情况下预言未来。

神父惨遭这些恶人的谋杀，他们武装起来，在塞吉耶(Séguier)、拉波特(Laporte)、卡斯塔内(Castanet)、拉夫纳尔(Ravenal)和卡瓦利耶(Cavalier)这些地区的暴徒的带领下被组织起来，路易十四派兵镇压，但是天主教领袖起先并没有认识到问题的严重性，从而使这群乌合之众存在了若干年。卡瓦利耶逃亡英格兰①，他于1709年返回，企图在维瓦莱发动叛乱。1715年3月8日，在发布了一份公告和颁布了一系列勋章后，路易十四宣布这些邪恶之徒被彻底消灭了。

很多预言家流亡到了英格兰，他们在那儿制造了很大的混乱。根据伏尔泰的《路易十四时代》(第36章)之记载，避难者中的一位领袖人物——声名狼藉的叛乱者艾利·马里恩(Elie Marion)——因其预言性的警告和假奇迹而引起了极大的反感，结果他作为公敌被驱逐出境。②

正统教会确立了恶灵存在的观念，它是一个有着首领的王国，因此我们有理由假设一个有着诸多等级的王国一直在与良善进行长期的斗争，并且不遗余力地为非作歹和奴役世人；显然，一个被选定的人能以这样或那样的方法与黑暗世界取得联系，尽管这种联系很少发生，但至少有这种可能。这种联系及其产生的后果、条件和伴随着的 63
环境被称为巫术。博学的斯普伦格(Sprenger)在《女巫之锤》(*Malleus Maleficarum*)中明确表示，否认巫术的可能性就是异端。皮埃尔·德·朗克雷写道："在上帝本人谈及魔法师和邪术师之后，什

① D'Urfey在他的喜剧*The Modern Prophets*; *or New Wit for a Husband*中愉快地讽刺了加米撒尔派，此剧创作于Drury Lane, 5 May, 1709, (*Tatler*, 11), and printed quato, 1709, (no date)。其中的主要角色之一是"*Marrogn*，一个无赖的法国加米撒尔信徒和牧师"，由Bowen创作而成。这是Elie Marion的画像。D'Urfey在序言中提到了他鞭笞的"那些狂热的可恶的欺骗行为"。该剧已于1708年被创作完成，但因王妃于当年10月28日去世而被推迟上演。Swift在其《对1708年的预测》中说："六月。这个月最好待在家里，因为那些可笑的、被迷惑的、狂热的所谓先知将彻底流窜出来；主要是因为他们的许多预言应验了，但他们却发现自己被相反的事情欺骗。"

② 亦见Fléchier's *Récit fidèle* in *Lettres choisies*, Lyons, 1715；以及Brueys' *Histoire du fanatisme de notre temps*, Montpellier, 1713。

么样的异教徒敢怀疑他们的存在呢?”(*L'Incredulité et Mescreance du Sortilège*, 1622, Paris)[①]著名律师布莱克斯通(Blackstone)在《评论》(*Commentaries*, 1765, IV, 4)中断言:“否认了巫术和邪术真实存在的可能性,就断然与《旧约》和《新约》诸段落中上帝所揭示的话相矛盾;而世界上每一个民族,无论是根据其完善证明的例证,还是根据其假定与恶灵交往之可能性的禁令,都可以证明这是真实的。”格外谨慎的——甚至可以说是多疑的——瑟斯顿(Thurston)神父也认为,“面对圣经以及教父和神学家的教诲,我们很难否认人与魔鬼订约以及魔鬼干涉人类事物的可能性”。冒名欺骗、耍把戏、自我欺骗、催眠以及病态幻想都无疑在这类传说中发挥着重要作用。声称魔法的力量确实控制了人们是不够诚实的。显然,如果一个人不仅坚信邪恶的力量,而且认为这个力量能够且确实干涉并毁坏了人类的情感和命运,那么他就会祈求并献身于这个力量,会自此放弃他的意志,会请求借助这个力量来完成自己的愿望和目的,以及会成功说服自己与邪恶进行神秘接触并成为其奴隶和仆人。[②] 而且,正如我们所预料的,记录中充满了大量的例子,诸如普通欺骗、包裹迷信外衣的狡诈恶行、聪明的诡计、给无知者和平民留下深刻印象的表演、渴求获得巫师名声的病态自负,以及为获利或获得舒适生活而实施的欺骗行为。

64 当我们考虑了每一个方面的情况,详细探查了巫术漫长且血腥的历史,以及认识到了巫术崇拜中的可怕狂热和极度放纵之后,通过身心两方面的丰富知识,我们能够详细解释那些不可避免地将人们引向绞刑架的情况和事件,我们可以一件件分析——一种情况是歇斯底里患者、全身僵硬症病人、癫痫患者,以及源自某种至今无法被诊断出的神经紊乱疾病的受害者;另外一种情况是被仇人的恶意谴责的人,这

① Après que Dieu a parlé de sa propre bouche des magiciens et sorciers, que est l'incredule qui on peut justement douter?

② 14世纪时的教堂浅浮雕往往展现着人跪在魔鬼面前敬奉他,并献身为仆的画面。Martonne, *Piété au Moyen Âge*, p. 137.

也许是出于政治的动机；第三种情况是某些成为迷信与恶意之受害者的昏聩恶妇；第四种情况是被没有得逞的敲诈者或盗贼告发的人；其他的情况包括蠢人、行为古怪者、半疯狂者；还有许多人被那些熬不过酷刑的可怜人告发，从而沦为牺牲品。在如此毫不隐讳地讨论了各种可能情形之后，以及在彻底认识了横扫几个世纪的恐怖所大范围波及的疯狂迫害之后，我们知道还有数不清的重要案例是无法通过一般的理由得到解释的，它们不在一般的范畴之内。就像某个公正的作者所写："潜在而富有争议的现象实在数量巨大。"[1]除非承认巫术和恶魔契约的真实性，否则我们没有办法解释这一切。我们要记住，那些最聪明的头脑、最富洞见的智者、最博学的学者、最高尚的人和那些掌握第一手资料的人都相信巫术。其中包括最高的权威，如"第一流的哲学和神学天才，像金字塔一般支配着古代及之后的时代"[2]的圣奥古斯丁；百科全书式的"全才博士"（Universal Doctor）圣大阿尔伯特（Albertus Magnus）；"天使博士"（Doctor Angelicus）圣托马斯·阿奎那（S. Thomas Aquinas），他是世间少见的最深刻的智者之一；喜好神秘主义的圣波拿文图拉（S. Bonaventura）；很多教皇和圣方济各修士之友亚历山大四世，他审慎、仁爱、虔信，"勤于祷告、严于苦修"[3]；"性 65
格严谨、生活简朴、学养丰富"[4]的约翰二十二世（John XXII）；虔诚的西多会修士，精通教理的本笃十二世（Benedict XII）；伟大的主教、学者和外交家英诺森八世；教会法和民法专家，最公正和仁慈的教皇，极具天赋的格里高利十五世（Gregory XV）。还有那些学识渊博的人，如巴黎圣母院院长、巴黎大学校长热尔松（Gerson）；"被认为是其时代的大智者之一"的詹姆士·斯普伦格（James Sprenger），撇开其词源学上的谬误不谈，他是学问渊博的学者；"政治哲学和政治史的主要奠基人

---

① George Ives, A History of Penal Methods, p. 75. 其中，第二章"巫术审判"值得精读。

② Philip Schaff, *History of the Christian Church*.

③ Matthew Paris, *Chronica Maiora*.

④ J. P. Kirsch.

之一”[1]让·博丹;伊拉斯谟(Erasmus);索尔兹伯里的朱厄尔(Jewell)主教,“他是在英国改革教会的教义方面最权威、最富才干的解释者之一”[2];勇敢的罗利(Raleigh);培根(Bacon)爵士;爱德华·科克(Edward Coke)爵士;马扎林(Mazarin)主教;著名的波义耳(Boyle);卡德沃斯(Cudworth),“在为英国教会所尊崇的大学者中,他也许是最深刻的一位”[3];塞尔登(Selden);亨利·莫尔(Henry More);托马斯·布朗(Thomas Browne)爵士;约瑟夫·格兰维尔(Joseph Glanvill),“在天赋方面极少有后人能超越他”[4];坎特伯雷的渊博牧师梅里克·卡索邦(Meric Casaubon);马修·黑尔(Matthew Hale)爵士;乔治·麦肯齐(George Mackenzie)爵士;威廉·布莱克斯通(William Blackstone);以及其他许多名气稍小的神职人员、律师和学者。尽管上述这些人可能在小的方面犯有错误,但是不可能所有的人都被蒙蔽与欺骗。博学的西尼斯特拉里(Sinistrari)在《恶魔研究》(*De Dæmonialitate*)[5]中根据安布罗斯派(Ambrosian)的弗朗切斯科-马里亚·瓜佐(Francesco-Maria Guazzo)的权威论断写道:“Primo, ineunt pactum expressum cum Dæmone aut alio Mago seu Malefico uicem Dæmonis gerente, et testibus præsentibus de seruitio diabolico suscipiendo: Dæmon uero uice uersa honores, diuitias, et carnales delectationes illis pollicetur.”(首先,新入会者在证人的见证下与恶魔[或以其他巫师或魔法师代替恶魔]达成协议,即他们为恶魔服务,而作为交换,恶魔给予他们所祈求的荣誉、财富和肉体享受。)

---

① 以上引文皆来自 W. H. Lecky, *History of Rationalism in Europe*. c. 1。

② Rv, Peter Lorimer, D. D.

③ 以上引文皆来自 W. H. Lecky, *History of Rationalism in Europe*. c. 1。

④ 同上。

⑤ 最早出版于 Isidore Liseux, 1875, p. 21. XIII. Ludovico Maria Sinistrari, Minorite, 1622 年 2 月 26 日出生于阿门诺(诺瓦拉省)。他曾任最高宗教法庭的领事,阿维冈大主教的主教总代理,以及米兰大主教的神学顾问。他被描述为“omnium scientiarum uir”。他逝世于 1701 年 3 月 6 日。

据说正式的契约有时是口头的,有时则是一份签署好的文本。在每个案例中,签订人都是出于自愿,格雷斯(Görres)指出,这些邪恶仪式通常都是在某个小房间的秘密集会,新入会者用可怕的誓言和亵渎为邪恶服务。但是,还有些案例只能被解释为黑暗灵体的物质化,它 66
从崇拜者手中获得契约。这些当然是极个别的,然而审判官偶尔也能检查到这类羊皮纸和契约。1453 年,圣日耳曼昂莱(S. Germain-en-Laye)的院长纪尧姆·埃德林(Guillaume Edelin)与魔鬼签订契约,后来人们从他的院众身上发现了此契约。皮埃尔·德·朗克雷写道,1619 年 1 月被烧死的巫师史蒂夫诺特·德·奥德贝尔(Stevenote de Audebert)向他展示"与魔鬼签订的契约,其用经血书写,如此恐怖而不忍卒读"[①]。乌普萨拉(Upsala)图书馆保存了一份丹尼尔·萨尔特尼乌斯(Daniel Salthenius)的契约,他后来成为科尼斯堡(Köningsberg)的希伯来语教授,他将灵魂出卖给了撒旦。

有一幅耶稣受难像附有如下的说明:有一个年轻人过着放荡不羁的生活,他声名狼藉、极不虔诚、挥霍财产,最终他欲壑难填,将自己的躯体和灵魂都出卖给了路西法,以换取足够的金钱让他可以沉迷于穷奢极欲的生活。据称,恶魔显形了,并令这个年轻人写下一份投身地狱的契约。这个年轻人同意了,但他提出了附加条件。这个年轻人问恶魔是否能出现在卡瓦利(耶稣被钉死于十字架之地),当得到肯定答复后,他坚持要路西法为他准确再现耶稣受难的情形,如此他才交出签好的契约。恶魔犹豫再三还是同意了,他很快就制造出了一幅画。然而,当年轻人一看到被钉在十字架上的鲜血淋漓的圣体时便感到悔恨,他双膝跪地,呼唤上帝帮助。于是,恶魔消失了,只留下了致命的契约书和画像。为彻底免除罪恶,这个悔罪者被要求向主教法庭(the Cardinal Penitentiary)求助,而画像则被教庭没收。君主巴贝里尼(Barberini)蒙准临摹了一份,他最终将该摹品赠送给骨骸寺(S. Maria

① *L'Incredulité et Mescreance du Sortilege*, Paris, 1622, p. 38.

della Concezione)的嘉布遣会修士。

67 据称,与撒旦订立的契约都是用订立者的鲜血签订的。“签名总是用订立者的鲜血书写的……在奥格斯堡,约瑟夫·艾格蒙德·舒尔茨(Joseph Egmund Schultz)宣称,1671年5月15日将近午夜时分,大约11点到12点之间,他在一个三岔路口用自己的鲜血写就了一张装饰精美的羊皮纸,并用一块漂亮的头巾将其包裹起来,他就这样订约了……威德曼(Widmann)也谈到那个可怜的浮士德(Faust)是如何轻轻划破大拇指,用流出的血滴签约,从而将身体和灵魂都献给了魔鬼,并由此完全弃绝了自己身上属于上帝的部分。”[①]很多民族从很早就开始神圣地以鲜血来认可誓约。[②] 罗赫霍尔茨(Rochholz, I, 52)说,德国大学新生加入社团时习惯“用鲜血在彼此的纪念册中”进行书写。伟大而虔诚的巴伐利亚选帝侯马克西米连(Maximilian)用自己的血书写羊皮纸,以将自己奉献给圣母,据说这张羊皮纸仍然存在。就像在人们因宣誓缔结联盟而结拜为兄弟的习俗中,血液是最神圣的和无法被取消的盟誓。人们这时不是直接饮血就是将血混在酒里喝下去。希罗多德(IV, 70)记载,斯基泰人(Scythians)在缔约时习惯在陶盆里倒入酒,然后缔约各方用刀割破手臂后让血流进盆里与酒混合。然后,缔约双方及其重要的部属取而饮之。彭波尼乌斯·梅拉(Pomponius Mela)在《地理志》(*De Situ Orbis*, II, 1)中记载了在他的时代仍然存在着的类似风俗:“他们甚至不流血就不能结盟:结盟各方割伤自己,让血流出后混

---

① Subscriptio autem sæpissime peragitur proprio sanguine... Sic Augustæ referebat Joseph Egmund Schultz, se anno 1671. d. 15. Maji sanguine proprio tinctum manuscriptum, in menbrana, nomine picto, obuolutoque muccinio, in media nocte, cum hora undecima & duodecima agebatur, in compitum iecisse, atque pactum sic corroborasse... Sic de infausto illo Fausto *Widmannus* refert, proprio sanguine ex leuiter uulnerato pollice emisso illum se totum diabolo adscripsisse, Deoque repudium misisse. *De Sagis*, Christian Stridtheckh, Lipsiæ, 1691. (XXII).

② 参见 Götz, *De subscriptionibus sanguine humano firmatis*, Lübeck, 1724。亦见 Scheible, *Die Sage vom Faust*. Stuttgart, 1847。就我所知,这一点被很多巫术作者忽略。

在一起,然后饮之。他们认为这样才是永久忠诚和信任的最可靠的誓言。"[①]吉拉尔杜斯(Gyraldus)在《爱尔兰地形学》(*Topographia Hibernorum*, XXII, p. 734)中说:"当爱尔兰人缔约时,双方出于自愿而流血互饮。"1891 年 7 月,一伙横行南意大利三年之久的歹徒被剿灭。有报道说,这群不法之徒在与巴里(Bari)的"马拉·维塔"(Mala 68
Vita)结盟的仪式中,"新入伙者在心脏附近开一道口子,然后与盗贼头领一起吸吮饮用从伤口中流出的鲜血以示歃血为盟"。

在诸如《黑魔法和契约之书》(*The Book of Black Magic and of Pacts*)、《所罗门王之匙》(*The Key of Solomon the King*)等魔法书中,我们可以发现符咒和魔法仪式,如果这些偶尔是无效的(对于操作者而言是幸运的),那只能说是神圣力量抑制了恶灵。但是,如苏亚雷斯所观察的,即使没有从恶魔那里得到回应——"或者是因为上帝不允许,或者是因为其他我们所不知道的原因"[②]——实践这门黑暗技艺者所犯之罪也是昭昭在目。[③] 18 世纪末,某个名叫胡安·佩雷兹(Juan Perez)的人沦落到了悲惨的境地,他宣誓如果能报复那些伤害他的人,那么他将把肉体和灵魂都献给撒旦。胡安·佩雷兹咨询了不止一位魔法师和巫师,也尝试了不止一种魔法仪式,但均未奏效。地狱对胡安·佩雷兹的请求充耳不闻。于是胡安·佩雷兹公开宣称不相信超自然力量,不相信恶魔的真实性,并嘲笑圣经就是童话和儿童的故事。这种行径自然令胡安·佩雷兹被带到了教会法庭,他在第一轮审讯中就承认了所有的事,并说他准备接受任何他们认为合适的赎罪惩罚。

---

① Ne fœdora quidem incruenta sunt: sauciant se, qui paciscuntur, exemtumque sanguinem, ubi permiscuere, degustant. Id putant mansuræ fidei pignus certissimum.

② ... uel quia Deus non permittit, uel propter alias rationes nobis occultas. *De Supersitione*, VIII. i. 13.

③ Tunc autem propria culpa diuinationis iam commissa est ab homine, etiamsi effectus desideratus non fuerit subsecutus.(因为预言之罪实际上是由罪人所犯,是他自愿所为,尽管他并没有获得想要的结果。)*Idem*.

任何同恶魔签订的契约都不是微不足道的约束。以下是圣阿方索的权威观点，他认为死灵巫师或那些与恶魔打交道的人想要摆脱巫术就要做到："(1)彻底弃绝和放弃与恶灵的正式契约或任何形式的交往；(2)烧掉所有这类书籍、文章、护身符以及其他与黑暗技艺有关的物件（如水晶、占卜写板、显灵板、异教护身符等）；(3)如果书面契约在手中，那么就烧掉它，而如果契约在恶魔手中，那么也无须要回来，因
69 为赎罪足以使它失效；(4)弥补造成的任何伤害，补偿造成的任何损失。"[①]我们应该注意到，人们发现这些规则特别有用，其完全适用于灵媒以及那些放弃招魂术的人。

历史上，甚至在那些改信的邪术师的传记中，我们也能找到类似的例子。其中最著名的有忏悔者圣西奥菲勒斯(S. Theophilus)[②]；甚至有更著名的安条克的圣西普里安(S. Cyprian of Antioch)，他于 304 年 9 月 26 日同圣贾斯廷娜(S. Justina)一起在戴克里先的迫害中殉教于尼科米底亚(Nicomedia)。[③] 葡萄牙多明我会修士圣塔伦的吉尔(Gil of Santarem)在年轻时就在哲学和医学上表现不俗，在科英布拉(Coimbra)时，他有一天在前往巴黎大学的路上与一位彬彬有礼的陌生人同行，后者教授了他托莱多的黑魔法。作为回报，陌生人要求吉尔将灵魂献给魔鬼并用鲜血订立契约。于是吉尔投身魔法学习 7 年，之后他又在巴黎轻而易举地获得了医学博士学位。吉尔最终还是悔悟了，他烧掉魔法书，回到葡萄牙，并加入多明我会。1205 年 5 月 14 日，在一生的赎罪和祈祷后，吉尔在圣塔伦与世长辞，他的遗体在当地

---

① *Theologia moralis*, 1. iii. n. 28. Monendi sunt se teneri 1. Pactum expressum, si quod habent cum dæmone, aut commercium abiurare et dissoluere; 2. Libros suos, schedas, ligaturas, aliaque instrumenta artis comburere; 3. Comburere chirographum, si habeat: si iuro solus dæmon id habeat, non necessario cogendus est ut reddat, quia pactum sufficienter soluitur per pœnitentiam; 4. Damna illata resarcire.

② Bollandists, 4 February.

③ *Breuiarium Romanum*, Paris Autumnalis, 26 September, lectio iii. of Matins. 关于这段历史，Calderon 创作出了他最伟大的戏剧 *El Magico Prodigioso*。

仍受膜拜。[1] 1748 年 3 月 9 日,本笃十四世批准了对吉尔的崇拜,他的纪念日是 5 月 14 日。

巫师订立的契约通常是终生的,但在有些情况下也会只签订几年时间,魔鬼在期限快到时会杀死他的信徒。雷金纳德·斯科特(Reginald Scot)说:"他们的誓言和契约有时持续一定年限,有时则是终生的。"[2]方济各会修女玛格达列娜·德·拉·克鲁兹(Magdalena de la Cruz)1487 年出生于阿奎拉(Aquilar),1504 年进入位于科尔多瓦(Cordova)的圣伊莎贝尔(Santa Isabel)修女院。玛格达列娜·德·拉·克鲁兹因圣洁而享有很高的声望,她于 1533 年、1536 年和 1539 年被选为修女院院长。然而,不到五年时间,玛格达列娜·德·拉·克鲁兹就因被控行巫术而被关进了宗教裁判所的监狱。玛格达列娜·德·拉·克鲁兹承认在 1499 年时有一个自称巴尔巴(Balbar)的精灵和一个叫皮东(Pithon)的同伙化成 12 岁的小孩出现在她面前,她同他们签订了为期 41 年的契约。1543 年,玛格达列娜·德·拉·克 70
鲁兹在病重期间承认了她的欺骗行为及与恶魔的交往。玛格达列娜·德·拉·克鲁兹的余生被作为忏悔者囚禁在一个极端严酷的房子中。法弗舍姆(Faversham)的女巫琼·威利福德(Joan Williford)承认"魔鬼承诺听她差遣 20 年,现在快到期了"[3]。1646 年,亨廷顿郡(Huntingdonshire)的女巫伊丽莎白·威德(Elizabeth Weed)承认"魔鬼会为她做一切她要求的事,但她在 21 年后必须将灵魂交给魔鬼"[4]。1664 年,萨默塞特(Somerset)的女巫伊丽莎白·斯泰尔(Elizabeth Style)承认魔鬼"许诺给她金钱,让她过上奢侈的生活,享受世间一切

---

① Bollandists, 14 May. Breuiarium iuxta S. Ordinis Prœdicatorum. 14 May. In Nocturno, Lectiones ii, iij. Touron Histoire des hommes illustres de l'ordre de Saint Dominique. (Paris, 1743)

② *Discoverie of Witchcraft*, Book III.

③ *Examination of Joane Williford*, London, 1643.

④ John Davenport, *Witches of Huntingdon*, London, 1646.

愉悦12年，只要她用血订立契约并将灵魂献给他”①。

撒旦向他的信徒允诺他们所希望的一切，包括知识、财富、荣誉、快乐和向敌人复仇，但事实上他所给予的一切都给人带来失望、贫穷、痛苦、仇恨、伤害和毁灭的力量。撒旦将不易获得的希望摆在他们眼前，而他们如此沉迷，以至于信任他直至失去一切。有时受害者年轻而契约期限较短，但撒旦总是时时更新契约。所以，安托瓦内特·布里尼翁(Antoinette Bourignon)的学生于1661年时在里尔(Lille)承认，“魔鬼给他们画一个标记，只要这些人想离开他，他就重新画。魔鬼会更严厉地斥责他们，并强迫他们重新承诺，他为了誓言而给他们画上新的标记，以使那些人继续效忠于他”②。

这里所说的魔鬼的标记——或有时被称为女巫的记号——被认为可能是确认女巫身份的最重要标识，这正是撒旦印在其仆人身体上的标记和印章，人们认为任何身上有这种标记的人无疑就是已经同恶魔结盟，并成为恶魔的仆人。据说人们在被画标记时感觉不到疼痛，
71 即使刺得很深也不会流血。因此，格莱德穆伊尔(Gladmuir)的牧师约翰·贝尔(John Bell)先生在其出版于18世纪的小册子《巫术审判》(*The Trial of Witchcraft; or Witchcraft Arraigned and Condemned*)中解释道：“女巫标记有时像被击打的痕迹或小伤口，或像被跳蚤咬的斑点；有些标记则是肉陷下去而中空，这种标记都位于类似头发里、眉毛中、嘴唇里侧、胳肢窝下面以及身体最隐秘的部位。”阿伯福伊尔(Aberfoill)的牧师罗伯特·欣克(Robert Hink)在《秘密团体》(*Secret Commonwealth*, 1691)中写道：“我看见过的一个标记像一颗小痣，坚硬并呈棕色；画标记时，一根很大的针刺入(臀部、鼻子和上颚)直到针弯曲，不管是男巫还是女巫既感觉不到疼痛也不流血，他们也不知道这正是在给他们画记号的时刻(他们的眼睛被蒙住了)。”这个记号有

---

① Glanvill, *Sadducismus Triumphatus*.

② Antoinette Bourignen, *La Vie exterieure*, Amsterdam, 1683.

时是一只蟾蜍或蝙蝠的完整形象，或者如戴尔里奥（Delrio）所说，是兔子的足迹、青蛙、蜘蛛、变形的小狗或老鼠的脚。[①] 戴尔里奥还告诉我们记号通常被画在身体的哪些部位："男性通常见于眼皮底下、嘴唇底下、胳肢窝下、肩膀上或者臀部，女性则在胸口或者阴部。"[②]

渊博的方济各会修士卢多维科·马里亚·西尼斯特拉里（Ludovico Maria Sinistrari）在其见解深刻的著作《恶魔研究》（*De Dœmonialitate*）中写道："[Sagæ seu Malefici] sigillantur a Dæmone aliquo charactere, maxime ii, de quorum constantia dubitat. Character uero non est semper eiusdem formæ, aut figuræ: aliquando enim est simile lepori, aliquando pedi bufonis, aliquando araneæ, uel catello, uel gliri; imprimitur autem in locis corporis magis occultis: uiris quidem aliquando sub palpebris, aliquando sub axillis, aut labiis, aut humeris, aut sede ima, aut alibi: mulieribus autem plerumque in mammis seu locis muliebribus. Porro sigillum, quo talia signa imprimuntur, est unguis Diaboli."（恶魔在[女巫或男巫身上]特别是那些他觉得不坚定的人身上印记号，而且这记号并不总是同一形状的：有时是兔子，有时是一条蟾蜍腿，有时是蜘蛛、小狗或榛睡鼠。这些记号在身体最隐蔽的部位：男性在眼皮底下、胳肢窝、嘴唇、肩膀、臀部或者其他部位，女性则通常在胸部或者私处。印记号的 72
正是魔鬼的爪子。）

这标记是由魔鬼或者魔鬼的代理人在巫魔会的新巫师入会仪式上印的。雷金纳德·斯科特在《巫术的发现》（*Discoverie of Witchcraft*, 1584）中说道："魔鬼用牙齿或者爪子给每个新人印上记

---

① Delrio. *Disquisitiones magicæ*, 1. v. sect. 4. t. 2. Non eadem est forma signi; aliquando est simile leporis uestigio, aliquando bufonis pedi, aliquando araeæ, uel ctello, uel gliril.

② *Idem*. In uirorum enim corpore sæpe uisitur sub palpebris, sub labiis, sub axillis, in humeris, in sede ima: feminis etiam, in mammis uel muliebribus locis.

号。”1661年,里尔的女巫承认“魔鬼用铁锥在身体的某个部位印上记号”[①]。在苏格兰,特拉南特(Tranent)代理执行官大卫·西顿(David Seaton)的女仆吉莉·邓肯(Geillis Duncan)被牵涉进对菲安博士(Doctor Fian)、艾格尼丝·桑普森(Agnes Sampson)、尤弗米雅·麦克莱恩(Euphamia Maclean)、巴巴拉·纳皮尔(Barbara Napier)以及他们同伙的著名审判中,她即使遭受严刑拷打也拒不承认,“他们因此怀疑她被魔鬼印了记号(通常女巫都有),于是他们在她身上仔细寻找,终于在她咽喉前找到了;既然找到了记号,她便承认了在恶魔的引诱和怂恿下所做的一切,这一切都是用巫术做的”[②]。1630年,尼德里(Niddrie)的凯瑟琳·奥斯瓦德(Catharine Oswald)被发现犯有邪术罪,“巡回法庭引用了两名证人的证词,牧师约翰·艾尔德(John Aird)先生在监狱中看到人们将一根针刺入她的肩膀(在那儿有魔鬼标记),她既没有流血,也没有收缩;在助理法官在场的情况下,同样的行为又进行了一次”。1643年,爱丁堡的简妮特·巴克尔(Janet Barker)承认自己与恶魔交往,恶魔在她的两个肩膀中间印了标记。人们发现了这个记号,“将一根针刺入,一个小时后也没有被感觉到”[③]。

1611年3月10日,两名内科医生和两名外科医生受命前往监狱探访马赛教区的教士路易·戈弗里迪(Louis Gaufridi),以在他身上寻找魔鬼标记,该教士被指控施行最邪恶的邪术。医生们的报告内容如下:

73 “我们,如下署名的医生,受命探访路易·戈弗里迪,在他身上我们看到了跟自然肤色相差无几的三个小标记。第一个标记大约在其右大腿中部偏低位置。当我们用针刺入该标记大约两指宽的深度时,他感觉不到疼痛,也没有血液或其他液体从伤口溢出。

---

① ... le Diable leur fait quelque marquee comme avec une aleine de de fer quelque partie du corps.

② *Newes from Scotland*, London. (1592.) Roxburgh Club reprint, 1816.

③ *Abbreviate of the Justciary Record*.

第二个标记在腰部右侧，大约距离脊椎一英寸，大腿肌肉之上四指宽。我们将针推进到三指宽深度，并像在第一处标记所做的那样停留一段时间，但戈弗里迪仍然感觉不到疼痛，也没有血液或任何其他液体流出。

第三个标记大约在心脏位置。像前几次一样，起初当针刺入时仍无痛感。当稍用力刺时，他说能感觉到疼痛，但是仍然没有液体从伤口流出。第二天一大早，当我们再次去看他时却没有发现刺破的部位出现红肿现象。据我们判断，这种被刺破却不溢出液体的硬茧似的标记不属于皮肤的功能，据此我们于 1611 年 3 月 10 日提交此报告。

医生：*Fontaine*、*Grassy*

外科医生：*Mérindol*、*Bontemps*”①

---

① Nous, medecins et chirurgiens soussignés, suivant le commandement à nous fait par messire Anthoine de Thoron, sieur de Thoron, conseiller du roy en sa cour de parlement, avons visité messire L. Gaufridy au corps duquel avons remaqué trois petites marques peu differentes en couleur du reste du cuir. L'une en sa cuisse sénestre sur le milieu et en la partie inferieure, en laquelle ayant enforcé une aiguille environ deux travers de doigts n'a senti aucune douleur, ni de la place n'est sorti point de sang ni autre humidité.

La seconde est en la region des lombes en la partie droite, un poulce près de l'épine du dos et quatre doigts au-dessus les muscles de la fesse, en laquelle nous avons enfoncé l'aiguille trois travers de doigts, la laissons comme avions fait à la première plantée en cette partie quelque espace de temps, sans toutefois que le dit Gaufridy ait senti aucune douleur et que sang ni humeur quelconque en soit sorti.

La troisième est vers la région du cœur . Laquelle, au commencement qu'on mit l'aiguille parut comme les autres sans sentiment; mais à mesure que l'on enfonçait fort avant, il dit sentir quelque douleur; ne sortant toutefois aucune humidité, et l'ayant visité le lendemain au matin, n'avons reconnu aux parties piqués ni tumeur, ni rougeur. A cause de quoi nous disons telles margues insensibles en rendant point d'humidité étant piquées, ne pouvoir arriver par aucune maladie du cuir précédante, et tel faisons notre rapport ce 10 mars, 1611. *Fontaine*, *Grassy*, médecis; *Mérindol*, *Bontemps*, chirurgiens.

在法庭上宣读上文提及的法医报告时，在被告身上发现的魔鬼标记很重要，博学的多明我会神父塞巴斯蒂安·米夏埃利斯（Sebastian Michaelis）——他也是这个案子的顾问——情不自禁地惊骇道：“要是在阿维尼翁，这个人明天就会被处死！”（转下页）

1634年4月26日,在著名的卢丹(Loudun)审判案中,法庭需要检查被告于尔班·格朗迪耶神父(Urbain Grandier)的魔鬼记号。主持检查的是本镇首席医生勒内·马努里(René Mannoury),被告被脱光并蒙上眼睛,立于官员们面前。检查者发现两个记号,一个在肩头,一个在大腿上,即使刺入锐利的银针,两个记号处也没有感觉。

魔鬼标记被认为是最能令人信服的证据之一——如果不是完全可靠的证据——既然被告身上有不名誉的撒旦标记,那他就是有罪的。因此,可以想见,搜寻、辨认和针刺这些标记实际上成为了一种职
74 业,不少聪明人成为被认可的专家和实践权威。在苏格兰,人们称此职业为"针刺师"(the prickers),这些人甚至还组织了正规的行会。这些针刺师每发现一个巫师就能收取不菲的费用,可以想见,他们获利颇丰。1646年,在珍妮特·佩斯顿(Janet Peaston)审判中,达尔基斯(Dalkeith)的地方官员"让针刺师特拉南特的约翰·金凯德(John Kincaid)在她身上用针刺。他发现了两处魔鬼标记,因为当针刺入任何一个上述标记时,她都感觉不到针的存在,针被拔出时也没有流血。当被问到针是刺入哪个部位时,她指的是远离实际针刺位置的部位。针长三英寸(约合7.62厘米)"①。另一个臭名昭著的针刺师叫约翰·巴安(John Bain),他不可靠的证词导致一大批不幸的可怜人被处死。约1634年,约翰·巴尔弗(John Balfour of Corhouse)因私利而使整个乡村陷入恐慌;20年后,一个名叫约翰·迪克(John Dick)的人成了金凯德的竞争者。这些"针刺师"的常规生意逐渐成为了一种社会公害,其毋庸讳言地为各种恶行大开方便之门。下面这个著名的例子表明,这种检查在骗子手中会变得如何危险和恶劣,这种检查至少应该被严

(接上页)戈弗里迪承认:"J'advoue que les dites marques sont faites pour protestation qu'on sera toujours bon et fidèle serviteur du Diable toute la vie."(我承认,这些标记是我作为忠仆终生献身魔鬼的记号。)

① Pitcairn, *Records of Justiciary*. 1663年,金凯德因无照针刺被监禁9个星期,后因其年纪太大,他在给出不再针刺的保证后被释放。

格把关并被委托给熟练的医生，再由他们将结果上报给严肃且博学的神职人员。“一个为审判巫术而跑遍整个王国的帕特森先生（Mr. Paterson）来到因弗内斯（Inverness），因为他的审判方式就是使用一根长长的铜针，因而他被称为‘针刺师’。他将人脱光，然后宣称发现了那个部位。他用手将人全身摸遍后，将针刺入，可能由于感到羞辱和害怕，被刺者感觉不到，他将针深深刺入，然后拔出。确实有些女巫能够被发现，但是也有许多忠实的男女被这个小把戏击倒而遭到诬陷。在埃尔金（Elgin）有两人被杀，在福里斯（Forres）有两人被杀，女巫玛格丽特·达夫（Margret Duff）在因弗内斯被烧死。这个帕特森来到沃德洛（Wardlaw）教堂，并在教堂里用针刺了被科梅的奇泽姆（Chisholm of Commer）带到那里的 14 个女人和 1 个男人，以及被费 75
林托什的安德鲁·弗雷泽（Andrew Fraser）带过去的 4 个人。帕特森首先检查了所有人的头部，收集了一堆头发，并藏在石头中，然后施行针刺。[1] 他们中的少数几个死于狱中，但他们没有供认。这个恶人赚了一大笔钱，拥有两个仆人；人们直到最后才发现他是一个穿着男人衣服的女人。这样的残酷行为就是一个卑鄙无耻的江湖骗子所为。”[2]无疑，在大部分案例中，这些魔鬼标记是皮肤的自然变形、变厚的组织、胎记——我自己就知道一个人，其上臂就有一个出生记号，是一个完整的老鼠形状——痣、疣或其他种类的斑点。但是，这不能解释所有的情况，怀疑论者默里小姐也写道：“大多数证词中被证明存在局部麻木，这表明在陈述中有真理的基础。”默里小姐坦承：“但是，目前我没有解决办法。”[3]此外，如前所示，这个记号往往是在新人入会时由主持仪式的主席所印，但必须承认其有时是由非人类的代理人所为。

---

① 剃头和剃身是搜寻魔鬼标记前的惯常程序。几乎每一个案例都有相关的记录。通常由一个理发师来完成，如戈弗里迪和格朗迪耶的案子中有丰富的细节。

② *The Wardlaw Manuscript*, p. 446. Scottish History Society Publication, Edinburgh.

③ *The Witch-Cult in Western Europe*, p. 86.

在男巫或女巫身上往往能发现“小乳头”，他们借此用秘密乳汁喂养精灵，但我们必须将其与毫无感觉的魔鬼标记仔细区分开。不知什么原因，这种现象似乎只出现在英格兰和新英格兰的记录中，并在这些地方频繁出现。值得一提的是，在沙德威尔(Shadwell)的戏剧《兰开夏的女巫》(*The Lancashire Witches*，1681 年)的最后一幕，一个给女巫搜身的妇女报告说：“除了玛奇大妈(Mother Madge)之外，她们身上的很多部位都有很大的乳头，而玛奇大妈身上只有一些小的。”沙德威尔注释浩繁，他引用了将近 50 位作者，在此他写道：“在英格兰，有大乳头是所有女巫搜寻者都承认的。”[1]1597 年，在伊丽莎白·赖特(Elizabeth Wright of Stapenhill)的审判案中，“他们扒光了那个老妇人，并在她右肩后面发现了一个类似母羊乳房的东西，其有两个乳头，
76 就像两个大疣，一个在她袖口的下后方，另一个在离她肩头一掌处。当被问到这些乳头存在多长时间了，她回答说生来就有”[2]。在埃德蒙顿(Edmonton)的女巫伊丽莎白·索耶的案例中，法官不顾其反对，命令以诚实著称的寡妇玛格丽特·韦弗(Margaret Weaver)和另外两个庄重的妇女一起检查她的身体，她们发现“一个小指大小的类似乳头的东西，长约半指，支在上面像一个乳头，而且还像被吮吸过一样”[3]。圣奥尔本(St. Albans)的约翰·帕尔默(John Palmer)承认“他与魔鬼签订契约后，从他那里接受了一个标记，标记在腰侧，用以喂养两个精灵”[4]。肯特郡的女巫莱纳姆的玛丽·理德(Mary Read of Lenham)

---

① 安吉利卡(Angelica)在《因爱而爱》(*Love for Love*，1695)的第二幕中嘲笑她年迈迷信的叔叔 Foresight 和保姆，她喊道：“注意，保姆；我可以作证你左臂有一个非天生的大乳头，他也有一个；你们轮流喂养外形为斑纹猫的小魔鬼。”

② *The most wonderfull ... storie of a ... Witch named Alse Gooderidge*. London. 1597.

③ 在福特(Ford)和德克(Dekker)的戏剧的第四幕有所提及：

索耶　我亲爱的汤姆男孩，欢迎……
安慰我吧：你很快就会有一个乳头。
狗　鞠躬，哇噢！我立刻就会有。

④ W. B. Gerish. *The Devil's Delusions*, Bishops Stortford, 1914.

"在舌头下面有一个可以看得见的乳头，她向很多人展示过"[1]。1660年，圣奥尔本的一名男巫"在腰侧有一个类似乳房的东西"[2]。同年，基德明斯特(Kidderminster)的一位寡妇和她的两个女儿以及一个男人遭到起诉，"这个男人有 5 个乳头，母亲有 3 个乳头，大女儿有 1 个乳头"[3]。1692 年，萨勒姆的女巫布里奇特・毕晓普(Bridget Bishop)接受审判，"一个由女人组成的陪审团在她身上发现了一个非天然的乳头，但是在第二次检查时——还不超过 3—4 个小时——这个东西就不见了"[4]。同样的例子还可以被列举如下：1664 年被处死的两个萨福克郡的女巫罗丝・卡伦德(Rose Cullender)和艾米・丹尼(Amy Duny)；德文郡的女巫伊丽莎白・霍纳(Elizabeth Horner)(1696 年)；艾塞克斯的女巫寡妇科曼(Widow Coman)，她死于床榻(1699 年)；事实上，我们还可以列举出无数的例子以提供一系列的相关证明。无疑，许多例子可以被解释为多乳房畸形(polymastia，*mammæ erraticæ*)或多乳头畸形(polythelia)，这些情况在最近的医学作品中有着连续的记录。我们必须坦率地承认这些解剖学上的异常比一般人认为的还要普遍；通常这些异常太细小，以至于可以忽略不计；无疑，17 世纪不准确的叙述中有着夸大的成分。然而，正像之前所说的，当一般的情况都被考虑到了，那么剩下的事实(细节是丰富的)就不能被
解释为身体异常和畸形了。古代神学家和猎巫者的记录中存在着的 77
真相远远超过今天人们愿意承认的。

---

① *Prodigious and Tragicall Histories*, London, 1652.

② W. B. Gerish, *Relation of Mary Hall of Gadsden*, 1912.

③ T. B. Howell, *State Trials*, London, 1816.

④ Cotton Mather, *Wonders of the Invisible World*.

第三章

恶魔和精灵

在有关巫术的写作方面最具权威的一位老作家是圣安布罗斯（S. 81
Ambrose ad Nemus）圣会①的弗朗切斯科－马里亚·瓜佐。瓜佐在1608年出版于米兰的百科全书《巫术纲要》（*Compendium Maleficarum*）中，分十一个标题严肃、完整地阐述了巫术：

第一，候选人必须与魔鬼或魔鬼的代理人（其他的男巫或魔法师）在见证人的见证下缔结一份明确的契约。契约需规定他们将献身于魔鬼的事业以换取魔鬼给予他们财富、奢侈生活以及他们想要的东西的保证。

第二，他们放弃天主教信仰，明确表示不再服从上帝，否认基督以及以特殊的方式否认圣母的庇护和保护，诅咒所有的圣徒并发誓从此拒领圣餐。1617年，在格恩西岛（Guernsey），伊莎贝尔·贝凯（Isabel

① 两个当地的米兰修会——圣巴拿巴使徒会（the Apostolini of S. Barnabas）和圣安布罗斯圣会（the Congregation of S. Ambrose *ad Nemus*）——因西克斯图五世（Sixtus V）于1589年8月15日发布的通谕而合并。1606年1月11日，保罗五世（Paul V）批准了新章程。圣会保留了很少的成员，并在1650年被英诺森十世（Innocent X）解散。圣会的宗教服装是束腰外衣、宽肩衣以及栗褐色的尖顶风帽。圣会的成员穿鞋，并在街道上穿与宗教服装相同颜色的斗篷。

Becquet)去了洛克奎恩(Rocquaine)城堡,“这是魔鬼经常举办巫魔会的地方:她刚到那里,魔鬼就变成一只狗来到她面前,它的两只巨大的角尖尖地竖起,用它的一只爪子(在她看来好像是手)牵着她的手,叫着她的名字并欢迎她的到来,然后魔鬼马上让她跪下,而他自己则双腿站立。魔鬼让伊莎贝尔·贝凯用以下的话表达她对永恒的憎恶:我弃绝圣父、圣灵、圣子。魔鬼就这样促使她崇拜邪恶”。[①] 德·朗克雷告诉我们,有一个 16 岁的少女珍妮特·达巴迪(Jeannette d'Abadie)承认她被迫“否认并弃绝上帝、圣母、圣徒、洗礼、父亲、母亲、亲属、天
82 上、陆地以及世界上所有事物”[②]。在 1611 年 4 月的第二天,路易·戈弗里迪向两位嘉布遣会修士——昂热神父(Father Ange)和安托万神父(Father Antoine)——做了彻底的坦白,并揭示了他放弃天主教信仰的套语,其语如下:“我,路易·戈弗里迪,弃绝圣父、圣母、圣徒,以及特别是我的保护人圣施洗约翰、圣彼得、圣保罗、圣方济各授予我的一切美好事物,不管是精神上的还是物质上的。我将自己的肉体和灵魂连同我所拥有的一切美好的东西(除了圣事带来的恩赐之外)全部给予在我面前的路西法。我愿意按照这些条款的要旨签下我的名字并盖上我的手印。”[③]一个魔鬼的受害者玛德莱娜·德·拉·帕吕(Madeleine de la Palud)在一个更加详细冗长的声明中揭示了曾经发

① E. Goldsmid, *Confessions of Witches under Torture*, Edinburgh, 1886.

② ... renoncer & renier son Createur, la saincte Vierge, les Saincts, le Baptesme, pere, mere, parens, le ciel, la terre & tout ce qui est au monde. *Tableau de l'Inconstance des mauvais Anges*, Paris, 1613.

③ Je, Louis Gaufridi, renonce à tous les biens tant spirituels que temporels qui me pouvraient être conferés de la part de Dieu, de la Vierge Marie, de tous les Saints et Saintes du Paradis, particulièrement de mon patron Saint Jean-Baptiste, Saints Pierre, Paul, et François, et me donne corps et âme à vous Lucifer ici présent, avec tous les biens que je posséderai jamais (excepté la valeur des sacraments pour le regard de ceux qui les reeurent). Ainsi j'ai signé et attesté. *Confession faicte par messier Loys Gaufridi, prestre en l'église des Accoules de Marseille, prince des magiciens ... à deux pères capucins du couvent d'Aix, la veille de Pasques le onzième avril mil six cent onze*. A Aix, par Jean Tholozan, MVCXI.

生的那些可怕的亵渎："经过深思熟虑之后，我全心全意地声明断绝与下面一切事物的关系：上帝、圣父、圣子、圣灵；圣母；所有天使，特别是我的守护天使；我主基督的受难和死亡，他珍贵的鲜血和他的品质；我在天堂的命运；所有上帝将会给我的启示；所有我已做的或将会做的祷告。"[1]

第三，以轻蔑的态度舍弃由圣母给予圣道明[2]的圣玫瑰经、圣方济各绳索(Cord of S. Francis)、圣奥古斯丁饰带(cincture of S. Augustine)以及赠予圣西门·斯多克(S. Simon Stock)的加尔默罗会修会的肩胛，他们将携带的十字架、圣章和神羔[3]抛在地上，然后用脚踩踏。圣方济各曾用粗糙的绳子捆束自己，以此纪念基督受难时捆绑他的绳索，此后，有三个结的白色腰带成为方济各会的装饰。西克斯图四世(Sixtus IV)在训谕中要求在阿西西的圣方济各教堂建立圣方济各圣索善会(Archconfraternity of the Cord of S. Francis)，并给予其很多特权，这些特权得到了之后各任教皇的确认。善会不仅在方济各教堂中被建立起来，而且在其他很多教堂中被建立起来，并聚集在阿西西的中心。圣母安慰善会(Archconfraternity of Our Lady of Consolation)——或圣莫尼卡、圣奥古斯丁和托兰惕诺(Tolentino)的圣尼古拉的黑皮带善会(of the Black Leathern Belt)——来源于圣莫 83
尼卡的幻景，她从圣母那儿得到了一条黑皮带。圣奥古斯丁、圣安布罗斯和圣西姆普利齐亚努斯(S. Simplicianus)都穿戴着这样一根带子，这形成了奥古斯丁教团修士服饰的特殊特征。在托兰惕诺的圣尼

---

[1] Je renonce entièrement de tout mon cœur, de toute ma force, et de toute ma puissance à Dieu le Père, au Fils et au Saint-Esprit, à la très Sainte Mère de Dieu, à tous les anges et spécialement à mon bon ange, à la passion de Notre Seigneur Jésus Christ, à Son Sang, à tous les mérites d'icelle, à ma part de Paradis, à toutes les inspirations que Dieu me pourrait donner à l'avenir, à toutes les prières qu'on a faites et pourrait faire pour moi.

[2] S. Pius V, Bull *Consueuerunt*, 17 September, 1569; Bl. Francisco de Possadas, *Vida di Santo Domingo*, Madrid, 1721.

[3] 那时，在英国拥有一只神羔是一项重罪。

古拉被封圣之后，这条带子作为虔诚的事物被普遍使用。尤金四世(Eugenius IV)在1439年建立了上述的善会。这在格里高利十三世(Gregory XIII)的训谕(1575年7月15日)中得到了确认，并且其被赋予了各种特权。善会建立在奥古斯丁教团的圣殿中，并扩展到其他教堂。

第四，所有女巫发誓服从并效忠魔鬼，她们崇敬和臣服于魔鬼(通常通过淫秽的仪式)。女巫们把手放在魔鬼面前的一本巨大的黑皮书上。女巫们发誓不再回到真理那一边，不再遵守神圣的教规和从事善事，而只会服从魔鬼并参加夜晚的秘密集会。女巫们保证会经常参加午夜集会。① 这些集会或女巫团(coven，来自 *conuentus*)②是由巫师团队组成的，男女都有，他们显然是处于一名负责人的指挥之下。为了方便起见，女巫团的成员几乎都来自同一个地区。我们从审讯的证词中可以看出，这些属于女巫团的女巫必须参加每周举行的女巫会。逮捕其中一名女巫往往会牵扯到其他人。科顿·马瑟(Cotton Mather)评论道："女巫们如同公理会教会般被组织起来。"

第五，女巫们向魔鬼保证她们会尽其所能地引诱其他男人和女人参加巫魔会并信仰撒旦。

女巫们充满了传教士的精神，这使得她们在教士眼中倍加可憎，并且在法律面前罪加一等。所以，在奥德恩(Auldearne)的珍妮特·布雷德海德(Janet Breadheid)案中，我们发现是她的丈夫"引诱她变成女巫的"③。在布里尼翁夫人(Madame Bourignon)的学校中，有一个名叫贝洛(Bellot)的女孩承认她母亲在她还是个孩子时带她去过巫魔
84 会。另一个女孩声称魔鬼所有的崇拜者"都被迫将他们的孩子奉献给他"。1566年，被审问的女巫切姆斯福德(Chelmsford)的伊丽莎白·

① *Spondent quod… ad conuentus nocturnos diligenter accedent.*

② coven，coeven，covine，curving，covey 是关于这个词的不同拼法。

③ R. Pitcairn, *Criminal Trials*, Edinburgh, 1833.

弗朗西斯(Elizabeth Francis)的祖母在她12岁时就教她邪术。[1] 著名的彭德尔(Pendle)的女巫伊丽莎白·丹戴克(Elizabeth Demdike)“将自己的孩子抚养成人,并教导她的孙子女,她克服各种困难,以努力使他们变成巫师”[2]。在萨勒姆(Salem),一群妇女控告一位名叫乔治·伯勒斯(George Burroughs)的牧师,罪名是“引诱并且迫使她们陷入巫术的陷阱之中”。

第六,魔鬼为女巫们进行一种亵渎的洗礼,她们弃绝基督教洗礼和坚信礼的教父与教母,然后投身到新的保护人之下,而这些人将教导她们如何施行邪术。女巫们放弃以前的名字,并且常常另起一个粗鄙而奇异的绰号。

1069年,低比利牛斯山地区的一位名为珍妮特·达巴迪的女巫供认“她在巫魔会上经常看到很多孩子接受洗礼,她告诉我们这些孩子是巫师的后代,而不是其他人的后代,女巫们习惯让她们的儿子和女儿在巫魔会上而不是在洗礼盘中接受洗礼”[3]。1614年6月20日,在奥尔良,西尔万·内维仑承认自己经常参加女巫集会,“她们在巫魔会上用圣油为婴儿洗礼……然后她们在孩子的额头上涂油,并在嘴里默默念叨着一些拉丁语词句”[4]。同时被审问的尚蒂安·勒·克莱克(Gentien le Clerc)说“她母亲告诉她,她在3岁时就被带到了巫魔会,并被交给一个被她们称为L'Aspic的可怕山羊。她说她在卡瑞尔·

---

① *Examination of Certain Witches*, Philobiblion Society, London, 1863－1864.

② Thomas Potts, *Discoverie of Witches*.

③ ... qu'elle a veu souuent baptiser des enfans au sabbat, qu'elle nous expliqua estre des enfans des sorcieres & non autres, lesquelles ont accoutumé faire plustost baptiser leurs enfans au sabbat qu'en l'église. Pierre de Lancre, *Tableau de l'Inconstance des mauvais Anges*, Pairs, 1613.

④ ... qu'on baptise des enfans au Sabbat auec du Cresme, que des femmes apportent, & frottent la verge de quelque homme, & en font sortir de la semence qu'elles amassent, and la meslent auec le Cresme, puis mettant cela sur la teste de l'enfant en prononçant quelques paroles en Latin. Contemporary tract, *Arrest & procedure faicte par le Lieutenant Criminel d' Orleans contre Siluain Neuillon*.

多利维尔(Carrior d'Olivert)的巫魔会上和其他十四五个孩子一起接受了洗礼……"①

1611 年 3 月,在艾克斯(Aix),路易·戈弗里迪的众多忏悔中有一条是,"我供认在巫魔会上进行洗礼,每一位献身魔鬼的巫师都会发特别的誓言来保证其会通过各种方法让他们所有的孩子在巫魔会上接受洗礼。每一个在巫魔会上接受洗礼的孩子会得到一个与其本名完
85 全不同的名字。我也供认在洗礼上使用水、硫磺和盐:硫磺使受洗者成为魔鬼的奴隶,而盐则使洗礼生效。我供认自己以路西法、别西卜(Belzebuth)和其他恶魔的名义进行洗礼,洗礼的形式和目的是使十字符号和程序颠倒"。②

许多瑞典女巫(1669 年)接受了洗礼,"她们补充说,他促使她们接受洗礼,并且由司祭代替他,让她们用可怕的誓言和诅咒来确认洗礼"③。

给受洗者取一个新名字是非常普遍的事。1569 年 5 月,在圣安德鲁,"一位名叫尼克尼文(Nicniven)的著名女巫被烧死"。其中没有提

---

① ... dit que sa mere le presenta (dit-on) en l'aage de trios ans au Sabbat, à vn bouc, qu'on appelloit l'Aspic. Dit qu'il fut baptisé au Sabbat, au Carrior d'Oliuet, auec quatorze ou quinze autres, & que Jeanne Geraut porta du Chresmo qui estoit jaune dans vn pot, & que ledit Neuillon ietta de la semence dans ledit pot, & vn nommé Semelle, & brouilloient cela auec vne petite cuilliere de bois, & puis leur en mirent à tous sur la teste.

② J'advoue comme on baptise au Sabath et comme chacun sorcier fait vœu particulièrement se donnant au diable et faire baptiser tous ses enfants au Sabath (si faire se peut). Comme aussi l'on impose des noms à chaun de ceux qui sont au Sabath, différents de leur proper nom. J'advoue comme au baptême on se sert de l'eau, du soufre et du sel:le soufre rend esclave le diable et le sel pour confirmer le baptême au service du diable. J'advoue comme la forme et l'intention est de baptiser au nom de Lucifer, de Belzebuth et autres diables faisant le signe de la croix en le commençant par le travers et puis le poursuivant par les pieds et finissant à la tête. Contemporary tract, *Confession faicte par messier Loys Gaufridi, prestre en l' église des Accoules de Marseille, prince des magiciens*, MVCXI.

③ Anthony Hornech's appendix to Glanvill's *Sadducismus Triumphatus*, London, 1681.

到这名女巫的教名,而仅仅提到了恶魔给她的名字。在著名的菲安案中,北贝里克教会的会议在点到罗伯特·葛理逊(Robert Grierson)时引起了极大的混乱,所有女巫和术士“开始骚乱并感到愤怒。因为根据许诺,他应该被称为审计员罗伯特(Robert the Comptroller),而且人们应欢呼他的名字”[1]。同一个女巫团中的尤菲米娅·麦凯延(Euphemia McCalyan)被称为凯恩(Cane),而巴巴拉·纳皮尔(Barbara Napier)被称为奈普(Naip)。奥德恩的伊莎贝尔·古迪(Isable Goudie)说许多她认识的女巫都用自己的鲜血以诸如“Able-and Stout”“Over-the-dike-with-it”“Raise-the-wind”“Pickle-nearest-the-wind”“Batter-them-down-Maggy”“Blow-Kate”等名字以及类似的词语接受了洗礼。

第七,女巫们从身穿的衣服上剪下一块布作为敬意的象征交给魔鬼,魔鬼将这些布带走并收藏起来。

第八,魔鬼在地上画一个圈,里面站着那些新入会者、男巫和女巫,他们在圈里通过誓言来确认以前许下的承诺。这个仪式具有神秘的意义。“他们站在地上画的圆圈中向恶魔发誓,可能因为圈是神圣的象征和地神的脚凳,所以恶魔确实希望女巫们相信他才是天地间的上帝。”[2]

第九,巫师们要求魔鬼将他们的名字从基督教的书里删除,然后再将名字写进魔鬼自己的书里。这就形成了巫师们自己的一本巨大的黑色的书,这本书和他们以前第一次向魔鬼表达敬意时将手放在上面的那本是一样的。魔鬼用爪子将名字写进书中。

这些书或卷册由女巫团的主要负责人——甚至是该地区的总会 86
长——极为秘密地进行保存。巫师们把这些书和卷册看作比自己生

① *Newes from Scotland*, London, W. Wright, 1592.

② Præstant Dæmoni ... iuramentum super circulo in terram sculpto fortasse quia cum circulus sit Symbolum Divinitatis, & terra scabellum Dei sic certe uellet eos credere se esse Dominum cœli & terræ. Guazzo, *Compendium*, I. 7, p. 38. 我修正了原文,原文是“uellet eos credere eum esset ... ”。

命还重要的东西，因为这些书和卷册包含着有关一个省甚至一个国家的所有女巫的完整名单的令人厌恶的证据；除了这些东西之外，这些书和卷册中还有许多具有魔力的符咒，而且可能还有关于不同女巫的所作所为之记录。在新英格兰的巫术案件中，我们也可以发现这类书。因此，当迪利弗伦斯·霍布斯(Deliverance Hobbs)供认她的邪术时，"她现在作证说是毕晓普(布里奇特·毕晓普作为女巫被处死)引诱她在魔鬼之书上签字并否认以前的信仰的"。声名狼藉的马修·霍普金斯的敌人提到了如下的事：他通过一些花招得到了这些魔鬼备忘录中的一本，然后他复制了一张女巫的清单，这使他的线索的正确性变得无懈可击。这位猎巫将军(Witch-Finder General)努力用它保护自己，以逃避别人对他的指控，而且他十分可怜地哀诉自己的清白。有一个没有给出具体日期的含糊故事，讲的是卡德罗纳的威廉森(Williamson of Cardrona [Peebles])从女巫们手中盗得一本魔鬼之书，当时她们正在明治摩尔(Minchmoor)跳舞。整个女巫团立即开始追捕威廉森，他扔掉了书，并且逃脱了追捕。

有时候，女巫的名册会被单独记录在一张羊皮纸上，而书一般只记录符咒。我们知道一百多年前确实存在过这样一本"亚平的红书"(Red Book of Appin)。传说这本书是女巫使用诡计从魔鬼那里偷出来的。这是一本手稿，里面包含有大量神秘的诗歌以及有关替牛治病、畜群繁殖和庄稼丰收的咒语。据说这本书最后落入已经死去的斯图尔特(Stewarts of Invernahyle)手中，这是一本极其重要和有趣的书。如故事所说的那样，这本奇书能将邪恶的力量赋予拥有这本书的
87 人，从而使他能够在接受提问之前就知道问题是什么。这本书混合了神秘的技艺，这使得读这本书的人在翻阅这些神秘的书页时必须在其眉毛周围带一个小铁圈。

另一本类似的书——这两本书虽经常被混淆[1]，但我们应该分

[1] 甚至像默里这样勤奋的研究者也混淆了。

清——我们称之为“魔鬼的弥撒书”。这本书的历史也许可以追溯到最早的异端时期,他们将邪恶的传统传给追随者,即阿尔比派或韦尔多派。博学的德·朗克雷在他对低比利牛斯山地区(1609年)中的黑弥撒的详细记录中写道:“有些圣坛在恶魔般的柱子上被建立起来,他不背诵悔罪经(*Confiteor*)或哈利路亚(*Alleluya*),他翻开手中的一本书,并开始念诵弥撒的一些词句。”[1]西尔凡·纳文隆(奥尔良,1614年)供认,“巫魔会在一间屋子中举行……他在那里见到一个高大黝黑的男人,他对面有一个在壁炉角落边的人,那个人正仔细地读一本书,书页似乎是黑色和深红色的,他嘴里念叨着些别人听不清的词语,不久之后,他拿起一个黑色的圣体和圣餐杯,这些是恶臭和污秽的”[2]。尚蒂安·勒·克莱克是另一个遭到起诉的人,他承认在这些邪恶的聚会上,“他们进行弥撒,魔鬼主领弥撒。魔鬼身着十字褡,上面有一个破损的十字。他转过身,背对着圣坛去拿黑色的圣体和圣餐杯。他喃喃而语地念着书,书的封皮软而多毛,就像狼皮一样。有些书页是白色和红色的,其余的都是黑色的”[3]。卢维埃(Louviers)巫术案(1647年)中的主要人物玛德莱娜·巴凡(Madeleine Bavent)承认,“弥撒是读那些亵渎的书,其中包含了天主教弥撒的一些内容。同一本书也在队列中被使用,里面包含了很多对三位一体、祭坛的圣餐以及其他圣

---

① Dressant quelque forme d'autel sur des colofies infernales, & sur iceluy sans dire le *Confiteor*, ny l' *Alleluya*, tournant les feuillets d'vn certain liure qu'il a en main, il commence à marmoter quelques mots de la Messe. De Lancre, *Tableau*, p. 401.

② ... que le Sabbat se tenoit dans vne maison... Vit aussi vn grand homme noir à l'opposite de celuy de la cheminée, qui regardoit dans vn liure, dont les feuillets estoient noirs & bleuds, & marmotait entre ses dents sans entendre ce qu'il disoit leuoit vne hostie noire, puis vn calice de meschant estain tout crasseux.

③ On dit la Messe, & que c'est le Diable qui la dit, qu'il a vne Chasuble qui a vne croix; mais qu'elle n'a que trois barres; & tourne le dos à l'Autel quand il veut leuer l'Hostie & le Calice, qui sont noirs, & marmote dans vn liure, duquel le couuerture est toute velue comme d'vne peau de loup, auec des feuillets blancs & rouges, d'autres noirs.

事和教会仪式最毒恶的诅咒。它用一种我完全不懂的语言书写”①。可能这些亵渎的书与今天撒旦崇拜者在他们那些令人厌恶的仪式中所使用的是相同的。

88 第十,女巫们承诺在一定的时间内向魔鬼献祭,两个星期一次或至少一个月一次,杀害儿童或是投毒,并且每个星期都要用恶行和伤害、雹暴、大风暴、大火、牲畜的瘟疫以及类似的方法折磨人类。

坎特伯雷大主教圣西奥多(S. Theodore,668—690 年在位)的《悔罪之书》(*Liber Pœnitentialis*)是英格兰最早的教会法律,它的条款包含了谴责那些招引魔鬼因而导致天气变化的人。查理曼(814 年 1 月 28 日死于亚琛)规定,那些招引魔鬼、扰乱天气、引发风暴、破坏庄稼、使奶牛的奶枯竭,以及用疾病或其他不幸折磨同胞的人要被处以极刑。对任何犯有此种罪行的人,一经定罪,马上行刑。在颁布于 1484 年 12 月 5 日的著名训谕《最为深沉忧虑的要求》中,英诺森八世对有相同邪恶行径的巫师进行了详细的指控。最著名的例子是在 1590—1591 年的菲安博士和他的女巫团的案件中,女巫在引发风暴中扮演了重要角色。当时为了淹死从丹麦回国的詹姆士国王和安娜王后,女巫们“弄来一只猫,并给它洗礼”,然后将一具肢解的尸体捆绑在猫的身上。“晚上,所有这些女巫坐在筛子中将这只猫运送到海上,……就这样制造了从没遇到过的大风暴。”②人们在很早以前就听说过对牲畜施法,最近的一宗事例是 1722 年在萨瑟兰郡(Sutherland)的多诺赫(Dornoch),一个老巫婆因为对邻居家的猪和羊施咒而被处以火刑,这个判决是由代理法官(sheriff-depute)小迪安的大卫·罗斯

① On lisait la messe dans le livre des blasphèmes, qui servait de canon et qu'on employait aussi dans les processions. Il renfermait les plus horribles malédictions contre la sainte Trinité, le Saint Sacrement de l'autel, les autres sacrements et les cérémonies de l'Eglise, et il était écrit dans une langue qui m'était inconnue. Görres, *La Mystique Divine*, trad., Charles Sainte-Foi, V. p. 230. *Die christliche Mystik* 有一个很重要的修订,参见 Boretius and Krause, Hanover, 1893 - 1897。

② *Newes from Scotland*, London, W. Wright (1592).

(David Ross)宣布的。这是苏格兰最后一次对女巫处以极刑。

关于用儿童献祭，我们有一系列丰富的证据。雷金纳德·斯科特[①]在 1584 年写道："有一条确实的规则，即每两个星期或至少每一个月，每一个女巫必须至少杀死一名儿童。"当公开的杀婴行为还很危险或不太可能的时候，她们通常采取投毒的办法。1645 年，艾塞克斯郡 89
怀文侯(Wyvenhoe)的女巫玛丽·约翰逊(Mary Johnson)试图毒死两名儿童，这无疑是邪术行为。[②] 我们不知道有多少孩子死于吉尔斯·德·莱斯邪恶的聚会之中。在蒂福日(Tiffauges)、马什古尔(Machecoul)和常普托西(Champtocé)的茅厕中，人们发现了超过两百具尸体。1666 年，路易十四首次得知了那些发生在首都的恐怖之事，"亵渎，渎圣，不虔诚的弥撒，用儿童献祭"。每天晚上，在博勒加德街(rue Beauregard)上的神秘的凯瑟琳·拉瓦桑(Catherine la Voisin)的房子里，吉布神甫(Abbé Guibourg)为了他邪恶的仪式而经常杀死幼童，他采取的手段是将他们勒死，而更为常见的方法是用一把尖锐的匕首刺进他们的喉咙，然后让热乎乎的鲜血流到圣杯之中，同时他叫喊着"Astaroth, Asmodée, je vous conjure d'accepter la sacrifice que je vous présente!"(亚斯塔罗斯！亚斯摩德斯！我恳请您接受为您献上的祭品吧！)一个名叫图尔奈(Tournet)的祭司也说，在撒旦的弥撒中，儿童被当作祭品。事实上，这种行为很普遍，因此吉布的情妇拉·肖弗兰(la Chaufrein)以五先令提供一个儿童。[③]

第十一，恶魔在女巫身上做一些标记……这些全依照她们主人的指示进行，新入会者通过发毒誓来承诺永不敬拜被祝圣的圣餐；要不断地对所有的圣人进行诅咒，尤其是弃绝圣母；要用脚践踏并唾弃一切圣像、十字架和圣徒的遗物。决不进行圣事，除非是基于魔法的目的；决不向神父忏悔，要永远隐藏她们与邪恶力量的交往。作为回报，

---

① Book III. p. 42.

② T. B. Howell, *State Trials*, London, 1816. IV, 844,846.

③ S. Caleb, *Les Messes Noires*, Pairs, s. d.

恶魔承诺他能随时提供帮助，他在其生前满足女巫们的愿望并在死后使她们永远幸福。这种庄严的誓言公开进行，每个新入会者被指定一个恶魔，其被称为*Magistellus*（精灵）。精灵会以男性或女性的面貌出现，有时以发育成熟的男人形象出现，有时则以半人半兽的形象出现；如果一名妇女被接受为女巫，那么精灵通常以“公羊”（buck-goat）的形象出现。

90 显然，精灵可以借助动物的形象出现，这是毫无疑问的，但人们通常认为它是恶灵的肉体形式之显现。这是与巫术和魔法相关的最黑暗和最困难的问题之一，这些可憎的联系使——当圣徒获得天使的纯洁时，撒旦的仆人则在另一方面用各种各样的淫荡的手段使自身不洁——很多作者不恰当地缺乏自信和抱有谦虚的态度，从而让他们对待这个问题太过草率，因而不能满足严肃的询问者。首先，我们可以认为，许多这些淫荡的行为大都归结于歇斯底里或幻想，归结于梦魇和疾病的想象，但当我们作出所有的推论时——当我们承认梦淫妖（incubus）或女淫妖（succubus）只可能是人，其是地区总会长的某个代理——审判记录中依然有足够的证据证实一个公正的观点，即在被告的供词中存在着大量事实的基础。正如里贝教士（Canon Ribet）在他百科全书式的著作《神圣的神秘主义》（*La Mystique Divine*）（这本书曾受到极富智慧的利奥十三世的热情赞誉）中所说的：“在我们了解了那些记录和个人供述之后，我们就基本上不再有任何的怀疑，我们有责任反对那些将这些恐怖之事当作闲谈或仅仅是幻觉的作家，他们只是出于推测或轻率。”[①]毕佐阿（Bizouard）在他的权威性著作《人与恶魔的关系》（*Rapports de l'homme avec le démon*）中谈到梦淫妖和女淫妖时说道：“这些关系绝非不真实的，其具有最强的真实性之痕迹，

---

① Après ce que nous ont appris les livres et les âmes, il ne nous est pas permis de douter, et notre devoir est de combattre, ne fût-ce que par un simple affirmation, les nombreux auteurs qui, effrontément ou témérairement, traitent ces horreurs de fables ou d'hallucinations. *La Mystique Divine*, nouvelle édition, Paris, 1902. III, pp. 269,270.

它是由那些理智而尽责的地方法官(他们在所有时代都在检验简单的事实)通过他们自己的谨慎判断而得出的官方结论。”[1]

在我看来,如果坚实的证据意味着一切,如果所有国家的所有时代中最有才能和最敏锐者的权威并不是闲谈和幻想,那么这些与恶魔联系的可能性——我指的并不是频率——是无法被否认的。当然,我
们已经了解,这些事情即使有实证也不能令人信服,我们只能依靠圣 91
奥古斯丁的观点:“Hanc assidue immunditiam et tentare et efficere, plures talesque asseuerant, ut hoc negare impudentiæ uideatur.”(经常进行这种不洁的行为,并引诱他人也这么做,这些事例已被一些人证实为真有其事,否认它就显得厚颜无耻了。)[2]在这里,这位圣哲明确指出,“这些主张或得自他们自身的经验,或来自于其他人,其内容十分真实可信。森林之神——通常被称为梦淫妖——常常伤害女性,并希望和这些女性发生肉体关系;这种魔鬼被高卢人称作 *Duses*,它经常进行这种不洁的行为,并引诱他人也这么做,这些事例已被一些人证实为真有其事,否认它就显得厚颜无耻了”。

菲利普·勒·贝尔(Philip le Bel)的忏悔神父、博学的巴黎的威廉(William of Paris)这样写道:“存在着通常被称作梦淫妖或女淫妖的东西,他们沉溺在强烈的欲望之中;众所周知,他们能够生育子女,这得到了很多满脑子充斥着污秽想象以及忍受恶魔的色情攻击和淫荡的男女们无懈可击与坚定的证据之证实。”[3]

---

① Ces histoires, loin d'être fabuleuses, ont toute l'authenticité que peut leur donner une procédure instruite avec tout le zèle et le talent que pouvaient y apporter des magistrates éclairés et consciencieux, auxquels, à toutes les époques, les faits ne manquaient pas. Libre III. c. 8.

② *De Ciuitate Dei*, xv. 23, I quote Healey's translation, 1610.

③ Esse eorum (qui usualiter incubi uel succubi nominantur) et concupis centiam eorum libidinosam, necnon et generationem ab eis esse famosam atque credibilem fecerunt testimonia uirorum et mulierem qui illusiones ipsorum, molestiasque et improbitates, necnon, et uiolentias libidinis ipsorum, se passos fuisse testificati sunt et adhuc asserunt. *De Universitate*, Secunda Pars, III. 25.

圣托马斯①和圣波拿文图拉②也同样十分明确地提到了这个问题。

著名的耶稣会神学家弗朗西斯科·苏亚雷斯小心谨慎但直率地写道:"这就是圣托马斯的教条,他通常为其他神学家所追随……他们主张的理由是:考虑到其整体,如此的行为绝不会超过恶魔的自然力量,而这种力量的运用完全和恶魔的恶意相一致,由于某些人的罪,它得到了上帝的允许。因此,这一教条不能被毫无保留和例外地否认。因此,圣奥古斯丁真诚地指出,由于梦淫妖和女淫妖的教条被建立在很多富有经验的和博学的人的意见之基础上,因此否认它是绝对轻率的。"③Salmanticenses——由萨拉曼卡(Salamanca)赤脚加尔默罗修会神学院的讲师出版的《经院哲学和神学》以及《道德神学》的作者——在《道德神学》(*Theologia Moralis*)④中认为,"一些人否认这个,他们
92 认为恶魔不可能与人类发生性关系",但他们断言"反对意见是确定的,其必须被坚持"⑤。

---

① Sit tamen ex coitu dæmonum aliqui interdum nascuntur, hoc non est per semen ab eis decisum, aut a corporibus assumptis; sed per semen alicuius hominis ad hoc acceptum, utpote quod idem dæmon qui est succubus ad uirum, fiat incubus ad mulierem. *Summa*, Pars Prima, quæstio 1, a 3. at 6.

② Succumbunt uiris in specie mulieris, et ex eis semen pollutionis suscipiunt, et quadam sagacitate ipsum in sua uirtute custodiunt, et postmodum, Deo permittente, fiunt incubi et in uasa mulierum transfundunt. *Sententiarum*, Liber II, d. viii, Pars Prima, a 3. q. 1.

③ Docet S. Thomas... et consentiunt communiter reliqui theologi…. Ratio huius sententiæ est quia tota illa actio non excedit potestatem naturalem dæmonis, usus autem talis potestatis est ualde conformis prauæ uoluntati dæmonis, et iuste a Deo permitti potest propter aliquorum hominum peccata. Ergo non potest cum fundamento negari, et ideo non immerito dixit Augustinus, cum de illo usu multis experientiis et testimoniis constet, non sine impudentia negari. *De Angelis*, 1. iv. c. 38. nn. 10,11.

④ Begun in 1665 by Fra Francisco de Jésus-Maria (*ob.* 1677).

⑤ Negant aliqui, credentes impossible esse quod dæmones actum carnalem cum hominibus exercere ualent. Sed tenenda est ut omnino certa contraria sententia. *Theologia moralis*, Tr. xxi. c. 11. p. 10. nn. 180,181.

著名的多明我会修士查尔斯·雷内·毕鲁瓦特(Charles René Billuart)在《关于天使》(*Tractatus de Angelis*)中明确地指出,“同一恶灵可以在男人面前变成女淫妖,而在女人面前变成梦淫妖”①。最博学的教皇之一——如果说不是最博学的话——本笃十四世(Benedict XIV)在《论有福上帝的仆人》(*De Seruorum Dei Beatificatione*)中,用详实的细节和可靠的参考文献(Liber IV, Pars i. c. 3)②对整个问题进行了阐述。针对这段“神的儿子们和人的女子们交合”(《创世记》4:4)的评论,这位教皇写道:“这段话涉及被称为梦淫妖和女淫妖的那些恶魔……确实,几乎所有的作者都认可这一事实,一些作家否认他们有后代……另一方面,一些作者声称这种关系是可能的,并能从中生育后代,而且他们告诉我们这种事情的确发生了,虽然这种行为是以一种不为人知的新颖而神秘的方式进行的。”③

圣阿方索·力古利在《听告解者的实践》(*Praxis confessariorum*, VII, n. 111)中写道:“有些人否认存在恶灵、梦淫妖和女淫妖,但权威作家们大都对此持肯定态度。”④

在《道德神学》(*Theologia Moralis*)中,圣阿方索·力古利十分准

---

① Idem dæmon qui est succubus ad uirum potest fieri incubus ad mulierem. In his monumental *Summa S. Thomæ hodiernis Academiarum moribus accomdata*, 19 vols. Liège, 1746 – 1751.

② *De Seruonem Dei Beatificatione*, Romæ, MDCCXC, Cura Aloysii Salvioni. Tom. VII. pp. 30 – 33.

③ Quæ leguntur de Dæmonibus incubis et succubis.... Quamuis enim prædicti concubitus communiter admittantur, sed generatis a nonnullis excludetur... alii, tamen, tum concubitum, tum generationem fieri posse, et factam fuisse existimauerunt, modo quodam nouo et inusitate, et hominibus incognito. Sancho de Avila, bishop of Murcia, Jaen, and Siguenza, S. Teresa's confessor (*ob.* December, 1625), in a commentary on Exodus discusses the curious question: *An Angeli de se generare possint*?

④ Quidam hos dæmones incubos uel succubos dari negarunt; sed communiter id affirmant auctores.

确地说明了女巫与梦淫妖性交之罪的理论特征。①② 马蒂诺·波纳契那(Martino Bonacina)③和文森佐·菲留契(Vincenzo Filliucci, S. J.)④也持有这种观点。“布森鲍姆(Busembaum)精彩地指出,与恶灵性交之罪属于人兽性交。”⑤持相同观点的还有:托马斯·坦布里尼(Thomas Tamburini, S. J., 1591-1675);同样持有类似看法的本杰明·艾贝尔(Benjamin Elbel, O. F. M, 1690-1756)⑥;“教会的指路灯”红衣主教卡耶坦(Cardinal Cajetan O. P., 1469-1534);胡安·阿佐(Juan Azor, S. J., 1535-1603);“以智慧、博学和判断力而在神学家之中有着极高的地位”的房里(Gury);以及许多其他权威学者。⑦ 曾任

---

① Ad bestialitatem autem reunocatur peccatum cum dæmone succubo, uel incubo; cui peccato superadditur militia contra religionem; et præterea etiam sodomiæ, adulterii, uel incestus, si affectu uiri, uel mulieris, sodomitico, adulterino uel incestuoso cum dæmone coeat. Lib. III, Tract iv. c. 2. Dubium 3.

② 词语 *bestialitas* 在神学上比词语 *bestiality*(兽交)有着更广泛的含义。1222年,一名助祭在兰顿(Langton)大主教面前接受审讯,他因兽交(bestiality)的罪名在牛津被烧死。该助祭为了娶一名犹太女子而改宗犹太教。埃文斯(E. P. Evans)教授评论道:“一位基督教立法者采用犹太法律反对与野兽性交,然后将法律扩大至包括犹太人本身,这似乎有点奇怪。法理学家严肃地讨论了如下的问题:基督徒与犹太人同居,或相反,这是否构成兽奸(sodomy)。Damhouder(*Prax. rer. crim.* c. 96 n. 48)赞同这种观点,布尔(Nicolaus Boer, *Decis.*, 136, n. 5)引用了 Johannes Alardus(或 Jean Alard)的案例,他位于巴黎的房子中住着一个犹太女人,他和她有几个孩子,他由于这种关系而被判犯有兽奸罪,并与他的情妇一起被烧死,‘因为与犹太妇女性交就如同一个男人与狗性交’(*Dopl. Theat.* ii, p. 157)。Damhouder 将土耳其人和撒拉逊人也包括在这个名单中。”*The Criminal Prosecution and Capital Punishment of Animals*, p. 152. London, 1906.

③ An oblate of S. Charles, d. 1631.

④ 1566-1622. 他的《道德神学纲要》(*Synopsis Theolopioe Moralis*)在其死后于1626年出版。

⑤ Bene ait Busembaum quod congressus cum dæmone reducitur ad peccatum bestialitatis. Hermann Busembaum, S. J., 1600-1668.

⑥ *Theologia moralis decalogalis et sacramentalis*. Venice, 1731.

⑦ Præter autem crimen bestialitatis accedit scelus superstitionis. An autem, qui coit cum dæmone apparente in forma conjugatæ, monialis, aut consanguiniæ, peccet semper affective peccato adulterii, sacrilegii, aut incestus? Uidetur uniuerse affirmare Busembaum cum aliis ut supra.

瓦伦斯(Valence)大神学院院长和主教教区代理主教的克雷松阁下(Monsignor Craisson)在论文(*De Rebus Uenereis ad usum Confessariorum*)中考虑了忏悔者在忏悔中所应说的话。[1] 勒芒(Le Mans)的著名主教让-巴蒂斯特·布维耶(Jean-Baptiste Bouvier, 1783－1854)在 93
论文《论第六诫》(*Dissertatio in Sextum Decalogi Præceptum*)[2]中写道:"所有的神学家都提到……恶灵以男人、女人,甚至动物的形象出现。这是真实的显现,或者是想象的作用。他们认为这种罪……会招致特殊的罪行,这需要特殊的忏悔。要知道,邪恶迷信的本质就是与魔鬼订立契约。因此,在这种罪中有两种性质不同的恶,一种是对贞洁的违反,另一种是对我们神圣信仰的冒犯。"[3]多米尼克·施拉姆大师(Dom Dominic Schram, O. S. B.)[4]在《神秘主义神学》(*Institutiones Theologice Mysticœ*)中指出,"关于一个恶魔是否……会侵害人们,如果这些人致力于获得完美并徜徉在沉思的最高境界中,那么他们就会进入着魔的状态。我们在此必须区分真实和虚假。无论怀疑者会说些什么,可以肯定的是,存在着诸如梦淫妖和女淫妖这样的恶魔;圣奥古斯丁认为(《上帝之城》,第 15 卷,第 23 章)许多人十分轻率地提出相反的观点……圣托马斯和其他大多数神学家也都持有这一观点。因此,这些人是罪人,他们招引恶魔……或当恶灵引诱他们行可憎之事时欣然接受。我们不能怀疑这些人或其他被遗弃

---

① Paris, 1883.

② 一本仅供教士参考的手册。

③ Omnes theologi loquuntur de congressu cum dæmone in forma uiri, mulieris aut alicuius bestiæ apparente, uel ut præsente per imaginationem repræsentato, dicuntque tale peccatum ad genus bestialitatis reuocandum esse, et specialem habere malitiam in confessione declarandam, scilicet superstitionem in pacto cum dæmone consistentem. In hoc igitur scelere duæ necessario reperiuntur malitiæ, una contra castitatem, et altera contra uirtutem religionis. Si quis ad dæmonem sub specie uiri apparentem affectu sodomitico accedat, tertia est species peccati, ut patet. Item si sub specie consanguineæ aut mulieris conjugatæ fingatur apparere, adest speies incestus uel adulterii; si sub specie bestiæ, adest bestialitas.

④ 1722－1797. 他是班斯(靠近班贝格)的修士。

的可怜人遭到了恶魔粗暴的侵犯……我知道，有些人尽管由于自身的罪孽而痛苦不已，而且也极为厌恶与恶魔进行可耻的性交，但他们被迫违反自己的意志去忍受撒旦的侵犯”①。

我们可以看到，伟大的圣徒、学者以及所有高尚杰出的神学家们都肯定与化成肉身的恶灵进行交合的可能性。恶魔学家也赞成这一观点。赫尔曼·泰劳斯（Hermann Thyraus，S. J.）②在《显现的灵魂》（*De Spirituum apparitione*）中说：“否认这些事情是那么轻率和愚蠢，因此如果你拒绝接受这些事情，那么你就必须反驳与拒绝那些最神圣、最权威作者的最有影响和最受人尊敬的论断，而且你必须挑战人类的常识和意识，而同时你也显示出了对魔鬼力量的无知，恶灵的
94 帝国可能战胜人类。”③戴尔里奥在《魔法调查》（*Disquisitiones Magicæ*）中更为坚决地说：“这么多理智的作家和神学家都持有这一观点，因此与他们的意见相左仅仅是固执和愚蠢；由于神父们、神学家们以及所有在哲学方面最博学的作者们在这一点上持有一致的看法，

① Quæri potest utrum dæmon per turpem concubitum possit uiolenter opprimere marem uel feminam cuius obsessio permissa sit ob finem perfectionis et contemplationis acquirendæ. Ut autem uera a falsis separemus. sciendum est quod dæmons (incubi et succubi, quidquid dicant increduli) uere dantur: immo hoc iuxta doctrinam Augustini (lib. 15, *de Ciuit*, *Dei*, cap. 23) sine aliqua impudentia negari nequit:... Hoc idem asserit D. Thomas, aliique communiter. Hic uero, qui talia patiuntur, sunt peccatores qui uel dæmons ad hos nefandos concubitus inuitant, uel dæmonibus turpia hæc facinora intentantibus ultro assentiuntur. Quod autem hi aliique praui homines possint per uiolentiam a dæmone opprimi non dubitamus:... et ego ipse plures inueni qui quamuis de admissis sceleribus dolerent; et hoc nefarium diaboli commercium exsecrarentur, tamen illud pati cogebantur inuiti. D. Schram, *Theologia Mystica*, I. 233, scholium 3, p. 408. Paris, 1848.

② 1532－1591. 他是耶稣会莱茵教省的会长。

③ Congressus hos dæmonum cum utriusque sexus hominbus negare, ita temerarium est, ut necessarium sit simul conuellas et sanctissimorum et grauissimorum hominum grauissimas sententias, et humanis sensibus bellum indicas, et te ignorare fatearis quanta sit illorum spirtuum in hæc corpora uis utque potestas, C. x. n. 3.

因此它的真实性又得到了所有时代和人群的经验之证实。”[①]博学的斯普伦格在《女巫之锤》中对此进行了类似的阐述。[②] 约翰·奈德(John Nider, O. P. , 1380－1488)在《蚁丘》(*Formicarius*,这篇论文涉及他那个时代的神学、哲学和社会问题)中敏锐地评论道:“恶灵以梦淫妖和女淫妖的形象出现的原因似乎是……它对人的灵魂和肉体造成双重危害。对于魔鬼而言,伤害人类是它们极大的快乐。”[③]保罗·格里兰(Paul Grilland)在《论巫术》(*De Sortilegio*, Lyons, 1533)中写道:“恶魔以女淫妖的形象出现……这是神学家们的明确教义。”[④]

著名的阿方索·德·卡斯特罗(Alfanso de Castro, O. F. M.)[⑤]写道:“通过最为确定和真实的经验,我们了解到,尽管妇女会抵抗,但她们已经被恶魔制服。”阿方索·德·卡斯特罗关于圣经的权威表述在特兰托宗教会议上产生了重要影响,与此同时,他在去世时还是康波斯特拉(Compostella)的大主教当选人。皮埃尔·宾斯菲尔德在《女巫的供认》(*De confessione maleficarum*)中总结道:“这一最为严肃而无可置疑的事实不仅为真实的经验所证实,而且还为各个时代

① Placuit enim affirmatio axiomatis adeo multis, ut uerendum sit ne pertinaciæ et audaciæ sit ab eis discedere; communis namque hæc est sententia Patrum, theologorum et philosophorum doctiorum, et omnium fere sæculorum atque nationum experientia comprobata. Liber II, quæstio 15.

② Asserere per incubos et succubos dæmones homines interdum procreari in tantum est catholicum, quod eius oppositum asserere est nedum dictis Sanctorum, sed et traditioni sacræ Scripturæ contrarium. *Pars prima*, *quæstio* 3.

③ Causa autem quare dæmones se incubos faciunt uel succubos esse uidetur, ut per luxuriæ uitium hominis utramque naturam lædant, corporis uidelicet et animæ, qua in læsione præcipue delectari uidentur. This divine was a prominent figure at the Cuncil of Bâle. I have used the Douai edition, 5 vols. 1602.

④ Dæmon in forma succubi se transformat, et habet coitum cum uiro ...; accedit ad mulierem in forma scilicet uiri .... Ita firmant communiter Theologi.

⑤ Certissima experientia sæpe cognitum est fœminas etiam inuitas a dæmonibus fuisse compressas. *De justa hæreticorum punitione*, Lib. I. c. xviii. Salamanca, 1547.

的观点所证实，一些学者和法学作者也会支持。”[1]

物理学家、博士和神学家卡斯帕·肖特（Gaspar Schott，S. J.，1608－1666）是“他那个时代最博学的人之一，他简朴的生活及虔诚的信仰使其成为奥格斯堡（Augsburg）新教徒和天主教徒敬重的对象”，他在晚年这样写道：“很多权威作者持有这种观点，我们不可能反对它。”[2]博丹、德·朗克雷、博盖、格雷斯、毕佐阿[3]和高真纳·德·莫苏（Gougenot dex Mousseaux）[4]持有同样的论断。英诺森八世的最重要
95 的训谕也毫不含糊地宣称：“我们十分痛心地听说诸多男女不顾拯救，弃绝天主教信仰，并与恶灵（梦淫妖和女淫妖）交媾。”[5]

我已经列举了许多伟大人物的名字，他们精通科学、强闻博识、享有权威，有些人至今仍备受敬仰和爱戴，因为现代人已经很难（在大多数案例中几乎难以相信）相信这些黑暗恶行以及梦淫妖和女淫妖的邪恶欲望之可能性。[6] 这些似乎是昏暗中世纪的病态和令人厌恶的幻想，它由一个可怜人在拷刑架上痛苦和恐惧地喊叫出来，并由轻信与

---

① Hæc est indubitata ueritas quam non solum experientia certissima comprobat，sed etiam antiquitas confirmat，quidquid quidam medici et iurisperiti opinentur. *Conclusio quinta*.

② Affirmatiuam sententiam tam multi et graues tuentur auctores，ut sine pertinaciæ nota ab illa discedi non posse uidatur.

③ *Rapports de l'homme avec le démon*.

④ *Les hauts phenomènes de la magic*.

⑤ Sane ad nostrum，non sine ingenti molestia，peruenit auditum quod … complures utriusque sexus personæ，propriæ salutis immemores et a fide catholica deuiantes，cum dæmonibus incubis et succubis abuti.

⑥ 圣保罗的院长（*Christian Mysticism*，1899，p. 265）用 Lucretius 的一句话驳斥了整个问题：

Hunc igitur terrorem animi，tenebrasque necessest
Non radii solis，neque lucida tela diei
Discutiant，sed naturæ species ratioque.（I. 147－49.）

恐惧与黑暗笼罩着我们的灵魂，白天无法覆盖，但那些永恒的规则来源于坚实的前提与真正的理性，以及对自然规律的深刻洞见。（*Creech*.）

无知的狂热者写入被人长久遗忘的卷册之中。有人说:“即使这些骇人之事的确在黑暗时代——那些含糊的黑暗时代——出现过,它也绝不会在今天出现。”人们知道,教士坐在装有壁炉的忏悔室里,耳边充斥着这个污亵放纵世界的忏悔之声,他们感叹说:“上帝,这些都是真实的!”怀疑论者因处于自己的单纯和天真之下而感到快乐,他们没有(也不会)意识到邪恶之事就隐藏在我们这个美妙文明的表象之下。

我们询问下面的问题并非是不切题的,即恶魔和恶灵如何能不仅呈现人形——既然它们是纯精神性的存在——而且还能进行特别的性交行为。西尼斯特拉里追随瓜佐的观点,他认为恶灵能根据情况使一些尸体(男性或女性)还魂,或是通过一些其他的混合物来将自己塑造成人形并赋予自身能量,他们通过这种方式变成一个人。[1] 在前一种情况下,恶灵无疑可能利用巫术中的出神或催眠,而后一种解释似乎更有可能。难道我们不能将在与灵质(ectoplasm)有关的观察中得到的现象视为一个适当的解释?我们必须公正地承认,这种解释得到了具体化的降神会的证实;在这种降神会上,可以被触摸的生理外形在很短的时间内被建立,并再次被分解。斯卡特德小姐(Miss 96
Scatcherd)在一个被称作“幸存”(*Survival*)[2]的讨论会上给出了她个人的一些经验,这些经验证明了死者能够利用活人的生理物质和灵质之散发而实现部分的复活。如果脱离躯壳的灵魂能够因此被赋予形体——尽管不常见——那为什么致力于寻找肉身的恶灵没有受到渴求的愿望的激励和帮助,也没有集中到那些想要寻找他们的人的意志力呢?

这一解释通过被记录的事实而得到进一步验证,即梦淫妖能够以

---

① *De Dœmonialitate*, 24.

② *Survival*, by various authors. Edited by Sir James Marchant, K. B. E., LL. D. London and New York.

人形显现，而这些人的热忱正是女巫们所希望的。① 布里格诺利(Brignoli)在《防止邪恶》(*Alexicacon*)中提到，1650 年，当他还在贝加莫(Bergamo)时，一名 20 岁的年轻人找到他，并在他面前做了一次冗长而详细的忏悔。这名年轻人承认，几个月前，当他正在睡觉时，卧室的门开了，一位他所爱慕的少女特里萨(Teresa)悄悄地进入房间。令这名年轻人吃惊的是，特里萨说自己从家中被赶了出来，希望他能够收留她。尽管这名年轻人怀疑眼前的这一幕是幻觉，但他还是很快同意了特里萨的请求，并在当天晚上与其无所顾忌地放纵寻欢。在黎明之前，来访者说出了真相，年轻人才意识到同他睡觉的是女淫妖。但是，年轻人依然每天晚上沉湎声色，直到他因感到恐惧和懊悔而寻找教士忏悔，并从这一令人憎恶的行为中解脱出来。“这种令人厌恶的关系持续了几个月，但最终上帝还是通过我那谦卑的方式拯救了他，他确实忏悔了自己的罪行。”②

在巫魔会上，当新女巫被接受时，魔鬼或精灵会指派给她一名男性，他以魔鬼的装扮接近她，或毫不掩饰个人欲望地拥抱她，之后这个男子将自己交由她处置。我们必须始终记住，这些巫术审判通常会留有更多的证据，这些证据可以借助人类的代理人得到解释，但这本质
97 上不会减轻他们的罪行，因为他们都是撒旦的仆人，他们在撒旦的指令下、凭借地狱的启示行事。当有人替魔鬼服务时，他就不需要亲自动手。我们在这些案例中反复遇到神秘的代理人(绝非无关紧要和不

---

① 所以，在 Middleton 的《女巫》(*The Witch*)一书中，当年轻的勇士 Almachides 拜访 Hecate 的住处时，她呼喊道：

> Tis Almachides——鲜血在我体内搅动——
> 这是我梦寐以求的男性
> 我已经在梦淫妖身上得到他三次了。

Hecate 在之前的场景中说：

> 我们多么希望年轻男人取悦我们，
> 但我们却在梦淫妖身上享受他。

② Ce commerce monstreux dura plusiers mois; mais Dieu le délivra enfin par mon entremise et il fit pénitence de ses péchés.

重要),他们似乎除了恶灵之力的物质化之外别无他法。当我们掌握了更详细的证据时,这个问题就不再变得困难了。当我们考察一个特定的案例时,我们会判定这是不是一个女巫与魔鬼有着真实的交媾和交通的事例,还是她只是受到魔鬼的欺骗,即魔鬼欺骗她,从而让她觉得自己与魔鬼有交媾行为,并因此引导她走向不幸和死亡;她受到了谎言之父的欺骗,以无益的邪恶努力换回了幻觉。当然也有很多案例处于边界线上,一半是幻觉,另一半是现实。希尔维·德·拉·普兰(Sylvine de la Plaine)是一名23岁的女巫,她曾受到巴黎最高法院的审判,她就属于这种情况。[①] 安托瓦内特·布莱尼松(Antoinette Brenichon)是一名30岁的已婚妇女,她几乎以完全相同的话招供。希尔维、她的丈夫巴特勒米·明盖(Barthélemi Minguet)以及布莱尼松被绞死,尸体被焚烧。

勃艮第最高法院的法官亨利·博盖在《关于女巫》(*Discours des Sorciers*)的第12章中专门探讨了"恶魔同女巫和巫师的肉体关系"。亨利·博盖的讨论如下:(1)魔鬼了解所有的女巫,以及原因。(2)它化身为女性去满足巫师,以及原因。(3)魔鬼(必须)同术士和女巫发生关系的其他原因。[②] 弗朗索瓦斯·塞克里坦(Françoise Secretain)、

---

① Auoir esté au Sabbat; ne sçait comme elle y fut transportée... qu'au Sabbat le Diable cogneust charnellement toutes les femmes qui y estoient, & elle aussi la marqua en deux endroicts... Que le Diable la cogneu vne autrefois, & qu'il a le membre faict comme un cheual, en entrant est froid comme glace, iette la semence fort froide, & en sortant la brusse comme si c'estoit du feu. Qu'elle receut tout mescontentement que lors qu'il eut habité auec elle au Sabbat, vn autre homme qu'elle ne cognoist fit le semblable en presence de tous, que son mary s'appercut quand le Diable eut affaire auec elle, & que le Diable se vint coucher auprez d'elle fort froid, luy mit la main sur le bas du ventre, dont elle effrayée en ayant aduerty son mary, il luy dict ces mots, Taise-toy folle, taise-toy. Que son mary vit quand le Diable la cogneust au Sabbat, ensemble cet autre qui la cogneust après.

② L'accouplement du Demon avec la Sorciere et le Soorcier.... 1. Le Demon cognoit toutes les Sorciers, & pourquoy. 3. Autres raisons pour lesquelles le Demon cognoit les Sorciers, & Sorcieres.

克洛达·伊安普鲁斯特(Clauda Ianprost)、伊安奎玛·佩吉特(Iaquema Paget)、安托万·托尼埃(Antoine Tornier)、安托万·甘迪隆(Antoine Gandillon)、克洛达·伊安纪尧姆(Clauda Ianguillaume)、蒂安娜·佩吉特(Thieuenne Paget)、罗兰德·杜·韦尔诺瓦(Rolande du Vernois)、伊恩·普莱特(Ianne Platet)、克洛达·佩吉特(Clauda Paget)以及其他许多女巫都承认“她们同魔鬼的交往”。[1] 皮埃尔·甘迪隆(Pierre Gandillon)和他的儿子乔治(George)也承认和恶魔发生过肉体关系。博盖在书中的第三部分对这一问题进行了明确的陈述。[2]

数个世纪以来,欧洲各国的女巫在审判中一再提到魔鬼生理上不
98 自然的冰冷。我已经在一些案例中提到,存在着归因于灵质散发(ectoplasmic emanations)的物质化现象。灵质现在被描述为[3]接触起来冷而带有黏性的物质(如同触碰爬行动物),这似乎解释了这些细节。我们在此已经找到了整个神秘问题的答案。[4] 1645 年,巴顿

① ... qui Satan l'auoit cogneue charnellement... Et pource que les hommes ne cedent guieres aux femmes en lubricité.

② Il y a encor deux autres raisons pour lesquelles le Diable s'accouple auec le Sorcier: La premiere, que l'offense est de tant plus grande: Car si Dieu a en si grande haine l'accouplement du fidelle auec l'infidele (Exodus xxxiv., Deuteronomy xxxvii.), à combien plus forte raison detesterait celuy de l'homme auec le Diable. La seconde raison est, que parce moyen la semence naturelle de l'homme se pert, d'où vient que l'amitié qui est entre l'homme & la femme, se conuertit le plus souuent en haine, qui est l'vn des plus grands mal-heurs, qui pourroient arriuer au mariage. In chapter xiii Boguet decides: l'accouplement de Satan auec le Sorcier est réel & non imaginaire... Les vns donc s'en moequēt... mais les confessions des Sorciers qui j'ay eu en main, me font croire qu'il en est quelque chose! dautant qu'ils ont tout recogneu, qu'ils auoient esté couplez auec le Diable, & que la semence qu'il iettoit estoit fort froide... Iaquema Paget adioustoit, qu'elle auoit empoigné plusiers fois auec la main le mēbre du Demon, qui la cognoissoit, & que le membre estoit froid comme glace, lōg d'vn bon doigt, & moindre en grosseur que celuy d'vn homme: Tieuenne Paget, & Antoine Tornier adioustoient aussi, que le membre de leurs Demons estoit long, & gros comme l'vn de leurs doigts.

③ Heuze, *Do the Dead Live*? 1923.

④ John Stearne's *Confirmation and Discovery of Witchcraft*.

(Barton)的萨福克郡的(Suffolk)女巫、寡妇巴斯(Bash)说,魔鬼以一个黝黑青年的形象出现在她面前,他"比男人冰冷"。1662 年,奥德恩女巫团的伊莎贝尔·古迪和珍妮特·布雷德海德都声称魔鬼是"一个黝黑健壮的男子,是冷的;我发现他的特质如寒冷的泉水"①。伊莎贝尔曾经于一个午夜在奥德恩教区教堂举行的巫魔会上再次接受了洗礼,她被分配给一个名叫红河(Red River)的精灵,虽然他总是一身黑色,但她仍可以从他身上看出魔鬼形象的进一步细节:"他比任何男人都要强壮,他重如麦芽袋;性情如冰般冷漠。"②

在很多关于巫魔会的放纵的案例中,女巫完全地和主动地供认她们的伴侣无疑是在场的男性。集会的总会长、负责人或主席运用权力首先挑选女性以供自己享乐。我们可以在德·朗克雷的一段话中清楚地看出这一点:"在巫魔会上,魔鬼主持术士和女巫之间的婚礼,并执着双方的手。"③

在很多案例中,仪式中还使用了乐器,其是一个人造的男性生殖器。③

在古代文明的色情艺术中,男性生殖器是很普遍的,有着丰富的证据证明它在埃及、亚述、印度、墨西哥以及世界各地被使用。男性生殖器在坟墓中被发现,并且在过去通常被当作还愿物;它在意大利南部仍是为人喜爱的吉祥物,只是样式有些许不同。④ 人们通常并不费

---

① Robert Pitcairn, *Criminal Trials*, Edinburgh, 1833, III. pp. 603,611,617.

② *Idem.*

③ Le Diable faict des mariages au Sabbat entre les Sorciers & Sorcieres, & leur joignant les mains, il leur dict hautement

Esta es Buena parati

Esta parati lo toma.

Mais auant qu'ils couchent ensemble, il s'accouple auec elles, oste la virginité des filles. Lancre, *Tableau de l'Inconstance*, p. 132.

③ 默里在《西欧的巫术崇拜》中强调了这一点,但是她并没有意识到恶魔学家对阳具(fascinum)已经十分了解,它的使用遭到了教会严厉的指责。

④ 参见 G. Belluci, *Amuletti Italiani antichi e contemporanei*;亦见 *Amuletti italiani contemporanei*. Perugia, 1898。

力掩盖其外形。阿里斯托芬(Aristophanes)在《利西翠妲》(*Lysistrata*,公元前 411 年)中提到了这种东西,赫罗达斯(Herodas,约公元前 300 年—前 250 年)在其最生动的对话之一(第五篇)中讲到科里托(Koritto)和梅特洛(Metro)令人愉悦地闲谈着关于阳具
99 (*βαύβων*)的事,(在另一出戏剧中[第七篇])女士们拜访皮革匠科顿(Kerdon)时,他就在制作这种东西。多个世纪之前,赫罗达斯生活在科斯(Cos)岛上就如同今天生活在伦敦和巴黎一样。《拉丁语猥亵词汇》(*Glossarium Eroticum Linguœ Latinœ*)[①]这样解释阳具(*fascinum*):"皮制的人造阳具,由陶器或丝织制成,已婚妇女使用它。尤其是米利都的女同性恋常使用它。这些阳具还为妓女所使用。"

正如有人认为,佩特罗尼乌斯(Petronius)曾在一个著名的篇章中[②]谈到过这一主题,其中提到一个残忍的老巫婆欧伊诺蒂亚(Œnothea)曾用假阳具(*scorteum fascinum*)恐吓过安科皮乌斯(Encolpius)。博学的西班牙学者安东尼奥·冈萨雷斯·德·萨拉斯(Don Antonio Gonzalez de Salas)对此进行过评注:"苏达(Suidas)——也许是最重要的希腊语百科全书的作者,我们对苏达本人了解甚少,除了知道他生活在 10 世纪中叶左右的君士坦丁堡,以及他也许是位致力于文学研究的教会人员——将'阳具'称为革叶(coriaceum)的红色尾巴。阳具由各种材料(象牙、黄金、丝绸、陶土)制成,女同性恋者和女性性倒错者使用它。"[③]提布卢斯(Tibullus)在提到生殖神普里阿普斯(Priapus)的形象时说:[④]

它是否让你满意,普里阿普斯?它在树须之下

---

① Auctore P. P. Parisiis, MDCCCXXVI.

② Crudelissima anus. *Petronii Satirae*. 138. p. 105. Tertium edidit Buecheler. Berlin. 1895.

③ *Titi Petronii Satyricon*, Concinnante Michaele Hadrianide. Amstelodami, 1669. 在雕刻于标题页上的形象中,有一个骑在扫帚上的女巫。

④ *Priapeia*. LXXXIV.

你将神圣物的头部与葡萄树的卷须相连
红色的植物,你被带到红色阳具之旁。

教会当然毫不犹豫地谴责此类行为,而不管它是否(无论程度多么轻微)与巫术有关。阿诺比乌斯(Arnobius)认为所有这些罪行都相当可憎,他在《反对异教徒》(*Aduersus Nationes*)一书的第五卷(约296年)中讲述了一个淫秽的故事,其中似乎提到贝雷西蒂亚的(Berecynthian)女神西布莉(Cybele)[1]的祭司嘉里(Galli)使用阳具,而西布莉的狂欢与酒神的狂欢很相似。讲述同样故事的还有:亚历山大的克莱芒(Clement of Alexandria,约190年);尤里乌斯·菲尔米库斯·马特纳斯(Julius Firmicus Maternus)的著作《渎神宗教的错误》(*De Errore profanarum Religionum*, A. D. 337 - 350);尼塞塔斯(Nicetas,死于约414年)对圣格利高里(S. Gregory of Nanzianzus)的注释(Oratio XXXIX);狄奥多勒(Theodoret,死于约457年)的著作《关于殉道者的第八篇布道》(*Sermo octaua de Martyribus*)。显然,一些非常原始的仪式值得怀疑。

拉克坦提乌斯(Lactantius)在《错误的宗教》(*De Falsa Religione*, *Diuinarum Institutionum*, I, circa A. D. 304)中提到了一种受到贞女们喜爱的阳具崇拜,并暗示这种声名狼藉的事在他生活的年代十分流行。杰出的教父圣奥古斯丁在《上帝之城》(*De Ciuitate* 100
Dei, VII, 21)中提到了被用于酒神仪式的阳具,当具体谈到婚礼仪式时(VI, 9),他写道:"但是,我还能说什么呢?那里还有未免太过阳刚的普里阿普斯,新娘被命令坐在他的极肮脏与极丑陋的阳具上面,据说这是妇人最荣耀和最虔诚的品德。"历史学家埃瓦格利乌斯(Evagrius Scholasticus,死于504年之后)在《教会史》(*Historia Ecclesiastica*, XI, 2)中提到,普里阿普斯的仪式在他生活的年代公开

① 关于她的放荡行径,参见 S. Augustine, *De Ciuitate Dei*, VII. 26。

进行着,而阳具也广为人知。稍后的拜占庭人尼斯福鲁斯·卡利克斯图斯(Nicephorus Calixtus)大约死于14世纪中期,他的编年史结束于哲人利奥(Leo Philosophus)的去世(911年),他提到了阳具崇拜仪式与阳具形象的使用。①

每一次的宗教会议都禁止使用阳具,对这一禁令的坚持表明这一恶行是多么普遍。813年召开的第二次夏龙索恩(Châlon-sur-Saône)宗教会议对此进行了明确的规定;此外,1247年的德·马诺(de Mano)宗教会议和1396年召开的图尔(Tours)宗教会议也同样对此进行了强调。

101 证据表明,在异教古代,普遍的人造性交方式在所有时代都恬不知耻地被实践着(如同今天的情形),它们曾一再遭到教会的禁止和谴责,而这使它们成为撒旦崇拜者的最爱,这无疑在巫魔会那黑暗的放纵行为中是十分普遍的。当我们详细考察审判的详细证据时,我们发现这些欲望的污秽和骇人听闻的神秘仪式既不能通过人类性交得到解释,也不能通过人造器具得到解释。神学家和裁判官能完全意识到潜伏在黑暗中的骇人之事。

动物精灵与具有人形的精灵截然不同。尤其在英格兰有着涉及动物精灵的大量证据,甚至人们今天在描绘一个有着坚果钳般的下颚、戴着尖帽、手拄拐杖、脚步蹒跚的女巫时,她身边能没有大黑猫吗?值得注意的是,在欧洲其他地方,家养的动物精灵是很少见的,弗朗西斯·哈钦森(Francis Hutchinson)主教甚至声称:"除我们国家之外,我在其他国家已很少听到精灵(*Imps*),我们国家的法律规定,凡养育、哺乳或犒赏精灵都是重罪。"②令人奇怪的是,这种精灵在埃塞克斯郡、萨克福郡以及东部一些郡最为常见。我们发现,各种动物都可以被当作精灵,包括狗、猫、白鼬、黄鼠狼、蟾蜍、老鼠、鸟、刺猬、野兔,甚

① Priapi lignei in honorem Bacchi.

② Francis Hutchinson, *Historical Essay*, London, 1718.

至是黄蜂、飞蛾、蜜蜂和苍蝇。在很多案例中，人们认为一些可怜的人被他们的邻居避开和厌恶，因而他们只能寻求猫或狗的友谊，他们爱抚它，并用他们所能提供的美味食物喂养它，这种强烈的孤独感会将他们引向绞架或火刑柱。事实上，女巫通常用牛奶、面包和她自己的鲜血喂养这些小动物，而且她用这种方式进行占卜。这种占卜的独特方式的细节并不清晰。女巫可能通过观察动物的步法、行为或声音来从中得出一些奇怪的意义；无疑，女巫通过教授狗或诸如乌鸦、寒鸦这类鸟一些技巧，以让它们可以受到询问者简单表述的影响。

自最早的时代以来，血对人类生命的重要性毋庸置疑。人在失血 102
后会变得虚弱，因此血是力量和生命本身，血在所有时代都被认为具有最好的治疗价值和魔法价值。女巫给其精灵很少几滴血，这不仅能被视为犒赏和增强其生命力，而且还能在她和狗、猫或鸟之间建立更紧密的联系。血形成了一种精神联系。

1556年，在切姆斯福德的伊丽莎白·弗朗西斯（Elizabeth Francis）审判中，被告承认她的精灵是从她祖母那里得到的，她的祖母是个臭名昭著的女巫，它“像一只白斑猫”，她的祖母“教她用面包和牛奶喂养猫，她按照祖母说的去做，同时祖母还教她以撒旦的名义召唤它，并且将它安置在一个篮子里。每当猫为她做事时，它就要求一滴血，她刺破自己，有时在这儿，有时在另一处”①。

我们有大量类似的例子：在埃塞克斯的巫术审判中，马修·霍普金斯和他的随从约翰·斯特恩（John Stearne）在1645年到1647年间的工作记录中反复提到了动物精灵。迟至1694年，在伯里圣艾德蒙（Bury St. Edmunds），当萨克福老妇哈提斯的莫宁斯大妈（Mother Munnings of Haritis）被拖到首席法官霍尔特（Holt）面前时，人们声称她有一只类似于臭鼬的精灵。但是，法官嘲笑了这群乡巴佬的证词，

---

① *Witches at Chelmsford*, Philobiblion Society, VIII.

并指示陪审团作出无罪的判决。① 哈钦森认为，"针对几个在这个城镇或邻近城镇进行的详细审讯，我发现大多数人都表示满意，并认为这是正确的裁决"。1712 年，在审讯赫特福德郡（Hertfordshire）沃肯（Walkerne）的女巫简·韦纳姆（Jane Wenham）时，她承认她的精灵是一只猫。

在福特（Ford）和德克（Dekker）的戏剧《埃德蒙顿的女巫》（*The Witch of Edmonton*）中，出现在舞台上的精灵是一条狗。这当然直接取材于亨利·古德科尔（Henry Goodcole）的小册子《伊丽莎白·索耶的惊人发现》（*The Wonderfull Discoverie of Elizabeth Sawyer*, London, 4to, 1621），其中的女巫承认魔鬼以狗的形象出现在她面前，
103 狗有两种颜色，有时是黑色，有时是白色。一些孩子在法庭上说，他们看到女巫用白面包和牛奶喂养精灵，是两只白鼬，但女巫坚决否认这种说法。在歌德的《浮士德》第一部分的第二幕中，墨菲斯托菲里斯（Mephistopheles）第一次显现在浮士德面前是在城门外，当时他是以一条黑色狮子狗的形象出现的，它陪浮士德回到了书斋，当他念到"太初"（*In Principio*）②时，狗狂吠不已。这是古老传说的一部分。1590 年，当曼利乌斯（Manlius）记录他与梅兰克顿（Melanchthon）的对话时，他引用后者的话说："他[浮士德]有条狗，这条狗是魔鬼。"保罗·乔维（Paolo Jovio）③提到著名的科尼利厄斯·阿格里帕（Cornelius Agrippa），并认为也有以黑狗形象出现的恶魔在伺候他。但是，约翰·韦耶（John Weyer）在其名著《恶魔的诡计》（*De Præstigiis Dæmonum*）④中告诉我们，他曾服侍阿格里帕多年，虽然这些奇怪的故事广为传播，但这条黑狗是完全无害的，它被皮带拴着。阿格里帕非常依恋这条狗，他常常与狗同吃同睡。因为阿格里帕是位渊博的学者

① Francis Hutchinson, *Historical Essay on Witchcraft*, 1718.

② 指《约翰福音》首句"太初有道"。

③ *Elogia Doctorum Uirorum*, c. 101.

④ Liber II.; c. v.; 11,12.

和伟大的隐士，所以他没有遭遇邻居的闲言碎语。当考虑到那些归于阿格里帕名下的秘术书时，人们并不会感到奇怪，甚至这位伟人在他在世时就已经获得了大魔法师的名声。

精灵通常有一些怪异的名字：Lizabet、Verd-Joli、Maître Persil（香芹[parsley]）、Verdelet、Martinet、Abrahel（女淫妖）；以及英格兰的一些动物精灵，如 Tissy、Grissell、Greedigut、Blackman、Jezebel（女淫妖）、Ilemanzar、Jarmara、Pyewackett。

以人形出现的精灵通常都伴随在女巫身边，并且能被其他人看见。因此，艾丽丝·凯特勒夫人于 1324 年遭受的指控之一是一个恶魔接近她。在巫魔会上遇到的随从并不像人们所希望的那样容易摆脱。

第四章
巫魔会

女巫的集会彼此之间在很多方面有着很大的区别。在古代的周年纪念上，集会通常是很严肃的，所有属于恶魔崇拜的人都要出席，那些懒散和迟缓者将被给予处罚；在其他时候，这些集会是偶然的，其规模取决于居住在特定范围内的一群人，可能是13个人的巫师团，也有可能人数再多一些，视时机而定。能够预料的是，每个国家的集会也会有所不同，并且看上去有着无穷的地方特征。整个仪式没有显示出任何正规和合宜的秩序，因为对黑暗的礼拜仪式本质上是反对上帝的崇拜，而对于上帝的崇拜来说——如使徒所言——所有的事情都做得“得体和合适”①。地狱的仪式非常复杂、隐蔽和淫秽，女巫在一大堆偶然环境中的叙述甚至更为混乱，其通常是矛盾的，甚至是相互排斥的。所以，尽管我们能够拼凑出一个关于女巫们狂欢的非常完整的图画，但仍有一些细节不清楚和不能被理解，它们可能完全是无理性的与荒谬的。“Le burlesque s'y mêle à l'horrible, et les puérilités aux abominations.”(Ribet, *La Mystique Divine*, III. 2. Les Parodies 110

① Omnia autem honeste et secundum ordinem fiant. 1 Cor. xiv. 40.

Diaboliques)(小丑行为、恶作剧与极度恐怖的环境混合;幼稚和愚蠢与憎恨混合。)在小型的集会上,参与者依靠的无疑是当场主席轻浮的奇思和令人厌恶的怪想。在更为重要的集会上的行为则在某种程度
111 上较有秩序,并或多或少地延续传统的做法。巫魔会这个名称可以被用来涵盖任何类型的集会①,尽管人们一直认为巫魔会的范围从较为简单的形式——6个敬拜魔鬼者的秘密聚会——发展到由具有人形的邪恶存在(一个在恶意、亵渎和叛乱上胜过恶魔的恶棍,尘世中大混乱的真实表现)主持的人数众多的大型集会。

巫魔会的词源似乎并没有被准确地确定。指出下面的观点可能有点多余:这与数字7没有关系,与犹太节日也完全没有关系。圣克鲁瓦(Sainte-Croix)和阿尔弗雷德·莫里(Alfred Maury)②认为,巫魔会来自恶劣的酒神节(Bacchanalia)。Sabazius(*Σαβάζιος*)是弗里吉亚人(Phrygian)的一个神祇,其有时被等同于宙斯,有时被等同于狄俄尼索斯(Dionysus),但他通常被视为淫荡的保护者,而且他崇拜疯狂的堕落。在阿普列乌斯(Apuleius)的著作中,Sabazius是下流的叙利亚老太监的保护人③,是斐莱布(Philebus)用来祈求报复与嘲弄的传令员的神祇。在关于阿里斯托芬(*Birds*, 874)的注释中可以看见*Σαβάζεῖν*,*σαβαῖ*(酒神的叫喊)出现在欧波利斯(Eupolis)的残片中,而更完整的短语*εὐοῖ Σαβοῖ*由地理学家斯特拉博(Strabo)记载了下来。现代希腊人仍称疯子为*ζαβός*。但是,利特雷(Littré)完全反对这种表

---

① 默里无疑为材料的多样性所误导,她假定了两种单独且不同种类的集会:巫魔会(宗教全体成员的大会)和女巫会(Esbat)("仅仅是特定人和少数人参加的崇拜仪式和实践,并非是针对全体成员的")。*The Witch-Cult in Western Europe*, p. 97. Görres已指出,更小范围的集会通常被称为"女巫会"(*Esbats*)。在女巫集会中,"全体成员"(general public)的观念是很独特的。

② On a voulu trouver l'etymologie du sabbat, réunion des sorciers, dans les *sabazies*; mais la forme ne le permet pas; d'ailleurs comment, au moyen âge aurait on connu les sabazies? Sainte-Croix, *Recherches sur les mystères du paganisme*; Maury, *Histoire des religions de la Grèce antique*.

③ *Metamorphoseon*, VIII. 25.

面上的词源学。“已进行了从 *Sabazies* 追溯女巫的集会(巫魔会)的尝试,但是词语的形成并不允许我们如此做;此外,在中世纪,他们又了解 *Sabazies* 多少呢?”①

甚至各国每年举办主要集会的季节也不同。在西欧大部分地区,其中一个主要的集会时间是五朔节(May Day)前夜(4 月 30 日)②;在德国③,著名的节日是“沃布尔加之夜”(Die Walpurgis-Nacht)④。圣沃布尔加(S. Walburga [Walpurgis; Waltpurde;在 Perche 被称为 Gauburge];在法国其他地区则被称为 Vaubourge 或者 Falbourg)大约于 710 年出生在德文郡(Devonshire),她是圣理查德(S. Richard)的女儿。圣理查德是西撒克逊人的国王,他娶了圣卜尼法斯(S. Boniface)的姐妹。748 年,沃布尔加是温伯恩(Wimbourne)的修女, 112
她到德意志寻求修道院生活。在度过了非常圣洁的一生后,圣沃布尔加于 777 年 2 月 25 日死于海登海姆(Heidenheim)。对沃布尔加的祭仪很快便形成了,她的遗迹大约于 870 年被转移到艾希施泰德(Eichstadt),主持圣祠的本笃会修道院在那儿仍蓬勃发展。圣沃布尔加在英格兰曾是一位非常受欢迎的圣徒,如同在德意志和低地国家的情形。圣沃布尔加是艾希施泰德、奥登纳德(Oudenarde)、富尔那(Furnes)、格罗宁根(Groningen)、魏尔堡(Weilburg)、聚特芬(Zutphen)和安特卫普的女保护人,在这些地方,人们一年四次庆祝关于她的节日直到采用罗马的仪式。在罗马殉教史上,人们在 5 月 1 日

① 默里认为,巫魔会“可能来自 *s'esbattre*(嬉戏)”,并补充认为其是“对集会欢乐的非常合适的描写”。

② 默里错误地认为五朔节被称为“十字架节”(Roodmas, Rood Day)。十字架节是在 5 月 3 日,其是纪念圣十字架被发现的节日。一份早期的英语日历(702—706 年)甚至认为 5 月 7 日是十字架节。圣十字架的发现为西洛的经文选(Lectionary of Silos)以及波比欧弥撒书(Bobbio Missal)所确认。日期有些许变化。圣十字架的发现是很早的事情。

③ 尤其是在北部和东北部。巴伐利亚(Bavaria)、符腾堡(Wurtemberg)和巴登(Baden)则很少有这类独特的纪念日。

④《浮士德》中的一幕。——译注

纪念圣沃布尔加，但在修道院的日历上是2月25日。5月1日是古代德鲁伊特教（Druids）的节日，人们在这一天于圣山上奉献祭品，并点燃五月之火。这些巫术仪式为后来的女巫所继承。芬兰的农民相信，在四月最后一天的午夜，每一个山顶都有恶魔和巫师的聚会。

第二个女巫的节日是6月23日的施洗者约翰前夜。那一天，人们点燃圣约翰之火，这一习俗在一些地区仍然流行。[1] 在古代，这一节日如圣诞节般被区分为三个弥撒：第一个在半夜，令人记起先驱的使命；第二个在拂晓，纪念圣约翰进行的施洗；第三个是对圣约翰的圣洁表示敬意。

其他巫魔会的重要节日——尤其是在比利时和德意志——是圣托马斯节（S. Thomas's Day，12月21日），以及一个紧接着圣诞节、日期并不固定的节日。在不列颠，审判中提到有圣烛节（Candlemas，2月2日）、万圣节前夜（Allhallowe'en，10月31日）和收获节（Lammas，8月1日）。赖特（Wright）在《邪术和魔法的叙述》（*Narratives of Sorcery and Magic*，I. p. 141）中进一步提到了圣巴塞洛缪节前夜（S. Bartholomew's Eve），然而巫魔会尽管可能会在这一天举行，但这似乎是一个例外的或纯粹地方性的节日。

1610年冬天，在旧卡斯蒂利亚（Castille）的一个城镇洛格罗尼奥（Logrono）举行了一个著名的有关巫魔会的审判。此案由罗马教皇的宗教裁判官艾尔堪塔林（Alcantarine）的修士阿隆索·贝切拉·奥尔金（Alonso Becerra Holguin）以及他的两个助手朱安·瓦勒·艾尔瓦拉多（Juen Valle Alvarado）和阿隆索·德·萨拉札（Alonso de Salasar y Frias）审判。在此案中，很多纳瓦尔（Navarrese）的女巫承认，主要的巫魔会是在巴斯克地区的祖加拉穆迪（Zugarramurdi）和贝罗斯科贝
113 罗（Berroscoberro）举行，并且日期固定在“每年九个主要节日”的守

① 在*Rituale*中，我们看到“Benedictio Rogi, quæ fit a Clero extra Ecclesiam in Uigilia Natiuitatis S. Joannis Baptistæ”（教士在施洗者约翰诞辰的守夜时点燃的火堆的祝福，但其在教堂之外）。这一形式尤其会出现在达尔布（Tarbes）。

夜，即复活节、主显节(Epiphany)、耶稣升天节(Ascension Day)、圣母赎罪与诞生节(the Purification and Nativity of Our Lady)、圣母升天节(Assumption)、圣体节、万圣节(All Saints)和施洗者约翰节(6 月 24 日)。这里没有提到圣诞节和圣灵降临节(Pentecost)是令人好奇的，但是在审讯过程中，确实没有一个被告(我们拥有她们证词的详细细节)提到这两个庄严的节日被选为恶魔的聚会日。①

如博盖所言，撒旦"完全是上帝的拙劣模仿者"②，并且撒旦使得在重要基督教节日时举行巫魔会和对神圣仪式进行邪恶模仿成为普遍情形，博盖准确地断言巫魔会"se tient encor aux festes les plus solemnelles de l'année"(仍然在每年最重大的节日举行)③。因此，博盖记录了安泰德·科拉斯(Antide Colas)的供认(1598 年)，此人"在一年中每个好日子里举行巫魔会，如圣诞节、复活节和圣体瞻礼节"。兰开夏郡(Lancashire)的女巫在耶稣受难节(Good Friday)聚会；在第二例兰开夏女巫案(1633 年)中，女巫们是在万圣节聚会；琴洛斯(Kinross)的女巫(1662 年)是在苏格兰保护人圣安德鲁(S. Andrew)的纪念日(11 月 30 日)聚会，其被称为"在圣诞季节的圣安德鲁节"，以区别于 5 月 9 日圣安德鲁升天的第二个节日。新英格兰的女巫不愿意在圣诞节举行她们主要的巫魔会。在欧洲很多地方，人们怀有很高敬意地隆重庆祝圣乔治(S. George)的纪念日，守夜(4 月 22 日)是一年中相当重大的巫魔会。喀尔巴阡山的胡祖罗(Huzulo)认为，当时每件邪恶的事情都有力量，而女巫是最危险的。每个保加利亚或罗马尼亚农夫在傍晚都会关闭每扇门，锁紧每扇窗，在门楣上悬挂荆棘，并在窗台上放置新草皮，从而使得恶魔或女巫不

① *Relacion de las personas que salieron al auto de la fé que los inquisidores apostólicos del reino de Navarra y su distrito*, *celebraron en la ciudad De Logroño*, *en* 7 *y* 8 *del mes de noviembre de* 1610 *años*, 1611.

② *Discours des Sorciers*, XXII. 12. Tertullian's *Diabolus simia Dei*.

③ *Idem*, XX. 2.

能找到入口。

大巫魔会(Grand Sabbats)必定在大的场地被举行,而小规模的巫魔会可以在很多地点被轻易举行,这些地点对地方女巫团可能比较方
114 便,如邻近村庄的田野、树林、石山、山谷、枯萎的橡树下的废弃空地、墓地、荒废的建筑、荒僻的礼拜堂或半荒废的教堂、属于入会者的房子等。

被选择的地点必定是偏僻且荒芜的,以避免任何间谍或防止被偶然打断。这样做是明智的,在很多省份,一些野外的隘谷或孤立的山顶被认为是女巫和她们的恶魔经常出没的地方。德·朗克雷认为,大巫魔会必须在小溪、湖泊或其他水域旁边举行。[①] 博丹补充道:"巫师聚会的地方是不寻常的,其通常被一些树木——甚至一个十字架——标记以示区别。"[②]古代的环状列石和花岗岩巨石墓、玛莱·德·道尔(Marais de Dol)的岩石、位于塞尼(Seny)和艾莱麦勒(Ellemelle)(堪德罗斯[Candroz])之间的巨石,甚至是安静的古代城镇和英格兰村庄的市场,这些都是整个乡村的预言者和术士特别喜爱的聚会点。巫魔会曾经在波尔多的城市中心举行,这似乎是一个例外。在德国,哈尔茨(Hartz)山脉的最高峰——布罗克斯堡(Blocksburg)或布罗肯峰(Brocken)——是女巫的重要聚会场所,据说一些女巫来自远方的拉普兰(Lapland)和挪威。存在着地区性的布罗克斯堡或者是被如此称呼的小山坡,尤其是在波美拉尼亚(Pomerania),据说那儿有两三个这样的峭壁。科希埃尔(Corrières)的巫师在一个靠近孔布(Combes)的避开公路的荒芜地点举行巫魔会;拉穆耶(la Mouille)的女巫在破旧的房子里举行巫魔会,那房子曾经属于教产;甘迪隆家族(Gandillons)以及他们的巫师团在丰特奈尔(Fontenelles)聚会,这是一个靠近纳扎尔村(Nezar)的废弃的、鬼魂出没的地方,他们于 1598 年 6 月受到审讯。

---

① *Tableau*, p. 65.

② Les lieux des assemblées des Sorciers sont notables et signalez de queques arbres, ou croix. *Fleau*, p. 181.

菲安博士和他的同伙(1591 年)于“万圣节前夜的夜晚”聚集在“洛锡安郡(Lowthian)的北贝里克”。西尔凡·纳文隆于 1615 年 2 月 4 日在奥尔良被处决,他供认“巫魔会在一栋房子里举行”,他给出的细节表明这曾是一个大城堡,其无疑是当地有钱权贵的住宅,可以容纳 200 人集会。伊萨贝尔·扬(Isobel Young)、克里斯蒂安·格林顿(Christian Grinton)以及两三个其他女巫于 1629 年在扬的房子里款待魔鬼。亚历山大·汉密尔顿(Alexander Hamilton)是一个“知名的术士”,他于 1630 年在爱丁堡被处决,他供认“某晚他被带到尼德里 115
(Niddrie)和埃德米斯顿(Edmiston)之间的一个洞穴,他在那儿曾遇到过魔鬼”。福法尔(Forfar)的女巫海伦·格思里(Helen Guthrie)和她的女巫团经常去一个墓地,并在那儿与恶魔见面,她们在其他场合“去玛丽·林德(Mary Rynd)的房子,并坐在桌子边……,她们让自己开心,并且魔鬼与她们中的大部分人交媾”(1661 年)。兰开夏郡的女巫常常在玛尔金塔(Malking Tower)举行巫魔会。瑞典莫拉(Mohra)和埃尔夫戴尔(Elfdale)的女巫供认,她们聚集在一个名为布罗库拉(*Brockula*)的地方举行集会,“位于一片巨大的草地上……她们聚会的地方或房子前门上被涂了各种颜色;……她们说,在这栋房子的一个巨大房间里有一张很长的桌子,女巫们正是坐在那儿;在这个房间边有另一个房间,其中放置着可爱精致的床”①。显然,一栋精美的瑞典乡村房屋也许属于一位有钱的女巫,它在较为贫穷的成员的头脑里被夸大和想象般地进行描绘。

克里斯蒂安·斯屈德泰克(Christian Stridtheckh)写道:“在不同的地区有不同的聚会,然而她们的聚会通常在长满树木的地方,或在山上,或在洞穴中,或在其他人迹罕至的地方。米拉(Mela, Book III, Chapter 44)提到阿特拉斯(Atlas)山;一个于 1603 年在埃塔普

---

① Anthony Horneck; Appendix to Glanvill's *Sadducismus Triumphatus*. London, 1681.

勒(Etaples)被处决的术士德·沃勒(*de Vaulx*)供认低地国家的女巫习惯在乌得勒支省的某些地方举行经常性的聚会。在我们自己的国家，被一些人称为梅里白（Meliboeus）的布伦瑞克地区(Brunswick)的卜茹克特累山(Bructeri)因女巫出没而声名狼藉。在普通的语言中，如奥特利乌斯(*Ortelius*)在《地理学集成》(*Thesaurus Geographicus*)中提到的，这座山被称为布洛克斯伯格(*Brocksberg*)或休伊伯格(*Heweberg*)，布洛克斯堡(*Brockersburg*)或沃盖斯伯格(*Vogelsberg*)。”[1]举行巫魔会的时间在各个地区和国家有所不同，尽管人们通常喜欢星期五。确实有大量证据证明，除了周六和周日，一周中的任何一天晚上都可以举行巫魔会。德·朗克雷记录了在低比利牛斯山地区的“通常聚会地点是莱恩·杜·布柯(Lane du Bouc)，在巴斯克方言中是 *Aquelarre de verros*，*prado del Cabron*，巫师在那儿在三个特别的晚上(星期一、星期三和星期五)举行聚会以敬拜他们的
116 主人”[2]。博盖认为，举行巫魔会的日子是变化的，但通常人们更喜欢星期四晚上。[3] 英格兰规定，“隆重的约定和集会……通常在星期二或星期三晚上”[4]。尤其要避免星期六，因为这是圣洁圣母的神圣日子。

---

① Locus in diuersis regionibus est diuersus; plerumque autem comitia in syluestribus, montanis, uel subterraneis atque ab hominum conuersatione dissitis locis habentur. *Mela*. *Lib*. 3. *cap*. 44. montem Atlantem nominat; *de Vaulx* Magus Stabuleti decollatus, fatebatur 1603, in Hollandia congregationem frequentissimam fuisse in Ultraiectinæ ditionis aliquo loco. Nobis ab hoc conuentu notus atq; notatus mons Bructerorum, Meliboeus alias dictus in ducatu Brunsuicensi, uulgo *der Blocksberg oder Heweberg*, Peucero, *der Brockersberg*, & Tilemanno Stellæ, *der Vogelsberg*, perhibente *Ortelio in Thesauro Geographico*. For the Bructeri, see Tacitus, *Germania*, 33: Velleius Paterculus, II, 105, i. *Bructera natio*, Tacitus, *Historiœ*, IV, 61.

② ... le lieu où on le trouue ordinairement s'applle Lanne de bouc, & en Basque *Aquelarre de verros*, *prado del Cabron*, & là des Sorciers le vont adorer trois nuicts durant, celle du Lundy, du Mercredy, & du Vendredy. De Lancre, *Tableau*, p. 62.

③ Boguet, *Discours des Sorciers*, p. 124.

④ *A Pleasant Treatise of Witches*, London, 1673.

玛丽亚·德·塞恩斯(Maria de Sains)是路易·戈弗里迪审判中的证人,其于1614年5月17日至5月19日中的某一天被处死。玛丽亚·德·塞恩斯那歇斯底里和放荡不羁的言词声称,巫魔会通常在一星期中的任何一天举行。星期三和星期五是亵渎与黑驴的巫魔会,其他日子则被分配给人性中最骇人听闻的可憎之事。玛丽亚·德·塞恩斯显然因受到亵渎神明和秽语症之癫狂的影响而性错乱。

如戴尔里奥所言,没有实际的原因说明为什么这些邪恶的仪式不是在中午,总之巫魔会的时间几乎总是在晚上,因为赞美诗作者提到"夜晚的恐怖""黑暗中进行的交易"和"中午的魔鬼"[1]。因此,戴尔里奥非常恰当地写道:"她们的聚会通常在深夜中举行,即当黑暗的力量统治之时;有时是在正午,甚至赞美诗作者也提到'中午的魔鬼'。她们倾向于星期一和星期四的夜晚。"[2]

这些巫魔会开始的时间通常都在午夜。博盖说:"巫师在午夜时举行巫魔会。"[3]在阿普列乌斯的《变形记》(*Metamorphoseon*, I, xi)中,女巫在夜里袭击了苏格拉底。艾格尼丝·桑普森是"一位著名的女巫"——戈德斯克洛夫特(Godscroft)的休谟(Hume)在安格斯(Angus)的第九位伯爵阿奇博尔德(Archibald)的记述中如此称呼她——她一般被认为是基思(Keith)的聪明妻子,她也是1590年的菲安审判中的一个重要人物[4],她供认魔鬼遇见她"单独一人,便命令她在第二天的夜晚去北贝里克",她因而一路到那儿,"场地被照亮,她到那儿时约11点"[5]。在这个例子中,巫魔会开始之前是近一百人的舞 117

① Psalm xc.

② Conuentus, ut plurimum ineuntur uel noctis mediæ silentio, quando uiget potestas tenebrarum; uel interdiu meridie, quo sunt qui referant illud Psalmistæ notum de dæmonio meridiano. Noctes frequentiores, quæ feriam tertiam et sextam præcedunt. Delrio, *Disquisitiones Magicæ*, Lib. II. xvi.

③ *Discours*, XIX. 1.

④ 她的起诉书包括53条。

⑤ Spottiswoode's *Practicks*.

蹈，巫魔会大约直至午夜才开始。托马斯·莱耶斯（Thomas Leyis）、伊索贝尔·科基（Issobell Coky）、海伦·弗雷泽（Helen Frazer）、贝茜·索恩（Bessy Thorn）以及其他阿伯丁的女巫中的13人在1597年被处死，7人被流放，她们通常在半夜聚会。[①] 博盖注意到，1598年，女巫弗朗索瓦斯·塞克里坦（Françoise Secretain）“通常在午夜前后赶赴巫魔会，而且与她接触过的其他许多巫师也这么说”。1600年，图宾根（Tubingen）的安娜·莫克赞（Anna Mauczin）承认她参加过女巫集会，她将其称为婚礼（*Hochzeiten*）。女巫们似乎是在罗滕堡（Rotenburg）的上门外的井边举行聚会，安娜·莫克赞的证词强调了“午夜舞会”和狂欢。“一个居住在因内基普（Innerkip）教区的18岁年轻女人”苏格兰女巫玛丽·拉蒙（Marie Lamont）于1662年3月4日坦承，“当她与其他女巫夜晚在佐勒（Zowle）聚会的时候，魔鬼在拂晓时将她送回家”[②]。

巫魔会一直持续到鸡鸣，在这之前没有人会离开。1610年在艾克斯被处死的路易·戈弗里迪似乎有些特殊，她回忆：“我被送到巫魔会举行的地点，我待在那儿一个、两个、三个或四个小时，我很大程度上是遵循着自己的情感。”[③]鸡鸣中止魔法是很古老的传统。犹太人相信，公鸡翅膀的拍打可以使恶魔的力量变得无效，从而破解魔咒。因此，普鲁登提斯（Prudentius）唱道：“他们说，夜间游荡的恶魔在昏暗的阴影中欢娱，在鸡鸣时战栗，并在惊吓中四散。”[④]撒旦的仪式停止了，因为教会的宗教法庭出现了。在圣本笃的时代，人们在拂晓晨祷和唱

① Spalding Club, *Miscellarny*, I.

② MS. 之前被 Michael Stewart Nicolson, Esq 获得。

③ ... je me trouvais transporté au lieu où le Sabbat se tenait, y demeurant quelquefois une, deux, trois, quatre heures pour le plus souvent suivant les affections.

④ Ferunt uagentes Dæmonas
Lætas tenebras noctium
Gallo canente exterritos
Sparsim timere et credere.

赞美诗，其被称为*Gallicinium*（鸡鸣）。圣安布罗斯精美的诗歌（人们在星期日的赞美诗中吟唱）优美地吟诵了对公鸡的赞美：

我们这儿阴郁旅行的光亮，
　　白天将黑夜分割！
黎明的尖声预告响亮的鸣叫，
　　唤醒明亮的阳光。
立刻，黑暗的寒意， 118
　　在晨星前退去；
从她们繁忙邪恶的阴谋中，
　　夜晚的游民返回。

新的希望，水手们所欢呼的；
　　激烈冲突的浪潮平静下来；
教会的岩石在这儿，流着泪，
　　赶紧洗净他的罪恶。

你起身，相一致！
　　不再在安睡的谎言中隐蔽；
攻击斥责所有他们的主，
　　通过忽视懒惰，通过否认罪恶。

在这清晰的叫喊中，欢乐重新出现；
　　健康在病人的血管中流动；
短剑滑入鞘中；
　　堕落的灵魂重获信仰。[①]

---

① Nocturna lux uiantibus （转下页）

一位名叫拉托玛(Latoma)的女巫向尼古拉·雷米(Nicolas Remy)供认,所有的巫师都讨厌公鸡。公鸡是黎明的使者,它唤醒人们去敬拜上帝;许多为黑暗所隐藏的罪恶将在即将到来的白昼的光亮中被揭露。在基督降生的时候——这是最神圣的时刻——公鸡整夜鸣叫。一只公鸡在耶稣复活时鸣叫。因此,公鸡被置于教堂的坚塔之上。普林尼(Pliny)和阿里安(Ælian)告诉我们,狮子害怕公鸡,因此魔鬼在鸡鸣时逃跑。

德·朗克雷说:"公鸡鸣叫,巫魔会结束,巫师散开并消失。"[①]

女巫采用各种方式去巫魔会。如果是参加距离至多是一二英里(约合 1.6093—3.2186 千米)的当地集会,她们会选择走路。通常距离会更短,因为我们必须牢记,事实上在 16 世纪和 17 世纪,一直到更近的时代,当徒步旅行者离开城镇大门几步远或是越过村庄最后的房屋时,他就陷入了完全孤独与偏僻的黑暗之中。夜幕降临后,在世界
119 的大城市(伦敦、罗马、巴黎、马德里)的街道上有持火把的步行者[②],那

(接上页)A nocte noctem segregans,
Præco diei iam sonat,
Iubarque solis euocat.
Hoc nauta uires colligit,
Pontique mitescunt freta:Hoc, ipsa petra Ecclesiæ,
Canente, culpam diluit.
Surgamus ergo strenue:
Gallus iacentes excitat,
Et somnolentos increpat,
Gallus negantes arguit.
Gallo canente, spes redit,
AEgris salus refunditur,
Mucro latronis conditur,
Lapsis fides reuertitur.
由 Caswall 于 1848 年翻译。

① *Tableau*, p. 154.

② 关于伦敦,参见约翰逊博士(Dr. Johnson)的《伦敦》(1738 年):
准备死亡,如果夜里你在这里漫步,
在你吃饭前写下遗嘱。 (转下页)

黑暗中笼罩着阴影且危险而孤独的乡村是多么荒凉！女巫们在去巫魔会的路上必须经常提灯照明。博学的巴托罗米欧·斯皮纳(Bartolomeo Spina)[①]在《论女巫》(*Tractatus de Strigibus et Lammis*, Venice, 1533)中写道，某个居住在米兰多拉(Mirandola)区克拉维卡·马拉古兹(Clavica Malaguzzi)的农夫某日早晨需要起得很早赶往邻村，当时是三点，他在拂晓前穿过一个位于他家和目的地之间的废弃的广阔地带。这个农夫突然看见在远处貌似有很多火焰来回飞行，挨近一看，发现是一群正在跳奇异舞蹈的人手中所提的灯笼，而其他人就像是在乡村野餐，他们坐着分享食物和葡萄酒，刺耳的音乐如同风笛的尖叫声，在空中发出低沉的声音。奇怪的是，没有人说话，人们在奇异和巨大的沉默中转动、旋转脚尖以及吃吃喝喝。这个农夫发现很多不害臊的人让自己陷入最疯狂的放纵之中，他们公然地进行性行为，这个震惊的旁观者意识到他目击了巫魔会的狂欢。农夫热诚地画了十字进行祈祷，并尽快地离开了这个可憎的地方。然而，在农夫认出那些居住在邻近地区且已经受到巫术怀疑的臭名昭著的作恶者之前，女巫已经注意到了他的存在，但她们似乎并不理睬他，甚至没有试图去追他。在另一个例子中，一个虔诚、博学和有着巨大声望的多明我会修士保罗·德·卡斯潘(Fra Paolo de Caspan)记录道，术士盛行的瓦尔泰利纳(Valtellina)的卡斯潘教区教士安东尼奥·德·帕拉维西尼(Antonio de Palavisini)十分严肃地确认，当他在拂晓前去村庄旁的一个圣地进行早弥撒时，他看见树林中的空地上有一群提着灯笼的男女围圈而坐，他们的行为无疑表明他们是正在进行令人厌恶的仪式的巫师。在上面两个例子中，灯笼并不是巫魔会仪式的必需品，它们仅仅发挥照明的作用。 120

(接上页)1500年，威尼斯大使保罗·卡佩罗(Paolo Capello)写道："他们每天晚上可以在罗马发现四五个被谋杀的人，包括高级教士等。"在菲利浦四世(Philip IV, 1621－1665)统治时期，马德里的街道危险且没有铺路，其仅仅在节日期间才亮灯。

① 1475—1546年。

当经常去一个当地的巫魔会时，女巫团习惯在离村庄很近的地方碰面，然后组成一个相互帮助的安全小组一起前往指定的地点。这点由著名学者科莫的伯纳德(Bernard of Como)指出，他说："当她们前去某个艰险地点时，她们边走边愉快地交谈。"①秘密的入会者走路去巫魔会，这个事实经常在审判中被提到。博盖非常详细地写道："当他们聚会的地点离住的地方不是很远的时候，巫师有时走路去巫魔会，情况通常是如此。"②1616 年 5 月 17 日，在布雷希(Brécy)，我们看到在针对一个 25 岁的年轻人巴塔雷米·敏盖(Barthélemi Minguet)的审讯中，"他被问到他最后一次参加巫魔会是在哪儿"。

"他回答道，在朝着比尔科隆(Billcron)方向的一个通向圣苏朗捷(Saint Soulange)教区的艾克斯大路的十字路口。他被问到是如何去那儿的。他回答是走路过去的。"③

尼德里的凯瑟琳·奥斯瓦德(1625 年)某晚带着"一个出名的术士"亚历山大·汉密尔顿"去位于尼德里和埃德明斯顿之间的一个洞穴，她曾在那儿碰到魔鬼"，显然他们俩是走路去那儿的。

曾经有个细小的问题被提出，即那些走路去巫魔会的人是否和由魔鬼运送去那儿的人有着相同的罪行。德·朗克雷认为，"走路去巫魔会和由魔鬼运送去那儿的巫师有着真正相同的罪恶，同样令

---

① Quando uadunt ad loca propinqua uadunt pedestres mutuo se inuicem inuitantes. *De Strigibus*, II.

② Les Sorciers neâtmoins vont quelquefois de pied au Sabbat, ce qui leur aduient principalement, lors que le lieu où ils font leur assemblée, n'est pas guieres eslongé de leur habitation. *Discours*, c. xvii.

③ Enquis en quel lieu se tint le Sabbat le dernier fois qu'il y fut.
Respond que ce fut vers Billeron à un Carroy qui est sur le chemin
tendant aux Aix, Parroisse de Saincte Soulange, Iustice de ceans.
Enquis de quelle façon il y va.
Respond qu'il y va de son pied.
De Lancre, *Tableau*, pp. 803 - 805.

人憎恶”[1]。梅杰·韦尔(Major Weir)和他的姐妹似乎是坐在马车和六匹马上去参加魔鬼聚会的,他们于1648年9月7日从爱丁堡到穆塞尔堡(Musselburgh)并返回。因此,这位妇女在狱中承认并补充认为,“她和她的兄弟与魔鬼签订了契约”[2]。

北贝里克的著名女巫艾格尼丝·桑普森(1590年)承认,“当她独自 121
一人从位于基思的家中到达位于五六英里(约合8.0465—9.6558千米)外的田野时,魔鬼碰到了她,并命令她第二天晚上去北贝里克。艾格尼丝·桑普森坐在马背上,由她的好儿子约翰·库伯(Iohn Couper)送她去那儿”[3]。将孩子带到布罗克库拉(Blockula)的瑞典女巫(1669年)“将他们放在魔鬼的一只野兽的背上,然后他们乘兽离开”。一个男孩承认,“为了出行,他骑在自己父亲的马背上离开草地,马正是在那儿被放养的”[4]。男孩回来时,女巫团的一个成员让马在她的牧地吃草,他的父亲第二天在那儿找到了马。

在流行的想象中,女巫通常与扫帚有着紧密的联系,扫帚使她能够在空中急速飞行。这种信仰似乎在所有时代和所有地方都十分普遍。当然,扫帚是与魔法棒紧密相连的,魔法棒被认为与骑马有着相同的用处。制作魔法棒的木材来自榛树或金缕梅(witch-hazel),尽管在德·朗克雷的时代,法国南方的巫师喜欢“Souhandourra”——*Cornus sanguinea*(山茱萸,dog-wood)。在飓风和大风暴的中心,以及在暴风雨的中心,女巫的队伍骑在扫帚上,快速地飞到巫魔会,她们的叫声与可怕的笑声比坏天气的撞击声和混合着可怕的嘈杂声的大风这样的疯狂声音更为响亮。

有一本关于这些信仰的非常重要的参考书,它出自著名和博学的本笃会修道院院长普鲁姆的雷吉诺(Regino of Prüm, A. D. 906)之手,他

---

① Aussi vilain & abominable est au Sorcier d'y aller de son pied que d'y estre transporté de son consentement par le Diable. *Tableau*, p. 632.

② Sinclar, *Satan's Invisible World Discovered* (Reprint 1875), VII.

③ *Idem*, p. 25.

④ *Idem*, pp. 175, 178.

在那本重要的《教会教规》(*De ecclesiasticis disciplinis*)中写道:“这绝不
能被忽视,即一些自甘堕落的妇女转而追随撒旦,并受到有关恶魔的错
觉和幻想的迷惑,她们相信并声称自己在夜间与异教女神戴安娜以及无
数的妇女一起骑在动物背上飞行,在寂静的夜晚穿越很长的距离,她们
在这些夜晚听从女主人之命,并被召集起来为其效劳。”①女巫有时骑
在扫帚或木棍上,有时骑在动物身上,她们在空中飞行前通常会在身
122 上涂抹魔法油膏。油膏有着各种配方,有意思的是,其中包含致命的
毒药——乌头、颠茄和钩吻叶芹。② 尽管这些油膏在特定的情况下可以
产生一定的生理效果,但是戴尔里奥很好地总结了它们的效用机制:“恶
魔能够运送她们而无需任何油膏,他通常都是这样做的。但是,他更愿
意她们涂抹油膏。有时,当女巫看上去害怕时,这有助于鼓励她们。当
她们年轻和纤弱时,如此做更能使她们忍受以人形呈现的撒旦的可憎的
拥抱。因为通过这令人厌恶的涂抹油膏,他减缓了她们的感觉,并使这
些受迷惑的人相信在这黏质的油膏中有着崇高的美德。有时,恶魔也在
对上帝的圣礼的令人厌恶的模仿中这么做,通过这些神秘仪式,他可能
将仪式和礼拜式的特征注入他那令人厌恶的狂欢中。”③

---

① Illud etiam non omittendum quod quædam sceleratæ mulieres retro post Satanam conuersæ, dæmonum illusoribus et phantasmatibus seductæ credunt se et profitentur nocturnis horis cum Diana paganorum dea et innumera multitudine mulierum equitare super quasdam bestias et multa terrarum spatia intempestæ noctis silentio pertransire eiusque iussionibus uelut dominæ obedire, et certis noctibus ad eius seruitium euocari. Minge, *Patres Latini*, CXXXII. 352.

② 参见克拉克教授(A. J. Clark)关于“飞行油膏”的笔记。*The Witch-Cult in Western Europe*, pp. 279 – 280.

③ Posset dæmon eas transferre sine unguento, et facit aliquando; sed unguento mauult uti uariis de causis. Aliquando quia timidiores sunt sagæ, ut audeant; uel quia teneriores sunt ad horribilem illum Satanæ contactum in corpore assumpto ferendum; horum enim unctione sensum obstupefacit et miseris persuadet uim unguento inesse maximam. Alias autem id facit ut sacrosancta a Deo instituta sacramenta inimice adumbret, et per has quasi cerimonias suis orgiis reuerentiæ et uenerationis aliquid conciliat. Delrio, *Disquitiones magicœ*, Liber II, q[to] xvi.

尽管女巫通常被赋予骑在扫帚或木棍上在空中飞行着[1]前往巫魔会的能力，但面对大众信仰，值得注意的是，承认这种空中运送方式的招供实际上是非常少的。保罗·格里兰在《论巫术》(*De Sortilegiis*, Lyons, 1533)中提到，在 7 年前的一个针对罗马的女巫的审讯中，人们声称她在用魔法油膏涂抹四肢后能在空中飞行。对这种技艺进行最详细记载的也许是博盖[2]，很少有其他作者对女巫冗长的证词精确地进行报告，这些证词是他于 1598 年夏天在弗朗什-孔泰(Franche-Comté)地区进行声名狼藉的审判时辛勤收集的。博盖十分清晰地记录了这些陈述，如“Françoise Secretain disoit, que pour aller au Sabbat, elle mettoit un baston blanc entre ses iambes & puis prononçait certaines paroles & dés lors elle estoit portée par l'air iusques en l'assemblée des Sorciers”(弗朗索瓦斯·塞克里坦承认，为了前往巫魔会，她将一根木棍置于双腿间并说出特定的词语，然后她在空中飞行着前往巫师的聚会)。在另一处，弗朗索瓦斯·塞克里坦供认“qu'elle avoit esté vne infinité de fois au Sabbat... & qu'elle y alloit sur vn baston blanc, qu'elle mettoit entre ses iambes”(她好几 123
次前往巫魔会……她前往那儿的时候是将一根白色的木棍置于双腿之间)。我们可以注意到，在第二个例子中，弗朗索瓦斯·塞克里坦没有明确地宣称自己在空中飞行。此外，“Françoise Secretain y estoit portée [au Sabbat] sur vn baston blanc. Satan y trăsporta Thieuenne Paget & Antide Colas estant en forme d'vn homme noir, sortans de leurs maison le plus souuent par la cheminée.”“Claudine Boban, ieune fille confessa qu'elle & sa mère montoient sur vne ramasse, &

---

① 在古代，我们有邪术者西门(Simon Magus)的例子，他在尼禄(Nero)皇帝的宫廷中，当着尼禄的面将身体漂浮在空中。

② 亨利·博盖(Henri Boguet)，圣克劳德(Saint-Claude)地区的高级法官，死于 1616 年。博盖的《关于巫师》(*Discours des Sorciers*)的第一版是里昂 1602 年版，第二版是里昂 1608 年版，但是也有一个巴黎的版本是 1603 年版。第 64 页和第 104 页。

que sortans le contremont de la cheminée elles alloient par l'air en ceste façon au Sabbat"(弗朗索瓦斯·塞克里坦骑在一根白色木棍上飞往[巫魔会]。以高大黑衣男子形象出现的撒旦将蒂安埃娜·帕盖和安泰德·科拉斯运送去那儿,他们常常从烟囱中离开自己的家……一个年轻姑娘克劳汀·博班承认,她和她的母亲骑在扫帚上从烟囱中飞出,然后她们在空中飞行至巫魔会)。页边的一个注释将 *ramasse* 解释为"不一样的扫帚,里昂的式样"。

格兰维尔(Glanvill)写道,萨默塞特巫师团的一员朱利安·考克斯于 1665 年说"她某晚从自己的房子中出来,在走到一英里(1.6093 千米)外时,三个骑着扫帚—棍子的人向她飞来,并在离地一码半(约合 1.3716 米)的空中飞行。她认识其中的两人,一人是女巫,另一人是男巫"。这里无疑有一些夸张的成分。我们知道女巫舞会中的一个形象包括在空中尽可能高地跳跃,朱利安·考克斯所看见的那三个人可能正在进行这一灵活的动作。雷金纳德·斯科特引用的博丹的引文与这种联系很有关系,他在提到巫魔会的狂欢时写道:"当他们载歌载舞时,每人手中都有一把扫帚,并且其被举向高处。他说这些夜行或夜间舞蹈的巫师将这种被称为沃尔特舞(*La Volta*)的舞蹈从意大利带到法国。"[1]约翰·戴维斯爵士(Sir John Davies)在《乐池》(*Orchestra*)或《关于舞蹈的诗篇》(*A Poeme on Dauncing*, 18mo, 1596)中将沃尔特舞形容为"高高地跃起,或转圈跳跃"。德·朗克雷观察到,在巫魔会的常规乡村舞蹈之后,女巫在空中高高跃起。"Après la dance ils se mettent par fois à sauter."[2]阿伯丁的女巫
124 (1597 年)在聚会上"跳魔鬼的舞蹈和骑在树上很长时间"。在关于菲安博士和他的同伙绕北贝里克教堂逆时针转圈的陈述中,巫师们被描绘为在空中奔跑和跳跃,一些人骑在扫帚上,一些人在手中拿着扫帚。

---

① Scot, *Discoverie of Witchcraft* (1584). Book III. p. 42.

② De Lancre, *Tableau*, p. 211.

爱尔兰基尔肯尼(Kilkenny)郡的艾丽丝·凯特勒夫人于1324年被捕，罪名是夜间与精灵阿提松(Artison)碰面以及其他多项邪术指控，她使用油膏，从而“以她所喜欢的时间和方式在任何时候溜达或疾行”[1]。在玛尔塔·卡里耶(Martha Carrier)的审判中，她在1692年8月2日举行的审理法庭中被视作声名狼藉的女巫和“狂暴的巫婆”，起诉书的第八条是“福斯特(Foster)承认她参与了犯人被指控和确认的巫术，她看见犯人出现在一些巫师聚会上，卡里耶还劝说她成为女巫。她承认，魔鬼将她放在棍子上带去巫魔会，但是棍子断了，她拉住卡里耶的脖子，两人都跌落在地上，她直到秋天都一直遭受疼痛的折磨，到这时也没有恢复。”[2]

显然，很多这类例子并没有暗指有任何真实的空中飞行；尽管存在着在扫帚或木棍上的骑马行为，但事实上这只是一种象征仪式。

值得注意的是以下这种关联，即人类真实的空中漂浮，尽管这在现代招魂术的降神会中可能是一件不寻常的事，但这并非未知的现象。人体的漂浮和桌椅在没有任何个人或他人接触的情况下离地而起，这在并非戏法、幻觉或欺骗的情况下反复出现。从一大堆不能被反驳的证词中，我们可以选择英国皇家学会会员威廉·克鲁克斯爵士(Sir William Crookes)关于身体漂浮的一些引人注意的言词，他写道：“这当着我的面在黑暗中出现了四次；但是……我将仅提及那些经过理性推论且为视觉所确认的例子……在一个例子中，我看到一把上面 125
坐着一位女士的椅子离地升起几英寸……在另一个例子中，女士跪在椅子上，我们能看见她的四肢，然后椅子升起三英寸(约合7.62厘米)，并保持了十秒左右，随后缓缓下降……”

“我所见过的最令人惊奇的空中漂浮例子是霍姆(Home)先生。在三个不同的场合，我看见霍姆先生完全从房间的地板上升起……我在每个场合中都完全有机会观察事件的发生。至少有一百个关于霍

---

① Thomas Wright, *Proceedings against Dame Alice Kyteler*, Camden Society. 1843.

② Cotton Mather, *Wonders of the Invisible World*, 1693. (Reprint, 1862. p. 158)

姆先生身体离地升起的记录。”①

林赛勋爵于1871年7月写道:“我与霍姆先生、阿代尔勋爵(Lord Adare)以及他的一个堂兄弟坐在一起。这时,霍姆先生陷入恍惚状态,他在这个状态中飞离房间的窗户,并从另一个窗户中进来。窗户间的距离有七英尺六英寸(约合2.286米)左右,且中间没有任何细小的立足点,每个窗户也没有被用于放置花盆的超过十二英寸(约合0.3048米)的突出物。在看见霍姆在窗户外漂浮后不久,我们听到隔壁房间的窗户被提起的声音。”②

威廉·斯坦顿·摩西(William Stainton Moses)于1872年8月提到自己的身体漂浮,并且有很多可靠的证人:“我被提起……当我静止时,我在对着胸的墙上[用铅笔]进行了标记。这个标记离地近六英尺(约合1.8288米)……从我在墙上所画标记的位置来看,我的头显然已经接近屋顶了……我完全升起,并下降到原有的位置。”③

当我们转向圣徒传记时,就会发现这些现象经常被观察到,有无数的例子足以被提及,但我们只提及其中一些。

阿西西的圣方济各经常“悬浮在空中,有时是三腕尺(约合1米)高,有时是四腕尺(约合1.3332米)高”;同样的现象在几个世纪中由
126 证人在很多场合下记录下来。在祈祷时离地而起的很多人中,著名的有锡耶纳的凯瑟琳、圣科莱特(S. Colette)、圣-色泊克罗的拉涅罗(Rainiero de Borgo San-Sepolcro)、圣凯瑟琳·德·里奇(S. Catherine de Ricci)、圣阿方索·罗德里格斯(S. Alphonsus Rodriguez)、帕齐的圣抹大拉的玛利亚(S. Mary Magdalen de Pazzi)、雷蒙·洛可(Raimond Rocco)、查尔斯·德·塞兹(Charles de Sezze)、嘉布遣会修女圣维罗妮卡·朱利亚尼(S. Veronica Giuliani)、至圣救

① *Quarterly Journal of Science*, January, 1874.

② J. Godfrey Raupert, *Modern Spiritism*. 1904. pp. 34,35. See also Sir W. Barrett, *On the Threshold of the Unseen*, p. 70.

③ Arthur Lillie, *Modern Mystics and Modern Magic*, 1894, pp. 74,75.

主会(Redemptorist)术士圣杰勒德·马耶拉(S. Gerard Majella)、神秘主义者安妮·凯瑟琳·艾默里奇(Anne Catherine Emmerich)以及佛罗伦萨曼特萨托-萨维诺(Montesanto-Savino)的多米尼克·巴巴格利(Dominica Barbagli,死于1858年),这些人每天都会发生身体的漂浮。约翰·帕斯卡(John Pascal)看见圣依纳爵·罗耀拉(S. Ignatius Loyola)沉思时离地升起超过一英尺(约合0.3048米);在恩卡纳西翁(Encarnacion)的阴暗的修道院谈话室中,圣德雷萨(S. Teresa)和圣十字约翰(S. John of the Cross)在出神的状态下身体漂浮,耶稣的贝琪兹(Beatriz of Jesus)和整个修道院的修女目击了这一过程[①];圣阿方索·力古利在福查(Foggia)的施洗者圣约翰教堂中布道时,在所有会众面前离地几英尺[②];1903年4月11日去世的卢卡的吉玛·嘉尔戈尼(Gemma Galgani of Lucca)于1901年9月的某个夜晚在十字架前祈祷时被看见在出神的状态下腾空,并在离地一些距离的地方保持了几分钟[③]。最重要的是17世纪的著名神秘主义者库珀蒂诺的圣约瑟(S. Joseph of Cupertino, 1603-1663),他的整个生命像是狂喜和出神的一个长篇系列节目,他的身体经常升起并悬浮在半空。人们被这样的奇迹吸引,圣约瑟的上司将他从一个修道院派到另一个修道院,他死于小山城奥西莫(Osimo),他的遗迹在那儿依然受到崇拜。多年来,圣约瑟在一个私人祭坛举行弥撒,他在献祭时不可避免地陷入出神状态。我想很少会有比奥西莫的这座修道院更亲切和更芳香的圣地了。在一次对圣约瑟圣地的愉快拜访中,我被圣徒的很多纪念物以及他今天的兄弟们的仁慈深深打动。圣菲利普·奈里(S. Philip Neri)和圣弗朗西斯·沙勿略(S. Francis Xavier)经常离地升起,神圣的斯特兰比(the

---

① David Lewis, *Life of S. John of the Cross* (1897), pp. 73-74.

② 参见 the Saint's own letter (written in 1777) to the Bishop of Foggia. *Lettere di S. Alfonso Maria de' Liguori* (Roma, 1887), II. 456 f.

③ Philip Coghlan, C. P. *Gemma Galgani* (1923), p. 62. 完整细节请参见 Padre Germano 的大型传记。

Blessed Strambi)在提到苦行修道者圣十字保罗(S. Paul of the Cross)时写道:"Le serviteur de Dieu s'éleva en l'air à la hauteur de deux
127 palmes, et cela, à deux reprises, avant et après la consecration."(在神圣弥撒中,上帝的仆人在献祭仪式前后两次升到离地两臂高的空中。)[1]众所周知,当圣十字保罗在伦敦的某个教堂举行弥撒时,他偶尔会从祭坛升起,我本人看到过,尽管神父本人直至去世也没有意识到。

如格雷斯(Görres)所注意到的[2],尽管有很多关于圣徒在出神状态下身体漂浮的例子被引用,且这种现象被邪恶力量模仿是有可能的——如在招魂媒介的例子中——但我们在圣徒传中没有看到许多圣徒一起从地面升起或在空中飞往某个指定的地点聚会。恶魔是否可能被允许通过一次非凡的和特别的展现来超越它的能力呢?我们必须牢记,除非是在非常罕见和独特的例子中——像库珀蒂诺的圣约瑟这样仅有一英尺(约合 0.3048 米)或十八英寸(约合 0.4572 米)左右高的身体漂浮——或者是在非常庄严和精神集中的时刻才会出现。

恶魔学家主要讨论的一个问题是,女巫是真实地亲自参加巫魔会,还是她们去那儿的行程仅仅是魔鬼的幻觉?乔凡尼·弗朗切斯科·庞齐尼比奥(Giovanni Francesco Ponzinibio)在《论女巫》(*De Lammis*)[3]中完全倾向于后一种观点,但这是肤浅的理解。著名的宗教法规学者弗朗切斯科·佩纳(Francisco Peña)公正严厉地反驳了庞齐尼比奥。佩纳的深奥著作[4]是一本有着很多博学注释的有价值的汇编,其彻底地处理了庞齐尼比奥的论据,并用重要的经典著作的词句

---

① *Vie du B. Paul de la Croix*. (French translation.) I. Book ii. c. 3.

② *La Mystique Divine*. Traduit par Sainte-Foi. V. viii. 17. p. 193.

③ 乔凡尼·弗朗切斯科·庞齐尼比奥是一名律师,他的 *De Lamiis* 于 1523—1524 年在威尼斯出版。此书得到了一个回应,*Apologiæ tres aduersum Joannem Franciscum Ponzinibium Iurisperitum*, Venice, 1525。我所使用的版本是 1584 年的威尼斯版,被收录在 *Thesaurus Magnorum iuris consultorum* 中。这个重印本还包括 Peña 的回应以及 Barteolomeo Spina, O. P. 的两篇论文。

④ *In Bernardi Comensis Dominicani Lucernam inquisitorum notæ et eiusdem tractatum de strigibus*, Rome, 1584.

来进行表达。

斯普伦格在《女巫之锤》中已经注意到“女巫是如何通过身体运送从一地到另一地的”，并且他得出结论认为，“事实证明，巫师能够通过身体进行运送”[①]。保罗·格里兰问道：“魔法师、女巫或崇拜撒旦者是 128
否能由魔鬼来回地进行身体运送和实际运送，还是说这仅仅是想象？”保罗·格里兰直率地承认调查中的巨大困难和复杂性，并用短语“Quaestio ista est multum ardua et famosa”（这是一个非常困难和常常被讨论的问题）开始他的回答。[②] 圣奥古斯丁、圣托马斯、圣波拿文图拉以及许多伟大的学者同意这种移动的现实性，而格里兰在仔细地权衡了证据之后也得出结论，即“我本人认为她们实际上是被运送的”[③]。

弗朗切斯科-马里亚·瓜佐在《巫术纲要》中讨论（Liber I. 13）“女巫是否实际上通过身体运送从一地到另一地参加巫魔会”，并放弃“如下观点：许多追随路德和梅兰克顿的人认为女巫只是在想象中参加这些集会，她们受到魔鬼诡计的欺骗，并支持反对者提出的论点，即人们经常看见女巫躺在某一地而并没有从那里离开。此外，圣日耳曼（S. Germain）传记中的叙述与这种联系并非不相关，也就是说，当某些妇女宣称她们出现在宴会时，另一些人却证明她们始终在睡觉。这类妇女肯定经常以这样一种方式被骗，但是不能确定她们一直受骗……另一个可选择的观点——这是我个人强烈赞同的——是无论如何，女巫有时由魔鬼真实地从一地运送到另一地，魔鬼以山羊或其他不洁且丑陋的动物形象运送她们，她们真实地出现在邪恶的半夜巫魔会上。这种观点通常得到权威的意大利和西班牙的神学家与法学家的支持，也得到天主教神学家和法律学家的支持。大多数学者的确支持这种观点，如托尔克马达

① De modo quo localiter transferentur [sagæ] de loco ad locum ... Probatur quod possint malefici corporaliter transferri.

② An isti Sortilegi & Strigimagæ siue Lamiæ uere & corporaliter deferantur a dæmone uel solum in spiritu? *De Sortilegiis*, VII.

③ Sum modo istius secundæ opinionis quod deferantur in corpore.

(Torquemada)对格里兰、雷米、圣彼得·达米安(S. Peter Damian)、阿布拉的西尔维斯特(Silvester of Abula)、托马索·德·维欧·盖塔尼(Tommaso de Vio Gaetani)、阿方索·德·卡斯特罗、希斯托·达·锡耶纳(Sisto da Siena)以及克雷斯佩神父(Père Crespet)的评论，巴托罗米欧·斯皮纳对庞齐尼比奥、洛伦佐·亚拿尼亚(Lorenzo Anania)以及大量其他学者(为了简洁，我在这里省略了他们的名字)的注释"①。

---

① Doctrina multi eorum qui sequuti sunt Luthorum, &. Melanctonem, tenuerent Sagas ad conuentus accedere animi duntaxat cogitatione, &. diabolica illusione, allegantes quod eorum corpora inuenta sunt sæpe numero eodem loco iacentia, nec inde mora fuisso, ad hoc illud pertinens quod est in uita D. Germani, de mulierculis conuiuantibus, vt uidebantur, &. tamē dormierant dormientes. Huiusmodi mulierculas sæpe numero decipi certum est, sed semper ita fieri non probatur ... Altera, quam uerissimam esse duco, est, nonnunquam uere Sagas transferri a Dæmone de loco ad locum, hirco, uel alteri animali fantastico vt plurimum eas simul asportanti corporaliter, &. conuentu nefario interesse, &. hæc sententia est multo communior Theologorum, imò &. Iurisconsultorum Italiæ, Hispaniæ, &. Germaniæ inter Catholicos; hoc idem tenent alii quam plurimi. Turrecremata super Grillandum,[1] Remigius,[2] Petrus Damianus,[3] Siluester Abulensis,[4] Caietanus[5] Alphonsus a Castro[6] Sixtus Senensis[7] Crespetus[8] Spineus[9] contra Ponzinibium, Ananias,[10] &. alii quam plurimi, quos breuitatis gratia omitto. *Per Fratrem Franciscum Mariam Guaccium Ord. S. Ambrosii ad Nemus Mediolani compilatum. Mediolani.* Ex Collegii Ambrosiani Typographia. 1626.

1 *De haereticis et sortilegiis.* Lugduni. 1536.

2 Nicolas Remy, *De la démonolâtrie.*

3 *Epistolarum.* IV. 17.

4 Silvester of Avila.

5 Tommaso de Vio Gaetani, O. P. 1469 – 1534.

6 Alfonso de Castro, Friar Minor. (1495 – 1558). Confessor to Charles V and Philip II of Spain.

7 Sisto da Siéna, O. P. Bibliotheca Sancta ... (Liber V). Secunda editio. Francofurti. 1575. folio.

8 Père Crespet. Celestine monk. *Deux livres de la haine de Saian et des malins espriis contre l'homme.* Paris. 1590.

9 Bartholomeo Spina, O. P. *De sirigibus.* Both folio. Venice. 1584. *Apologiœ tres aduersus Joannem Franciscum Ponzinibium Jurisperitum.* Venice. 1525. Giovani Francesco Ponzinibio wrote a *Dedamiis* of which I have used a late edition. Venice. 1584.

10 Giovnni Lorenzo Anania, *De natura dœmonum*: libri iiii. Venetiis. 1581. 8vo.

概括整个问题是很好的。在由科莫的伯纳德这一早期权威所写 129
的百科全书式的论文《论女巫》(*De Strigibus*)①中,有下列值得注意的段落:"事实上,上述这些令人厌恶的人在参加这些集会或狂欢时是清醒的,她们完全享受于她们的正常感官,当她们步行去一些艰险的地点时,她们边走边愉快地交谈。如果在遥远的地方聚会,那么她们就由魔鬼运送,无论采用何种方式去那儿——是步行或由魔鬼运送——可以肯定的是,她们的行程是真实的,并不是想象。当她们否认天主教信仰、崇拜魔鬼、践踏十字架、侮辱圣礼、投身污秽邪恶的性交、与以人形出现的魔鬼交媾(魔鬼与女人交媾时变成梦淫妖,与男人交媾时变成女淫妖)时,她们并不是在幻觉下工作。"②

结论清晰,且已被证明。女巫真实地且单独地参加巫魔会这一亵渎和淫秽的狂欢。无论女巫们是步行还是骑马去那儿,或以其他方式去那儿——这是细节——事实会根据各种无限变化的情况而有所不同。

不可否认,幻觉和自欺在一些案例中扮演了重要角色,但是这些例子在数量上相对较少,它们被仔细地调查,且通常为法官和神学家所承认。因此,在《女巫之锤》中,斯普伦格叙述了一位妇女自愿像女巫般接受检查,并向多明我会神父承认她在夜里参加巫魔会,门闩无法阻止她飞向恶魔的狂欢。因此,这位妇女被死死地关在房间中而无

① *De Strigibus*, II. 我使用的是1669年的再印本,这是一个有价值的汇编,附于《女巫之锤》(四卷本)后。

② Ad quam congregationem seu ludum præfatæ pestiferæ personæ uadunt corporaliter &. uigilantes ac in propriis earū sensibus &. quando uadunt ad loca propinqua uadunt pedestres mutuo se inuicem inuitantes. Si autē habent congregari in aliquo loco distanti tunc deferuntur a diabolo, &. quomodocunque uadant ad dictum locum siue pedibus suis siue adferantur a diabolo uerū est quod realiter et ue raciter &. nō phātastice, neque illusorii abnegant fidē catholicam, adorant diabolum, conculcant crucem, &. plura nefandissima opprobria committunt contra sacratissimum Corpus Christi, ac alia plura spurcissima perpetrant cum ipso diabolo eis in specie humana apparenti, &. se uiris succubum, mulieribus autem incubum exhibenti.

法逃脱，并始终被目光锐利的警官通过一个秘密的小孔小心地监视着。人们记录到，当门被关上后，这位妇女向床扑去，并马上伸展四
130 肢。法庭中被选出的成员进入房间，他们是庄严和敏锐的博士。博士们使得这位妇女震颤，他们起初很友善，但是不久就变得相当粗鲁。这位妇女保持不动和麻木；她被急剧地挤压和扭拉。最后，一支点燃的蜡烛被放置在这位妇女赤裸的脚边，直至皮肉被火焰烧焦。这位妇女迟钝和静止地躺着，像石头般不言语和静止。不久，这位妇女恢复了知觉；她坐起来，详细地叙述了她所参加的巫魔会中发生的事情，包括地点、成员的人数、仪式、人们所说的和所做的，然后她抱怨脚所受到的伤害。第二天，神父们向这位妇女解释所有发生过的事情，说她并没有离开过这里，疼痛是由蜡烛与皮肉接触而产生的。神父们坦率但以父亲般的慈爱指责这位妇女的错误，要求她承诺以后预防任何这类错误的幻想，并给予她合适的处罚，然后释放了她。

在由亨利·博盖调查的著名案例中，1598 年 6 月，年轻的乔治·甘迪隆承认走路去一个靠近纳扎尔村的被称为丰特奈尔的荒僻地点参加巫魔会，他有时也会骑行去那儿。此外，在乔治·甘迪隆的起诉书中有下述内容："乔治·甘迪隆在一个星期五晚上躺在床上，僵硬得像具尸体，这种情况保持了三个小时，然后他突然苏醒。他因此与父亲和姐妹在这里被活活烧死。"①

博盖是主要的权威之一，他在《关于女巫》中用大量的细节讨论巫魔会，我在此处列出他博学且论证充分的章节的标题和小标题是恰当的：②

---

① George Gandillon, la nuict d'vn Ieudy Sainct, demeura dans son lict, commo mort, pour l'espace de trois heures, & puis reuint à soy en sursaut. Il a depuis esté bruslé en ce lieu auec son père & vne sienne sœur.

② Chapitre xvi. Comme, & en quelle façon les Sorciers sont portez au Sabbat.

1. *Ils y sont portez tantost sur un baston, ou ballet, tantost sur un mouton ou bouc, & tantost par un homme noir.*

2. *Quelquefois ils se frottēt de graisse, & à d'autres non.* （转下页）

第16章　巫师如何以及用何种方式去巫魔会。

1. 他们有时骑在木棍或扫帚上，有时坐在绵羊或山羊上，有时由

（接上页）3. *Il y en a, lesquels n'estans pas Sorciers, & s'estans frottez, ne delaissent pas d'estre transportez au Sabbat, & la raison.*

4. *L'onguent, & la graisse ne seruent de rien aux Sorciers, pour leur transport au Sabbat.*

5. *Les Sorciers sont quelquefois portez au Sabbat par un vent & tourbillon.*

Chapitre xvii. Les Sorciers vont quelques fois de pied au Sabbat.

Chapitre xviii. Si les Sorciers vont en ame seulement au Sabbat.

1 & 3. *L'affirmatiue, & exemples.*

2. *Indices, par lesquels on peut coniecturer, qu'vne certaine femme estoit au Sabbat en ame seulement.*

4. *La negatiue.*

5. *Comme s'entend ce que l'on dit d'Erichtho, & d'Apollonius lesquels resusciterent l'un un soldat, & l'autre une ieune fille.*

6. *Les Sorciers ne peuuent resusciter un mort, & exemples.*

7. *Non plus que les heretiques & exemples.*

8. *Opinion de l'Autheur sur le suiect de ce chapitre.*

9. *Satan endort le plus souuent les personnes, & exemples.*

Chapitre xix.

1. *Les Sorciers vont enuiron la minuict au Sabbat.*

2. *La raison pourquoy le Sabbat si tient ordinairement de nuict.*

3. *Satan se plait aux tenebres, & à la couleur noire, estant au contraire la blancheur agreable à Dieu.*

4. *Les Sorciers dansent doz contre doz au Sabbat, & se masquent pour la plus part.*

5. *Le coq venant à chanter, le Sabbatdisparoit aussi tost, & la raison.*

6. *La voix du coq funeste à Satan tout ainsi qu'au lyon, & au serpent.*

7. *Le Demon, selon queques uns a crainte d'vne espée nue.*

Chapitre xx. Du iour du Sabbat.

1. *Le Sabbat se tient à un chacun iour de la semaine, mais principalement le Ieudy.*

2. *Il se tient encor aux festes les plus solemnelles de l'année.*

Chapitre xxi. Du lieu du Sabbat.

1. *Le lieu du Sabbat est signalé, selon aucuns, de quelques arbres ou bien de quelques croix, & l'opinion de l'autheur sur ce suiect.*

2. Chose remarquable d'vn lieu pretendu pour le Sabbat.

3. *Il faut de l'eau au lieu, où se tient le Sabbat, & pourquoy.*

4. *Les Sorciers, à faute d'eau, urinent dans un trou, qu'ils font en terre.* （转下页）

一个高大的黑衣人运送去那儿。

2. 有时他们在身上涂抹油膏,有时则不涂。

131 3. 有些人尽管不是巫师,但如果他们涂抹了油膏后,他们也能去巫魔会。理由。

4. 油膏实际上对巫师没有效用,在他们去巫魔会中没有效果。

5. 巫师有时候由一阵风和突然到来的风暴运送去巫魔会。

第 17 章 巫师有时步行去巫魔会。

第 18 章 巫师去巫魔会的过程仅仅是想象吗?

1 & 3. 假定这是事实的理由和例子。

2. 由于这可能是假设,某个妇女仅仅是想象中参加巫魔会的迹象。

4. 假设巫师去巫魔会是真实的而非想象的理由。

5. 我们如何理解艾利克托(Erichtho)和阿波罗尼乌斯(Apollonius),前者使一位士兵复活,后者使一位年轻姑娘复活。

(接上页)Chapitre xxii. De ce qui se fait au Sabbat.

1. *Les Sorciers y adorent Satan, estăt en forme d'homme noir, ou de bouc, & luy offrent des chandelles, & le baisent aux parties honteuses de derriere.*

2. *Ils y dansent, & de leurs danses.*

3. *Ils se desbordent en toutes sortes de lubricitez, & comme Satan se fait Incube & Succube.*

4. *Incestes, & paillardises execrebles des Euchites & Gnostiques.*

5. *Les Sorciers banquettent au Sabbat, de leurs viandes, & breuuages, & de la façon qu'ils tiennent à benir la table, & à rendre graces.*

6. *Ils ne prennent cependant point de gout aux Viandes, & sortent ordinairment auec faim du repas.*

7. *Le repas paracheué, ils rendent conte de leurs actions à Satan.*

8. *Ils renoncent de noueau à Dieu, au Chresme, &c. Et comme Satan les sollicite à mal faire.*

9. *Ils y font la gresle.*

10. *Ils y celebrent messe, & de leurs chappes, & eau benite.*

11. *Satan se consume finalement en feu, & se reduit en cendre, de laquelle les Sorciers prennent tous, & a quel effet.*

12. *Satan Singe de Dieu en tout.*

6. 巫师不能使死人复活。例子。

7. 异端不能行奇迹。例子。

8. 作者关于这一章主题的观点。

9. 撒旦经常欺骗人类。例子。

第 19 章

1. 巫师在半夜去巫魔会。

2. 巫魔会通常在夜间举行的理由。

3. 撒旦喜欢黑暗和黑色，这与天堂的白色和光亮相对。

4. 巫师在巫魔会背对背跳舞。他们在大多数情况下戴面具。

5 & 8. 鸡鸣时，巫魔会立即结束并消失。理由。

6. 公鸡的声音使撒旦害怕，如同它使狮子和蛇害怕。

7. 一些作者认为恶魔害怕出鞘的剑。

第 20 章　巫魔会举行的日期。 132

1. 巫魔会可以在一周中的任何一天举行，但一般在星期五。

2. 它同样在一年中最重要的节日举行。

第 21 章　巫魔会举行的地点。

1. 根据许多学者的观点，巫魔会举行的地点是在树丛或十字路。作者对此的观点。

2. 有关巫魔会举行地点的一份值得被注意的记述。

3. 巫魔会举行的地点边必定有水。

4. 如果没有水，巫师们会在地上掘个洞，并在其中撒尿。

第 21 章　巫魔会的过程。

1. 巫师敬拜魔鬼，魔鬼以高大黑衣人或山羊的形象出现。他们给他蜡烛，并亲吻他的屁股。

2. 他们跳舞。对他们舞蹈的描述。

3. 他们进行各种淫秽的、令人厌恶的事情，魔鬼将自己变成梦淫妖和女淫妖。

4. 令人憎恶的狂欢以及由祈祷派和诺斯替教徒实践的令人厌恶

的性交。

5. 巫师在巫魔会上享受美食。他们的肉和饮料。饭前饭后的祷告。

6. 然而,这些食物并不能满足他们的食欲,他们吃完后通常与之前一样饿。

7. 当他们结束用餐后,他们向魔鬼详细汇报他们的所作所为。

8. 他们再次弃绝上帝、洗礼等。撒旦如何煽动他们行恶。

9. 他们引起黑暗的暴风雨。

10. 他们举行弥散。他们的法衣和圣水。

11. 有时为了结束巫魔会,撒旦似乎消失在火焰中,并完全变成灰
133 烬。每个人带走一点灰,巫师们将其用于符咒。

12. 撒旦总是在每件事情上模仿上帝。

由于不同的世纪、年代、国家和地区——甚至考虑到身份和集会的气质——的巫魔会程序非常不同,因此我们只可能大致地描绘出发生在这些恶魔集会中的最值得被注意的仪式中的一部分。要对巫魔会进行深入且集中的研究需要一大部著作,因为我们完全有可能在每一个细节上重构仪式,尽管仪式的准确次序并非总是在任何地方都是一致的。

卡尔梅特大师(Dom Calmet)非常错误地认为,"试图描绘巫魔会就是试图描绘不存在的和从未存在过的东西,除非是在术士和女巫的幻想和混乱的想象之中,描绘这些集会的图画仅仅是那些梦想自己的身体和灵魂在空中被运送到巫魔会之人的幻想"①。快乐的怀疑论者!可惜巫魔会的确发生了,以前在荒废之地,在山顶,在偏僻的地点,现

① Vouloir donner une description du Sabbat, c'est vouloir decrire ce qui n'existe point, & n'a jamais subsisté que dans l'imagination creuse & séduite des Sorciers & Sorcieres: les peintures qu'on nous en fait, sont d'après les rêveries de ceux & de celles qui s'imaginent d'être transportés à travers les airs au Sabbat en corps & en ame. *Traité sur les Apparitions des Esprits*, par le R. P. Dom Augustin Calmet, Abbé de Sénones. Paris, 1751, I. p. 138.

在常常在地下室的秘密之处，在贴有“待售”告示的荒芜的空房子里。

地方性巫魔会的主持人通常是地区的高级成员；在更宽阔的场地上召集的更为庄严的集会中，会长（Grand Master）的地位是与成员的人数和辖区的范围相称的。无论如何，会长被正式地认为是“魔鬼”，他直接的随从也被不严谨地称为“魔鬼们”，这个正式的术语在巫术审判的报告和罪犯的供词中引起了大量的混淆与迷惑。但是，在很多例子中，邪恶的君主以人形出现，以供他那些愚蠢的敬拜者崇拜，这是确定的，因为正统的思想禁止我们怀疑这种可能性。这是教父们的意 134
见，这是研究这些邪恶事物的神学家们的结论。就形而上学而言，这是可能的；就历史而言，这是不容置疑的。

当一个人在这些聚会中占据主要的位置并指挥仪式的进行时，他有时以丑陋和奇怪的乔装出现，有时则毫无隐藏。这种伪装通常采用动物的形状，其起源于异教，并通过简单的转变而从异教的仪式传到了巫师和女巫身上。早在坎特伯雷大主教圣西奥多（S. Theodore）（668—690 年）的《悔罪之书》（*Liber Pœnitentialis*）中，这种邪恶的仪式就被明确禁止。“如果任何人在 1 月 1 日如牡鹿或公牛的样子出行——那就是说将自己变为一个动物，披上动物的皮，戴上动物的头——那些将自己变形为动物模样的人需用三年的苦行来赎罪，因为这是邪恶的。”

在由巫魔会的首领（“魔鬼”）乔装而成的动物形象中，最常见的是公牛、猫以及最主要的山羊。因此，巫魔会在巴斯克语中是“Akhelarre”（“山羊牧场”）。首领有时被简单地认为以野兽的形象出现，这可能指向传统的乔装：黑色的毛皮、角、蹄、爪和尾巴，这事实上与舞台上的恶魔装束相同。[1] 一首在 1627 年时流传于斯摩卡尔德（Smalcald）的古老德国民谣“以多萝西娅（*Dorothea*）曲调唱道”，法官

① 参见《投向网球的世界》（Middleton & Rowley's *The World tost at Tennis*, 4to, 1620.）扉页上的木版画。

渴望从女巫口中获得供词，他们将她投入昏暗的地牢，刽子手穿着熊皮，并有角、蹄和尾巴。悲惨的犯人认为魔鬼路西法确实拜访了她，她立刻请求他的帮助：

> 人们派遣了一个刽子手
> 去监狱里，
> 人们让他穿得很好，
> 甚至披了一张熊皮，
> 好像他是一个魔鬼。

135 我们在这儿看到的是一个巧妙地使用诡计来获取证词的关于恶魔乔装的古怪的——可能是独特的——例子。1597 年，阿伯丁的女巫琼妮特·卢卡斯（Jonet Lucas）认为，巫魔会上的魔鬼“就像一头野兽”。但是，其同伙艾格尼丝·沃伯斯特（Agnes Wobster）宣称“撒旦像头小牛出现在她们面前”，他很可能使用了两个面具。加百列·佩雷（Gabriel Pellé）供认，他参加了一个由魔鬼主持的巫魔会，“魔鬼变成一只黑母牛”[1]。弗朗索瓦斯·塞克里坦于 1598 年 8 月受到审讯，她看见魔鬼“有时候以猫的模样出现”。罗兰德·德·凡诺瓦（Rolande de Vernois）承认，“魔鬼在巫魔会上以一只大黑猫的模样出现”[2]。关于山羊，其有着很多的暗示。在低比利牛斯山地区（1609 年），“Le Diable estoit en forme de bouc ayant vne queue & audessous vn visage d'homme noir”（魔鬼以有一条尾巴的山羊形象出现，他的臀部是一个黑人的脸）。约翰尼斯·达盖尔（Johannis d'Aguerre）宣称魔鬼“以公山羊的模样出现”[3]。“玛丽·达盖尔（Marie d'Aguerre）表示，在圆形场地的中央有一个大水罐，魔鬼就是从那儿以山羊的形象出现

---

① De Lancre, *L'Incredulité*, p. 769.

② Boguet, *Discours des Sorciers*.

③ De Lancre, *Tableau*, p. 217.

的。”尚蒂安·勒·克莱克于1614年在奥尔良受到审讯，他“宣称——如他被告知的——他的母亲在他三岁时将他带到巫魔会的山羊前，人们将山羊当作l'Aspic般敬礼”①。格雷斯写道：“在宝座上坐着一只公山羊，或者说是一只公山羊模样的东西，因为魔鬼能藏身其中。”②

1630年，化名为托波克(Toppock)的尼德里的伊丽莎白·史蒂文森(Elizabeth Stevenson)对法官们供认她与凯瑟琳·奥斯瓦德(凭其习性和声望，她作为女巫受到审讯)和“一个出名的术士”亚历山大·汉密尔顿是一伙的，她去“位于尼德里和埃德米斯顿之间的一个洞穴，在那儿她曾遇到过魔鬼，魔鬼在那儿首先以驴然后以人的形象出现，并约定在萨尔科特·穆伊尔(Salcott Muire)举行新的集会”。凯瑟琳·奥斯瓦德的一个朋友亚历山大·亨特(Alexander Hunter)化名为汉密尔顿和哈塔莱克(Hattaraick)，他是“一名术士”，并“长期欺凌乡里”③，他在邓巴(Dunbar)被捕后供认魔鬼与他见面时骑在一匹黑马上，或以乌鸦、猫或狗的形象出现。亚历山大·亨特于1631年在爱丁堡的希尔城堡被烧死。

那些出席巫魔会的人有时戴着面具。里贝教士(Canon Ribet)写 136
道：“Les visiteurs du sabbat se cachent quelquefois sous des formes bestiales, on se couvrent le visage d'un masque pour demeurer inconnus.”(那些参加巫魔会的人有时将自己乔装成野兽，或掩饰他们的脸以隐藏身份。)④

1590年，北贝里克墓地在万圣节前夜举行了有140名巫师参加的著名巫魔会，当他们“绕着墓地”跳舞时，“约翰·菲安戴着面具，引导着他们转圈”。萨拉曼卡的博士们提到人们在巫魔会上的外貌，“aut

① De Lancre, *L'Incredulité*, p. 800.
② Görres, *La Mystique Divine*, traduit par Charles Sainte-Foi. V. viii. 19. p. 208.
③ George Sinclar, *Satan's Invisible World Discovered*, Relation XVII.
④ *La Mystique Divine*, 1902 (Nouvelle édition). III. p. 381.

aperta, aut linteo uelata facie”（他们的脸有时没有遮盖，有时则用亚麻头巾遮掩）。[①] 戴尔里奥提到，“Facie interdum aperta, interdum uelata larua, linteo, uel alio uelamine aut persona”（有时他们的脸没有遮盖，有时是隐藏的，用面罩、亚麻布，或面纱，或面具）。[②]

18 世纪后半叶，林堡（Limburg）地区受到一个被称为“山羊”（The Goats）的神秘团体的威胁。这些人晚上在一个秘密的小礼拜堂聚会，之后是极为令人厌恶的狂欢，包括向撒旦表示神圣的尊敬以及巫魔会中的其他邪恶亵渎行为，他们戴上模仿山羊头的面具和披上斗篷以遮掩自己，并结伴出动进行劫掠与破坏。从 1772 年到 1774 年，仅福克芒（Foquemont）法庭就判处 400 名该团体的成员上绞架。但是，这个组织并没有完全被根除，直到一个采取极为强硬的措施和实行不懈警戒的政权于 1780 年出现。

居住在刚果地区的某些部落存在着埃格博（Egbo）崇拜者的秘密团体。埃格博或埃克佩（Ekpé）是邪恶的妖魔或撒旦，他的仪式是奥比崇拜（Obeeyahism），即对奥比（Obi）或魔鬼的崇拜。很多野蛮的种族实行魔鬼崇拜，如科罗亚多斯人（Coroados）和图佩亚斯人（Tupayas），他们居住在巴西普拉多河（Prado）和多斯河（Doce）之间无法进入的森林地带；还有巴拉圭的阿比朋人（Abipones）、卡菲（Caffre）族的巴查品人（Bachapins）、黄金海岸的黑人以及西印度群岛的黑人。在埃格博的魔法之屋中，巫师们向淫秽的木制雕像表示极大的敬意，因为通过这
137 种方式可以庄严地实施占卜。巫师们在一年中庆祝某些节日。令人感兴趣的是，成员们戴着有着巨角的丑陋黑色面具，未被接纳入会的人看到了这些就会死。

巫魔会的第一个仪式是崇拜魔鬼和向魔鬼表示敬意。有时，在这之前，魔鬼会对邪恶信徒进行点名。艾格尼丝·桑普森供认，在北贝

---

① *Tractatus*, xxi. c. 11. P. xi. n. 179.

② *Disquisitiones Magicæ*, Lib. II. q^{to} x.

里克的聚会上，当所有成员进入教堂时，“魔鬼像一个黑人，他从布道坛站起来开始点名，每个人都回答‘到’。在点到罗伯特·葛理逊先生(*Mr. Robert Grierson*)时，所有人开始骚乱并感到愤怒，因为根据许诺，他应该被称为审计员罗伯特(*Robert* the *Comptroller*)，化名划手罗布(*Rob* the *Rower*)，而且人们应欢呼他的名字。他询问的第一件事是他们是否是好的仆人，以及他们自从上次聚会之后都做了些什么”。

女巫通过跪拜、屈膝、手势和鞠躬来崇拜撒旦或代替撒旦主持巫魔会的人。通过嘲讽庄严的鞠躬和得体的礼仪，恶魔的崇拜者做着奇怪且淫秽的鬼脸笨拙地走向他，有时横跨小路，有时倒退。如瓜佐所说，当巫师们走向恶魔并敬拜他时，他们转身，像螃蟹般倒退并向后伸出手，以触碰他来祈愿。① 但是，巫师们的主要效忠行动是虔敬的亲吻。这种不敬的和猥亵的仪式被很多权威作者详细提及；这种仪式出现在所有地区，并持续了好几个世纪。因此，戴尔里奥写道：“巫魔会由恶魔——巫魔会的主人——主持，他以怪异的形象出现，通常是山羊或地狱猎犬，他傲慢地坐在王座上。参加巫魔会的女巫走近王座，转身并崇拜他……然后，作为她们效忠他的象征，她们亲吻他的臀部。”瓜佐提到，“作为效忠的象征，女巫亲吻魔鬼的臀部”。路德维格·埃利希(Ludwig Elich)说：“然后，作为效忠的象征，她们亲吻魔鬼的臀部。”②西班牙著作《故事》(*Relacion*)中提到，“当他们亲吻他的尾

① *Compendium Maleficarum*, p. 78.

② Solent ad conuentum delatæ dæmonem conuentus præsidem in solio considentem forma terrifica, ut plurimum hirci uel canis, obuerso ad illum tergo accedentes, adorare ... et deinde, homagii quod est indicium, osculari eum in podice.[1] Guazzo notes: "Ad signum homagii dæmonem podice osculantur."[2] And Ludwig Elich says: "Deinde quod homagii est indicium (honor sit auribus) ab iis ingerenda sunt oscula Dæmonis podici."[3]

1 *Disquisitiones Magicœ*. Lib. II. qto xvi.

2 *Compendium Maleficarum*. I. 13. 3 *Dœmonomagia*, Quæstis x.

巴时，它散发着恶臭的、邪恶的和污秽的气味”。

138 引用其他的权威著作也只是引用相同的词句。托马斯·库珀(Thomas Cooper)似乎视这种仪式为入会仪式的一部分，但他仅仅将其限定在这种情况下则显然是不正确的，因为存在着有关女巫常年参加巫魔会仪式的连续记录。托马斯·库珀提到，“其次，当这种确认在臣服的证明中完成时，撒旦让他的信徒亲吻他的臀部”[①]。在北贝里克的女巫的诉状中，所有人都长期有着不良行为的恶名。“上述的艾格尼丝·桑普森供认，在北贝里克参加她们的聚会时，魔鬼以一个男人的形象出现[②]，由于她们耽搁太久，因此他在聚会中让所有人忏悔，她们必须亲吻他的臀部以表示对他的效忠，这些是在空闲的布道台上进行的，每个人都如此做。”[③]

1307—1314年，针对圣殿骑士团的冗长的教会和司法审讯的主要指控之一是，年少者给予他们指导者不名誉的吻。甚至像利(Lea)这样怀有偏见的作者也不得不承认这一指控的真实性。这个例子虽与邪术无关，但必定与骑士团中普遍存在着的同性恋有关。

有一些非常重要的细节在由尊贵的但饱受诽谤的卜尼法斯八世(Boniface VIII)于1303年6月8日颁布的训谕之中预演了。在关于利奇菲尔德(Lichfield)和考文垂(Coventry)主教、爱德华一世(Edward I)的财政大臣沃尔特·兰顿(Walter Langton，1296－1322)的案子中，这名高级教士被控犯有邪术罪及向撒旦效忠：“一段时间以来，我们听说我们尊敬的兄弟考文垂和利奇菲尔的沃尔特主教遭到指控，他被认为在英格兰王国以及其他地方通过亲吻魔鬼的臀部向他效

① *Mystery of Witchcraft*.

② 需要记住的是，如其他叙述所提到的，有强有力的证据假设詹姆斯五世的孙子、鲍特威尔(Bothwell)伯爵弗兰西斯·斯图尔特(Francis Stewart)是“魔鬼”，他是女巫的主席和巫魔会的召集人。

③ *Newes from Scotland*, *declaring the damnable Life of Doctor Fian*. London. W. Wright. [1592].

忠,并经常与邪恶的精灵交谈。"①主教与其他证人为自己辩护。博丹提到纪尧姆·埃德林,他于1453年作为巫师被处死。纪尧姆·埃德林是索邦大学的博士和圣日耳曼-昂-雷(St. Germain en Laye)的修道院院长,"前面提到的纪尧姆供认……他向撒旦效忠,撒旦以公羊的形象出现,他亲吻撒旦的臀部以表示尊敬和效忠"②。在一份非常罕见的14世纪时反对韦尔多派的小册子中,我们可以看到如下的指控:"Item, in aliquibus aliis partibus apparet eis dæmon sub specie et figura cati, quem sub cauda sigillatim osculantur."(魔鬼像只猫出现在他们面前,他们亲吻他的尾巴。)③ 139

25岁的年轻人布雷希的巴塔雷米·敏盖于1616年受到审讯,他宣称在巫魔会上"经常看见以男人形象出现的魔鬼,魔鬼拉着缰绳牵着马,他们向前礼拜他,每个人手中都拿着黑色的蜡烛"④。瓜佐告诉我们,这些蜡烛是象征,是仪式所必需的,不仅仅是起照明的作用,"然后他们供奉黑色的蜡烛,并亲吻他的臀部作为效忠的标志"⑤。蜡烛通常是黑色的,一支比较大的蜡烛由魔鬼自己拿着。在北贝里克聚会上,当女巫都聚集在教堂时,"约翰·菲安冲开大门,并吹灭了布道台

① Dudum ad audientiam nostram peruenit, quod uenerabilis frater noster G. Conuentrensis et Lichefeldensis episcopus erat in regno Angliæ et alibi publice defamatur quod diabolo homagium fecerat et eum fuerat osculatus in tergo eique locutus mltotius.

② Confessa ledit sire Guillaume ... avoir fait hommage audit ennemy en l'espèce et semblance d'ung mouton en le baisant par le fondement en signe de révérence et d'hommage. Jean Chartier, *Chronique de Charles VII* (ed. Vallet de Viriville). Paris, 1858. III. p. 45. Shadwell, who was introduced this ceremony into *The Lancashire Witches*, II, (The Scene Sir *Edward*'s Cellar), in his notes refers to "Doctor *Edlin* ... who was burn'd for a Witch."

③ *Reliquiæ Antiquæ*, vol. I. p. 247.

④ Il a veu [le diable] queque fois en forme d'homme, tenant son cheval par le frein, & qu'ils le vont adorer tenans vue chandelle de poix noir en leurs mains, le baisent quelque fois au nombril, quelque fois au cul. De Lancre, *L'Incredulité*, p. 25.

⑤ Tum candelis piceis oblatis, vel vmbilico infantili, ad signum homagii eum in podice osculantur, Liber I. xiii.

四周的黑色蜡烛”[1]。博盖叙述道，他所审讯的女巫承认巫魔会从崇拜撒旦开始，“撒旦有时以高大的黑色男人的形象出现，有时以山羊的形象出现，为了表达崇拜和效忠，她们奉献给他燃着蓝色光亮的蜡烛”[2]。当约翰·菲安向魔鬼表示效忠时，“他看见蜡烛……显现出蓝色的光”。当然，这是由于这些蜡烛中含有硫磺物质。德·朗克雷明确地表示，巫魔会使用的蜡烛或火把是由沥青制成的。

规模更大的巫魔会的一个重要特征是仪式性的舞蹈，因为舞蹈是一种奉献行为，它是从更早的时代传下来的，我们可以在任何时代和国家里发现它。舞蹈是一种自然的运动，是情感和理想的原始表达。在古代世界，很少有比柔软肢体和甜美声音的有韵律的感恩更美丽的
140 事情了，这是雅典人所喜爱的。几个世纪以来，舞蹈被保存在年轻的索福克勒斯(Sophocles)在庆祝萨拉米斯岛(Salamis)战役胜利时所指挥的乐队的记忆中。[3] 极乐世界(Elysium)的神秘信徒(Mystæ)在铙钹的撞击中，用疯狂闪烁的雪白双脚绕着场地跳舞。在约柜从基列耶琳(Cariathiarim, Kirjath Jearim)被运来时的庄严行进中，大卫王“在神面前极力跳舞，……在神面前跳舞和跳跃”[4]。圣巴西尔(S. Basil)力劝他的信徒在尘世跳舞，这是为了使他们与天使在天堂的工作之一相一致。晚至17世纪，教堂中的仪式性舞蹈仍很普遍。1683年，在巴黎大教堂中指挥唱诗班男孩跳舞仍是年老教士的职责。对于阿比西尼亚(Abyssinian)的基督教徒而言，跳舞构成了崇拜仪式的相当大部分的内容。年复一年，在圣灵降临节后的第一个星期二(Whit Tuesday)，许许多多朝圣者从卢森堡埃希特纳(Echternach)的街道上

---

① *Satan's Invisible World Discovered*, Relation III.

② ... qui apparait là, tantost en forme d'vn grand homme noir, tantost en forme de bouc, & pour plus grand hommage, ils luy offrent des chandelles, qui rendent vne flamme de couleur bleüe. *Discours des Sorciers*, p. 131.

③ Fain would I be a fair lyre of ivory, and fair boys carrying me to Dionysus' choir.

④ 参见《历代志上》13:5—13:8。——译注

一直跳舞跳到圣彼得教堂的圣维利布洛德(Willibrod)神龛。从前，信徒们绕着修道院的庭院跳三次，直至行进到圣所。舞蹈在教会的仪式中有着自己的位置。塞维利亚大教堂一年三次——耶稣升天节(Holy Thursday)、圣体节和圣母纯洁成胎节(Immaculate Conception)——在一个特制的圣坛前跳塞斯舞(Los Seises dance)，圣坛要被饰着鲜花和亮光，其被设置在教堂西入口的外门旁。此仪式很可能要被追溯到13世纪。

在圣体节的祝福仪式上，在临时祭坛前跳舞的男孩的服装是菲利普三世(Philip III)时代的式样，包括短裤和挂在一个肩膀上的短上衣，以及有着华美装饰的红色缎子做的紧身衣。有羽毛装饰的白帽子和有着巨大闪耀带扣的鞋子已经被磨损。在耶稣升天节，服装同样是红色和白色的，而在圣母节则是蓝色和白色的。

唱诗班的8个男孩——另有8个陪同者——手中拿着响板，在悦耳的管风琴的伴奏下，从教徒中间跳舞到有装饰的祭坛，他们缓慢而优雅地前进。男孩们在这儿逗留15分钟，唱圣歌的同时跳舞(如旧昔
的颂歌)，并伴有响板。男孩们站在祭坛前面，面对面地分成两排唱圣 141
歌，而教士们排成半圆形队伍跪在他们周围。

我还是引用阿瑟·西蒙斯(Arthur Symons)关于这种舞蹈的评论，如此会更合适，他几年前在塞维利亚看到这种舞蹈："我发现它很高贵，很虔诚，没有轻浮或无礼之嫌。舞蹈神圣，其是将可能的罪恶转变为虔诚的手段，并能为大众带来艺术与热情；在塞维利亚的教堂里跳舞，在那儿发现它的位置，这是教会在它所统治的世界里经常实践的神圣的尘世智慧的诸多行为之一。"

一位作者提出，大弥撒在某种意义上是铭记古代宗教舞蹈的遗存，这并非太过空想——一系列缓慢、庄严、华美的动作确实可能表达庄严和恭敬的虔诚，如同服装或圣所的颜色，抑或曲调的声音所产生的效果。

因为舞蹈本质上是宗教的，所以它必须由上帝的模仿者滑稽地进

行模仿。女巫的舞蹈是堕落、笨拙、邪恶和不洁的。这些动作是逆时针的,如瓜佐所指出的,“他们沿着圈跳舞,沿着左边踏着步伐”①。博盖写道:“巫师跳一种乡村舞蹈,他们背对背地从一个人转向另一个人。”②当然,这是自然的乡村舞蹈的颠倒。博盖补充认为,“有时——尽管很少如此——他们成对地跳舞,有时一个人在那儿,另一个人在这儿,所有事总是处于混乱之中。”③德·朗克雷提到女巫的狂欢:“她们仅仅跳三种舞蹈……第一种是波希米亚风格(*à la Bohémienne*)……第二种是轻快的舞——这些是轮舞。”④在第三种巫魔会舞蹈中,舞者一个接一个地排列成直线。

埃斯特法奈拉·希里盖瑞(Estefanella Hirigaray)记录了一个古老的巴斯克传说,它描写了女巫如何经常在石灰窑附近轮舞,这种遍及那个地区的仪式被视为巫魔会的基本特征。德·朗克雷注意到拉
142 堡(Labourd)的巫师尤其喜爱波希米亚风格的舞蹈。西尔威斯特·马佐里尼(Sylvester Mazzolini, 1460 – 1523)是圣殿大师(Master of the Sacred Palace)和反对异端领袖路德的正统思想之支持者,他在博学之作《女巫魔法》(*De Strigimagia*)⑤中讲到,在科莫(Como)和布雷西亚(Brescia),一群 8 岁到 12 岁之间的孩子经常光顾巫魔会,但他们在宗

① Sequuntur his choree quas in girum agitant semper tamen ad læuam progrediendo. *Compendium Maleficarum*, I. xiii.

② Les Sorciers, dansent & font leurs danses en rond doz contre doz.

③ Quelquefois, mais rarement, ils dansent deux à deux, & par fois l'vn çà l'autre là, & tousiours en confusion.

④ On n'y dançoit que trois sortes de bransles ... La premiere c'est à la Bohemienne ... La seconde c'est à sauts: ces deux sont en rond. Sir John Davies 在他的 *Orchestra or A Poeme on Dauncing*, London, 18mo, 1596 中描述了 the Cransles (Crawls)的七种动作。

Upward and *downeward*, *forth* and *back againe*.
To this side and *to that*, and *turning round*.
向上和向下,前进和后退。
去这边和去那边,以及旋转。

⑤ II. 1.

教裁判官的耐心之下转变了回来，他们在长官的要求下展示了这些舞蹈，他们展现了在复杂和奇怪的动作中的非凡的灵巧和技巧，这显然是由于他们不仅仅受到了凡人导师的指导。布鲁塞尔修道院的多明我会院长马可·德·维盖里亚（Marco de Viqueria）严密地调查了此事，他是一位敏锐和正直的修士，其证词很快说服了很多罗马高级教士，他们一直倾向于质疑这些是诡计。在比利时，这种巫魔会的舞蹈被称为*Pauana*。

在菲安的审讯中，艾格尼丝·桑普森供认，“他们沿着院子跳舞，吉莉·邓肯（*Geilic Duncun*）吹着喇叭，约翰·菲安带领着他们转圈。艾格尼丝和她的女儿紧接其后。此外，还有凯特·格雷（*Kate Gray*）、乔治·诺里斯（*George Noilis*）和他的妻子，……其他大约一百人”[①]。艾格尼丝·桑普森进一步补充道：“吉莉·邓肯走在他们前面，她吹着被称为犹太人喇叭的小喇叭并跳着舞，直到他们进入北贝里克。”[②]“这些供认得到了国王（詹姆斯一世和苏格兰的詹姆斯六世）的极大赞扬，这个吉莉·邓肯当着国王的面跳舞。”

舞者通常伴随着音乐，有足够的证据表明他们会演奏各种乐器，包括小提琴、笛子、小手鼓、西特琴、双簧管以及苏格兰笛子。有技艺的女巫是演奏者，她经常使同伙们沉浸在一种她们所喜欢的庸俗的气氛之中，但是演奏在最可憎、最不和谐和最野蛮的喧闹之中结束，而和谐和适宜的规则被粗暴地打破。1590年8月，当尼古拉·拉格哈德（Nicolas Laghernhard）在去埃森克里亚（Assencauria）的途中穿过一片森林的边界时，他看见一群男女在树林中以淫秽和古怪的步伐跳舞。惊讶之下，尼古拉·拉格哈德画了十字，并喊了圣名（Holy 143
Name），于是那群人发现了他，并在他认出这些人中的大部分之前逃跑了。尼古拉·拉格哈德迅速将此事报告给了宗教法庭，一些人立即

① Sinclar, *Satin's Invisible World Discovered*, III.

② *Newes from Scotland*, (1592).

遭到询问，他们坦承了自己的丑行。在这些人中间，有个叫迈克尔(Michael)的牧羊人，他因音乐天赋和迷人的声音而享有极大的声望，他承认自己是当地巫魔会的风笛手，他的服务得到了持续的认可。在祖加拉穆迪的次要的巫魔会上，有一个 600 个人的巴斯坦山谷(Bastan Valley)的纳瓦尔(Navarre)小村庄，其中 12 个人来自潘普鲁纳(Pampluna)的团体，胡安·德·戈布鲁(Juan de Goyburu)经常演奏笛子，胡安·德·善辛(Juan de Sansin)演奏小手鼓。这两个不幸的人表现出了最诚挚的忏悔，他们与教会和解。

辛克拉(Sinclar)在他的《故事》(Relation XXXV)的“关于在高地所使用的祈祷、魔法”中提到，“魔鬼是魔法和符咒的最初创造者，所以他是淫秽歌曲的创造者。一位尊敬的教士告诉我，一名魔鬼的风笛手、术士向他承认，邪恶的精灵在舞会上教他演唱和演奏一首淫秽的歌曲，而在这之前两天，城镇中的少男和少女在街上轻快地唱着这首歌曲。演奏它是可憎的”。菲利普·路德维格·埃利希(Philip Ludwig Elich)准确地概括了这个混乱的情景：“这些邪恶之徒唱着最淫秽的歌曲，以表示对魔鬼的尊敬。一个女巫大叫 *Harr*，*harr*；第二个叫着魔鬼、魔鬼，并跳到这里，跳到那里；第三个跳跃(Gambol)到这里，跳跃到那里；另一个叫着 *Sabaoth*，*Sabaoth*，并在疯狂狂欢的混乱中尖叫、发嘘声、嚎叫和大叫淫秽的祝酒辞。”①在巫魔会的所有恐怖之中，程度最甚的是圣坛最神圣的献祭遭到可憎的模仿与嘲讽而导致的令人震惊的亵渎和令人厌恶的不敬。没有基督徒会在未进行教会严格规定的斋戒的情况下接受圣餐，而女巫嘲笑基督的规定，并用贪婪
144 的盛宴满足她们的食欲，她们在进行地狱的仪式之前狼吞虎咽各种食物、肉和酒。这种狂欢通常在极端暴饮暴食的情形中被延长。

---

① Tota turba colluuiesque pessima fescenninos in honorem dæmonum cantat obscenissimos. Hæc cantat *Harr*, *harr*; illa Diable, Diable, salta huc, salta illuc; altera lude hic, lude illic; alia Sabaoth, Sabaoth, &c.; immo clamoribus, sibilis, ululatibus, propicinis furit ac debacchatur. *Dæmonomagia*, Quæstio x.

瓜佐写道:“桌子被摆放,并被恰当地予以装饰,他们坐在桌子边,开始吃魔鬼提供的或是参加者各自带来的肉。”①德·朗克雷也提到,“许多作者认为,巫魔会中的巫师吃魔鬼放置在他们面前的食物,但通常桌上放置的是他们自己带来的食物。有时,特定的桌子会提供美味,而在其他桌子上则是残羹和下水”。“他们的宴会有着各种各样的食物,食物因地区和参加者身份的不同而不同。”②显然,当主持当地巫魔会的巫师首领是有财富或有名望的人时,宴会上就会有精美的食物和葡萄酒;反之,当巫师团的首领是一个小而贫穷的地区长官时,巫魔会则可能只是一个农夫们的聚会,其提供的可能是最简朴的食物。1613 年,当兰开夏的女巫在玛尔金塔聚会时,她们坐下来吃着“牛肉、培根和烤羊肉”,她们参加的是一场精致的宴会,羊是詹姆斯·迪维斯(James Device)在二十四小时前宰杀的;1633 年,爱德蒙·罗宾森宣称,彭德尔的女巫提供给他“被盛放在木盘上的肉和面包,以及玻璃杯里的酒”,她们还有“熏肉、块状的黄油和牛奶”——真正的乡村美味。萨默塞特的女巫艾丽丝·杜克(Alice Duke)于 1664 年受到审讯,她供认魔鬼“在她们到达时向她们表示问候,并给她们葡萄酒、牛肉、蛋糕和饭,或其他类似的东西”③。1610 年,在对艾克斯的路易·戈弗里迪的审讯中,如下关于巫魔会宴会的描写被记录在案:“然后他们开始吃喝,他们根据三种身份放置了三个桌子。提供面包的人从不同的地方秘密偷来小麦制成面包。他们为了刺激性欲而饮马德拉甜酒。司酒

---

① Hi habent mensas appositas & instructas accumbunt & incipiunt conuiuari de cibis quos Dæmon suppeditat uel iis quos singuli attulere, *Compendium Maleficarum*, I. xiii.

② Les liures disent que les sorciers mangent au Sabbat de ce que le Diable leur a apresté: mais bien souuēt il ne s'y trouue que des viandes qu'ils ont porté eux mesmes. Parfois il y a plusieurs tables seruies de bons viures & d'autres fois de tres meschans. "Les Sorciers ... banquettent & se festoient," remarks Boguet, "leur banquets estans composez de plusieurs sortes de viandes, selon les lieux & qualitez des personnes." *Tableau*, p. 197. *Discours des Sorciers*, p. 135.

③ Sinclar, *Invisible World Discovered*, Relation XXIX.

者从酒窖中偷盗葡萄酒。他们有时食用小孩的嫩肉,这些孩子被杀
145 害,并在集会上被烘烤;有时婴儿被活着带到那儿,他们是被巫师从他们住的地方绑架来的。"[①]在很多地方,女巫并没有那么幸运地能得到马德拉甜酒,因为博盖注意到,在一些巫魔会上,"她们很少饮酒,通常是喝水"[②]。

有一些关于难吃的无味食物的偶然记录,其中甚至提到了由魔鬼放置在他的邪恶崇拜者面前的腐食和腐肉。这可能出现在更黑暗的狂欢例子中,以显示来自地狱的超自然力量。

萨拉曼卡的博士们表示,"巫师们的食物是自己准备或由魔鬼提供的。这些食物有时非常美味和精致,有时是用他们杀害的婴儿或掘出的尸体烤成的馅饼。巫师们在饭前做合适的祷告"[③]。瓜佐这样形容他们的葡萄酒:"此外,倒给狂欢者的酒通常像凝结的黑色的血,其被盛在污秽的容器中。然而,除了他们没有面包和盐之外,宴会中并不缺少欢乐。伊莎贝拉进一步补充说宴会中还提供人肉。"[④]

盐绝不会出现在巫师的餐桌上。博丹给了我们理由,即因为盐是永恒的象征。[⑤]菲利普·路德维格·埃利希注意到了盐在这些恶魔的

① Ils banquêtent, dressant trois tables selon les trois díversités des gens susnommés. Ceux qui ont la charge du pain, ils portent le pain qu'ils font de blé dérobé aux aires invisiblement en divers lieux. Ils boivent de la malvoisie, pour eschauffer la chair à la luxure, que les deputés portent, la dérobant des caves où elle se trouve. Ils y mangent ordinairement de la chair des petits enfants que les députés cuisent à la Synagogue et parfois les y portent tout vifs, les derobant à leurs maisons quand ils trouvent la commodité. Père Sébastien Michaëlis, O. P. *Histoire admirable de la possession*, 1613.

② On y boit aussi du vin, et le plus souvent de l'eau.

③ Conuiuant de cibis a se uel a dæmone allatis, interdum delicatissimis, et interdum insipidis ex infantibus occisis aut cadaueribus exhumatis, præcedente tamen benedictione mensæ tali coetu digna. *Salamanticenses*. Tr. xxi. c. 11. P. 11. n. 179.

④ Uinum eorum præterea instar atri atque insinceri sanguinis in sordido aliquo scipho epulonibus solitum propinari. Nullam fere cipiam rerum illic deesse afferunt præterquā panis et salis. Addit Dominica Isabella apponi etiam humanas carnes. *Compendium Maleficarum*, I. xiii.

⑤ *De la Démonomanie*, III. 5.

宴会上之缺失。[1] 博盖评论道："在这些食物中，盐绝不会出现。"[2] 1615年，在奥尔良受审的尚蒂安·勒·克莱克供认，"他们坐在桌边，但看不到盐"[3]。玛德莱娜·德·拉·帕吕宣称，她从没有在魔鬼的宴会上看见过盐、橄榄油或油。[4]

当所有人酒足饭饱后，他们对弥撒进行模仿。

18世纪初，讷韦尔(Nevers)慈善姐妹会(Congregation of the Sisters of Charity)的玛瑟琳·帕柏(Marcelline Pauper)被神圣地要求贡献自己为祭品，以作为巫师在巫魔会的黑弥撒中对侮辱圣礼的补偿。1702年3月，在女修道院的礼拜堂出现了一起可怕的亵渎事件。神龛被强行打开，圣体盒被盗，而没有被撒旦崇拜者拿走的圣体被丢在了路边，并被脚践踏。玛瑟琳不断地进行赎罪，她的双手、脚和肋部 146
在1702年4月26日晚上九点时出现了记号和带有荆棘的花冠。在几年的赎罪之后，玛瑟琳于1708年6月25日死于土利(Tulle)。

博学的保罗·格里兰告诉我们，圣餐仪式遭到了非常细致的模仿："那些严肃地献身于魔鬼的女巫们用仪式性的祭品，以非常独特的方式崇拜魔鬼。女巫们在所有方面都模仿对全能上帝的崇拜，包括法衣、灯光及其他仪式。此外，女巫们被引导进行固定的圣餐仪式。因此，女巫们不断地崇拜和赞美魔鬼，就如同我们崇拜真正的上帝。"[5]我

---

① *Dæmonomagio*, Quæstio vii.

② Il n'y a jamais sel en ces repas. *Discours des Sorciers*.

③ On se met à table, où il n'a iamais veu de sel.
沙德威尔(Shadwell)在《兰开夏女巫》中提到这样的细节："在巫魔会的场景中，丹戴克大妈说：'看我们准备的食物，盐绝不会出现！'"

④ Père Sébastien Michaëlis, O. P. *Histoire admirable*, 1613.

⑤ Isti uero qui expressam professionem fecerunt, reddunt etiam expressum cultum adorationis dæmoni per solemnia sacrificia, quæ ipsi faciunt diabolo, imitantes in omnibus diuinum cultum, cum paramentis, luminaribus, et aliis huiusmodi, ac precibus quibusdam et orationibus quibus instructi sunt, adeo ipsum adorant et collaudant continue, sicut nos uerum Creatorem adoramus. *De Sortilegiis*, Liber II. c. iii. n. 6.

们可以在女巫的供认中反复看到这种亵渎的可憎行为，尽管细节可能不同，但亵渎的相同本质保持了几个世纪，就如同躲藏在隐秘角落和秘密洞穴中的丑行。

极端令人惊奇的是科顿·马瑟(Cotton Mather)的陈述，即新英格兰的女巫“在恶魔聚会中相遇，供认者(即供认的被告)表示，她们有自己的恶魔圣礼，其模仿我们主的洗礼和晚餐”[1]。1692 年 6 月 2 日，在对化名为奥利弗(Oliver)的布里奇特·毕晓普进行审判的法庭上，转变信仰的巫师迪利弗伦斯·霍布斯确认“毕晓普出席了在萨勒姆村的田野上举行的女巫全体聚会，他在那儿吃由面包和葡萄酒组成的恶魔圣餐”。1692 年 8 月 2 日，在马尔塔·卡里耶受审的案子中——在同样的法庭上——两个证人发誓他们看见她“在一个恶魔的圣餐仪式上……当时他们把面包和葡萄酒给她”。阿比盖尔·威廉姆斯(Abigail Williams)供认，1692 年 3 月 31 日——当时正在为惩戒邪术举行公共斋戒——“那天，女巫们在村子里的一所房子里举行圣餐仪式，她们有红面包和红酒”。这“红面包”令人困惑。整个事件无疑非
147 常具有亵渎性，但其缺乏黑弥撒所必需的不敬。累积的证据指出，尊敬的乔治·伯勒斯牧师是萨勒姆女巫的首领，“他被八个坦白的女巫指控为恶魔聚会的首领，并且她们说他被许诺成为撒旦王国中的一个国王”。显然，乔治·伯勒斯牧师在仪式中行使职责，因为理查德·卡里尔(Richard Carrier)“向陪审团证实他看见乔治·伯勒斯先生出现在村庄中的女巫聚会上，并看见他分发圣餐”，玛丽·雷希(Mary Lacy)和她的女儿玛丽“证实乔治·伯勒斯先生拿着圣餐出现在女巫聚会上”[2]。

黑弥撒中的可憎行为在女巫聚会中是很重要的，并且其由已经献身于魔鬼的背教者或放弃信仰的教士完成。我们必须注意下面的事

---

① *The Wonders of the Invisible World*. A Hortatory Address. p. 81.

② J. Hutchinson, *History of Massachusett's Bay*, II. p. 55. (1828.)

实,即女巫们显然相信基督的变体、整体、永恒性和可崇拜性,以及圣餐中的献祭的神职人员之力量,这是正统的天主教思想。除非情况如此,否则女巫们的反叛将会是无意义的,或至少是缺乏实质的恶意的。

针对圣殿骑士团的最严重的指控之一——其在审讯(1307—1314年)中被毫无疑问地证实——是举行亵渎的弥撒,其中的献祭仪式之词句被省略了。有人提出,圣殿骑士团的圣餐仪式不是普通的西方仪式,而是东方的圣餐礼。根据天主教的教义,举行献祭仪式时,信徒应背诵规定的词句并配以合适的手势,面包和葡萄酒的全部实质实际地转变为基督的身体和血,其借助词句"因为这是我的身体;这杯是我的血"(*Hoc est enim Corpus meum; Hic est enim Calix sanguinis mei ...*)而产生效果。佛罗伦萨会议(1439年)的一个教令对此进行了规定:"Quod illa uerba diuina Saluatoris omnem uirtutem transsubstantiationis habent."(基督的这些神圣的词句有着完全的力量来影响圣餐的变体。)但是,正统教会认为祝圣祷词(Epiklesis)对于一个有效的献祭仪式来说是必要的,基督实际的词句要"作为一种叙述"重复①,这似乎暗示着基督的词句不是圣餐形式的一部分。在所有正统的圣餐仪式中,献祭仪式的词句与祝圣祷词是被放在一起的,只有很少的圣餐仪式(显然是无效的)完全省略献祭仪式的词句。这些是异端教派所使用的形式,而圣殿骑士团可能使用了其中一种形式。但是,这些词句很有可能是被有意省略的;圣殿骑士被诺斯替教义腐蚀,他们认为曼达派(Mandæans)或约翰耐德派(Johannites)的异端就像女巫和崇拜魔鬼者般充满了对基督的仇恨,他们追随奥菲派(奥菲派崇拜蛇,并祈祷它的保护以对抗造物主)的教义,他们崇拜一个偶像(一个头)并向它献祭,如普鲁茨教授(Professor Prutz)所认为的,这个偶像代表了诺斯替团体所崇拜的更低级的神,即撒旦。在托斯卡纳的审讯中,骑士帕尔马的伯纳德(Bernard of Parma)供认骑士团坚定地 148

① *Euchologion of the Orthodox Church*, ed. Venice, 1898, p. 63.

相信这个偶像有力量保护和丰富恶魔崇拜。圣殿骑士团的秘密弥撒可能是模仿了一种东方的礼拜仪式，而不是西方的仪式，但它依然是邪恶力量的基本仪式。

1336 年，一名被关押在孔泰·德·富瓦（Comte de Foix）的教士加斯顿三世福珀斯（Gaston III Phébus）被控参加恶魔的弥撒，他被送往阿维尼翁（Avignon），并接受本笃十二世的亲自审问。第二年，同一位教皇委任值得信任的纪尧姆·隆巴德（Guillaume Lombard）主持对皮埃尔·杜·谢斯内（Pierre du Chesne）的审讯，谢斯内是来自达尔布地区的一名教士，他被控亵渎圣饼。

圣马洛（S. Malo）地区的教士吉尔·德·希雷（Gilles de Sillé）和佛罗伦萨人（以前是阿雷佐[Arezzo]地区的人）安东尼奥尼·弗朗切斯科·普雷拉提（Antonio Francesco Prelati）经常主持蒂福日（Tiffauges）和马什库勒（Machecoul）的黑弥撒，并在吉尔斯·德·莱斯的城堡中行使职责。莱斯于 1440 年被处死。

16 世纪，一位名叫本尼迪克图斯（Benedictus）的教士引发了丑闻，他被发现协助秘密和亵渎的仪式。查尔斯九世（Charles IX）让一名背教的修士在他和朋友面前举行地狱的圣餐礼。在查尔斯九世的
149 兄弟统治的时期，巴黎主教在格拉夫（Grève）广场上烧死了一位名叫塞歇尔（Séchelle）的修士，塞歇尔被控参与亵渎的仪式。1597 年，巴黎最高法院判处布尔日（Bourges）地区的德圣皮埃尔-德-朗普（S. Pierre-des-Lampes）的助理牧师让·贝隆（Jean Belon）绞刑，并且焚烧他的身体，因为他亵渎圣礼并反复举行令人憎恶的仪式。① 波尔多最高法院于 1598 年判处查卢斯·利穆赞（Chalus Limousin）附近的佩戛斯（Pegeas）的助理牧师皮埃尔·奥珀蒂（Pierre Aupetit）火刑。皮埃尔·奥珀蒂供认自己经常去巫魔会已超过 20 年，尤其是他经常参加在马特古特（Mathegoutte）和普伊·德·多马（Puy-de-Dôme）举行的

① Baissac, *Les grands jours de la Sorcellerie* (1890), p. 391.

巫魔会，他在那儿崇拜魔鬼，并举行不敬的弥撒。① 1606年8月14日，一位名叫丹诺比利布斯（Denobilibus）的修士在格勒诺布尔（Grenoble）因相同的罪名被处死。1609年，波尔多最高法院派遣皮埃尔·德·朗克雷和德斯巴尼（d'Espagnet）前往巴约讷（Bayonne）地区的拉堡（Labourd）消灭那里出没的巫师。至少有7名教士因在巫魔会举行撒旦的弥撒而被捕。70岁的米嘉勒纳（Migalena）和20岁的皮埃尔·伯嘉尔（Pierre Bocal）被处死，但巴约讷主教介入此事，他要求另5个人在他的法庭上受审，并试图让他们离开监狱。3名教士被立即释放，他们明智地离开了这个国家。一年后，艾克斯及整个乡村地区流传着玛德莱娜·德·拉·帕吕的供词，她"也说那个被诅咒的魔法师路易在巫魔会的弥撒上布道，并说他的确将牺牲祝圣并将其献给路西法"②。当然，玛德莱娜·德·拉·帕吕仅仅是因为无知才认为"那个被诅咒的魔法师路易在巫魔会的弥撒上布道"，尽管戈弗里迪可能告诉过她有关内容，从而给她留下了魔法师路易在恶魔等级中具有重要性和力量的深刻印象。当然，在玛德莱娜·德·拉·帕吕的证词中，巫魔会崇拜的细节是十分详细和完整的。

在附属于卢维埃（Louviers）的圣路易和圣伊丽莎白修道院第三会的一名多明我会修女玛德莱娜·巴凡的叙述中，巫魔会崇拜的细节是完全相同的。在忏悔神父的指导下，玛德莱娜·巴凡详细地写下了供词。奥拉托利会会员（Oratorian）德·马莱（des Marets）仔细地描述了最骇人听闻的亵渎情景，其中牵涉到三位牧师，即大卫、梅尼尔-乔 150
丹（Mesnil-Jourdain）的助理牧师马图林·皮卡尔（Maturin Picard）以及他的助手托马斯·布雷（Thomas Boullé）。三位牧师复活了一种早期的诺斯替教派——亚当派——的异端思想，即在极度猥亵的情景

① Calmeil, *De la Folie*, I. p. 344.

② Sébastien Michaëlis, *Histoire admirable*. 1613. 译本为 *Admirable Histoire*. London, 1613。

下，完全裸体地举行弥撒。在复活节前的星期五，皮卡尔和布雷强迫玛德莱娜·巴凡玷污十字架和弄碎献祭的圣饼，她被迫将碎片扔在地上并用脚踩踏。大卫和皮卡尔已经死了，布雷于1647年8月21日在鲁昂被烧死。[①]

在路易十四统治时期，一场渎圣如疫病般席卷了巴黎。[②] 很多房子内弥漫着黑弥撒的恐怖，尤其是拉瓦桑（La Voisin，Catherine Deshayes）所住的博勒加德街（rue Beauregard）的房子。这伙人的主要人物是臭名昭著的吉布神甫（Abbé Guibourg），据传言他是亨利·德·蒙莫朗西（Henri de Montmorency）的私生子。与吉布神甫一起的还有如下人员：大郡主（Grande Mademoiselle）的施赈人员布里嘉里耶（Brigallier）；拉·索萨耶（La Saussaye）修道院的管理者布肖（Bouchot）；圣母院的教士杜隆（Dulong）；圣鲁（Saint-Leu）的教区牧师杜劳桑（Dulausens）；杜布斯盖（Dubousquet）；塞松（Seysson）；杜西（Dussis）；朗贝里耶（Lempérier）；雷普安（Lépreux）；圣母领报礼拜堂（Notre-Dame de Bonne-Nouvelle）的教区牧师达沃（Davot）；精于诅咒的圣塞维林（Saint-Séverin）教区牧师马里埃特（Mariette）；圣厄斯塔什（Saint-Eustache）的教区牧师勒梅南（Lemeignan），他被控将无数孩子献祭给撒旦；图梅（Toumet）；勒法朗（Le Franc）；圣保罗的教区牧师科顿（Cotton），他曾用在人临终时所涂的圣油为一个婴儿洗礼，然后将其扼死在圣坛；博格斯地区的贵纳尔（Guinard）和塞博（Sébault），他们在巴黎一所房子的地窖主持黑弥撒，并在极度不敬的情形下制作魔咒。

黑弥撒在18世纪继续存在。1723年，警方因这种亵渎行为而逮捕了勒科莱神甫（abbé Lecollet）和布尔讷芒神甫（abbé Bournement）；1745年，罗谢布朗什神甫（abbé de Rocheblanche）受到了同样的指控。

---

① Desmarest, *Histoire de Magdelaine Bavent*. Paris. 4to. 1652.

② 完整细节参见 François Ravaisson, *Archives de la Bastille*, Paris, 1873，其中提供了原始陈述。

在德·夏洛来(de Charolais)夫人的旅馆，巫魔会最可憎的情景在继续。1793 年 1 月 22 日，路易十六被处死的夜晚，一伙撒旦崇拜者在巴黎举行恶魔的狂欢。菲亚德神甫(abbé Fiard)在他的两本著作——《关于魔鬼的信札》(*Lettres sur le diable*, 1791)和《受骗的法国》(*La France Trompée ...* Paris, 8vo, 1803)——的最后指出，在极端秘密的情形下，有人正犯着圣餐的渎圣罪，但是与这些令人厌恶的事情相 151
联系的一件丑闻于 1865 年被曝光了，事件发生在桑斯主教的辖区。主教极其惊骇，因此他辞去职务并隐退到枫丹白露，他于 18 个月后在震惊中去世。1874 年和 1878 年，同样的事情在巴黎被揭露。人尽皆知，约里斯·卡尔·于斯曼斯(Joris Karl Huysmans)的《在那儿》(*Là-Bas*)中的角色之原型都很容易被找到，因为其细节重现自同时代的生活场景。① 可憎的邪恶仪式仍然存在。撒旦崇拜者仍在伦敦、布赖顿(Brighton)、巴黎、里昂、布鲁日、柏林、米兰和罗马举行黑弥撒。南美和加拿大也遭到污染。撒旦崇拜者在很多城镇中——无论是大城镇还是小城镇——都有亵渎和邪恶的巢穴，他们在那儿聚集起来，以进行这些可憎的仪式。撒旦崇拜者常常将邪恶的能量集中在英格兰、法国和意大利的安静的主教城市，并徒劳地尽力用魔鬼崇拜的争吵和邪恶来扰乱古代的和平之地。

撒旦崇拜者被带到公共舞台。在巴黎的女神游乐厅(Folies Bergère)中上演的讽刺剧《疯狂的一夜》(*Un Soir de Folie*)(1925—1926 年)中的一幕是“巫魔会和地狱闸门”(Le Sabbat et la Herse Infernale)，其中的事件发生在一个哥特式教堂内，一名演员以撒旦的形象出现，并接受信徒的崇拜。

在经常被举行的巫魔会上，弥撒几乎在每个细节上被细致地模仿。圣坛由四根支柱支撑，其有时在一棵有树荫的树底下，有时在一块平坦的岩石上，有时则在其他便利的地方，德·朗克雷说：“在一棵

① *Là-Bas* appeared in the *Echo de Paris*, 1890 - 1891.

树后，或有时在一块岩石后，某种形式的祭坛在地狱之柱上被建立起来。”①最近，黑弥撒在永久放置圣坛的房子里举行，因此恶魔的圣所可以展现可憎的邪恶仪式的全部象征意义。圣坛被仪式所需的三块亚麻布覆盖着，其上是六根黑蜡烛，蜡烛中间摆放着一个颠倒的耶稣钉于十字架的像或魔鬼的图像。魔鬼有时自己占据中心位置，他站立在
152 那儿或坐在恶魔的宝座上。1598 年，在波尔多最高法院审理的一起著名巫术案中——利摩日（Limoges）的代理主教、博学的顾问贝拉（Peyrat）作为助理法官——圣洛朗（Saint-Laurent）的安托万·杜蒙（Antoine Dumons）供认，他经常为巫魔会提供大量的蜡烛，其中既有在信徒中被分发的蜡制蜡烛，也有为圣坛准备的黑蜡烛。这些蜡烛由皮埃尔·奥珀蒂点燃，他拿着教堂司事的芦苇。显然，皮埃尔·奥珀蒂是仪式的主持人，尽管事实上他本人并不举行弥撒。②

1895 年 5 月，当博尔盖塞家族（Borghese family）的法律代表拜访博尔盖塞的宅邸时——这座宅邸的楼层或房间被独立地对外出租——他们发现要获得进入一楼某些房间的许可有一些困难，而这些房间的居住者没有意识到租约很快就要到期了。根据协议的条款，博尔盖塞必须允许法律代表检查房屋，以了解是否需要进行任何结构性的修葺或改造。希皮奥内·博尔盖塞（Prince Scipione Borghese）将要结婚，他和新娘想马上收回祖先的住所。房客顽固地拒绝打开一扇门，当受到逼迫时，他显露出慌乱。代理人最终指出，他们有权使用强力，如果再拒绝他们进入的话，他们将毫不犹豫地使用强力。当拿出钥匙时，房客不情愿态度的成因可谓真相大白。房间内刻写着“雅典娜神殿”（*Templum Palladicum*）字样。四周的墙上悬挂着长度从房顶到地板的沉重的猩红色和黑色的丝绸幕布，其阻挡了光线；在远处

---

① *Tableau*, p. 401. 关于这些仪式的全部情况，我主要借助了瓜佐的研究；Boguet, *Discours*, XXII, 10；De Lancre, pp. 86，122，126，129；and Görres, *Mystique*, V. pp. 224－227。此处似乎没有必要就每一种情形都给出特定的例证。

② De Lancre, *Tableau*, IV. 4.

有一幅织锦，上面织着一个比真人还大的路西法形象，其正得意洋洋地俯视着整个房间。房客于正下方建造着一个圣坛，并为地狱的礼拜仪式细致地布置了蜡烛、器皿、仪式书、弥撒书，可谓一应俱全。有垫子的祈祷椅和奢华的椅子——深红色和金色——按顺序为助手摆放好；房间由电力照亮，奇异的排列使光芒如同来自一只巨大的人眼。来访者立刻离开了这个邪恶的地方，魔鬼崇拜和亵渎的情景使他们不愿意再进一步检查这个恶魔的礼拜堂。[1]

黑弥撒所使用的弥撒书显然是手抄本，尽管后来这些亵渎的魔法 153
书实际上都是印刷的。这点经常被提到。德·朗克雷注意到，低比利牛斯山地区的巫师（1609 年）在仪式中看见司祭“在翻手中的那本书”[2]。玛德莱娜·巴凡在她的供词中提到，“人们在亵渎之书中读到了有关弥撒的内容，该书记载了教义，而且人们在仪式过程中也使用它”[3]。女巫的弥撒书经常用人皮装订，通常是未受洗婴儿的皮。[4] 1614—1615 年在奥尔良受审的尚蒂安·勒·克莱克供认，“魔鬼……在一本书中喃喃而语，这本书的封皮是完全用狼皮制成，书页则是白色、红色以及黑色的”。

对主领弥撒的神父的法衣有着不同的描写。在极少的情况下，主领弥撒的神父被描写为穿着黑色、被撕破、肮脏和旧式的主教祭服。博盖记录了一名女巫的陈述，即“那个举行弥撒的人穿着黑色法衣，他没有十字架”[5]，仅仅使用一件普通的黑色长袍，这看来有些奇怪，除非能够在这样的事实——这样的法衣最容易获得，以及它的使用不会引起怀疑——中找到解释。吉布神甫有时穿着用冷杉球果镶边的白色丝绸长袍，这看起来不同寻常，它的象征意义绝对不会与他进行的撒

---

① *Corriere Nazionale di Torino*，Maggio. 1895.

② De Lancre，*Tableau*，p. 401.

③ Görres，*Mystique*，V. p. 230.

④ Roland Brévannes，*L'Orgie Satanique*，IV. Le Sabbat，p. 122.

⑤ *Discours*，p. 141.

旦仪式相关。但是,这是拉瓦桑的女儿玛格丽特(Marguerite)的证词,她不可能搞错。[①] 事实上,弥撒通常有些色情,其并不像巫魔会的弥撒那样是完全邪恶的,但亚斯塔罗斯(Astaroth)、亚斯摩德斯(Asmodeus)和路西法仍被召引,这是邪恶的礼拜仪式。在其他场合,吉布神甫似乎穿戴着正统的圣餐仪式所要求的十字褡、圣带、弥撒带、腰带、白长袍和披肩。在供词的第 37 条中,戈弗里迪承认在巫魔会上举行魔鬼弥撒的教士穿着紫色的十字褡。[②] 1614—1615 年在奥尔良
154 受审的尚蒂安·勒·克莱克出席巫魔会的弥撒,主领弥撒的神父"穿着十字镶边的十字褡,但其只有三个条纹"[③]。后来,一位同时代的证人提到了有恶魔标记镶边的法衣,诸如暗红色的十字褡,干血的颜色,上面有一个直立的黑山羊的形象,又如带有颠倒十字像的十字褡,以及饰有地狱纹章的长袍。

在对洒圣水礼的模仿中,主领弥撒的神父向女巫洒污秽和令人恶心的水甚至是尿。"同时,魔鬼将水放入地上已被挖掘出的一个洞中,以将它作为圣水使用,主领弥撒的神父用一个黑色的洒水器将水洒向每个出席的人。"[④]1614—1615 年在奥尔良受审的巫师西尔凡·纳文隆说:"当特拉梅萨博(Tramesabot)举行弥撒时,他在开始前向所有出席的人洒圣水,而这仅仅是尿。"[⑤]根据尚蒂安·勒·克莱克的说法,"圣水是黄色的……在它被适时地喷洒之后,弥撒开始了"[⑥]。玛德莱

---

① S. Calob, *Messes Noires*, p. 153.

② *Confession faicte par Messire Loys Gaufridi*, A Aix. MVCXI.

③ A vne Chasuble qui a vne croix; mais qu'elle n'a que trois barres.

④ Le Diable en mesme temps pisse dans vn trou à terre, &. fait de l'eau boniste de son vrine, de laquelle celuy, qui dit la messe, arrouse tous les assistants auec vn asperges noir. Boguet, *Discours*, p. 141.

⑤ ... lors que Tramesabot disoit la Messe, &. qu'auant la commencer li iettoit de l'eau beniste qui estoit faiete de pissat, &. faisoit la reverence de l'espaule, &. disoit *Asperges Diaboli*. De Lancre, *L'Incredulité*.

⑥ L'eau beniste est iaune comme du pissat d'asne, &. qu'apres qu'on la iettée on dit la Messe.

娜·德·拉·帕吕宣称，巫师被水或者有时是来自圣餐杯的神圣的葡萄酒喷洒，所有出席的人同时大叫：“*Sanguis eius super nos et super filios nostros.*”（他的血在我们身上，在我们孩子的身上。）[①]

这种对最神圣的神迹之邪恶模仿从召请魔鬼开始，之后是全体忏悔，每个人嘲讽他所做的善事，作为赎罪，他被要求说出某些邪恶的亵渎言辞或打破某些教会的规则。主席用左手画颠倒的十字符号来赦免会众。然后，仪式借助无耻的亵渎言行继续进行，但德·朗克雷注意到，会众决不会说“我忏悔”（*Confiteor*）[②]——即使是以滑稽的形式——也决不会说“哈利路亚”（*Alleluia*）。在进行了奉献面包和酒的仪式后，主领弥撒的神父稍稍从圣坛退回，会众依次向前亲吻他的左手。当巫魔会的女王——仅次于主席的女巫，也是最年长和最邪恶的女巫（德·朗克雷说：“我们在每个村庄都发现了一位巫魔会女王。”）——出现时，她坐在圣坛的左边，并接受祭品、面包、鸡蛋、肉或农产品，以及金钱，没有印有十字架的硬币。巫魔会的女王手中拿着 155
一个圆盘或盘子，其上刻有魔鬼的形象，魔鬼的追随者虔诚地亲吻这个形象。在今天的很多地方——尤其是比利时——当弥撒的过程进行到奉献面包和酒的仪式时，会众亲吻平安器（pax-brede，*instrumentum pacis*）。在教士举行弥撒时，若有主教在场的话，那么司祭者与主教在神羔（*Agnus Dei*）和第一段合适的圣餐前段祷文之后会亲吻平安器。

1614—1615年在奥尔良受审的西尔凡·纳文隆承认，“魔鬼在巫魔会上布道，但没有人能听见他所说的话，因为他的声音低沉”[③]。

在巫魔会上，布道的内容通常是不敬的和邪恶的建议的大杂烩。

---

① Michaëlis *Histoire admirable*，1613. 默里（*The Witch-Cult*，p. 149）提出，这种洒水礼是“一种丰产仪式”！一个令人惊骇的理论。当然，这种亵渎行为暗指犹太人的诅咒。S. Matthew xxvii. 25.

② 这是天主教赎罪仪式吟诵的首句。——译注

③ Que le Diable dit le Sermo au Sabbat，mais qu'on n'entend ce qu'il dit，parce qu'il parle come en grōdant. 这暗示戴着面具，或至少声音被刻意地掩饰。

然后，圣体被拿到圣坛。博盖形容圣体是黑色的和圆形的，并被标记有邪恶的图案；玛德莱娜·巴凡视圣体为普通的薄饼，只不过是被涂上了红色；在其他案例中，圣体是黑色的和三角形的。通常会众亵渎圣体，并称之为“让勒布朗”（Iean le blanc），就如同新教徒称之为“玩偶”（Jack-in-the-box）。圣杯被注满——有时是葡萄酒，有时是像火般灼烧舌头的苦饮料。在三圣颂（*Sanctus*）中，一个喇叭被刺耳地吹起三次，燃烧着“有着强烈硫磺味的”蓝色火焰的火炬被点燃。现在，整群人陷入一种歇斯底里的振奋和不自然的兴奋状态之中，他们爆发出极为可怕的尖叫和吐露出疯狂的亵渎之词；与此同时，他们亦处于污秽的恳求和暴饮暴食的行为之中。主要人物倾吐出只有恶魔的卑鄙才能表达的所有放肆的恶意以及一连串的脏话和污染；地狱似乎在尘世呕吐着它恶臭的咽喉。会众对恶魔大叫“主帮助我们，主帮助我们”，并再次大叫“主永远帮助我们”。通常所有出席者都必须接受地狱的圣体，他们吞下少量被泥土和排泄物污染的圣体，并喝下遭诅咒的黑酒。戈弗里迪供认，在弥撒结束时，这些地狱的狂欢以诅咒“以魔鬼的名义”告终，而吉布神甫喊叫“荣耀归于路西法”！

156 巫魔会的黑弥撒根据环境不同而在形式上也有些许不同，在撒旦崇拜者的现代礼拜仪式中，一个重要的特征是焚烧激烈且有害的大麻，这是魔鬼的熏香。在16世纪和17世纪，巫魔会上很少使用香，尽管西尔凡·纳文隆宣称，他在巫魔会上看见“圣水和香。后者味道难闻，其没有在教堂中焚烧的香的香味”①。

现今的司祭者用弥撒的神圣语言祝圣体和圣杯后，转身背对着圣坛，而非下跪②，片刻之后——他用刀切和刺圣体，并将它扔在地上，踩踏它，藐视它。至少圣杯中的一部分内容在可怕的亵渎中被倒出，其

---

① Dit qu'il a veu bailler au Sabbat du pain benist & de l'encens, mais il ne sentoit bon comme celuy de l'Eglise.

② 因此，在奥尔良的审判中，尚蒂安·勒·克莱克承认魔鬼“tourne le dos à l'Autel quand il veut leuer l'Hostie & le Calice, qui sont noirs”。

间经常会有一个圣体盒，所有的东西都是从教堂偷来的[1]，或由不害怕激起愤怒的上帝之突然审判的人将圣体含在口中运出。主领弥撒的神父被魔鬼崇拜者称为“黑暗教士”，他们将圣体洒落在道路上，会众争斗着，并疯狂地抢夺和凌辱基督的圣体。

使撒旦崇拜者的黑弥撒与自中世纪以来的普通残存紧密相连的是——加斯科涅(Gascon)农夫的可怕迷信——圣赛凯弥撒(Mass of S. Sécaire)。[2] 很少有教士了解这种可怕的仪式，即使在知道这种黑暗知识的人中，也很少有人敢于实践这种恶魔的仪式及说出亵渎的祈祷。没有忏悔神父，没有主教，甚至奥什(Auch)的大主教也不会听主领此弥撒的神父的忏悔，只有罗马教皇本人才能赦免其罪。撒旦崇拜者在荒废的教堂中进行破坏，并在亵渎的圣坛上举行弥撒，猫头鹰在那儿枭叫，蝙蝠从破碎的窗户飞掠，蟾蜍在圣石上吐毒液。教士在过着不敬和邪恶的生活的助手之陪同下走到那里。教士在十一点开始仪式；他咕哝着地狱的礼拜仪式，经典遭到嘲笑；当午夜钟声敲响时，他结束仪式。圣体是三角形的(有着三个角)和黑色的。葡萄酒不作 157
为祭品，而代之以从井(其中投掷了未受洗婴儿的尸体)中取来的污水。用左脚在地上画神圣的十字符号。举行弥撒的人会慢慢消瘦，博士的技巧或医书都不能从根本上帮助他，他将忍受痛苦，逐渐消瘦，并最终进入坟墓。[3]

尽管无疑存在着一些夸张，但这里的主要细节还是十分正确的。作为巫魔会圣体的面包和黑色的三角圣饼经常在巫术审判中被提到，

---

① Silvain Nevillon，(1614 - 1615). Dit aussi auoir veu des Sorciers & Sorcieres qui apportoient des Hosties au Sabbat，lesquelles elles auoient gardé lors qu'on leur auoit baillé à communier à l'Eglise.

② 阿尔勒(Arles)的圣凯撒利乌斯(S. Cæsarius，470 - 543)在根除异教迷信和实践的最后遗迹上很出名，他给所有咨询占卜师以及佩戴异教护身符者以开除教籍的处罚。诺斯替教徒在使用护身符、辟邪物和符咒方面尤为声名狼藉。

③ J. F. Bladé，*Quatorze superstitions populaires de la Gascogne*，pp. 16 sqq. Agen. 1883.

方汀豪勋爵(Lord Fountainhall)[①]在描写卢迪安(Loudian)的女巫之恶魔圣体时说:“饮料有时是血,有时是黑色的苔藓水(moss-water)。”许多其他的细节也很类似。

当巫魔会的亵渎的礼拜仪式结束时,所有出席者投身乱交,只有跳舞或暴饮暴食才能中断他们的放纵。博盖写道:“你可以合理地假设每种在那儿实践着的猥亵,甚至导致上帝降火和硫磺于所多玛与哥摩拉的可憎行为在这些聚会中也是相当平常的。”[②]博学的多明我会神父塞巴斯蒂安·米夏埃利斯(Sebastian Michaelis)于 1611 年 1 月 19 日调查玛德莱娜·德·拉·帕吕关于她参与巫魔会的案件,他认为[③]她讲述了最不道德的狂欢。[④] 想象在如此之邪恶面前旋转!但是,玛德莱娜·巴凡(1643 年)补充了更为可憎的细节。[⑤] 奥尔良的尚蒂安·勒·克莱克(1614—1615 年)承认了相同的放纵。[⑥] 博丹叙述了许多他审讯的女巫承认出席了巫魔会。[⑦] 1459 年,“大量的男人和女人在阿拉斯(Arras)被烧死,他们中的很多人相互指控,并供认在夜间去参加地狱的舞蹈”[⑧]。1485 年,斯普伦格处死了康士坦茨

---

① *Decisions*. Edinburgh, 1759.

② Ie laisse à penser si l'on n'exerce pas là toutes les especes de lubricités veu encor que les abominations, qui firent foudre & abismer Sodome & Gomorrhe, y font fort communes. Boguet, *Discours*, c. xxii. p. 137.

③ *Histoire admirable*, 1613.

④ Finalement, ils paillardent ensemble; le dimanche avec les diables succubes ou incubes; le jeudi, commettent la sodomie; le samedi la bestialité; les autres jours à la voie naturelle.

⑤ 卢维埃的审讯持续了四年,1643—1647 年。

⑥ Après la Messe on dance, puis on couche ensemble, hommes auec hommes, & auec des femmes. Puis on se met à table. ... Dit qu'il a cognu des hommes & s'est accouplé auec eux; qu'il auoit vne couppe on gondolle par le moyen de laquelle toutes les femmes le suiuoient pour y boire.

⑦ Apres la danse finie les diables se coucherēt auecques elles, & eurēt leur cōpagnie.

⑧ ... grand nombre d'hommes & femmes furent bruslees en la ville d'Arras, accusees les vne par les autres, & cōfesserent qu'elles estoient la nuict transportees aux danses, & puis qu'ils se coupploient auecques les diables, qu'ils adoroient en figure humaine.

(Constance)地区的很多巫师,“几乎所有人都供认魔鬼在使他们弃绝上帝和神圣的信仰之后与他们交通”[①]。很多改变信仰的女巫也承认 158
这些可憎的行为“以及恶魔与她们性交。科隆的亨利(Henry of Cologne)证实了这在德意志是很普遍的”[②]。几个世纪以来,所有博学的权威作者都在叙述相同的恶魔故事,而这并不是为了要积累恶魔学家的证词。今天,撒旦崇拜者的聚会总是在无法被描绘的狂欢和令人厌恶的放纵中结束。

动物偶尔也会在巫魔会上被献祭给恶魔。1324年,奥索里(Ossory)主教理查德·德·莱德雷德(Richard de Ledrede)以邪术罪起诉艾丽丝·凯特勒夫人,其中的第二项指控是“她经常将活的动物献祭给魔鬼,她和同伙撕下动物的四肢,并将它们散落在十字路口,以献祭给一个被称为罗宾(Robin)的恶魔,它是阿特斯(Artes, Robin Artisson)的儿子,地狱中一个次要的王子”[③]。

1622年,玛格丽特·麦克威廉(Margaret McWilliam)“弃绝洗礼,他为她洗礼,她给他一只母鸡或公鸡作为礼物”[④]。在今天的伏都(Voodoo)仪式中,公鸡经常被砍成块,并被奉献在偶像前面。黑色小狗献祭给赫卡特(Hecate);埃涅阿斯将四头黑色的阉牛奉献给地狱的力量,将一只黑色的羔羊奉献给黑夜之神[⑤];在埃斯奎利诺山(Esquiline)的巫魔会上,卡尼迪亚(Canidia)和萨嘉纳(Sagana)撕下一

---

① ... toutes generalement sans exception, confessoient que la diable auoit copulation charnelle auec elles, apres leur auoir fait renoncer Dieu & leur religion.

② ... c'est à sçauoir que les diables, tāt qu'elles auoient esté Sorcieres, auoiēt eu copulation auec elles. Henry de Cologne confirmant ceste opinion dit, qu'il y a rien plus vulgaire en Alemaigne.

③ ... quod sacrificia dabant dæmonibus in animalibus uiuis, quæ diuidebant membratim et offerebant distribuendo in inferne quadruuiis cuidam dæmoni qui se facit appellari Artis Filium ex pauperioribus inferni. *Dame Alice Kyteler*, ed. T. Wright. Camden Society. 1843. pp. 1–2.

④ *Highland Papers*, III. p. 18.

⑤ *Æneid*, VI, 243–251.

只黑羊的四肢，鲜血流进了壕沟[1]。柯林·德·普兰西(Collin de Plancy)宣称，女巫将黑色家禽和蟾蜍献祭给魔鬼。[2] 将动物作为祭品奉献给神圣的力量是远古的遗存。

很多巫术审判都提到巫魔会中的蟾蜍。蟾蜍由于自身所引起的厌恶感而被与巫师联系在一起，一些地区的普遍迷信认为，那些被蟾蜍凝视的人将会受到心悸、痉挛、抽搐和昏厥的袭击。18 世纪的卢梭神甫(abbé Rousseau)拿蟾蜍进行试验，他宣称当蟾蜍看着一个人一段时间后，这个人将会陷入昏厥，如果不实施救助的话，他绝对不会恢复。[3] 很多作者——阿里安、迪奥斯科里斯(Dioscorides)、尼坎德(Nicander)、埃提乌斯(Ætius)和格斯勒(Gesner)——都相信蟾蜍的
159 呼吸是有毒的，并且其将感染它可能触碰的地方。由于人们相信这些无价值的故事，因此我们可以毫不惊奇地发现，蟾蜍是女巫的亲密同伴。德·朗克雷宣称，恶魔经常以蟾蜍的形象出现。德·朗克雷审判的低比利牛斯山地区的女巫珍妮特·达巴迪的供认非常详细，她宣称看见大量穿着挂着小铃铛的黑色或鲜红色天鹅绒衣服的蟾蜍被带到巫魔会上来。1610 年 11 月，当一个男人穿过巴扎(Bazas)附近的田地时，人们注意到他的狗在一个土堤上挖了一个大洞，并挖出了两个包着布的、被紧紧系在一起的罐子。打开布包后，人们发现两个罐子被用麸皮包裹着，每个罐子中都放着包裹着绿色丝纱罗的大蟾蜍。这无疑是由某个相信交感巫术的人放置在那儿的，并且他施加了邪恶的符咒。无疑，蟾蜍被抓住并被带到巫魔会上的原因也不难被发现。蟾蜍那传说中的毒液被用作毒药和药剂的主要成分，它们也被用于占卜，女巫通常通过她们的精灵蟾蜍来占卜。朱韦纳尔(Juvenal)在他的作品中间接提到，

---

① Horace, *Sermonum*, I. viii.

② *Dictionnaire Infernal*, ed. 1863, p. 590.

③ Salgues, *Des erreurs et des prejugés*, I. p. 423.

“我不愿，也不能向瞠目结舌的年轻继承人预言他父亲的命运，

不能用祈祷过的蟾蜍内脏”①。

英格兰的著名学者托马斯·法纳比（Thomas Farnabie，1575－1647）在相关的注释中提到“肠卜师（Haruspex）的职责，他们检查动物的内脏和肠。普林尼认为，蟾蜍的内脏（*Rana rubeta*）——舌头、小骨、胆汁、心脏——有特殊的功效，因为它们被用于很多的药物和药膏。托马斯·法纳比偶尔会提到蛙（puddock）或弹腿蟾蜍（hop-toad），他证明这些动物是无毒的，并且它们的内脏在配制的毒药中完全没有效力”②。1610年，纳瓦尔的巫师胡安·德·伊卡拉（Juan de Echalar）在审判中向裁判官阿隆索·贝塞拉·奥甘先生（Don Alonso Becerra Hoguin）供认，他和他的巫师团为巫魔会收集蟾蜍，当他们将这些动物呈献给魔鬼时，他用左手祝福它们，之后蟾蜍被杀死，并在锅中与从新造的坟墓中偷来的人骨和尸体肉块一起煮。魔鬼分发给所有出席者的毒药和油膏（并附有使用说明）就从这个污秽的大杂烩中被制造出来。通过在玉米上洒液体，撒旦崇拜者可以破坏一块田地，也可以破 160
坏花和果实。落在衣服上几滴被认为能够导致死亡，落在畜棚或猪圈上一点可以使得家畜患病。根据这些粗糙的迷信，关于跳舞的蟾蜍、穿着骑士服的蟾蜍和巫魔会上恶魔蟾蜍的奇异故事轻易地得到了发展。

存在着有关在巫魔会上献祭孩子——尤其是未受洗的婴儿——之事实的丰富和连续的证据。被献祭的常常是女巫自己的孩子，由于

① III. 44－45.

② Alludite ad Haruspicis officium，qui exta & viscera inspiciebat. Plinius inquit：*Ex ranæ rubetæ uisceribus；id est，lingua，osssiculo，licne，corde，mira fieri posse constat，sunt enin plurimis medicaminibus referta.* Forte intelligit rubetam uel bufonem，indicans se non esse ueneficum，nec rubetarum extis uti ad uenefica. Cf. also Pliny，Histoiria Naturalis，XXXII. 5.

女巫常常是村里的产婆或贤人(wisewoman),所以她们有机会扼死一个刚出生的婴儿,以将其作为献给撒旦的祭品。《女巫之锤》(Pars I, q. xi)中提到,“没有比产婆更能危害天主教信仰的人了”(*Nemo fidei catholicæ amplius nocet quam obstetrices*)。关于献祭儿童的经典例子是吉尔斯·德·莱斯(1440年)和吉布神甫(1680年)。针对前者的诉讼明确提到了140名儿童,而一些权威作者认为,存在多达800名受害者。儿童们的鲜血、大脑和骨头被用于熬制魔法春药。在吉布所处的时代,在不敬的弥撒中献祭婴儿是很普遍的,因此他对每个受害者至多只付五先令。“Il avait acheté un écu l'enfant qui fut sacrifié à cette mess.”(在弥撒中被献祭的儿童是他花五先令买来的)。德·蒙特斯潘夫人(Madame de Montespan)为了使路易十四一直保持对她的忠诚和拒绝其他的情妇,进而抛弃王后,并最终让她成为王后,经常举行这种可憎的仪式。[①] 最常见的做法是,切开儿童的咽喉,让鲜血流进圣杯,并落到躺在圣坛中的询问者裸露的肉上。拉瓦桑声称,1500名婴儿就这样被杀害了。这并非不可能,因为很多人(包括许多神职人员)被牵连其中。法国的很多最有名的人出席了这些亵渎的狂欢。
161 不少于246名来自不同阶层的男男女女受到审讯,其中36名较低等级的人被处以绞刑,147人被监禁,很多人逃离了法国或是隐藏在遥远的城堡中。但是,很多离开的人从档案中被撕去了,路易本人禁止人们提及与诉讼有关的他所喜欢的人的名字。无论如何,德·蒙特斯潘夫人失宠了,在玛丽亚·特雷莎(Maria Teresa)于1683年6月31日去世后,国王在第二年就娶了虔诚的曼特农夫人(Madame de Maintenon)。

卢多维科·马里亚·西尼斯特拉里表示,女巫“保证定期给予魔鬼献祭和祭品:两个星期一次或至少一个月一次,杀害儿童或用邪术

---

① Ravaisson, *Archives de la Bastille*, VI. p. 295 et alibi. 关于这些丑闻的调查可以在这本著作的第四卷和第五卷中找到。

杀人”。在审讯中,关于绑架和杀害儿童的详细指控反复被提出来。如同蟾蜍被用于魔法药品,儿童的脂肪也被用于相同的目的。人们认为,尸体是制作强有力的药剂和炼金药的重要成分,这种很普遍的信仰来自远古时代。直接治愈疾病和保护的特性长久以来被归因于尸体。如果用死人的手臂击打病人的话,那么肿瘤、出疹和痛风会消除。[1] 用死去儿童的手指触碰脸能够治愈牙疼。[2] 同样的方法可以消除胎记。[3] 在中世纪极其普遍的烧伤、痈、疱疹和其他皮肤疾病能够通过与尸体的某一部分接触而被治愈。在波美拉尼亚,“冷的尸体的手”可以防火[4],俄罗斯农夫相信死人的手臂可以防止子弹和兵器造成的伤害[5]。无知的村民长期相信格拉茨(Graz)医院的医生享有每年可以将一个人的生命用于医疗目的之特权。某个去那儿治疗牙疼或其他小病的年轻人被抓住,他被倒吊着,并被搔痒至死去!熟练的药剂师将尸体煮至糊状,并在他的药物储备中如脂肪和烧焦的骨头般利用它。人们相信,每年复活节都会有一个年轻人因为这个目的而在医院消失。[6] 这个传统可能和犹太的仪式性献祭相关:诺里奇的圣威廉(S. 162
William of Norwich)(1144 年);格洛斯特的哈罗德(Harold of Gloucester)(1168 年);巴黎的威廉(William of Paris)(1177 年);贝里·圣埃德蒙的罗伯特(Robert of Bury S. Edmunds)(1181 年);奥本韦瑟的圣韦尔纳(Werner of Oberwesel)(1286 年);伯尔尼的圣鲁道夫(S. Rudolph of Berne)(1294 年);里恩的圣安德里亚(S. Andreas of Rinn)(1462 年);特兰托的圣西蒙(S. Simon of Trent),他是一个两

① L. Strackerjan, *Aberglaube und Sagen aus dem Herzogthum Oldenburg* (1867), I. 70.

② *Königsberger Hartung'sche Zeitung*, 1866. No. 9.

③ V. Fossel. *Volksmdicin und medicinischer Aberglaube in Steiermark*, Graz, 1886.

④ U. Jahn, *Zauber mit Menschenblut und anderen Teilen des menschlichen Körpers*, 1888.

⑤ A. Löwenstimm, *Aberglaube und Strafecht*, (*Die Volksmedizin*), 1897.

⑥ V. Fossel, *Volksmedicin*, *ut supra*.

岁半的婴儿(1473年);西蒙·艾伯利斯(Simon Abeles),他的尸体躺在布拉格的提恩教堂(Teyn Kirche)内,他于1694年2月21日以基督的名义被拉扎勒斯(Lazarus)和列维·科赞代尔(Levi Kurtzhandel)杀害;托莱多附近的圣人尼诺·德·拉·瓜迪亚(Niño de la Guardia)(1490年),以及其他许多人。[①] 在中国持续了三个世纪的旨在反对欧洲人(尤其是天主教收容病人的救济院、育婴堂和学校)的运动一直受到一个知识团体的煽动,这一团体向民众发出热烈的请求:"打倒传教士!杀死外国人!他们偷盗或购买我们的儿童并屠杀他们,为的就是用他们的眼睛、心脏以及尸体的其他部位来制作魔法药物和药品。"霍伯纳男爵(Baron Hübner)在《环球漫步》(*Promenade autour du monde*, II, Paris, 1873)中讲述了1870年6月21日发生在天津的屠杀,并认为这正是根据那些理由被策划的。1891年,同样发生在中国的一场反对外国居民的起义也是基于相同的理由。1891年底,马达加斯加的一项针对法国人的指控提出,法国人会吞食人心,因此他们绑架和杀害当地的儿童。国家必须建立严厉的法律来遏制这类指控的蔓延。[②]

在1610年的纳瓦尔巫术审判中,胡安·德·伊卡拉供认,他们使用在洗礼前被扼死的婴儿的手臂做成的蜡烛。指尖被点燃,并被用火焰焚烧,从而其成为事实上的"荣耀之手"(Hand of Glory)。1661年,在福法尔,海伦·格思里和其他四个女巫挖掘出一个未受洗的婴儿的尸体,并将其一部分做成供她们食用的馅饼。女巫们猜想,借助这种方法,没有威胁或酷刑能使她们招供。这显然是交感巫术。婴儿的舌头从没有说出过清晰的词句,因此女巫的舌头也不会坦白。

---

① Adrian Kembter, C. R. P. 1745年的著作列举了52个例子,最后一个例子的发生时间是1650年。这一数字可以翻倍,并在时间上延伸到现在。H. C. Lea, in an article, *El santo nino de la Guardia*, has signally failed to disprove the account. 要阅读44篇文章,参见 the *Osservatore Cattolico* March and April, 1892, Nos. 8438 – 8473。

② *Le Temps*, Paris, 1 Feb. and 23 March, 1892.

这是个很少被认识到的事实，但是仍有其重要性，即几乎每一个巫术审判的细节都能被用于与今天非洲的情况进行比较。在班图(Bantu)存在着一个名叫“巫术团体”(Witchcraft Company)的社团，它的成员半夜在森林深处举行秘密聚会，并通过咒语和符咒制造疾病与死亡，以此来反对他们的敌人。猫头鹰是“巫术团体”成员的神鸟，他们的信号是对猫头鹰枭叫声的模仿。“巫术团体”的成员宣称，当他们在棚屋中睡觉时，他们会离开自己的肉体，仅仅是灵魂参加了魔法聚会，他们的灵魂迅速地穿过墙壁和飞过树梢。在聚会中，“巫术团体”成员的灵魂进行可见、可听和可触的交流。“巫术团体”的成员举行宴会，他们吃人的“心命”(heart-life)，这些人将由于缺失“心脏”而患病，除非“心脏”被归还，否则他们将会死去。最早的鸡鸣是“巫术团体”的成员解散的警报，因为他们害怕晨星的到来；在太阳照耀在他们身体上之前，他们要回到自己的肉体，否则他们所有的计划不仅会失败，而且会反作用在自己身上，他们会悲惨地消瘦和衰弱。这个可怕的团体被西印度的黑奴以伏都崇拜之名引入到牙买加和海地，以及美国南部的州。有关“巫术团体”的真实记录能够轻易地被搜集到，这些记录证明了晚至1888年时在海地举行的半夜聚会，人们(尤其是被绑架的儿童)在神秘和邪恶的宴会上被杀害与食用。非洲的欧洲政府大力地压制巫术实践，但这种邪恶的信仰仍然秘密地存在着。诺里斯博士(Dr. Norris)①认为，随着白人影响力的消退，巫术会迅速像过去一样有力地占据支配地位。 163

一个公正的意见表明，仍然存在着关于巫魔会每一个细节的丰富的证明和无可怀疑的证据，而不管其在几个世纪的巫术审判中被如何想象与夸大。关于巫魔会，无疑存在着一些幻象，也存在着可怕的想象和涂抹浓彩的虚荣，但是依然存在着一个坚实的事实根基，以及遍及着非常可怕的事实。

① *Fetichism in Western Africa*, New York, 1904.

当黎明到来时，这些不敬的人急速地分散，匆忙回家，在整夜的歇斯底里、疯狂的邪恶和最邪恶的放纵之后，他们变得苍白、疲倦和憔悴。

164 “Le coqs’oyt par foisés sabbats sonnātle retraicte aux Sorciers.”（公鸡鸣叫，巫魔会结束，巫师散开并消失。）[1]

---

① De Lancre, *Tableau*, p. 154.

第五章 圣经中的女巫[①]

① 圣经在本章中的中文译名和译文参考如下版本：《圣经》（新标准修订版，简化字和合本，中国基督教三自爱国运动委员会、中国基督教协会），其中部分译文根据英文原文略有修改。——译注

圣经(*Holy Scriptures*)中有着大量关于巫术、占卜以及恶魔崇拜 173
的词汇和表述,不止一个权威学者对此进行过详细的研究。一些术语是外来的,人们甚至可以冒昧地说它们的定义含糊、不够精确;一些术语则是完全特殊的;一些短语的含义很通俗,也为大众所接受;至于其他一些术语,学者们尚未下定论,他们彼此之间的意见或多或少存在分歧。但是,值得注意的是,从很早开始,受到启示的作者对魔法和与之相关的活动均持谴责与敌视态度。此外,对神秘科学的教授和外来的秘密入会仪式的一再强烈的谴责似乎并不是基于任何有关欺骗的假设,而在于对魔法本身的厌恶,魔法被视为对于邪恶来说是强有力的,并且能够对生命和躯体造成严重损害的东西。比如,显而易见,摩西(Moses)的反对者——巫师[1]雅尼(Jannes)和孟庇(Mambres)[2]——

① *Khartummim*. 这个单词也被用于描述被法老召见来的解析自己梦的魔法师,《创世记》(*Genesis* xli. 8),在拉丁文圣经中对应的单词为 *coniectores*。拉丁文圣经中的《出埃及记》(*Exodus viii*. 11)写道:"Uocauit autem Pharao sapientes et maleficos."

② 这两个名字在《旧约》中没有被提及,而是出现在《提摩太后书》(2 *Timothy*, 3:8)中,其中孟庇被译作"佯庇"(Jambres)。——译注

拥有着渊博的知识和巨大的能力，当他们出现在法老面前时，亚伦(Aaron)的杖变成了一条蛇，巫师及其门徒“是埃及行法术的，他们也用邪术照样而行”[①]；他们丢下他们的杖，这些杖变成了大量扭曲的蛇。此外，巫师及其门徒还能够叫蛙上埃及地，但是却不知道如何将它们赶走。[②] 然而，我们在此必须承认魔法的真实存在以及其黑暗的可能性，同时也必须注意到这样一个事实，即当魔法与被赋予摩西的神秘力量相抵抗时，魔法就会彻底失灵。由亚伦的杖所变的蛇吞下了其他
174 的蛇。由亚伦招引的大群蚊子和牛虻在灰尘中飞舞，而当地的术士根本没有能力制造这些小飞虫，他们只能被迫叫道“这是神的手段”(Digitus Dei est hic)；片刻过后，他们甚至没有能力保护自己的身体，使其免受这些昆虫的叮咬，也无力应付那些脓包和肿大的疮口。[③] 然而，与摩西一样，雅尼和孟庇确确实实也拥有超自然的力量，只是程度不一样而已，并且他们获得力量的来源也不相同，他们是从一个相反的和敌对的源头处获得力量的。

更引人注目的是关于巴兰(Balaam)的一个片断，他居住在美索不达米亚的毗夺(Pethor)(在楔形文字中被写作毗特路[Pitru])，摩押(Moab)国王巴勒(Balak)召唤他对犹太人施加毁灭性的诅咒，当时正值犹太人打败亚摩利人(Amorrhites)并在摩押疆界处露营。国王的使臣“手里拿着卦金”到了巴兰那里，这是一个极具启发性的细节，因为它表明魔法的实践可以获得贵重的礼物作为报酬。[④] 事实上，当巴兰不情愿地拒绝同第一批使者一同前往后，最高级别的使臣便紧接着带着国王的命令前来，并允诺可以为他提供地位和财富或者其他一切他想要拥有的东西。“我必使你得极大的尊荣，你向我要什么，我就给

① 《出埃及记》(*Exodus*, 7:11)。——译注

② 事见《出埃及记》(*Exodus*, 8)。——译注

③ 事见《出埃及记》(*Exodus*, 8)。——译注

④ 也许值得一提的是，即便是最现代的评论家，也会将巴兰的历史归入圣经前六卷(Hexateuch)最古老的文件中，他们将之称为“Jehovistic”。

你什么，只求你来为我咒诅这民”，这是国王的原话。在此期间，波折颇多，巴兰起初被禁止前往，只有在他答应遵循耶和华的命令和只说神启的话之后才可前往；这位先知开始行程，他在边境城镇得到了国王的接见，并被国王带到了“巴力（Baal）的高处”，即山顶上神圣的小树林，那里设有七个神秘的祭坛，每座祭坛被献上一只公牛和一只公羊。然后，巴兰感觉到了神即将到来，于是他很快地来到某个秘密的场所，“神”在那里“迎见”他。巴兰回到了供奉的地方，并立刻为那些犹太人祈福。惊慌沮丧的巴勒连忙将他带到毗斯迦山（Pisgah，Phasga）的山顶，并在那里进行了相同的仪式。但是，巴兰依然为犹太人祈福。国王又进行了第三次尝试，这一次他选择了毗珥山（Peor，Phogor）的山顶，这是一个极为神圣的圣殿，是巴力毗珥（Baal-Peor）地方仪式的中心，其古老的崇拜包含了极为原始淫秽的仪式。[①] 这一次， 175
七个祭台上都摆放了祭品，巴兰也故意抵抗神的控制，但是这一努力也是徒劳的，他陷入了出神的状态，并再次说出了不该说出的祝福话语；他凝视着下方暗淡的未来大街，看到圣母（Madonna）、斯特拉·雅各（Stella Jacob）和她的儿子，以及以色列权杖的壮丽景象。国王因感觉受到了欺骗而恼怒地紧握着双手，他无法抑制心中的怒火，并将请来的客人赶走。[②]

整个叙述性的细节有趣而又意义重大。值得注意的是，作者十分赞同由巴兰提出并得到巴勒承认和赞赏的主张。巴兰是一个有名的巫师，他知道如何使用极具威力的神秘的力量之语（Word of Power）。在早期的阿拉伯人和以色列人中，魔法符咒、祈福或者诅咒之词有着重要的作用。在战争中，诗人通过吟诵有节奏的诗文来诅咒敌人，他

---

① 圣哲罗姆（S. Jerome）在评论先知何西阿书（Osee，Hosea）的第九章时提到，“Ingressi [sunt] ad Beel-Phegor，idolum Moabitarum quem nos PRIAPUM possumus appelare”。对于同一个先知，鲁非诺（Rufinus）写道：“Beel-Phegor figuram Priapi dixerunt tenere.”（他们进入巴力毗珥，巴力毗珥是摩押人的偶像，我们可以将他与普里阿普斯[PRIAPUS]等同看待。……据说巴力毗珥与普里阿普斯外貌相似。）

② 事见《民数记》（*Numbers*，21－24）。——译注

们的工作并不比战士们的英勇低等。麦地那（Medina）的犹太人就曾在集会时带上其憎恶的敌人玛利克（Malik b. al-Aglam）的肖像，他们每次聚会时都会对之进行诅咒。巴兰力量的真实性显然是圣经记述的主旨。另外，为什么巴兰的仪式会转而对以色列有益呢？巴勒对这位先知的问候并非空洞的恭维之词，其是极为真实的："我知道你为谁祝福，谁就得福；你咒诅谁，谁就受咒诅。"[①]与之相关的是底波拉（Deborah）在《士师记》（*Judges* v. 23）中的歌里那尖刻的谴责，"耶和华的使者说，应当咒诅米罗斯和大大咒诅其中的居民，因为他们不来帮助耶和华攻击勇士"！任何时候和任何地方都曾存在过对这种咒语力量的信仰，许多地方直至今日都依然抱持这一信仰。

尽管巴兰进行预言，但我们必须记住，他不是圣经意义上的先知，他是占卜者，是男巫；拉丁文圣经中有个词 *hariolus*[②]，其来源于梵语中的 *hira*，意为内脏，等同于 *haruspex*（古罗马以动物内脏占卜的巫
176 师）。这个术语原本表示伊特鲁里亚的占卜者，他们能够通过观察祭品的内脏来预测未来的事件。这一实践从伊特鲁里亚人传到了罗马人那里。巴兰很可能以同样的方法对七只公牛和公羊进行了"脏卜"（*extispicium*）。尽管不同时代与不同民族对预兆的解读方式不尽相同，但作为一种检查和预测的方式，"脏卜"似乎普遍存在着。"脏卜"这种占卜方式延续到很晚，据说今天的某些神秘主义者依然求助于这种占卜方式。据了解，凯瑟琳·德·美第奇（Catherine de'Medici）就曾使用过这一方法，这与牙买加和海地的伏都崇拜有着极为紧密的联系。圣托马斯曾将巴兰称为预言者，这是千真万确的，但是神学家急着补充说他是"魔鬼的预言者"。博学的科尼利厄斯·拉碧德（Cornelius à Lapide）在为《民数记》（*Numbers*, xxii, xxiii）撰写注释

---

① 语出《民数记》（*Numbers*, 22:6）。——译注

② Balaam hariolus a Domino mittitur ut decipiat Balac filium Beor. *In Ezechielem*, IV. xiv. Migne, *Patres Latini*, XXV. p. 118（上帝派遣巴兰去欺骗比珥[Beor]的儿子巴勒[Balac]）。

时说道："很明显，巴兰是先知，但不是上帝的先知，而是魔鬼的先知……作为一名魔法师，他寻找与恶魔的交通，从而来听取恶魔的意见。"[①]科尼利厄斯·拉碧德认为，七座祭坛是以七大行星统治者的名义建立的。当然，1是完美的数字，也是神秘的数字，就如同数字3一样，所有的数字都必须是奇数。维吉尔（Vergil）作品中的女人试图通过有力的咒语来唤回分离的爱人，她呼喊道："*numero deus impare gaudet*."（天堂喜欢不规则的数字。）（《牧歌》［*Eclogue*，viii. 75］［*Pharmaceutria*］）圣奥古斯丁、圣安布罗斯和狄奥多勒（Theodoret）认为，当巴兰首次预言时，他匆忙地退回并说道："也许上帝会来见我。"巴兰期待见到的是恶魔，他的精灵。但是，"神迎见巴兰"。仓促和骚乱似乎指向巫师的计划，如同在神圣礼仪（Divine Liturgy）之中，所有的一切在进行时都是庄严、优雅和美丽的，而在黑魔法中，所有的一切则是慌乱、丑陋和恐怖的。

《旧约》中最引人注目的一个片断是关于招魂术的，撒母耳（Samuel）出现在隐多珥（Endor）的洞穴或小屋中。在与非利士人（Philistines）大战的前夕，当扫罗（Saul）看到残忍的敌人那势不可挡的
军队时，他十分沮丧，精神几近崩溃。更令扫罗惊惶失措的是，当他向 177
神谕使求助时——"不管是通过梦境，还是通过乌陵（Urim）或先知"——无法得到回答。尽管扫罗在早年执政期间坚决镇压巫术，但在极度恐惧之时，他试图抓住任何一根救命稻草。扫罗命令仆人去寻找一个"交鬼"的妇女，仆人告诉他，"在隐多珥有一个交鬼的妇女"；隐多珥是一个荒凉的村庄，其位于他泊山（Mount Tabor）南部一座小山的北面斜坡上。[②]

这里用到的短语在拉丁文圣经中是"pytho"（Quærite mihi mulierem habentem pythonem［为我找一个交鬼的妇人］），在钦定圣

---

① Balaam fuisse prophetam non Dei, sed diaboli constat... Fuit ipse magus, et dæmonis alloquium quærebat, eumque consulere.

② 事见《撒母耳记下》（2 *Samuel*，28）。——译注

经英译本中则为“精灵”(familiar spirit),这个短语原来的版本为“*'ôbh*”[1],意思是召唤已死的灵魂以效命于能够支配这种灵魂的人并帮助其占卜。人们将隐多珥女巫描述为 *'ôbh* 的拥有者。希腊文圣经(LXX.)将这个单词译为ἐγγαστράμυθος,意为腹语者,这也许是因为真正的演员认为魔法师所说的与鬼魂之会话只不过是欺骗问询者而已,问询者受来自地下的奇怪声音的欺骗——这一观点倒是可以被强烈推荐给勒诺尔曼(Lenormant)[2]和怀疑论者勒南(Renan)[3],但是此观点本身是站不住脚的——更有可能是因为古代人普遍认为腹语并不是与生俱来的能力,而只是在被鬼魂临时附着时才具备。正是基于这一点,先知以赛亚(Isaias)写过一段引人注目的文字:“Quærite a pythonibus, et a diuinis qui strident in incantationibus suis.”(求问那些交鬼的和行巫术的,就是声音绵蛮和言语微细的。)[4]许多希腊语和拉丁语诗人将鬼魂的声音描述为奇怪特有的声音。荷马(《伊里亚特》,XXIII, 101;《奥德赛》,XXIV, 5、9)使用过 τρίζειν 这个词,这个词在别处的意思为刺耳的哭喊声或鹧鸪、幼燕、蝗虫、老鼠、蝙蝠等发出的唧唧声[5],其亦指门的嘎吱作响声或一个东西落入火中燃爆所发出的劈啪声。在《埃涅阿斯记》(*Æneid*, III, 39)中,维吉尔将波吕多罗斯(Polydorus)从坟墓中发出的呼喊声描述为“悲伤的声音”(*gemitus lacrimabilis*),将冥府中鬼魂的吵闹描述为“轻轻的声音”(*uox*
178 *exigua*)。贺拉斯(Horace)在描写埃斯奎林区(Esquiline)的午夜女巫

---

[1] 这个单词往往会和 *yidde 'onim*(来自 *yada*,“知道”)一起出现,在大多数情况下,这两个词意思基本等同。但是,史密斯(W. R. Smith)对这两个词进行了如下区分(*Journ. Phil.*, XIV. 127):*Yidde 'oni* 指精灵,其是相对于召唤它们的人来说的;而 *'ôbh* 则指任何可以通过咒语被召唤并回答问题的鬼魂。

[2] *Divination, et la science des présages*, Paris, 1875. p. 161 ff.

[3] *History of the People of Israel*, 3 vols., London, 1888–91. I. p. 347.

[4] 语出《以赛亚书》(*Isaiah*, 8:19)。——译注

[5] 参见 Ovid, *Metamorphoseon*, IV, 412–3, of bats:

Conatæque loqui, minimam pro corpore uocem
Emittunt; peraguntaque leues stridore querelas.

聚会时认为，当时的声音是悲伤而刺耳的。

在莎士比亚的著名诗行（《哈姆雷特》第一幕第一场）中有：

> 披着殓衾的死人都从坟墓中走出来，在罗马街道上啾啾鬼语。

当扫罗得知女巫的消息后，他全然不顾威严地改了装，和两个亲信一起，身着斗蓬，在夜深人静之际前往女巫那偏远而又肮脏的茅屋。扫罗急切地要求女巫施展法力，以召唤他指定之人的鬼魂。起初，女巫拒绝了扫罗的要求，因为禁止巫术的法律在几年前就已被严格执行，等待所有的巫师和魔法师的将是死刑。女巫的担心不无道理，因为这些神秘的陌生来客很有可能准备设计陷害她。但是，乔装打扮的国王说服了女巫，并且向她保证她不会因这事受刑。于是，女巫同意召唤先知撒母耳的鬼魂。女巫开始施展符咒，各种不同精灵的景象随即出现——女巫说："我看见有神从地里上来（Deos uidi ascendentes de terra）。"——尼撒（Nyssa）的圣格利高里（S. Gregroy）将之解释为恶魔（*τὰ φαντάσματα*），而撒母耳在极度恐怖和敬畏的情形中出现了，女巫就在这时得知了来访者的身份（未说明如何得知）。[1] 顷刻间，这个发狂的女巫极度愤怒和害怕，她尖声叫道："你是扫罗，为什么欺哄我呢？"然而，国王战栗地保证女巫的安全，同时他感觉到面前有个非尘世的人形——尽管扫罗能够感觉到的确从坟墓中出现了什么，但是他却看不到幽灵——他问道："他是怎样的形状？"女巫是唯一能见到先知的人，她描述道："有一个老人上来，身穿长衣。"扫罗 179
马上知道这是撒母耳，于是他跪倒在地，幽灵立刻告诉他即将到来的厄运。[2]

---

① 约瑟夫斯（Josephus）认为是撒母耳告诉女巫来访者是扫罗。

② 事见《撒母耳记下》（2 *Samuel*，28）。——译注

此处详细描述了招魂的场景，我们从中可以看到一些显著的——甚至是不寻常的——特征，即只有女巫能够看见幽灵，但是扫罗能从她的描述中马上知道这个幽灵是谁，而且他可以直接同撒母耳对话，并听取这位已故先知的预言。整个叙述无疑让人感觉确实和真实。

针对这些事件，人们有一些解释。首先，一些作家否认这一景象的真实性，他们宣称女巫用巧妙的诡计欺骗了扫罗。这一点似乎是不可能的。如果女巫仅仅是一个骗子的话，那么她不可能冒如此大的风险实施或假装实施法术，实现这一阴谋的细节是必须有一名拥有急智和创造力的同谋相助；此外，他们冒险如此坚决地谴责国王，并且预言他统治的终结，这是难以置信的。事实上，整个故事的发展与这种解释是矛盾的，而且也不为教父们所接受。狄奥多勒倾向于认为其中存在某些欺诈行为，但是他在此事件上的态度并不明确。在《〈列王记上〉中的问题》(*Quæstiones in I Regum*, Cap. xxviii)中，狄奥多勒问如何看待腹语者(*πῶς τὰ κατὰ τὴν ἐγγαστρίμυθον νοητέον*)[①]，并说一些人认为女巫真的召唤了撒母耳，而另一些人则认为魔鬼伪装成先知的样子。狄奥多勒认为，第一种观点是不虔诚的，第二种观点则是愚蠢的。

在这一问题上，圣哲罗姆的权威是决定性的，他并未直接宣布自己的观点，但是我认为他的注释充分表明了他认为幽灵的确是撒母耳。圣哲罗姆在论文《〈以赛亚书〉注》(*In Esaiam*, III, vii)中写道："大部分作者认为，当扫罗看到撒母耳被咒语和符咒召唤时，他从土地和冥府深处看到了明显的迹象。"[②]圣哲罗姆在《〈以西结书〉注》(*In Ezechielem*, Lib. IV)中再次提到了女巫："她们受恶灵的启示。希伯

① Migne, *Patres Græci*, LXXX. p. 589.

② Plerique putant Saulem signum accepisse de terra et de profundo inferni quando Samuelem per incantationes et artes magicas uisus est suscitasse. Migne, *Patres Latini*, XXIV. p. 106.

来人认为她们精通于邪恶的技艺、招魂术以及占卜，如那个召唤撒母 180
耳灵魂的女巫。”[①]

一些作者则直接将撒母耳的出现归于恶灵（evil spirit），恶灵伪装成先知的形象以使扫罗沮丧绝望。因此，尼撒的圣格利高里在一封名为《关于女巫》（*De pythonissa ad Theodosium*）[②]的书信中认为，魔鬼欺骗了女巫，而女巫因此欺骗了国王。圣巴西尔则明确表示（*In Esaiam*，VIII. 218），“她们是恶魔，并以撒母耳的形象出现”[③]。圣巴西尔推测，由于对扫罗的谴责从各个细节看来都非常逼真，因此恶魔只是传达了上帝的判决。一百多年前，德尔图良（Tertullian）就曾写道：“我认为恶灵可以用谎言欺骗人，因为撒慌的灵可以将自己伪装成撒母耳的幽灵。”[④]

然而，这一观点的优势在于，它与就字面上对这一事件得出的精确理解相符，撒母耳出现在负罪的国王面前并预告了他的终结。奥利金（Origen）曾依据圣经中的词句对这些话进行过评论：“但是，扫罗显然知道这就是撒母耳。”[⑤]奥利金后来补充道：“圣经不会撒慌。圣经中的原话为‘妇人看见撒母耳’。”[⑥]当在别处谈到恶灵时，奥利金明确表示，“当扫罗要求女巫进行占卜时，女巫召唤了撒母耳，由此可知，灵魂

---

① ... inspirantur diabolico spiritu. Has autum dicunt Hebræi malefecis artibus eruditas per necromantias et pythicum spiritum qualis fuit illa quæ uisa est suscitare animam Samuelis. *Idem*, XXV. p. 114.

② Migne, *Patres Græci*, XLV. pp. 107 – 14.

③ *Δαίμονες γαρ ἦσαν οί κατασχηματίζουτες ἑαυτοὺς εἰς τὸ τὸῦ Σαμουὴλ πρόσωπον.*. *Idem*, XXX. p. 497.

④ Et credo quia [spiritus immundi] mendacio possunt; nec enim pythonico tunc spiritui minus liciut animam Samuelis effingere. (*De Anima*, LVII.) Migne, *Patres Latini*, II. p. 749.

⑤ 'Αλλὰ *γέγραπται, ὁτὶ ἔγνω Σαομλ ὅτι Σαμουὴλ ἔστι.*

⑥ *ἐπεὶ οὐ δύναται ψευδέσθαι ἡ Γραφη. τὰ δε ῥήματα τῆς Γραφῆς ἐστὶν. Καὶ εἶδεν ἡ γυνὴ τὸν Σαμουήλ.* (*In librum Regum*. Homilia II.) Migne, *Patres Græci*, XII. p. 1013.

是有着自己的住所的"①。圣安布罗斯也曾说:"如圣经所言,撒母耳甚至在死后仍能预言未来。"②圣奥古斯丁也是这一观点的强有力的支持者,他不止在一处讨论过这个问题,他认为女巫唤起的幽灵确确实实是先知撒母耳的灵魂。因此,圣奥古斯丁在重要的论文《论基督教教义》(*De Doctrina Christiana*,开始于397年,最后修订版出版于427年)中提到,"撒母耳早就不在人世,他的灵魂确实预言了国王扫罗的命运"③。圣奥古斯丁在另一篇更为著名和重要的文章《论照管亡者》(*De Cura pro mortuis gerenda*, 421)中断言,"已故的先知撒母耳揭示了还健在的国王扫罗的未来"④。

181 约瑟夫斯(Josephus)认为,幽灵是由女巫的通灵力量所召唤的,他的《犹太史》(*Jewish Antiquities*, VI, xiv, 2)在涉及隐多珥的故事时写道:"[扫罗]命令她召唤撒母耳的灵魂。女巫并不知道撒母耳是谁,她将他从冥府中召唤出来。"⑤这是一个值得被注意的证据。

整部《旧约》都用最激烈的言辞来谴责招魂术的罪恶,但是其对此禁令的一再重复表明召唤死者依然被广泛而持久地实施,尽管这是以一种极为隐密的方式进行的。摩西律法一再谴责这种技艺:"不可偏向那些行巫术的,不可求问他们,以致被他们玷污了,我是耶和华你们的神。"(《利未记》19:31)"偏向魔法师和预言者的,随他们行邪淫,我必向那人变脸,把他从民中剪除。"(《利未记》20:6)下文的禁令则更为详细与明确:"你们中间不可有……占卜的、观兆的、行法术的,用迷术的、交鬼的、行巫术的、过阴的。凡行这些事的,都为耶和华所憎恶。"

---

① *καὶ ὅτι μένουσιν αἱ ψυχαί, ἀπέδειξα ὑμῖν ἐκ τοῦ καὶ τὴν Σαμουὴλ ψυχὴν κληθῆναι ὑπὸ τῆς ἐγγαστριμμύθου, ὡς ἠξίωσιν ὁ Σαουλ.* (*In I. Regum*. XXVIII.) *Idem*, XII.

② Samuel post mortem, secundum Scripturæ Testimonium futura non tacuit. *I. Regum*. XXVIII. 17 *et seq*. (*In Lucam*. I. 33) Nigne, *Patres Latini*. XV. p. 1547.

③ Imago Samuelis mortui Saul regi uera prænuntiauit. *Idem*, XXXIV. p. 52. And *De Cura*, XL. p. 606.

④ Nam Samuel propheta defunctus uiuo Sauli etiam regi futura prædixit.

⑤ 惠斯顿(Whiston)的翻译。Ed. 1825. Vol. I, p. 263.

(《申命记》18:10—12)因此,这一罪恶的基本恶意显然在于它是反对上帝的悖逆罪(*lèse-majesté*),其如同异端的罪。① 此外,我们可以从下面的事实中看出这些,即尘世的处罚为死亡。“无论男女,是交鬼的,或行邪术的,总要治死他们。”(《利未记》20:27)。著名法令(《出埃及记》22:18)明确提到,“行邪术的人不可容他存活”。然而,招魂术依然存在。例如,在犹太王国第十三位国王玛拿西(Manasses)统治时期(公元前 692 年至公元前 638 年)②,招魂术不再躲藏于阴暗的角落和淫秽的隐蔽洞穴,而是在宫殿的庭院上,或于中午在迷信的国都众人眼前肆无忌惮地炫耀其丑陋的行径。这位国王在统治时期公开进行占卜、观兆和预言,同时占卜者一再“行耶和华眼中看为恶的事,惹动他的怒气”(《列王记下》21:6)。可怕的人祭仪式再次复兴。众所周 182
知,国王本身就以微不足道的借口求助于“脏卜”,从为这可怕目的而被献祭的男孩那跳动的内脏中寻找预兆。“玛拿西流许多无辜人的血,充满了耶路撒冷,从这边直到那边。”(《列王记下》21:16)也许我们可以将犹太国王的邪恶邪术等同于吉尔斯·德·莱斯详细的供认,后者在审判中讲述了“他如何偷走小孩,并详细讲述了他所有的邪恶诱骗、恶魔般的兴奋、疯狂的谋杀、残忍的强暴:可怜的受害者的恐怖情景在他心头萦绕,他详细描述了他们长久的痛苦或短暂的苦楚,以及他们痛苦的哀嚎和临终时的喉鸣;他承认自己沉湎于他们温暖的内脏;他供认曾从巨大的伤口中将他们的心脏拉出,就如同猛扯成熟的水果一般”③。崇拜鬼神的情况在公元前 6 世纪与公元 14 世纪差

---

① 因此,《撒母耳记上》(1 *Samuel*, xv. 23)写道:“悖逆的罪与行邪术的罪相等。”异端和叛逆基本上相差无几。

② Schrader, *Die Keilenscheiften und das alte Testament*, Giessen, 2nd ed. , 1883.

③ ... raconta ses rapts d'enfants, ses hideuses tactiques, ses stimulations infernales, ses meurtres impétueux, ses implacables viols; obsédé par la vision des ses victimes, il décrivit leurs agonies ralenties ou hâtées, leurs appels et leurs râles; il avoua s'être vautré dans les élastiques tiédeurs des intestins; il confessa qu'il avait arraché des cœurs par des plaies élargies, ouvertes, telles que des fruits mûrs. *Là-Bas*, J. K. Huysmans, c. xviii.

不多。

就如我们之前所注意到的，巴兰用公牛和公羊进行“脏卜”。900年后，在《以西结书》(*Ezechiel*, xxi. 21)中，以撒哈顿(Esarhaddon)通过观察动物的肝脏进行占卜。“因为巴比伦王站在岔路那里，他要在两条路口上占卜。他摇箭求问神像，并查看牺牲的肝。他在右手中拿着为耶路撒冷占卜的箭，其使他安设撞城锤，张口叫杀。”当时，用箭占卜的方式(belomancy)在迦勒底人(Chaldeans)中被广泛使用，在阿拉伯人中亦是如此。圣哲罗姆就曾评论道：“他应该站在大路上，按照自己国家的方式询问神谕；他会摇晃写有各个民族名字的箭以使之混合，然后再看哪个箭被摇了出来，从而决定该先攻击哪个城市。”

在麦加的伊斯兰教圣堂中有 360 个偶像，而穆罕默德
183 (Mohammed)在伊斯兰教纪元 8 年攻占麦加时将这些偶像全部破坏。在这些偶像中，有一座由玛瑙制成并且手持七支箭的男子像，其像是异教时期的阿拉伯人在占卜时使用的。据说，这个偶像代表了祖先亚伯拉罕(Abraham)，其受到特殊的敬畏与崇拜。

早期阿拉伯人用于魔法实践的箭通常是三支，它们被小心地存放在某个偶像的神庙中，这些箭在进入圣殿前均会被祝圣。第一支箭上刻有“耶和华命令我”；第二支箭上刻有“耶和华禁止我”；第三支箭上则是空白的。如果抽到第一支箭，占卜者会将其视为吉祥的征兆，因其预示着成功；如果抽到第二支箭，则预示着失败；若抽到第三支箭，则将三支箭再次混合，然后重新再抽一次。阿拉伯人在做重要的事情之前，似乎总会用箭进行占卜，如当某人打算进行一次特殊之旅、结婚或是着手做笔大生意时。

在很多国家，人们在某些情况下用杆替代箭。小杆子上刻有神秘的标记，人们将之投入容器后再抽出，或者将杆子扔到空中，人们会仔细观察其飞行的方向和落下的地点。这种占卜方式被称为“棒卜术”(rhabdomancy)。实际上，“棒卜术”在作为希腊文圣经的《以西结书》(*Ezechiel*, xxi. 21)中被称作*ῥαβδομαντία*，而不是*βελομαντεία*。亚历

山大的圣西里尔(S. Cyril of Alexandria)也曾提到过“棒卜术”。

《古兰经》的第五章“筵席”提到，“用于占卜的箭”被认为是“撒旦创作的可恶之物”，因此人们需要颁布禁令来“避免使用它们，以防其流传开来”。

值得注意的是，早期的圣经叙述中提到过一种占卜的形式，其对此如果不能说是表示赞同的话，至少也没有公然指责。当雅各(Jacob)的儿子们在饥荒时第二次去埃及购买谷物时，约瑟(Joseph)吩咐说，每个人的袋子都要被装满食物，同时他又把各人的钱放入各人的口袋里，并在便雅悯(Benjamin)的袋中藏了“杯子，是银杯”。第二天早上，当雅各的儿子们启程回家时，一群约瑟的仆人在他们出城没多久便在管家的带领下赶上了他们，并且指控他们偷窃了杯子：“这不是我主人饮酒的杯吗？岂不是他占卜用的吗？你们这样行是作恶了。”(圣经钦定英译本)拉丁文圣经写道：“Scyphus quem furati estis, ipse est in quo bibit dominus meus et in quo augurari solet: pessimam rem fecistis.”(《创世记》[*Genesis*, xliv. 5])后来，雅各的儿子们被关入监狱并被带到约瑟面前，约瑟问他们：“你们岂不知像我这样的人必能占卜吗？”拉丁文圣经这样写道：“An ignoratis quod non sit similis mei in augurandi scientia?” 184

首先，约瑟公然地、强调地声称自己是拥有特殊能力的占卜者，我们无法想象这一做法仅仅是临时的策略。杯子在这个故事中的突出作用说明，管家显然认为这是一个有着特殊价值和重要性的容器，其有着神秘的力量。

这个杯子被用于某种被称为“水占术”(hydromantia)的占卜之中。“水占术”在古代非常普遍，其直至今日仍十分常见。先知——某些情况下是问询者——凝视着池塘或是装有静水的盆，他们会在其中看到如同镜中投射一般的图像，这些图像的内容正是他们想要知道的事情。有这样一个古老的传统，即国王努马(Numa)通过在清澈的溪流中看见上帝来进行占卜。“上帝既没有派遣先知，也没有派遣圣天使到努马那里，于是他只能进行水占，并在水中看到诸神的影像，或更确切地说是看到鬼怪的把戏。努马听这些鬼怪说应该设立和遵从怎样的仪式。据瓦罗说，这种占卜术是人们从波斯人那里学来的，努马和后来的哲学家毕达哥拉斯都用过这种占卜术。瓦罗说通过这种办法，人们还可以用血来占卜地下的鬼魂，希腊人将其称为'起死术'。但是，不管被称为水占还是起死术，它们看来同样都是用死人进行预言。"（圣奥古斯丁：《上帝之城》[*De Ciutitate Dei*. VII. 35]）[1][2]

阿普列乌斯在《论魔法》（*De Magia*）[3]中引用了瓦罗（Varro）的
185 话。在今天的埃及，人们常常咨询魔镜（Magic Mirror）。一个男孩注视水的飞溅，或者他也可以将墨水或其他黑色液体泼到手掌上，他从中确实会如画般地看见人们向他提出的那些问题的答案。当有偷窃行为发生时，人们总是会询问魔镜。在斯堪的纳维亚地区，丢失东西的村民会在周四的晚上拜访占卜者，他会在装水的提捅中看见盗贼的模样。[4] 这一信仰在各处盛行，如在塔希提（Tahiti）、夏威夷、马来半岛、新几内亚和爱斯基摩人之中。

类似的占卜形式还有将物体投入某些液体中，如将珍贵的石头或是护身符掷入杯中，从而通过容器中液体表面的螺圈来预测未来。有的将热蜡或熔铅浇入装有冷水的容器中，如此人们就能从中拼出重要的单词或从蜡和铅呈现出的形状中辨别出事物；人们有时会将空茶杯倾斜，并根据剩余物的大小、形状以及摆放的方式进行相关预言。这一做法在英格兰、苏格兰、爱尔兰、瑞典和立陶宛很常见，在马其顿地区的人则以相同的方式使用咖啡渣。

但是，无论是先知、希伯来祖先还是罗马国王，占卜都因某些神秘

---

① Healey' translation, 1610.

② 中文译文引自吴非翻译的《上帝之城》（上海三联书店，2007 年）。——译注

③ *De Magia*, XLVII.

④ *The Primitive Inhabitants of Scandinavia*, Sven Nilsson. 3rd edition. 1868. p. 241.

的名字而显得神圣，如滴蜡占卜（Ceromancy）（融化蜡）、宝石水占（Lecanomancy）（水盆）、酒占术（Oinomancy）（酒糟），或者使某个身着格子花呢披肩的老妇在小屋的火堆旁注视她的下午茶的茶叶。在所有时代，观察的对象都是一样的，因为所有的占卜体系都只是通过模糊外在的景象而让内在的景象显现。

因为“水占术”在操作过程中不可避免地被引入了许多诡计，所以罗马的神父、伪教皇希波吕托斯（Hippolytus）在他重要的驳斥异端的论战著作（*Phiosophumena*，IV，35）[①]中详细解释了人们如何被伪魔法师精心地欺骗。人们准备好一个房间，其屋顶被涂成蓝色，象征天空，屋中有个装满水的大盆，盆子底部是玻璃的，下方设有一个密室。186
占卜者凝视着盆中之水，演员们走入下方密室，看上去就如同水中出现了人形。

考虑到圣经对魔法实践的激烈而普遍的谴责，值得我们注意的是，摩西五经[②]并未指责约瑟的“水占术”。事实上，任何形式的预言或者魔法的使用都无一例外地遭到除《创世记》之外的其他作品的严厉斥责。然而，在《以赛亚书》（*Isaias*，iii. 2）中，人们会以与众不同的尊敬口吻谈论魔法师或占卜者科塞姆（Kōsēm）。“Ecce enim dominator Dominus exercituum auferet a Jerusalem et a Juda ualidum et fortem omne robur panis et omne robur aquæ，fortem，et uirum bellatorem，iudicem，et prophetam，et *hariolum*，et senem.”此处，钦定圣经英译本故意误译了这一场景，并且使之模糊：“主万军之耶和华从耶路撒冷和犹大，除掉众人所依靠的，所仗赖的，就是所依靠的粮，所仗赖的水，除掉勇士和战士、审判官和先知、智者（*prudent*）和

---

① 原本的题目为*κατὰ πασῶν αἱρέσεων ἔλεγχος*。。对所有异端邪说的驳斥。第一部早已为人所知；第四部和第五部不久前才被发现，并最早由米勒（Miller）于 1851 年将其作为奥利金（Origen）的著作出版（牛津），1859 年由 Duncker、Schneidewin 和 Hippolitus 编辑校订，在哥廷根出版。第四部的第一章，以及整个第二部和第三部至今仍佚失。

② 指圣经的前五卷。——译注

长老。”“智者”（The Prudent）并没有如“hariolus”（占卜者）那样充分表现科塞姆。①

《创世记》的第 13 章②中有一段关于交感魔法（sympathetic magic）的详细生动的叙述。雅各为拉班（Laban）工作，作为部分的工钱，他获得了所有带斑点的牛、所有棕色的绵羊以及所有带斑点的山羊。但是，这个狡猾的叙利亚老人为了阻止他的女婿雅各获得这些，就将这些有着特殊标志的牧群移到距离其所在之处三天路程的地方，“雅各就牧养拉班其余的羊。雅各拿杨树、榛树和栗树的嫩枝，将皮剥成白纹，将剥了皮的枝子对着羊群，插在饮羊的水沟里”。牧群会自然交配，“羊对着枝子配合，就生下有纹的、有点的、有斑的来”。此外，只有到牧群肥壮的时候，雅各才把枝子插在水沟里，最终肥壮的都归了
187 雅各。这些树木的名称本身是十分重要的。在罗马民间传说中，杨树是被献给赫拉克勒斯（Hercules）的③，当它生长在伊庇鲁斯（Epirus）的阿克伦河（Acheron，冥河）的岸边时，它就会与阿克伦河产生联系，那是冥府中的悲哀之水，这个令人困惑的传说无疑有着悠久的历史。在 17 世纪的英格兰，杨树叶被认为是施行巫术时所使用的汤水（hell-broth）符咒的重要成分。榛树自远古以来就与魔法相联系，witch-hazel（金缕梅）这个说法更是被沿用至今。栗树和栗子似乎与某些原始的性仪式有着联系。这种联系是模糊的，但无疑是可以被追溯的。在最为美丽的婚礼颂歌——卡塔路斯（Catullus）的《祝婚诗》（*Epithalamium*）——中，当男孩们在吟唱传统的淫秽之诗时，栗子就

① 在有些英译本中被译为占卜者（soothsayer、diviner）：NIV[New International Version]、ASV[American Standard Version]、RSV[Revised Standard Version]、Web[World English Bible]等。——译注

② 应为第 30 章。——译注

③ Theocritus，II. 121. *Κρατὶ δ᾽ ἔχων λεύκαν ʽΗρακλέος ἱερὸν ἔρνος.* Vergil. *Eclogue* VIII，61：Populus Alcidæ gratissima. *Æneid*，VIII，276：Herculea bicolor quem populus umbra ...

被撒落在人群中。[1] 佩特罗尼乌斯(*Fragmentum XXXII*, ed. Buecheler, Berolini, 1895)将栗子称为恋爱的礼物。

在《创世记》中,还有一处同样记载了一个有趣且有教育性的例子,其表明了人们相信植物拥有魔法效力。“割麦子的时候,流便(Reuben)往田里去寻见风茄(mandrake,曼陀罗),并将其拿来给他母亲利亚(Leah)。”(xxx. 14 A. V.)流便带给他母亲曼陀罗(爱欲之果),这正是拉结(Rachel)想要的。利亚与拉结进行交易,后者可以得到一部分曼陀罗,但是她必须同意丈夫雅各在当晚与年长的妻子利亚同寝。事实上,利亚当晚就怀孕了,并适时地生下了以萨迦(Issachar)。利亚将曼陀罗作为符咒食用,从而提高了受孕几率,而人们对这一用法未曾提出过任何异议。

马基雅维利(Machiavelli)在他创作于1513年至1520年的讽刺喜剧《曼陀罗》(*La Mandragola*)[2]中涉及过上述题材。《曼陀罗》于1520年4月应要求在教皇利奥十世面前上演,此剧之前就曾在佛罗伦萨上演。剧中的卡利马可(Callimaco)迷恋易受骗的法律博士梅塞尔·尼西亚(Messer Nicia)的妻子卢克莱蒂亚(Lucretia),梅塞尔·尼西亚毕生的唯一愿望就是想有个儿子。卡利马可作为一名医生被引见给尼西亚,他告诉尼西亚,食用曼陀罗可以帮助其妻子解决不孕问题,但是
这对于丈夫来说有着致命的后果。尼西亚必死无疑,除非有其他男的 188
先做替代品,吸掉卢克莱蒂亚体内的毒液,这样卢克莱蒂亚就可以繁育了。这一诡计被实施地极为成功,卡利马可以作为牺牲者被带到卢

---

① 普林尼(Pliny)(*Historia Naturalis*, XV. 86)从铭文中得知,抛洒胡桃这一习俗在庆祝生日和婚礼时十分盛行。无论如何,人们原本也使用栗子。这一意义逐渐变得模糊,人们在各种游戏中使用栗子,而栗子也成了玩具的同义词。

② 此剧于1520年因*Messer Nicia*之名而为人所知,其第一版约于1524年在佛罗伦萨印刷,题目是*The Comedy of Callimaco and Lucrezia*,但序幕的标题为*La Mandragola*(《曼陀罗》),该标题在后来所有的版本中依然被使用。拉封丹(La Fontaine)曾模仿过这个故事;此剧(至今仍在意大利上演)不断被重新翻译,其至少六次被译成法语,五次被译成德语。但是,此剧至今仍未有英译本。

克莱蒂亚的卧房,从而满足了自己的情欲。

曼陀罗和锦葵在所有魔法中都被视为有效力的,尤其是关于曼陀罗有着众多传说,彻底研究这些传说需要许多时间和空间。在某种程度上,西方传说大体上比较残忍,但也绝非都是如此,东方人则将曼陀罗视为有效的催情剂。《雅歌》(*Canticles*, VII, 13)写道:"Mandragoræ dederunt odorem."(曼陀罗放香。)在古代,曼陀罗被用作麻醉剂。迪奥斯科里德提到,在病人需要切割或烧灼时,他会使用这一草药;普林尼认为,曼陀罗的气味能够使得病人在手术期间入睡;卢西恩(Lucian)谈到,自己在烧灼前会使用曼陀罗;盖伦(Galen)和伊西多鲁斯(Isidorus)都曾提及曼陀罗的安眠功能。莎士比亚在其作品中的提及使得曼陀罗这一草药的功效为大众所熟悉。

阿拉伯人和古代日耳曼人则认为这一植物中有一个强大的精灵,这个观念得自于其根部的形状与人形有着奇特的相似性。在《有关卡尔六世与七世之历史的评注》(*Commentaria ad Historiam Caroli VI et VII*)中,理查德修士(Frère Richard)是法国大革命时的激进组织科尔得利的成员(Cordelier),好几种曼陀罗在他的着魔事件中被认为带有巫术的性质,因而它们被查收和焚烧。

189 拉结从她父亲那儿偷走神像(《创世记》31:19、31:31—35),神像是被用于占卜的。在父亲追究时,拉结狡猾地瞒过了父亲。对这一事件的叙述说明,这些神像显然有着巨大的价值——将这些神像拿走的人,一旦被发现,就会被处死——而且这些神像还被授予了神秘的神圣性。几个世纪之后,在戏剧性的改革期间,国王约西亚(Josias,公元前639—608年)不再容忍这些神像:"凡犹大国和耶路撒冷所有交鬼的、行巫术的,与家中的神像和偶像,并一切可憎之物,约西亚尽都除掉。"(《列王记下》23:24)在《以西结书》(21:21)中,以撒哈顿用神像和箭进行占卜;在《撒迦利亚书》(*Zacharias*, 10:2)中,神像有一次欺骗过问询者,"simulacra locuta sunt inutile"(家神所言是虚空)。我们从《何西阿书》(3:4)中可得知,有时用神像进行占卜也是允许的:"Dies

multos sedebunt filii Israel sine rege, et sine principe, et sine sacrificio, et sine altari, et sine ephod, et sine teraphim."(以色列人也必多日独居,无君王、无首领、无祭祀、无柱像、无以弗得,无家中的神像。)

博学的科尼利厄斯·拉碧德在评论《创世记》的第 31 章时写道:"家中的神像是人形雕塑的偶像,《列王记上》第 19 章。"这里的典故是米甲(Michal)欺骗扫罗的信使,她将一尊神像放在床上,并用被子盖好,伪称是生病的大卫(David)躺在其中。拉碧德继续写道:"第二,用'家中的神像'(*theraphim*)这个词指称偶像并不恰当,因为这是对恶魔作品的称呼,如同在《士师记》(18:18)中。"这里指的是密卡斯(Micas)的故事。加尔文(Calvin)十分荒谬地认为,"家中的神像是教皇主义的象征"。

斯宾塞(Spencer)[①]认为,这些神像是小的肖像或塑像,这一点似乎最终由圣哲罗姆提出,他在第 29 封书信《论家中的神像》(*De Ephod et Teraphim*)中引用了《列王记上》第 19 章第 15 节的话,并且 190
用"figuras siue figurationes"来翻译本都的亚居拉(Aquila of Pontus)的*μορφώματα*。圣哲罗姆是《旧约》希腊语版本(出版于约公元 128 年)的作者。在这之前八年,圣哲罗姆似乎被驱逐出基督徒社团,原因是他被认为善用魔法。亚居拉研究的是希伯来犹太教创始人阿基巴拉比(Rabbi Akiba)的学派。圣哲罗姆认为,亚居拉的著作极为精确,其是一本理解模糊的希伯来词语之意义的好词典。约拿单(Jonathan)的希伯来圣经译文(Targum)在注释《创世记》(31:19)时提出,拉结所藏的神像由一个被做成木乃伊的人头组成。

托拜厄斯(Tobias)的书中有一个关于驱魔(exorcism)的详细而重要的记述,此书还提到了当时的恶魔崇拜。托拜厄斯是托拜厄斯(Tobias)的儿子,他在天使拉斐尔(S. Raphael)的指引下被送到米底

---

① *De Legibus Hebræorum ritualibus earumque rationibus*, 2 vols., Tubingæ, 1732.

(Media)的嘎贝鲁斯(Gabelus),以取他父亲留下的十塔兰特银币。托拜厄斯在底格里斯河中沐浴时遭到了一条巨大的鱼的攻击,他的守护天使曾告诉他要保留好鱼的心、肝和胆;心和肝是被用于防止魔鬼袭击的,魔鬼曾杀死拉贵尔(Raguel)美丽的女儿莎拉(Sara)的七位丈夫。莎拉的七位丈夫到达拉贵尔家中,寻找莎拉的协助。恶魔亚斯摩德斯(Asmodeus)深爱莎拉,因此莎拉的七位丈夫均在新婚之夜完婚前依次为恶魔所杀害。托拜厄斯实施驱魔,他凭借燃烧鱼的肝所散发出的气味以及拉斐尔的帮助打败了恶魔,“然后天使拉斐尔将魔鬼带走,并将他囚禁在上埃及的沙漠中”。这个故事被作为事实接受,它最初诞生于公元前7世纪上半叶的巴比伦之囚时期。这个故事清楚地表明,恶魔被认为有性能力,就如《创世记》(6:2)所记载的,神的儿子们对人类女子的爱。我们可以比较阿拉伯民间传说中的神灵(Jinns)的故事。亚斯摩德斯可能与波斯的 *Aëshma daêva* 相同,后者在《阿维斯塔》(*Avesta*)中仅次于恶灵之首 Angromainyus。对托拜厄斯的狗
191 的介绍值得我们注意。狗在旅途中陪伴主人,当他们回家时,“一路相随的狗跑到了前面,就像是带来了什么消息,它摇摆着尾巴,显示出十分高兴的样子”。波斯人认为,控制恶灵的某种力量正是被赋予给了忠诚的狗。

任何接受基督教启示的人都不会忽略《新约》关于魔法和占卜的真实性的证据。

在福音书中,我们会不断看到着魔的例子:出现在格拉森(Gerasenes)的奇迹(《马太福音》8:28—34);着魔的哑巴(《马太福音》9:32—34);治愈一个着魔的害癫痫的男孩(《马太福音》17:14—21);赶逐污鬼(《马可福音》1:23—27);赶走许多鬼并不许他们说话(《马可福音》1:32—34);奉耶稣的名赶鬼(《马可福音》9:38);鬼由于耶稣的出现而逃走并喊着说“你是基督,神的儿子”(《路加福音》4:41);治愈被污鬼缠磨的人(《路加福音》6:18)。这样的例子还有很多。

早在使徒时期就出现了整个巫术史上最为出名的人物之一——

西门(Simon),他被称为"行邪术的西门"、巫师和异教首领。在以圣司提反(S. Stephen)的殉教为始的对耶路撒冷基督教社团的迫害爆发时(大约公元37年),执事腓力(Philip)来到撒玛利亚(Samaria),西门此时正居住在那座城市,他本是吉塔(Gitta)的居民。西门凭借魔法和神秘的教义宣称自己是"神的大能者",他为自己赢得了名声,并获得了许多支持者。西门听了腓力的布道,他对其印象极为深刻,他看到了治病奇迹和驱逐污鬼并感到甚为惊奇。像其他许多人一样,西门接受洗礼并加入基督教社团。但是,西门这样做的目的显然仅是希望获得更大的魔法力,以提升自己的影响力。使徒圣彼得(S. Peter)和圣约翰(S. John)来到撒玛利亚,他们要赐予接受过腓力洗礼的人圣灵,圣灵伴有神圣的显现。西门给他们钱并说道:"把这权柄也给我。"西门 192
显然将之视为魔法或神秘的符咒。圣彼得直接严厉地谴责了这名不虔诚的新信徒。在遭到谴责后,西门恳求使徒为他祈祷。[1]

《新约》的其他地方并未提及西门,但是最初的基督教作者却谈论他很多。殉道者圣查士丁(S. Justin Martyr)在他的《护教文》(*Apologia*, A. D. 153－155)和对话录《驳特里芬》(*Contra Tryphonem*,公元161年前)中将西门描述为术士,称他在恶魔的教唆下宣称自己是神。在克劳迪皇帝统治期间,西门来到罗马,他凭借邪术赢得了许多拥护者,这些拥护者给予他神圣的敬意。陪伴西门的是来自推罗(Tyre)的淫荡情妇海伦娜(Helena),他称她为神圣的智慧(Heavenly Intelligence),他凭借"大能"将自己从奴役中解放出来。

在《伪克莱芒布道集》(*Pseudo-Clementine Homilies*)(可能成书于2世纪)中,西门是圣彼得的主要对手,圣彼得揭露了他恶魔般的行径,并使他的魔法失效。极其古老的伪经《彼得行传》(*Acts of S. Peter*)[2]详细讲述了西门之死的著名传说。这位术士凭借符咒几乎完

---

① 事见《使徒行传》(*Acts*, 8:9－24)。——译注

② 不晚于公元200年。科莫迪安(Commodian)在公元250年写作时对此并不陌生。

全博得了尼禄皇帝的信任，但是由于使徒的介入而不断遭到阻挠和挫败。最终，当罗马皇帝要求西门给出其教义之真实性的一个决定性的证据，并在正午时分在所有罗马人面前展现奇迹时，西门提出表演飞到空中的本领——这是对耶稣升天的恶魔般的模仿——从而使得人们可以知道他的能力与基督徒所崇拜的上帝一样强大。

广场上聚集了很多人：灶神女祭司（Vestal Virgins）、元老院议员、骑士、他们的妻子以及全部下层民众。在新建的皇帝包厢最前面坐着尼禄皇帝（Nero Claudius Cæsar Augustus Germanicus），在他的两侧，一边是他的母亲阿格丽品娜（Agrippina），另一边是他的妻子奥克塔维亚（Octavia）。魔法师手持魔法棒，步入竞技场中心，嘴中念叨着符咒，他命令他的棒等待他回来，魔法棒立刻竖立在路面之上。然后，西门
193 向已知世界的统治者深深地鞠了一躬，并伸展了下手臂。片刻之后，四肢僵硬、脸色凝重的西门从地面飞起，在高空漂浮着飞向丘比特神殿（Capitol）。西门如巨鸟般飞起，并在空中盘旋了一会。圣彼得站在人群之中，当巫师到达朱诺·墨涅塔（Juno Moneta）神庙（现为天坛圣母堂[Santa Maria in Aracœli]——方济各会修士在此吟唱上帝赞歌）——的尖塔顶端时，圣彼得跪下，举起右手，故意朝着那个篡夺圣母之子特权的人用力画了一个十字。此刻，谁会说地狱的主人逃走了？术士如重铅般急速下降，身体在空中旋转转圈，他猛摔到皇帝的座位旁，身体被摔得稀巴烂，喘不过气来，飞溅的黑色血液弄脏了皇帝的座椅。与此同时，西门的魔法棒掉落在地，声音响亮。插在圣彼得下跪之处的旗帜如今在圣方济各教堂（Church of Santa Francesca Romana）中依然可见。为了纪念术士西门的失败，教皇保罗一世（Pope S. Paul I，757－767）在其失败的地方建立了一个教堂；850年，教皇利奥四世（Pope S. Leo IV）重建了这个教堂，并将其命名为圣母新堂（Santa Maria Nova），它后来让位于建于1612年的现存至今的教堂。

但是，西门作为异端的恶名盖过了其作为巫师的声名，异端从很

早开始就与魔法有着紧密联系。西门是第一位诺斯替教徒，他的信徒是西门派教徒(Simonians)，这是2世纪时的一个反律法主义的教派，其沉浸于病态的幻想之中。西门的继任者米南德(Menander)宣称自己是救世主，并且断言只要受过他洗礼的信徒就能获得永生。米南德也被视为一个有能力的魔法师，其教派也因以他的名字命名而被称为“米南德派”(Menandrians)，此教派似乎存在了很长时间。

圣保罗(S. Paul)在传教过程中不断与巫术作战。在帕弗(Paphos)，圣保罗遭到了巫师以吕马(Elymas)的敌视[①]；在腓立比(Philippi)，一个女巫(medium)——她是“一个为巫鬼所附的使女”——沿街跟随保罗，并对保罗喊着说“[你是]至高神的仆人”，直到保罗为她驱鬼[②]；在以弗所——邪术与迷信的温床，他使许多占卜者和巫师改变信仰——这些人通过忏悔礼来洗涤自己的灵魂，并且他们焚 194
烧了价值不菲的魔法书。这些藏书价值共计五万德拉克马(drachmas)[③]，不难想象，除了书之外，被烧掉的还有由金银制成、锻造精致并嵌有宝石的护身符。在以弗所，圣保罗还曾偶遇过众多流浪的犹太人，他们是驱魔人。犹太驱魔术的主要特征是反复吟诵被认为灵验的名字——主要是善良天使的名字——驱魔人有时是单独念这些名字，有时是将这些名字和厄尔(El，上帝)放在一起念；对名字发音的盲目信任是业余巫师采用的固定实践，他们认为他们魔法的精髓在于在不同的场合和以不同的顺序高声诵读特殊的名字。无疑，正是这种信仰促使士基瓦(Sceva)的七个儿子在目睹圣保罗奉耶稣之名进行驱魔后也尝试自己驱魔，他们口中念道“我奉保罗所传的耶稣，敕令你们出来”，然而这一行为给他们的信誉造成了极大的损失。例如，有一次，病人喊道：“耶稣我认识，保罗我也知道，你们却是谁?”病人跳在士基瓦的七个儿子身上并制伏了他们，他们从那房子逃了出去，四肢受

① 事见《使徒行传》(13:8)。——译注
② 事见《使徒行传》(16:16—17)。——译注
③ 事见《使徒行传》(19:19)。——译注

伤，衣服撕破，这在邻里间成了丑闻。[1]

基督本身的权威性由于着魔的事实得到了确证，圣保罗明确将巫术与谋杀、叛乱、忌恨、异端等罪名列在一起。(《加拉太书》[*Galatians*]5:20—21)圣约翰也曾两次将巫师列入可憎的罪人名录中。无疑，巫术的真实性得到了《新约》作者的明确支持[2]，因此否认巫术的真实性也就意味着背弃基督教启示的真实性。

在后期的犹太人中——也许直至今日——许多疾病都被认为是由恶魔所致。值得注意的是，这些恶魔出没的沼泽、潮湿且腐朽的房屋、茅坑、肮脏的街道以及污秽的空气正是疾病滋生之所。

约瑟夫斯(Josephus，卒于公元100年)说过，上帝教所罗门如何驱
195 魔，这是"一门对于人类来说有用且有益的技艺"。约瑟夫斯也讲述过关于当时极为出名的驱魔师以利以谢(Eliezar)的故事，历史学家真实地看到他在韦斯巴芗皇帝面前驱除恶灵。以利以谢将一个环放在着魔者的鼻子前，环上附有被所罗门称为"巴亚拿斯"(Baaras)的草根，这种草药具有魔法性质，其对于没有经验的人来说是很危险的。当恶魔出现时，以利以谢将他们引入水盆中，水立刻溢出。由此可见，恶魔崇拜在《以诺书》(*Book of Enoch*，公元前170年之前)中是十分重要的。《密西拿》(*Mishna*)中无疑有许多魔法的踪迹；在《革马拉》(*Gemara*)中，恶魔崇拜和邪术随处可见。整个中世纪，犹太传说在巫术历史上有着重要地位，特别是在西班牙，直到19世纪仍有许多相关诉讼，其中并无太多关于遵循希伯来仪式的诉讼，而是有不少关于隐蔽且可怕的希伯来魔法传统的诉讼。与这些古代邪术紧密相连的是仪式性谋杀。一名博学的维尔辛(Wilthin)的普雷蒙特雷修会(Premonstratensian)修士艾德里安·肯博特(Adrian Kembter)在1745年列举出不少于25项

---

① 事见《使徒行传》(19:13—16)。——译注

② 当然，这是教父们的观点，甚至后来的神学作者(如Alfred Edersheim、Delitzsch、Rev. Walter Scott)也接受文字上的真实性。

谋杀罪。[①] 其中，最近的一宗谋杀案发生在1650年，一个住在波希米亚卡丹(Cadan)的4岁小男孩马提亚(Matthias)被拉比杀害，他的身上有七处伤痕。在很多案例中，证据是确凿的，即身体——尤其是受害者的鲜血——可以被用于魔法目的。1261年，在巴伐利亚的福希海姆，受害男童的鲜血被喷洒在门槛上和门上。1285年，在慕尼黑，一名女巫因将基督教儿童贩卖给犹太人而被定罪，犹太人将鲜血小心地保存在各种古怪的容器中，以用于秘密的仪式。1494年，在蒂尔瑙(Tyrnau)，12个吸血鬼被处决，他们诱捕了一名男童并割开其血管，以吸饮这个活生生的小孩身上的热血。1597年，希德沃(Szydlow)弥漫着特殊的恐怖气氛，谋杀者将受害者折磨致死，然后分享其鲜血和身体的各个部分。几乎在每个案例中，谋杀者均会仔细地收集血液， 196
这无疑是出于魔法的目的，其基本的观念就是摩西律法中的规定："Anima enim omnis carnis in sanguine est."(论到一切活物的生命，就在血中。)[②]

---

① *Acta pro Ueritate Martyrii corporis, & cultus publici B. Andreœ Rinnensis*, Innsbruck, 1745. 1462年7月12日，一个名叫安德鲁(Andrew)的男孩在蒂罗尔(Tyrol)的林恩(Rinn)被杀。无疑，如果我们进行系统的调查，那么肯博特记录的谋杀案件的数目可能会翻倍，18世纪有15件，19世纪有39件。1913年，Mendil Beiliss被指控谋杀一个俄罗斯男孩Yushinsky。

② Leviticus xvii. 14.

第六章

着魔与现代招魂术

着魔现象——仅就其可能性而言——近年来一直受到唯物主义者和现代主义者坚决否认。尽管如此，纵观历史，所有时期的人却都相信着魔现象。事实上，如果接受精神世界的存在，那么我们就自然会意识到无形的恶魔长久以来挣扎着利用上千种诡谲的伎俩与无数的伪装，不停地与永恒而不可战胜的善的力量进行角逐。大自然本身见证了这种竞争。疾病与死亡、残酷与痛苦、丑陋与罪恶，这些都是这场大战役的存证。在这种摩擦中，没有伤亡才确实奇怪，因为立场无法兼容。圣伊纳爵(S. Ignatius)认为，每个人必然要为两个标准之一作战——只要有人还没有倒下。 198

古埃及人在旧时代对太古的信仰因饱含激情的真挚、纯正、崇高的理想主义而得到凸显，他们显然相信一些疾病是由于恶灵或恶魔的行为而出现的。恶灵或恶魔在特殊的情况下有着可以进入或折磨人体的能力，这些能力与有意或无意地赋予它们邪恶本性和控制力之机会相适应。而且，埃及人还被认为在治愈着魔所引起的疾病上非常有天赋。一个值得一提的例子便被刻在了底比斯孔苏(Khonsu)神殿的石碑上，以便所有人都可以瞻仰他的神力与荣耀。① 当法老拉美西斯二世（Rameses II）来到美索不达米亚之际，各地的君主献给他许多金子与宝石。其中，贝克顿（Bekhten）的君主带来了他的女儿，她是那片土地上最美的少女。当法老看到她时就爱上了她，并赐她名为“君王
199 之妻、第一夫人、Rā-neferu（太阳神的美人）”，法老将她带回埃及，他们举行了盛大隆重而神圣庄严的婚礼。在法老统治的第 15 年，贝克顿的君主派来一位大使，他带来丰厚的礼物并恳求法老：“太阳神的妹妹本特恩热什（Bent-ent-resht）公主生了邪恶的疾病，因此我请求殿下派一名医生②去医治她。”拉美西斯命令智者们讨论并选出最好的医师去贝克顿，同时让他带上“生命的双重之屋”（double house of life）中的书籍。智者们选择了智者特胡天赫（Tehutiem-heb），他与使者一起即刻起程赴命。当特胡天赫一行人到达贝克顿时，这位埃及祭司立刻发现本特恩热什公主被一个恶魔或精灵占据，他对此束手无策。几乎陷入绝望的贝克顿君主再次派人去请求法老派一个神来帮助他。

当使者第二次到来时，拉美西斯正在底比斯的孔苏·奈夫-荷泰普（Khonsu Nefer-hetep）神殿中礼拜，于是他立刻请求神允许使者将孔苏神的神像带到贝克顿，以将那位君主的女儿从占有她的恶魔手中解救出来。孔苏·奈夫-荷泰普准许了拉美西斯的请求，并在将要被带去贝克顿的神像上赋予了四倍的魔力。神端坐于船中，与其他五艘载有神像的船一起，在列队的马匹与左右战车的护卫下，向贝克顿驶去，他们在那儿受到了盛大的礼遇。孔苏神被带到公主的所在地。在进行了魔法仪式后，恶魔被驱逐。孔苏神又在贝克顿待了三年四个月零五天，人们满怀尊敬地崇拜他。然而，一天夜里，君主做了一个梦，他在梦中看见一只金鹰从神殿飞出，飞向埃及。第二天早晨，埃及祭

① E. de Rougé, *Étude sur une stèle Égyptienne*, Paris, 1858; E. A. W. Budge, *Egyptian Magic*, VII.

② *Rekh Khet*, “knower of things.”

司解读了这个梦，他们认为是神希望回去了，于是神被完好地护送回了埃及，并带回了无数的谢礼。这些谢礼被放置在底比斯的孔苏·奈 200
夫-荷泰普神殿中。

早期文明中的希腊人总是倾向于将所有疾病都归结为神的作为，神通过这种特殊的方法及时地报复那些侮辱他们的圣像、亵渎他们的圣殿或嘲笑对他们的崇拜的人。因此，拒绝将狄俄尼索斯(Dionysus)的神话引入底比斯的彭透斯(Pentheus)被他所冒犯到的神灵逼疯。① 埃阿斯(Ajax)的癫狂，以及普洛托斯(Proetus)的女儿们②——她们想象自己变成了奶牛——都显示这种信仰可以被追溯到英雄时代。后来，德马拉托斯(Demaratus)和他的兄弟阿洛佩科斯(Alopecos)在发现了阿耳忒弥斯·俄耳托西亚(Artemis Orthosia)的神像后都疯掉(*παραφρονήδαν*)了，人们觉得这是女神的力量。③ 昆图斯·福尔维乌斯(Quintus Fulvius)的疯癫则被看成一个惩罚，这是因他偷盗了洛克里(Locri)天后殿(temple of Juno Lacinia)的大理石屋顶而被恶灵占据的结果。④

毕达哥拉斯认为，人和动物的疾病都是由聚集在那个区域的空气中的恶魔所引起的，这种说法其实不过是阐明了那些在人类历史之初被含糊地信仰着的教条。因此，荷马在《奥德赛》中提到了一个为痛苦的疾病所折磨的人，一个可憎的恶魔正折磨着他："*στυγερὸς δέ οἱ ἔχραε δαίμων.*"(但是，一个可憎的恶魔飞快地抓住了他。)(V, 396)词语*κακοδαιμονία*意为"被恶灵占据"，阿里斯托芬强调了"盛怒的疯狂"，其动词为*κακοδαιμονάω*，意思是"被恶魔折磨"，其为色诺

---

① Euripides, *Bacchæ*: passim; ovid, *Metamorphoses*. III. 513, *sqq*.; Apollodorus, III. v. 2.; Hyginus, *Fabulæ*, 184; Nonnus, *Dionysiaca* (*Bassarica*), XIV, 46.

② Sophocles, *Ajax*, Pindar, *Nemea*, VII, 25; Ovid, *Metamorphoses*, XIII, 1 - 398.

③ Pausanias, III, xvi, 6.

④ Valerius Maximus, I, 11,5. Lacinium 是布鲁提姆(Bruttium)东海岸的一个海岬，在Croton 以南几英里，它形成了塔仁坦(Tarentine)海峡的西边界。天后殿的遗址还在，并且它给予了海岬一个现代名字 *Capo delle Colonne* 或 *Capo di Nao*(*ναός*)。

芬(Xenophon)、德摩斯梯尼(Demosthenes)、狄纳尔科斯(Dinarchus)、普鲁塔克(Plutarch)[①]等作者所使用。

很多哲学家相信,每个人都有自己的守护神,而这些守护神在一定程度上有自己的个性。于是,我们可推知疯子和神志不清的人被癫狂困扰是由于这些指引他们的精灵。相应地,这种疯癫的希腊名字也变得十分重要:*ἐνεργούμενοι*(在后来的希腊文中,其意为"被恶灵占据的人"),*δαιμονιόληπτοι*(受恶魔影响),*θεόληποι*,*θεόβλαβες*(神的袭击),*θεόμανες*(被神逼疯);同样,欧里庇得斯(Euripides)有*λύσσα θεομανής*与*θεομανης πότμος*。[②] 希腊人命名疯狂的词是*μανία*,其源
201 于词根 *man* 和 *men*[③],它出现于拉丁词 *Manes* 中。罗马人认为,疯子是受到了马尼亚(Mania)女神的折磨,她是家庭守护神(Lares)的母亲,而疯子的幻觉被看成追逐他们的幽灵。[④] 同样,疯子是 *laruarum plenus* 和 *laruatus*[⑤],意思是"被鬼怪搅扰的人";在普劳图斯(Plautus)的著作中,医生说:"这是什么病?请解释。请阐明,老先

---

① Xenophon, *Memorabilia*. II. i. 5; Demosthenes, XCIII, 24; Dinarchus, CI, 41; Plutarch, *Lucullus*, IV.

② Euripides, *Orestes*, 1. 854, and 1. 79.

③ 参见*μάντις*。

④ Cf. Vergil *AEneid*. IV. 471-3:

> Agamemnonius scænis agitatus Orestes
> armatam facibus matrem et serpentibus atris
> cum fugit, ultricesque sedent in limine Diræ.
>
> (Atridan 弑母之后
> 疯狂地逃离现场,
> 蛇将火把纠缠
> 他逃离那被杀的王后,
> 在门口
> 魔女们守候。)

⑤ Plautus, *Amphitruo*, II. 2. 145. Nam hæc quidem edepol lauarum plenast.

生，我说。你是疯了（*laruatus*）还是神志不清？请马上告诉我。”[①]

加里（Galli）和科瑞本特（Corybantes）在庆祝酒神节时的狂喜似乎很具传染性，人们普遍认为这是着魔的表现。一直以来，有很多关于西布莉与狄俄尼索斯仪式之间存在联系的暗示。阿波罗多罗斯（Apollodorus）[②]认为，狄俄尼索斯被佛里吉亚的西布拉（Phrygian Cybela）的雷亚（Rhea）从疯狂中拯救出来，并被邀请到她的庆典中及拿着她的衣服，他在那儿与一群酒神和萨梯（Satyr）的信徒一起去了色雷斯（Thrace）。另一方面，斯特拉博[③]却认为，这些仪式是由殖民者从色雷斯带入佛里吉亚的，他甚至引用了埃斯库罗斯的《埃多尼亚人》（*Edoni*）[④]中的片断来证明狄俄尼索斯与西布莉崇拜的同一性。欧里庇得斯的著作（*Bacchæ*，58）写道：

> 唤起那古老甜美的声音，
> 我和神秘的雷亚所发现的铿锵声，
> 群山的铃鼓。[⑤]

值得一提的是，当克拉罗斯的尼坎德（Nicander of Claros）[⑥]——一位医生——在他的《解毒方法》（*Alexipharmaca*，*Ἀλεξιφάρμακα*）中

---

① Quid esset illi morbi，dixeras? Narra，senex.
Num laruatus，aut cerritus? fac sciam.
Menæchmei. V. 1，2. Apuleuis 将 *laruans* 等同于一个疯子："hunc [pulcherrimam Mercurii imaginem] denique qui laruam putat，ipse est laruans."（*Laruatu*s 是一个对这个段落的不好的解读。）*Cerritus* 是一个不常见的词，其由 *cerebritus*（*cerebrum*）缩写而来，而并不像前面所说的，与 Ceres 相关，参见 Horace，*Sermonum*，II，iii. 278。

② *Bibl*. III，v，1.

③ 471，*sqq*.

④ 56，Nauck.

⑤ *τἀπιχώρὶ ἐν πόλει φρυγῶν τύμπανα,*
Ῥέας τε μητρὸς ἐμά θ' εὑρήματα.

⑥ *Circa* 185 – 135 B. C.

谈及一种特别的精神病时，他将病人们发出的尖叫声与雷亚的一个女祭司的尖叫进行比较：在第九日，她让所有在街上遇见她的人在埃笛恩之母（Idæan Mother）可怕的怒吼下颤抖。书中确切的言词是*κερνοφόρος ξάκορος βωμίστρια ῾Ρείης*。[①] 在《希波吕托斯》（*Hippolytus*）中（141 *sqq.*），合唱团对菲德拉（Phaedra）说：

这是幽灵吗，人之子？
是赫卡特抓住了你，还是潘神？
是她的禁令，
还是恐怖的西布莉绑住了你？[②]

《美狄亚》（*Medea*，1171–2）提到，“我知道，她看上去像是疯了，由潘神（Pan）或其他的神激起的疯癫”[③]。

202 帕列夫（Paley）认为，此处的*τινὸς θεῶν*暗指狄俄尼索斯或西布莉。疯狂有时被认为是潘神所降，以惩罚对崇敬他之忽视。因此，在《瑞索斯》（*Rhesus*）中，赫克托（Hector）哭着说：“你是不是被潘神那古老的克罗诺斯（Kronos）的咒语所引起的可怖袭击吓到了？”[④]

医学作家阿雷提乌斯（Aretæus）尤以他精准的诊断而得名。在《疾病的症状》（*De signis chronicorum morborum*）的第六卷中，阿雷

---

① Professor Leuba, *The Psychology of Religious Mysticism*, Kegan Paul, London, 1925, p. 11 *sqq*. 其中有很多关于狄俄尼索斯崇拜的重要参考。

② *σὺ γὰρ ἔνθεος, ὦ κούρα,*
εἴτ᾽ ἐκ Πανὸς εἴθ᾽ ῾Εκάτας
ἢ σεμνῶν Κορυβάντων
φοιτᾷς, ἢ ματρὸς ὀρείας.

③ *δόξασά που*
ἢ Πανὸς *ὀργὰς ἢ τινὸς θεῶν μολεῖν.*

④ *ἀλλ᾽ ἢ* Κρονίου Πανὸς *τρομερᾷ*
μάστιγι φοβεῖ

提乌斯将科瑞本特式的疯癫描述成一种精神疾病，并认为轻音乐可以抚慰甚至治愈患者。[1] 这样我们就有了与救治扫罗时所采用的方法相同的方法。我们知道，当扫罗“受到来自神的恶魔的扰乱”[2]时，大卫——那个可爱的竖琴手——被召唤到他的宫廷。这似乎是《旧约》里仅有的涉及着魔的例子，尽管希伯来单词 *rûah* 并不完全意指一种个人影响，但如果我们根据约瑟夫斯所说的[3]来进行判断，那么犹太人在这一段里确实是这个意思。

我在这里要就着魔（possession）和作祟（obsession）之间的区别作出一个清晰的解释，因为这两个术语经常容易被混淆。作祟是指恶魔从外部袭击一个人的身体[4]，而着魔则是指恶魔从内部控制人的身体。因此，圣哲罗姆这样形容困扰圣希拉容（S. Hilarion）的作祟：“他的诱惑很多，恶魔日夜改变和更换它们的陷阱……当他躺倒，裸女何时不将他围绕？当他饥饿，丰富的美食几时不出现在他眼前？”[5]圣安东尼（S. Antony the Great）也受到过相似的袭击：“那魔鬼不直接袭击他，而是在夜里呈现出少女的模样，并模仿着女人的姿态来迷惑安东尼。”[6]这些痛苦的现象在圣徒身上经常发生。对此我们可以举出很多

---

① 毕达哥拉斯用音乐治疗精神失常，Eunapius，*Uita philosophorum*，67；Cælius Aurelianus 在他的著述中说这是一种常用的疗法，*De Morbis Chronicis*（*Tardarum Passionum*）VI。Origen，*Aduersus Celsum*，III，x，以及 Martianus Capella，*De Nuptiis Philologiæ et Mercurii* IX，925 中有类似的暗示。

② 1 Kings xvi. 14（A. V. 1 Samuel xvi. 14）：“Exagitabat eum［Saul］spiritus nequam a Domino.”

③ *Antiquitates Iud.*，VI，viii，2；ii，2.

④ *La Mystique Divine*，Ribet，II，ix，4 确实提及了“l’obsession intérieure”，但是他进行了如上的区分，并进一步指出，“L’obsession purement intérieure ne diffère des tentations ordinaries que par la véhémence et la durée”。

⑤ Multæ sunt tentationes eius，et die noctuque uariæ dæmonum insidiæ... Quoties illi nudæ mulieres cubanti，quoties esurienti largissimæ apparuere dapes? *Uita S. Hilarionis*. VII. Migne. vol. XXIII. col. 32.

⑥ Sustinebat miser diabolus uel mulieris formam noctu induere，feminæque gestus imitari，Antonium ut deciperet. S. Athanasius，*Uita S. Antonii*，V. Migne. vol. XXVI. col. 847.

例子,但其中的一个例子就已经足以说明问题,科多纳(Cortona)的圣玛格丽特(S. Margaret)①是方济各会的苦修者②,她长久以来一直受到折磨:"当她低泣祈祷时,魔鬼在她的陋室中四处跟随她,并唱着最下流的歌曲,猥琐地煽动基督的女仆(她含着泪将自己献给主)与他共行那淫猥之事……但她的祈祷和泪水终于击败了恶灵,并将它赶
203 走。"③然而,神学家们警告我们要谨慎对待这个难题,权威的圣阿方索·力古利告诫我们,作祟绝大部分是令人痛苦的幻觉、神经衰弱、想象和歇斯底里,总而言之是病态的,"对这些恶魔袭击持怀疑态度是可取的,因为,不可否认,大多数时候它们只是想象,或者是想象力或软弱的结果,尤其是在涉及女性时"④。多米尼克·施拉姆大师同样强调,"那些被假定为恶魔作祟的行为经常只不过是自然的疾病或者病态的想象,甚至是心烦意乱或实际的精神错乱。因此,在应对这类案例时,人们需要特别小心,直到一些特定的症状清楚地表明这是作祟"⑤。

着魔在《新约》中是很常见的,基督本人证实了它存在之事实。不信教者的论点是在任何情况下都否认着魔的可能,他们的论点基于恶灵不存在的假说或认为它们没有能力以上文所描述的方式影响人的身体。不管理性主义者的观点是什么——他们不断地转换立场——

---

① Feast (duplex maius apud Minores), 22 February.

② 需要指出的是,圣玛格丽特在转变之前并非像那些传记所写的过着令人反感的生活。

③ Sectando per cellam orantis et flentis, cantauit [diabolus] turpissimas cantationes, et Christi famulam lacrymantem et se Domino commendantem procaciter inuocabat ad cantum…; tentantem precibus et lacrymis repulit ac eiecit. Bollandists, 22 February. Vol. VI.

④ Ceterum consilium est semper de talibus inuasionibus suspicionem habere, non enim negandum maiorem earum partem esse aut fictiones, aut imaginationes, aut infirmitates, præsertim in mulieribus. *Praxis confessariorum*, n. 120.

⑤ Sæpissime, quæ putantur dæmonis obsessiones, non sunt nisi morbi naturales, aut Naturales imaginationes, uel etiam inchoate aut perfecta amentia. Quare caute omnino procedendum, usquedum per specialissima signa de obsessione constet. *Theologia mystica*, I. n. 228.

圣经的读者不能否认，基督的言语和行为都显示出他完全相信着魔。如果基督是神圣的，那为什么他会纵容和鼓励一个错觉呢？为什么他不纠正它呢？只有两个答案可以被假定。要么就是基督无知于这个宗教的真相，要么就是基督故意给出明知是虚假的指引，并经常性地以一种比误导还过分的方式行动。对于一个基督徒来讲，这两种假设当然都是不可想象的。温纳（Winer）[1]的调和理论也许可以为现代主义者所接受，但其立即会被其他人责骂。调和理论是指对日间那些无害的幻觉的容忍与宗教不相关。即便这样的渎神可以被允许——当然这并不是实际情况——这个论证在这里也不可以被采用，即使是与圣徒相关，这个论征也极为惹人生厌；当考虑到基督的神圣性时，这个论证就完全不具有可能性了。

着魔的受害者有时候会被剥夺语言能力或者视觉能力：“当下有 204
人将一个被鬼附着的又瞎又哑的人带到耶稣那里。耶稣就医治他，那哑吧就又能说话与看见。”（《马太福音》12:22）有时，着魔的人仅仅失去语言能力：“有人将为鬼所附的一个哑吧带到耶稣跟前，鬼被赶出去，哑巴就说出话来。”（《马太福音》9:32—33）还有另一些情形：“耶稣赶出一个叫人变成哑巴的鬼。鬼出去了，哑巴就说出话来。”（《路加福音》11:14）在很多情况下，圣经仅提到了着魔的事实，但没有更多的细节：“被鬼附的、癫痫的……都带了来，耶稣就治好了他们”（《马太福音》4:24）；“到了晚上，有人带着许多被鬼附的人来到耶稣跟前，他只用一句话就将鬼都赶出去”（《马太福音》8:16）；“有一个迦南妇人，从那地方出来，喊着说，主啊，大卫的子孙，可怜我：我女儿被鬼附得甚苦……耶稣说，妇人，你的信心是大的。照你所要的，给你成全了吧，从那时候，他女儿就好了”（《马太福音》15:22—28）；“天晚日落的时候，有人带着一切害病的，和被鬼附的，来到耶稣跟前”，“耶稣赶出许多鬼，不许鬼说话，因为鬼认识他”，“于是在加利利全地，耶稣进了会

① *Biblisches Realworlerbuch*, Leipsig, 1833.

堂，传道赶鬼”（《马可福音》1：32，34，39）；“污鬼无论何时看见他就俯伏在他面前喊着说，你是神的儿子”（《马可福音》3：11—12）；“又有鬼从好些人身上出来，喊着说，你是神的儿子”（《路加福音》4：41）；“还有被污鬼缠磨的，也得了医治”（《路加福音》6：18）；“正当那时候，耶稣治好了许多有疾病的，受灾患的，被恶鬼附着的”（《路加福音》7：21）。圣路加（《路加福音》8：27—39）讲述了基督为一个“长期被鬼附着的人”驱魔的事，此人住在格拉森乡村的墓地中。那个人被如此多的污鬼折磨，它们宣称自己的名字为“群”（Legion）；基督被赋予了超自然的神
205 力，将铁链和脚镣挣断：恶魔们认出基督是神，我们的主与他们交谈，问他们的名字。即刻，鬼所离开的那人就穿上衣服，平静、讲理、安静、“神志清醒”。

在他泊山（Mount Tabor）山脚下，一名年轻人被父亲带来，请求得到治疗。年轻人被哑巴鬼附着了，“无论在哪里，鬼捉弄他，把他摔倒，他就口中流沫，咬牙切齿，身体枯干”。当耶稣靠近这名年轻人，“鬼便叫他重重地抽疯。他倒在地上，翻来覆去，口中流沫”。那病人被如此折磨，“从小的时候开始，鬼屡次把他扔在火里，水里，要灭他”。我们的主威慑那个鬼，并立即驱逐了它。（《马可福音》9：14—28）值得注意的是，我们在这些情况下谈论的都是恶魔，而不是它们的受害者。在这一系列的圣经故事和对其他很多与驱魔相关的情况的描述面前，我们不可能再说那些着魔的人只是患有癫痫、中风、急性疯癫或其他类似的疾病。事实上，福音书的作者将自然的疾病与着魔谨慎地进行了区分：“他只用一句话就把鬼都赶出去，并且治好了一切有病的人”（《马太福音》8：16）；“有人带着一切害病的，和被鬼附的，来到耶稣跟前……耶稣治好了许多害各样病的人，又赶出许多鬼”（《马可福音》1：32，34）。这样的区分在希腊文中更是被清晰无误地展现出来，*πάντας τοὺς κακῶς ἔχοντας καὶ τοὺς δαιμονιζομένους*。圣马太也区分道：“那里的人把一切害病的，就是害各样疾病的[*δαιμονιόληπτοι*]，各样疼痛的[*βασάνοις*]和被鬼附的[*δαιμονιζομένους*]，癫痫的

[σεληνιαζομένους],瘫痪的[παραλυτικούς],都带了来,耶稣就治好了他们。”(《马太福音》9:24)此外,我们的主明确地将着魔和自然疾病进行了区分,“我赶鬼治病”是神圣的语句(《路加福音》13:32)。

不过,着魔的人常常患有其他疾病也是很有可能的。恶魔有可能攻击那些已经生病的人,作祟或着魔的人也可能会自然地患上疾病。

根据《马太福音》(10:1),我们的主给予使徒特殊的力量来驱逐恶 206
魔:“耶稣叫了十二个门徒来,给他们权柄,能赶逐污鬼,并医治各样的病症。”在描述基督的使命和奇迹时,圣彼得特别强调了这一点,即“神以圣灵和能力涂抹拿撒勒人耶稣,他周流四方行善事,医好凡被魔鬼压制的人”(《使徒行传》10:38)。我们的主直接将他驱除恶灵的能力作为他神力的证明:“我若靠着神的能力赶鬼,这就是神的国临到你们了。”(《路加福音》11:20)

尽管基督确实赋予了使徒们以他的名义驱逐恶魔的力量,并在其最后的指示中承诺这样的能力将永存——“信的人必有神迹随着他们,就是奉我的名赶鬼”(《马可福音》16:17)——但是驱魔的效力则是视情况而定的,即使是我们的主自己亦是如此,他解释道,如果使徒在某些情况下失败了,那恶灵只能通过祈祷和斋戒被驱逐了。此外,虔诚的信仰和绝对的掌控对于驱魔者来说是必要的。“门徒暗暗地到耶稣跟前说,我们为什么不能赶出那鬼呢?耶稣说,是因你们的信心小。……至于这一类的鬼,若不祷告禁食,他就不出来。”(《马太福音》17:19—21)圣保罗以及其他使徒和门徒经常使用驱魔的能力。因此,在腓立比,一个女孩“被污鬼所附……用法术叫他主人得大财利”[①],当
她遇到圣保罗和圣路加时,他们宣称自己是神的仆人,圣保罗“心中厌 207
烦,转身对那鬼说,我奉耶稣基督的名,吩咐你从她身上出来。那鬼当时就出来了”(《使徒行传》16:16—18)。在以弗所——此处是魔法与

---

① 这个词语在《新约》其他地方都是不可见的,其在希腊文《旧约》(LXX)中被用到的时候,都是出自骗人的先知或从事犹太法律禁止之技艺的人之口,如隐多珥(Endor)女巫。

招魂术的温床——“神借保罗的手行了些非常的奇事。甚至有人从保罗身上拿手巾，或围裙，放在病人身上，病就退了，恶鬼也出去了”(《使徒行传》19:11—12)。那些不相信我们的神永久地赋予使徒及他们的跟随者此种力量的人在《使徒行传》的第28章第31节突然终止了行动，因为他们认识到驱魔的能力久已有之，且事实上教会直至今日一直在实施此种行为。

祓魔师由主教授予圣职，其圣职列于西方教会四小品之二。教皇科尼利厄斯(Cornelius, 251–252)在写给费比乌斯(Fabius)的信中提及，那时的罗马教会拥有四十二位侍从、五十二位祓魔师、读经师和守门人，而这样的机构制度以及他们的组织功能看来是出自科尔乃略的前任——教皇殉道者圣菲比安努斯(Saint Fabian, 236–251)——之手。

祓魔师的任命仪式(De Ordinatione Exorcistarum)如下：首先，驱魔书，或者主教仪典与弥撒书必须被准备在手；标题写道：“*Pro Exorcistis ordinandis paretur liber exorcismorum, cuius loco dari potest Pontificale uel Missale.*”(必须为那些将要被任命为祓魔师的人准备好一本驱魔书，虽然作为替代的主教仪典与弥撒书也有可能会发给他们。)当读经者被任命之后，主教重新戴上他的教冠，并坐回他的座位上或者是祭坛上《使徒书》所在的那一侧的椅子；侍从拿来弥撒书，主教诵读弥撒升阶圣歌或(如果是在圣灵降临节的八日内)高唱哈利路亚。同时，唱诗班吟唱弥撒升阶圣歌。结束时，主教站起来，摘下教冠，面向祭坛，吟诵第三祈祷文。然后，主教再次坐下，戴上教冠，诵
208 读第三经文。两位教士在主教诵读经文时协助他。执事长召唤这些神职候选人，他们行近，手持点燃的细蜡烛，跪在主教身前，主教庄严地用如下祷告告来告诫他们：

“亲爱的孩子们，你们即将接受祓魔师的神职，你们必须明确了解所要从事的一切。祓魔师必须驱逐魔鬼，让闲杂人等离开现场，并在祭坛将水分发给教士。你们也会被赋予力量，将手放在着魔者身上，并由此借助按手礼、圣灵的力量以及驱魔的咒语将不洁的灵魂驱逐出

着魔者的身体。因此，当你们从别人身体里驱逐魔鬼时要尤为小心，你们要驱除自身体内的不洁与邪恶，以免你们被那些在别人的身体中为你们所征服的恶灵的力量打倒。在任职期间，你们要不断控制所有的瑕疵，以免敌人分享你们的身体或掌控你。因为只有首先克服了魔鬼针对你们的种种伎俩，你们才能真正控制住这些袭击他人的魔鬼。愿主借着圣灵赐予你们力量。”①之后，主教将驱魔书（或主教仪典，或弥撒书）分发给每个人并说道：“接受此书并牢记于心，有权将手放在着魔者身上，不管他们是受洗过的还是新教徒。”②所有人都跪下，主教戴着教冠站着并祷告：

“亲爱的兄弟们，让我们谦卑地向天主、全能的父祈祷，愿他赋予他的仆人以祓魔师的神职，让他们有控制恶灵的力量，将这些恶魔从那些为它们的各种邪恶与欺骗所迷惑的人的体内驱逐出去。借着他唯一的儿子耶稣基督、我们的主，圣灵与其永存于一体，上帝之国永存。阿门。”③

---

① Ordinandi, filii charissimi, in officium Exorcistarum, debitis noscere quid suscipitis. Exorciastam etenim oportet abiicere dæmones; et dicere populo, ut, qui non communicat, det locum; et aquam in ministerio fundere. Accipitis itaque potestatem imponendi manum super energumenos, et per impositionem manuum uestrarum, gratia spiritus sancti, et uerbis exorcismi pelluntur spiritus immundi a corporibus obsessis. Studete igitur, ut, sicut a corporibus aliorum dæmones expellitis, ita a mentibus, et corporibus uestris omnem immunditiam, et nequitiam eiiciatis; ne illis succumbatis, quos ab aliis, uestro ministerio, effugatis. Discite per officium uestrum uitiis imperare; ne in moribus uestris aliquid sui iuris inimicus ualeat uindicare. Tunc etenim recte in aliis dæmonibus imperabitis, cum prius in uobis eorum multimodam nequitiam ɛuperatis. Quod nobis Dominus agere concedat per Spiritum suum sanctum.

② Accipite, et commendate memoriæ, et habete potestatem imponendi manus super energumenos, siue baptizatos, siue catechumenos.

③ Deum Patrem omnipotentem, fratres charissimi, supplices deprecamur ut hos famulos suos bune dicere dignetur in officium Exorcistarum; ut sint spirituales imperatores, ad abiiciendos dæmones de corporibus obsessis, cum omni nequitia eorum multiformi. Per unigenitum Filium suum Dominum nostrum Iesum Christum, qui cum eo uiuit et regnat in unitate Spiritus sancti Deus, per omnia sæcula sæculorum. *R*. Amen.

然后，主教摘下教冠，走向祭台，并念道“Oremus”（让我们祈祷），得到答复“Flectamus genua”（下跪）和“Leuate”（举起）。最后的祷告
209 由跪着的祓魔师们完成：“神圣的天主、全能的父、永恒的天主请授予你的仆人以祓魔师的神职；借着按手礼和口中的话，他们将拥有控制和制止所有恶灵的力量与权力；他们将成为教会里技艺娴熟的医师，他们将治愈世人并蒙主眷顾。借着我主耶稣基督，圣子、圣灵与你永存于一体，上帝之国永存。阿门。”在执事长的示意下，祓魔师回到原来的位置。①

值得注意的是，祓魔师被特别授权去“驱逐恶魔”，并且他“有权将他的（你的）手按在着魔者身上，并借着按手礼②、圣灵的恩典以及驱魔的咒语，将恶灵驱逐出着魔者的身体”。引人注意的词语是“精神的统治者”（*spiritualis imperator*），其被严格地应用于圣父，圣父在虔诚的祈求下赐予他们恩典以“从着魔者体内驱逐出诡计多端的恶魔”。没有什么更简明、更庄重、更富有意指的了。祓魔师的神职和力量不能被轻视，至少这么做会与教会在其最权威的仪式中所强调的意见相违背。在实践中，祓魔师的神职几乎完全由主要神品的神职人员担任，当然这绝不会影响四小神品中位列第二的神职的地位与权威。

每一个教士——尤其当他是一个教区教士时——都可以被请来行使祓魔师的职责。教士在这样做时必须将《罗马仪式书》（*Rituale Romanum*）谨记于心并遵守其规定，并且他要遵从教省或主教会议的规则。教士在驱魔之前的大部分内容都被要求必须咨询主教并获得

① Domine sancte, Pater omnipotens, æterne Deus, bene dicere dignare hos famulos tuos in officium Exorcistarum; ut per impositionem manuum, et oris officium, potestatem, et imperium habeant spiritus immundos coercendi: ut probabiles sint medici Ecclesiæ tuæ, gratia curationum uirtuteque cœlesti confirmati. Per Dominum nostrum Iesum Christum Filium tuum, qui tecum uiuit, et regnat in unitate Spiritus sancti Deus, per omnia sæcula sæculorum. *R*. Amen. *Post hæc, suggerente Archidiacono, redeuni ad loca sua*.

② Sulpitius Severus（d. 420－5）在他的《对话集》（*Dialogues*, III [II], 6）（Migne, *Patres Latini*, XX, 215）中告诉我们，图尔（Tours）的圣马丁（S. Martin）仅用祈祷就能驱逐恶魔，而无须按手礼或者使用神职人员所惯用的方式。圣徒传记中出现类似的情况。

他的许可。

在《仪式书》中，仪式前的二十一条具体教导的主要重点可以被简要归结如下：(1)教士或祓魔师应成年、谦卑、清白、勇敢、经验丰富并具有众人可见的严谨。在准备这项任务时，祓魔师需要有虔诚和禁欲 210
的特别行为并且热切地祈祷和禁食。(《马太福音》17：21)(2)祓魔师必须知识渊博，系统地进行学习，并且很好地了解心理学的最新动向与发展。(3)不可轻视着魔。每个案例都要被仔细地调查，谨慎地区别着魔与某些疾病。(4)祓魔师应该告诫着魔者，他们自己通过祈祷、斋戒、忏悔和圣餐也可以驱逐恶魔，他们在仪式过程中应该在内心保持对天主的仁慈之最虔诚的信仰，并完全服从于天主的意志。(5)如果方便，驱魔应该在教堂中或者其他神圣的地方进行，但不允许单纯出于好奇的旁观者聚众围观。然而，应该有一些见证人，他们是严肃虔诚的人，有名望、可敬和正直，不会说闲言碎语，谨慎且沉默。如果由于疾病或一些合理的原因而使驱魔在一个私人住宅中进行，那么家庭成员应该在场；尤其当对象是女人时，这必须被当成一项预防措施。(6)在仪式中，即使病人入睡或者以任何方式试图阻止祓魔师，他也都应该继续；如果可能的话，他应施以更大的坚持，因为这些行为很可能是欺骗他的诡计。(7)即使谦卑且对自己没有信心，祓魔师也要以命令式的与权威的方式说话；如果病人抽搐或颤抖，祓魔师应该更热切、更坚持；诵念祷告与祈求时应具有强烈的信仰，以及对能力的完全和确定的信念。(8)祓魔师必须谨记，他使用的是圣经与教会的言辞，而不是他自己的。(9)所有关于恶魔的无用和无关的问题都应该被避免，祓魔师也不可以在未经检查和斥责的情况下详细提及关于恶灵的问题。(10)在驱魔过程中，圣餐不应该被带到着魔者近前，以免遭受可能的不敬；圣徒的遗物可以被使用，但是必须被小心谨慎地照看，以 211
确保它们得到恰当的尊敬；十字架和圣水可以被应用。(11)如果驱魔没有一次就成功——那是因为恶灵难以被驱逐——那么这个仪式可以按需要被重复进行。

可以看出，为了确保驱魔正常进行，教会采取了极为严谨的预防措施，所有可能被用来预防迷信、无礼或滥用的方法都被提出与推荐。一遍又一遍，如此庄严，甚至可怖的警告被重复提及，这项神职不能被轻视。现今所使用的驱魔的实际形式如下：①

驱魔的程序

［译自《罗马仪式书》］

教士，已进行过忏悔，或至少内心痛恨罪恶，举行过弥撒，可能或方便的话，谦卑地祈求天主的帮助，身着白色法衣与紫色圣带，一端环绕在着魔者的脖子上，将着魔者带到面前，绑住他以避免暴力的危险，为自己、着魔者以及旁观者画十字，将圣水洒向他们，跪下，其他人响应，念诵连祷文。

念诵结束。主呀，请宽恕我们以及我们祖先的罪恶，不要惩罚我们的罪恶。

我们的父。秘密地。

℣ 不要将我们引向诱惑。

℟ 将我们从邪恶中拯救出来。

《诗篇》53　上帝，以你的名。

所有这些都应伴以《圣三光荣经》(*Glory be to the Father*)。

℣ 拯救你的仆人，

℟ 天主，那些信任你的人。

℣ 主啊，为他建一座坚固的塔，

℟ 从敌人面前离开。

---

① 译自《罗马仪式书》(*Rituale Romanum*)。有很多版本存在，有经过授权的，但更多恐怕是未经过授权的。此处有一个经过授权的希腊文版本《圣事仪典》(*Euchologion*)，它以三圣颂开始，然后是赞美诗，*Domine exaudi* (cxlii.)，*Dominus regit me* (xxii.)，*Dominus illuminatio mea* (xxvi.)，*Esurgat Deus* (lxvii.)，*Miserere* (lvi.)，*Domine ne in furore* (vi)，*Domine exaudi orationem* (ci.)。接着是抚慰真经，伴着一个长的献给主、圣母和所有圣徒的赞美诗。接着教士给病人涂膏，为他祷告，仪式结束。

℣ 让那敌人无法得益于他， 212

℟ 也不要让邪恶之子接近伤害到他。

℣ 给予他帮助，主啊，从那圣堂，

℟ 从锡安给予他力量。

℣ 主请聆听我的祷告吧，

℟ 容我的呼求达到你面前。

℣ 主与你同在，

℟ 主与你的灵同在。

让我们祷告。

天主，永远慈悲且宽容：请接受我们的祈求与祷告，你的慈悲仁爱将解救你的仆人（或婢女）于那紧缚他的罪恶中。

神圣的天主，全能的父，永恒的上帝，我主耶稣基督的父：你将暴君与背教者投入地狱之火；你让唯一的儿子降临人间，他将伤他，如同怒吼着追赶猎物：快啊，不要耽搁，解救这个人，以你的形象所造的人，于那毁灭中，于那正午的魔鬼，天主，让那吞吃你的葡萄的野兽发抖吧。请赐予你的仆人对抗那恶龙的勇气，以免那恶龙轻视那些信你的人，并且如法老所说：我不认识耶和华，也不容以色列人去。[①] 让坐于你右边的基督将他赶离你的仆人N（或婢女N）✠，让他不敢再挟持你的仆人，他是你以自己的形象所造的人，借圣子得以救赎，圣子、圣灵与你永存于一体，上帝之国永存。阿门。

然后，他应该如此命令那灵魂。

我命令你，无论你是谁，你这不洁的灵魂以及所有占据这天主仆人身体的同伙，借着我主耶稣基督化生、受难、复活以及升天的神迹，借着圣灵的力量，借着我主最后审判的到来，你告诉我你的名字，离 213
开的日期和时间，用一些迹象显示：对我，天主的使者，尽管微不足道，

① 语出《出埃及记》(5:3)。——译注

你凡事必顺从：不要伤害这天主的创造物、旁观者或他们的财物。

然后，下列福音书之一，要对着魔者念诵。

《约翰福音》(1:1)的经文。当念诵这些经文时，他要在自己和病人的前额、嘴和胸上画十字。太初有道……正是父独生子的荣光。①

《马可福音》(16:15)的经文。在那时，耶稣对门徒们说：你们往普天下去……手按病人，病人就必好了。②

《路加福音》的经文(10:17)。在那时：那七十个人欢欢喜喜地回来……要因你们的名记在天上欢喜。③

《路加福音》的经文(11:14)。在那时：耶稣赶出一个叫人变成哑巴的鬼……就夺去他所依靠的盔甲兵器，又分了他的赃。④

℣主请聆听我的祷告吧，

℟容我的呼求达到你面前。

℣主与你同在，

℟主与你的灵同在。

让我们祷告

全能的天主、天主父的圣言、耶稣基督、一切受造物的天主：你曾给予你的使徒踩踏蛇蝎的权势：在你的一切奇事中，你曾命令我们——驱逐邪魔；因你的力量，撒旦如闪电般自天跌落；我以恐惧和颤抖的心，恳求你的圣名，请原谅我，你最微不足道的仆人，所有的过错，你将赐予我永恒的信念和力量保佑我，使我在你大能的保护下，满怀信心去攻击那残忍的恶魔，通过你，耶稣基督，我们的主，你要以火来审判生者及死者和世代者。阿门。

① 《约翰福音》(1:1—14)。——译注
② 《马可福音》(16:15—18)。——译注
③ 《路加福音》(10:17—20)。——译注
④ 《路加福音》(11:14—22)。——译注

（然后，袯魔师画十字保佑自己和着魔者，将一段圣带缠绕在病人的脖子上，将右手按在病人的头上，坚定虔诚地说如下的话。）214

℣看着天主的十字，反对之人消失吧，

℟犹大支派中的狮子，大卫的根，他已得胜。

℣主请聆听我的祷告吧，

℟容我的呼求达到你面前。

℣主与你同在，

℟主与你的灵同在。

让我们祷告

天主，我主耶稣基督的父，我呼唤你的圣名，谦卑地祈求你的仁慈，请你给予我帮助来对抗这个以及每个困扰你子民的不洁灵魂。以上所求是借由我主耶稣基督。

驱魔

我驱逐你，邪恶的灵魂，每个进入的敌人，每个幽灵，每个军团；以我主耶稣✠基督之名连根拔除，从这个天主子民的身上出来，逃离吧✠。基督命令你，他曾从至高之天让你下降到至深的地狱。基督命令你，他曾给大海、狂风、暴雨出命。因此，撒旦听着，害怕吧，你这信仰的破坏者，你这人类的敌人，你这死亡的实现者，你这生命的摧毁者，罪恶的煽动者，人类的诱惑者，国家的叛徒，嫉妒的挑拨者，贪婪之源，不和谐之因，麻烦的鼓动者：当你知道主基督可以毁灭你，你为何还要忍受和抵抗？害怕他吧，他如以撒被牺牲，如约瑟被出卖，如羔羊被宰杀，在肉身上被钉十字架，然后成为地狱的战胜者。（随后，应在着魔者的前额画十字。）因此，以圣父✠、圣子✠、圣✠灵之名离开：让位给圣灵，在画我 215
主耶稣基督的圣✠十字之时：圣子与圣父、圣灵永存于一体，上帝之国永存。阿门。

℣主请聆听我的祷告吧，

℟容我的呼求达到你面前。

℣主与你同在，

℟主与你的灵同在。

让我们祷告

天主，人类的创造者和保护者，你曾照你的形象造了他；请垂顾你的这个仆人 N(或婢女 N)，他受不洁灵魂诡计所扰，那老对手、古老的敌人，以凶猛的恐惧骚扰他，以惶惑遮蔽他的理解力与感知，以颤抖和害怕折磨他。天主，请驱逐魔鬼的权势，除去恶魔虚伪的陷阱，让那不敬的诱惑者因此远离；让你的仆人的身体和灵魂得到你的圣名十字符号✠(在他前额画)的保护。(下面的三个十字应该在着魔者胸前画。)请保佑他最深处的✠灵魂，请统治他最内在的✠部分，请加强他的✠心。让他灵魂中敌对力量的尝试消失无踪。天主，请赐福于你圣名的祈祷，使到目前为止引起恐惧的东西惊恐逃走；请使你的仆人内心强大，信仰真诚，为你服务。以上所求是借由我主耶稣基督。阿门。

驱魔

我命令你，你这古蛇，借由生者与死者的审判者、造物主、世界的创造者：他能将你掷入地狱，命令你立刻离开这天主的仆人 N，他已回到教会的怀抱，带着对你的害怕以及恐怖的折磨。我再次命令你✠(在前额画)，不是以我的微弱之力，而是以圣灵的力
216 量，命令你离开这天主的仆人 N，他是全能的天主以自己的形象所造的。屈服吧，不是对我，而是对基督的使者。因他的力量施于你，将你征服于他的十字架下。在他的权威中颤抖吧，在地狱的苦痛被征服后，那权威将引领灵魂升天。让此人的身体✠(在他的胸前画)成为你的恐怖，让天主✠(在他的前额画)的形象成

为你的警钟。不要反抗，不要拖延，离开此人的身体，因为基督喜入他内。不要轻视我，因为你知道我同样也是罪人。天主✠命令你。基督✠命令你。圣父✠命令你。圣子✠命令你。圣灵✠命令你。圣十字架✠的圣事命令你。圣使徒彼得和保罗以及所有其他圣徒✠的信德命令你。殉道者的血✠命令你。忏悔者的坚定✠命令你。所有圣徒的虔诚代祷✠命令你。基督信仰所有神迹之德能✠命令你。离开吧，你这违背者。离开吧，你这满怀欺骗和诡计的引诱者，你这美德的敌人，你这迫害无辜的人。离开，你这最可怖者；离开，你这最不敬者；让位给基督，在他身上你找不到任何你的恶迹：他已经战胜了你，他已经毁灭了你的王国，他已经俘虏并绑缚了你，他已经剥夺了你的财物；他已经将你掷于远离中心的黑暗世界，在那里等待你和你的仆人的是永恒的毁灭。但是，为什么，你这凶恶的家伙，还要抵抗？为什么，你这鲁莽的家伙，还要拒绝？你遭到全能的上帝的指控，因你破坏了上帝的律法。你遭到我主耶稣基督的指控，因你胆敢引诱他，并擅自将他钉死在十字架上。你遭到人类的指控，因在你的劝告下他们喝下了你的毒药。因此，我命令你，恶龙，以圣洁的✠羔羊之名，这羔羊将狮子和蛇踩在脚下，将幼狮和龙踩在脚下，命令你离开这个人✠(在他的前额画十字)，离开上帝的教堂✠(对旁观者画十字)：当呼求耶稣圣名时，你要恐惧，快逃避吧，地狱诸恶魔都 217
害怕他；天上的异能天使、大能及宰制天使都隶属于他；智天使和炽天使以永不疲倦的歌声赞美他：圣、圣、圣，万军之主。成肉身之道✠命令你。圣母之子✠命令你。拿撒勒(Nazareth)的耶稣命令你；尽管你轻视他的门徒，他命令你离开这人：在他面前，将你和他分开，你不可擅自进入猪群。[1] 所以，现在借由上帝的圣名

① 在圣经中，耶稣为格拉森人驱魔之后，鬼进入猪群。参见《马太福音》(8：28—33)、《马可福音》(5：1—20)、《路加福音》(8：26—39)。——译注

✠,命令你离开这人,这个上帝创造的人。你将难以抗拒✠。你无异是以卵击石✠。因为你离开得越是慢,对你的惩罚越是严厉,因为你轻视的不是凡人,而是天主,生者与死者的天主,用火来审判世界的天主。✠阿门。

℣主请聆听我的祷告吧,

℟容我的呼求达到你面前。

℣主与你同在,

℟主与你的灵同在。

让我们祷告

掌管天和地的天主,天使和大天使的天主,诸先知的天主,诸使徒的天主,诸殉道者的天主,诸守贞者的天主,天主,你有能力使死者复生,使劳苦者安息;因除你之外没有其他的神,你是天地的创造者,你是真王,你的王国永存:我谦恭地祈求你的荣光和尊威,将这个你的仆人从不洁灵魂中解救出来。以上所求是借由我主耶稣基督。阿门。

驱魔

我因此命令你,邪恶的灵魂,撒旦的每一次现身和侵袭,以拿撒勒的耶稣基督✠之名,他在约旦河受洗后被引到旷野,战胜了
218 你[1]:命令你停止攻击这人,他是天主用自己的荣光以泥土所造:你在这可怜人体内战栗吧,并不是由于人类的弱点,而是由于敬畏这全能的天主之形象。因此,屈服于天主吧✠,他借仆人摩西之手,将你和存在于法老及其军队中的邪恶淹没在深海之中。[2] 屈服于天主吧✠,他借最虔诚的仆人大卫之手,用灵乐

①《马太福音》(4:1—11);《马可福音》(1:12—13)。——译注
②《出埃及记》(14)。——译注

将你驱逐出扫罗王的身体。[1] 屈服于天主吧✠，他因加略人犹大的背叛惩罚你。天主鞭打你，在他眼前，你与你的军团一起战栗恸哭，你说道：我对你做了什么，耶稣，最高天主之子？你是到这里预先来折磨我们的吗？他将永恒之火施于你，最后对恶魔说——远离我，你这被诅咒的，进入那为魔鬼及其使者准备的永恒之火中。因为你这不敬者及其使者是不死的黑暗力量，为你们准备的是不灭之火：因为你是可憎谋杀之首领，你是乱伦的制造者，你是渎圣的首领，你是恶行的主人，你是异端的教导者，你是所有不洁的煽动者。所以，离开吧✠，你这邪恶的家伙，离开吧✠，你这声名狼藉的家伙，与你所有的谎言一起离开吧；因为天主已经许这人进入他的圣殿。你为何在这儿迟迟不离开？恭敬全能的天主✠，所有人在他面前都屈膝跪拜。让位给我主耶稣基督✠，他为世人流宝血。让位给圣灵✠，他借使徒彼得将行邪术的西门击倒在地；他在亚拿尼亚（Ananias）和撒非喇（Sapphira）身上谴责了你的谎言[2]；他在希律王身上重击你，因其不敬天主[3]；他借使徒保罗之手在行法术的以吕马身上用昏蒙黑暗将你打败[4]，他借由同一个使徒用言语将你驱逐出那个被鬼附的少女的身体[5]。离开吧✠，离开吧，你这引诱者。旷野才是你的住所。蛇才是你的居处：被贬抑、被打倒。现在没有时间可以拖延了。因为，天主已经向你逼近，火将在他前面燃烧，先行于他；会将任何方向的敌人都烧毁。如果你欺骗了人类，你不能轻蔑天主：天主驱逐你，他的 219
目光洞察一切。他将你驱逐，所有事物都服从于他的力量。他将你驱逐，他已经为你和你的追随者准备好了永恒的地狱；当他用火来审

① 《撒母耳记上》（16：14—23）。——译注
② 《使徒行传》（5：1—10）。——译注
③ 《使徒行传》（12：23）。——译注
④ 《使徒行传》（13：6—11）。——译注
⑤ 《使徒行传》（16：16—18）。——译注

判生者与死者以及这个世界时，他的嘴中可以吐出利剑，阿门。

所有前述的工作都完成之后，如果还有需要，可以重复，直至着魔者完全被解救。

下述所列会有很大助益，虔诚地对着魔者诵念，也可以经常重复《天主经》(*Our Father*)、《圣母经》(*Hail Mary*)以及《信经》(*Creed*)。

圣歌。圣母颂(Magnificat)。

圣歌。赞歌(Benedictus)。

圣阿塔纳修(S. Athanasius)信经

(*Quicunque uult*)

《诗篇》90 *Qui habitat.*

《诗篇》67 *Exurgat Deus.*

《诗篇》69 *Deus in adiutorium.*

《诗篇》53 *Deus, In Nomine Tuo.*

《诗篇》117 *Confitemini Domino.*

《诗篇》34 *Iudica, Domine.*

《诗篇》30 *In Te, Domine, speraui.*

《诗篇》21 *Deus, Deus meus.*

《诗篇》3 *Domine, quid multiplicasti?*

《诗篇》10 *In Domino confido.*

《诗篇》12 *Usquequo, Domine?*①

每一句都应同时念《圣三光荣经》(*Glory be to the Father*)。

获得解救之后的祷告

我们向你祷告，全能的天主，恶灵不再控制你的仆人N(或婢

① 这些词句截取自《诗篇》的诗句中的几个单词，其单独并不构成独立意义，故不进行翻译；具体的诗文参见《诗篇》的相应诗句。——译注

女 N)，使他逃离，不再回来：在你的命令下，天主，让我主耶稣基督的仁慈和安宁进入到他(或她)，借由他我们得救赎，让我们不害怕邪魔，因为主与我们同在，圣子与圣父、圣灵永存于一体，上帝之国永存。℟阿门。

一个较短版本的驱魔仪式被使用得比较普遍，其具有不同的目标和用法。 220
该仪式以教皇里奥十三世的命令之形式被颁布，其可以在后来的《罗马仪式书》的版本中被找到，名为“针对撒旦和反叛天使的驱魔仪式”(*Exorcismus in Satanam et Angelos apostalicos*)。[1] 在惯例的祷文 *In nomine*……之后，仪式以向圣米迦勒(S. Michael)的祷告为开端，一段较长的庄重的祈求伴随着短诗和回应经文，另一个祷告接着被诵念。整个仪式以连祷文中的三句告终：“天主呀，将我们从魔鬼的谎言与诡计中解救出来。请统治你的教会，使她能够以永恒的安宁与真正的自由为你服务；我们祈求你，聆听我们。请准予击败和制服所有教会的敌人；我们祈求你，聆听我们。”最后的标题是“整个场地泼洒圣水”[2]。

洗礼驱魔仪式和使用水、盐[3]、油的驱魔仪式在此处可能不具有相关性。然而，值得提及的是，祭水仪式[4](1890 年 12 月 6 日，由仪式部

---

① 同样见于 *Horæ Diurnæ* O. P.，Rome，1903，还附有 300 天的特赦，每月一次的全体集会。

② Ab insidiis diaboli，libera nos Domine；Ut Ecclesiam tuam secura tibi facias libertate seruire，te rogamus，audi nos；Ut inimicos sanctæ Ecclesiæ humiliare digneris，te rogamus，audi nos. *Et aspergatur locus aqua benedicta*.

③ 圣水是最常见的圣礼，由驱魔盐和驱魔水组成。

④ 源于东正教。须知基督在约旦河受洗是在主显节被纪念。在现行的祈祷书的夜祷中，人们应唱圣歌，此举涉及这天，主显节后第八天以及其间的礼拜日涉及洗礼，第二晚应唱圣歌节也是。第二晚的晚祷中的赞歌和圣母颂提到了同样的仪式。在罗马，祭水的拉丁仪式由红衣主教于 1 月 5 日下午大约 3 点半在圣安德烈大教堂(S. Andrea della Valle)进行，于节日的早上 9 点半在圣弗朗西斯科(S. Francesco)的斯提梅特(Stimmate)教堂举行。东正教的仪式在守夜日于圣阿塔纳修(S. Atanasio)的希腊教堂举行，大约在早上 3 点半开始。

[Sacred Congregation of Rites]通过)在主显节守夜时举行,其中有庄严的"针对撒旦和反叛天使的驱魔仪式"(Exorcismus contra Satanam et Angelos apostalicos),后接"盐的驱魔仪式"(Exorcismus salis)和"水的驱魔仪式"(Exorcismus aquæ)。

历史上有无数作祟和着魔的例子被记录下来,以及有效与成功的驱魔。当然,有不少案例确实很有可能应被归结为自然原因、癫痫、急性歇斯底里、早期精神错乱或者类似的疾病。但是,无论如何,当排除了所有错误的诊断后——罕见和不明的生理与精神错乱的误诊,以及各种轻信、无心之失和夸大——我们仍然要面对相当一大部分无法得到解释或说明的案例,除非将这些案例归为被恶魔或含有敌意的灵魂附体。没有人被要求接受所有教会历史上记载的着魔案例或者针对某一特定案例的历史记录形成明确的观点,这主要是历史学和医学关
221 注的事。也许,即使在今天的文明种族之中,这个现象也并不像人们普遍认为的那么罕见。

疯人院、私人精神病院以及收容所的记录讲述了奇怪且可怕的历史。如果我们通过传教国家的信仰先驱们所提供的记录来进行判断,那么着魔的证据是清晰的,正如存在于基督时代的加利利(Galilee)的证据。[①]

着魔经常被早期的教父们和护教者当成事实来描述和提及,毫无疑问,他们相信这种现象。的确,基督教驱魔仪式的成功常常被当作接受基督教创教者的神圣性的论据被提出。要从希腊和拉丁作者中

---

① 参见 Wilson, *Western Africa*;以及文章"Possession diabolique" by Waffelaert in the *Dictionnaire apologétique de la foi catholique*, Paris, 1889。西多会修士罗伯特大师(Dom Robert de la Trappe, Dr. Pierre-Jean-Corneille Debreyne)的观点,一方面认为《新约》详尽记述的着魔是该作为信条被遵守的,另一方面又认为其他案例都应被归为骗局或疾病,需要受到严格审视,应被视为鲁莽的,甚至该受到惩罚的。*Essai sur la théologie morale*, IV. p. 356.

找出一系列相关的段落是一个简单但漫长的过程。[1] 殉道者圣查斯丁(S. Justin,死于约165年)提到,恶魔从"基督教徒的触碰和呼吸"中飞离(*Apologia*, II, 6),耶路撒冷的圣西里尔(S. Cyril of Jerusalem,死于385—386年,*Catechesis*, XX, 3)补充道:"像从燃烧它们的火焰中飞走。"奥利金(Origen,死于253—254年)提到用摩顶祝福礼来驱赶恶魔,而圣安布罗斯(S. Ambrose,死于397年)[2]、叙利亚的圣厄弗冷(S. Ephrem Syrus,死于373年)[3]以及其他人在驱魔时也运用这个仪式。圣十字架符号由于具有对抗各种恶魔骚扰的效力而为很多教父所赞扬,拉克唐修(Lactantius)因此写道:"很多事情能够表明十字架符号的力量。这个符号能与恶魔的恐惧并存,可以让我们看到为什么通过向基督的身体进行祈祷能使恶魔离开。"[4](《神圣的原则》[*Diuinarum Institutionum*, IV, xxvii])[5] 圣阿塔纳修(S. Athanasius,死于373年)的《论道成肉身》(*De Incarnatione Uerbi*, XLVII)、圣巴西尔(S. Basil,死于379年)的《〈以赛亚书〉注》(*In Esaiam*, XI, 249)、耶路撒冷的圣西里尔的《口授经文教理》(*Catechesis*, XIII)以及纳西昂的圣格利高里(S. Gregory of Nazianzus,死于约389年)的《对抗愤怒之歌》(*Carmen aduersus Iram*, 415 *sqq.*)都有不少关于这个问题的颇具分量的段落。圣西里尔的《序言》(*Procatechesis*, IX)和圣阿塔纳修的《驳马塞鲁斯》(*Ad Marcellum*, XXIII)都建议驱魔的祷告词与祈祷应该尽可能地引述圣

---

① S. Justin Martyr, *Apologia*, VI; *Dialogues*, XXX, LXXXV; Minutius Felix, *Octavius*, XXVII; Origen, *Contra Celsum*, I, 25; VII, 4,67; Tertullian, *Apologia*, XXII, XXIII.

② Paulinus, *Uita Ambrosii*, 28,43.

③ S. Gregory of Nyssa, *De Uita Ephraem*.

④ 针对这一段,哈勒姆(Haarlem)的一个荷兰神父瑟法斯(Servatius Galle, 1627 - 1709)在他的1660年的拉克唐修版本中,写下了我所见过的所有评论中最无稽的一段注释。

⑤ 出版于304年至313年间。De Labriolle, *Histoire de la Littérature Latine Chrétienne*, p. 272.

经原文。

在圣徒传记的记述中，我们发现从早期直至我们时代的很多关于
222 着魔的例子在许多情况下都是一个可怜的、遭受折磨的人被某个圣徒或上帝仆人的力量和祈祷解救。[1]

在圣本尼迪克特（S. Benedict）这个冷静、尊贵、谨慎、伟大且高尚的英雄的传记中，有很多次关于他遭遇恶灵不寻常显现的情况之记载，这些恶灵阻止他在蒙特卡西诺山（Monte Cassino）的山顶建造修道院，因为那里曾经是撒旦崇拜之地。记载中并没有说除了圣本尼迪克特之外[2]有任何可见的显现，只提到一系列不幸的意外、不寻常的事件和持续的警告，这清楚地表明那位圣徒正在对抗一些超人的困难。圣本尼迪克特有很多次发现他不得不为他的修士驱魔[3]，他在对抗邪恶和毁灭性势力方面的胜利是如此显著，以至于他在教会中被尊奉为最厉害的"驱魔者"，并在精神危险和致命袭击之际被召唤。伟大的信仰也被置于圣本尼迪克特的徽章上。这徽章原本是个十字架，旨在纪念这位大主教。徽章的一面刻着这位圣徒的形象，他右手持十字架，左手持本尼迪克特会规，另一面上面是一个十字，下面这些字母环绕在它周围：C. S. P. B.，Crux Sancti Patris Benedicti（圣本尼迪克特的十字）；C. S. S. M. L.，Crux Sacra Sit Mihi Lux（圣十字成为我的光）；N. D. S. M. D.，Non Draco Sit Mihi Dux（不要让魔鬼成为我的指引）；U. R. S.：N. S. M. U.：S. M. Q. L.：I. U. B.：Uade Retro Satana：Nunquam Suade Mihi Uana：Sunt Mala Quæ Libas：Ipse Uenena Bibas（走开，撒旦，不要对我提议，你所提供的是邪恶，你自己饮下你

① 关于此主题，推荐一部详尽且具有学术性的著作：*La Réalité des Apparitions Démoniaques*，by Dom Bernard-Marie Maréchaux，Olivetan，O. S. B.，Paris，Téqui，1899。

② 确实有一次，圣毛如斯（S. Maurus）和圣本尼迪克特在一起的时候看到了一个幽灵，圣本尼迪克特还有一次让一个修士看到了相同的景象。

③ Oliveto 山（锡耶纳）上精美的索多玛（Sodoma）壁画中有一幅画的内容就是圣本尼迪克特驱魔。

的毒药吧)。[1] 在这个徽章的百年纪念版(1880年铸造于蒙特卡西诺山上,旨在纪念480年出生的圣本尼迪克特的第13个百年)中,圣徒形象下刻有“*Ex S. M. Cassino MDCCCLXXX*”(从蒙特卡西诺山到1880年),在同一面的边沿刻有“Eius in obitu ñro præsentia muniamur”(让我们在死时能受到他的显现之保护),词语PAX(和平)出现在十字上方。

我们不能确定圣本尼迪克特徽章的出现时间,但在1647年的巴伐利亚梅滕(Metten)修道院附近的纳滕贝格(Natternberg)巫术审判中,被指控的女人证实她们不能对梅滕施法,因为其受到十字的特殊 223
保护。被发现于修道院墙壁中的圣本尼迪克特徽章上雕刻着为字母所环绕的许多绘制出来的十字,然而它们的重要性已经全然被忘却了。最后,人们在一份写于1415年的手稿中发现了一幅绘有圣本尼迪克特的图画,他一手持着权杖,权杖顶端是个十字,另一手持一份卷轴。卷轴和权杖上有完整的神秘首字母。现在,带有圣本尼迪克特肖像、十字和这些字母的徽章开始被广为铸造并迅速传遍欧洲。这徽章在本笃十四世于1741年12月23日和1742年3月12日发布的教皇通谕中第一次获得正式认可。

在伊尔菲特Illfurt(阿尔萨斯)的男孩着魔事件中,他们对圣本尼迪克特徽章表现出极度的惊恐和惧怕。

这些徽章通过适当的仪式被敬奉[2],仪式以此开始:“Exorcizo

---

① 这些字母被安波尔福思(Ampleforth)的本尼迪克特修士麦克劳林(McLaughlin)翻译如下:

> 圣十字成为我的光,
> 驱赶恶灵。
> 撒旦紧紧追随着我,
> 不要对我耳语虚妄之言,
> 你只能带来邪恶,因而,
> 留给你自己吧。阿门。

② 所有英国本笃会修士都可以使用它(1915年2月23日赐予),它也可以被许多其他的人使用,包括神职人员或俗人。

uos, numismata, per Deum Patrem ✠ omnipotentem ..."(我驱逐你,徽章,借全能的✠父上帝……望邪恶的力量,所有魔鬼的军团,所有邪恶的攻击,撒旦的精神和魔力,都被这些徽章的美德完全驱逐赶走……)①祈祷文继续:"我主耶稣基督……以基督的受难,我谦卑地祈求你,请保佑每个在祈祷中虔诚地召唤圣名的人,这是你教给我们的祈祷,保佑他们能从魔鬼的欺骗和他所有的诡计中逃脱,请将你的仆人带到救赎的港湾。基督永生永王……"②

圣本尼迪克特钟爱的弟子圣毛如斯(S. Maurus)也以治愈着魔而闻名。③ 在543年拜访法国之时,圣毛如斯成为了安茹(Anjou)的格兰富伊尔(Glanfeuil)修道院的创建者和院长,这座修道院后来因以他的名字命名而为人知晓,即卢瓦尔河畔圣莫尔(St. Maur-sur-Loise)。④ 圣毛如斯的遗物在经过多次辗转后,最终被珍藏于圣日耳
224 曼德佩(St. Germain-des-Prez)教堂。11世纪,这位圣徒的一条手臂被万分虔诚地运送到卡西诺山;在那里,一个着魔者在它的碰触下被解救。这件事由德西德里乌斯(Desiderius)讲述⑤,他当时是修道院的院长,之后成为教皇维克托三世(Victor III,死于1087年9月16日)。

① Omnis virtus aduersarii, omnis exercitus diaboli, et omnis incursus, omnis phantasma Satanæ, eradicare et effugare ab his numismatibus…

② Domine Iesu Christe … per hanc tuam sanctissimam passionem humiliter exoro; ut omnes diabolicas insidias et fraudes expellas ab eo, qui nomen sanctum tuum, his litteris ac characteribus a te designatis, deuote inuocauerit, et eum ad salutis portum perducere digneris. Qui uiuis et regnas…

③《罗马仪式书》(*The Rituale Romanum*)中有"Benedictio Infirmorum cum Ligno SS. Crucis, D. N. J. C. *seu* Signum S. Mauri Abbatis"。这是用十字架圣物为病人祈福,并以圣本尼迪克特和圣毛如斯之名祷告。

④ The *Uita S. Mauri* (Mabillon, *Acta S. S. O. S. B.*, I, 274)归于一个同伴,卡西诺山(Cassino)的浮士德(Faustus)修士。Père Delehaye 在其不成功且鲁莽的著作 *Légendes Hagiographiques*(translation. London, 1907)中无理地攻击了这一点,并对圣毛如斯缺少尊重。一个不错的反击来自 Adlhoch(*Stud. u. Mittheil.*, 1903,3; 1906,185.)据助祭彼得(Peter the Deacon)所写的 *Cantus ad B. Maurum*。

⑤ Blessed Victor III. *Dialogues*, I, 2.

中世纪时期，位于圣日耳曼的圣莫尔（S. Maur）之墓成为一个著名的朝圣地，着魔者被大量地带到这里以寻求治疗。[1]

贝桑松（Besançon）神圣的裹尸布也经常被用于缓解和治疗着魔。作为埋葬基督时被使用的亚麻布之一，这件神圣的遗物于 1206 年被奥托·德·拉·罗什（Otto de la Roche）带到贝桑松，庆祝它到来（*Susceptio*）的节日被定在 6 月 11 日。目前，存放在圣让（St. Jean）大教堂中的是这件遗物的一级复制品，在整个主教区内有二级复制品。

南特（Nantes）附近的博内（Bonnet）的教堂的九天连祷仪式通常被认为在治疗着魔方面有着特殊功效。

当然，即便是简要地编目那些最重要和最惊人的无数关于着魔的记录也是无法做到的，因为这些记录贯穿了各个世纪的各个国家和地区。其中的很多事例无疑可以被归于疾病，很多事例是歇斯底里和半意识或无意识欺诈的混合物，还有一些事例仅仅是欺诈。如果人类的证据值得一提的话，那么其中很多证据实际上可被归于恶魔的影响。

在伊丽莎白女王统治时期的英格兰有一些有趣的故事。一个三等清教徒牧师约翰·达雷尔（John Darrel）因尝试驱魔而引起了不小的骚动。这个主意看来是源自著名的耶稣会传教士威廉·韦斯顿（William Weston）的驱魔仪式，这位传教士在牛津、巴黎和杜埃（Douai）接受教育后，于 1575 年 11 月 5 日在罗马加入耶稣会。威廉·韦斯顿之后在西班牙工作和教学，直到被召回本国传教，他于 1584 年 9 月 20 日抵达英格兰。在那个危险的时期，威廉·韦斯顿要冒着巨大的风险开展他的工作，他被要求在几个痛苦的人身上驱魔，这些人大部分是由两个热情的天主教徒带给他的——阿克斯布里奇（Uxbridge）附近的德纳姆（Denham）的乔治·佩卡姆爵士（Sir George
Peckham）和哈克尼（Hackney）的贵族沃克斯（Vaux）——这两位先生 225
都因为他们的信仰而经受了不少痛苦。关于病人，我们只能说我们由

① Abbé Lebeuf. *Histoire du diocèse de paris*, V. 129 sqq.

于缺乏证据而不能判断这些病例究竟是真的还是他们只是普通的病人,但是我们可以肯定,其中并没有造假和欺骗。韦斯顿神父被认为是非常真诚、十分虔诚且拥有非凡能力的人。尽管这些有好几位教士参加的仪式是在极度隐秘的情况下进行的,并且教士们做好了完全的预防工作以避免任何消息被传播出去,但是仍有人传播流言。因此,在大约一年的时间里,各种夸张的传说被散布,直到事件上达枢密院。暴力的迫害立即被重演,很多驱魔师因此被抓捕和杀害,包括韦斯顿在内的其余的人于 1586 年 8 月被投入监狱。接着就是漫长的监禁,韦斯顿于 1599 年被带到伦敦塔,他在那儿遭受了极大的痛苦,双目几乎失明。最终,韦斯顿于 1603 年被驱逐,他在塞维利亚(Seville)和巴利阿多利德(Valladolid)度过余生。韦斯顿于 1615 年 6 月 9 日去世时仍担任巴利阿多利德的大学校长。①

1586 年,正当天主教神父们的驱魔仪式不幸地引起了广泛的关注和愚蠢的评价之时,约翰·达雷尔在尽管是个清教徒,并且没有接受过授神职的仪式和培训的情况下,仍鲁莽地决定要模仿他们的行为。约翰·达雷尔很年轻——20 岁出头——鲁莽并且无知,这三个特质即便在今天这个时代也很容易就会赢得恶名。约翰·达雷尔首先被召唤来治疗一位 17 岁的少女凯瑟琳·莱特(Katherine Wright),她住在诺丁汉郡(Nottingham)的曼斯菲尔德(Mansfield)。达雷尔立刻判定凯瑟琳·莱特是被恶灵骚扰,于是他从早上四点到中午一直都为她祈祷,但是完全没有效果。接着,达雷尔声明那少女是被人施了巫术,并且说那恶魔是由近期跟病人争吵过的玛格丽特·罗珀(Margaret Roper)派来的。那女孩支持了达雷尔的故事,那个被指控的妇女立刻被治安官逮捕。然而,当那个妇女出现在治安法官弗利亚姆
226 (Fouliamb)先生面前后,她不仅被立刻释放,而且达雷尔被巧妙地阻止,并面临被捕的巨大危险。

① 韦斯顿的画像被保存在罗马和巴利阿多利德。

这次不幸的遭遇足以惊吓到这位想要成为祓魔师的人，达雷尔消失在人们的视线中约 10 年之久，直到他在特伦特河畔的伯顿(Burton-upon-Trent)再次出现在公众面前，并在围绕德比郡男孩托马斯·达令(Thomas Darling)的事件与丑闻中扮演了重要角色。这位富有想象力的少年饱受发作的折磨——真的或假装的——在这些发作的过程中他看见绿色的天使和猫。这名少年的话偶尔充满着清教徒的隐语，他喜欢和神职人员交谈。一位轻信的医生说那少年是被施了巫术。人们不久之后注意到，大声朗读圣经——尤其是《约翰福音》第一章中的某些词句——会让那男孩陷入发狂的抽搐。少年同时开始漫谈关于“一个矮小的老女人”的故事，他说那女人戴着“宽边帽”，而这已经足够使两个一直被强烈怀疑使用邪术的女人伊丽莎白·莱特(Elizabeth Wright)和她的女儿艾丽丝·古德利奇(Alse Gooderidge)接受地方官员的审查，他们将艾丽丝送进了监狱。接下来，这些相关人士传唤了一位术士(cunning man)，他使用各种方法逼迫犯人认罪。在经过折磨甚至酷刑之后，这可怜的人进行了断断续续的、不连贯的供认，这些被编织成一个连贯的故事。至此，达令已经病了三个月了，他不仅没有好转，反而恶化了。

就在这戏剧性的时刻，约翰·达雷尔虚张声势且夸夸其谈地出现在现场，并立刻负责这些事务。据达雷尔自己的说法，他的成就得到了特别的祝福。更确切地说，那个男孩好转了，这个狡诈的清教徒将功劳统统收归己有。艾丽丝·古德利奇在巡回法庭接受审讯并被陪审团判定有罪，首席法官安德森(Anderson)判处她死刑，小册子作家约翰·丹尼森(John Denison)写道：“她应该被行刑，但是她的精灵在狱中将其杀死！”整个事件极大地提高了达雷尔的名声。

不久之后，发生在兰开夏郡的被广为流传的着魔事件又进一步提 227
供给达雷尔进入众人注目之中心的机会。9 岁的安·斯塔奇(Ann Starchie)和她 10 岁的哥哥约翰患了神秘的疾病：女孩因遭到“某种可怖的惊吓而蜷缩她的身体”，而男孩在上学路上“被迫大叫”。安·斯塔奇和她的哥哥逐渐恶化，直到他们的父亲尼古拉斯·斯塔奇(Nicholas Starchie)咨询了臭名昭著的奇术师埃德蒙·哈特利(Edmund Hartley)。哈特利使用各种符咒治好了孩子们，他们的父亲付给他每年40先令作为长期聘用金。然而，哈特利坚持要提高报酬，当此要求被拒绝后，他们发生了争吵，孩子们不久之后再度犯病。著名的迪伊博士(Dr. Dee)被请来，但是他显然束手无策，在“严厉谴责和严格检查”了哈特利之后，他除了建议寻求“神圣传道士”的帮助之外别无他法。被诅咒的房子中的状况越来越严重。除了孩子们之外，斯塔奇先生的三个年轻守卫、一个仆人和一个来访者都得了怪病。“所有人或他们中的大多数人又听到房子和地上发出奇怪的、超自然的巨大打击声。”哈特利遭到怀疑并被带到治安法官面前，治安法官立刻将他交付巡回法庭。证据显示，哈特利频繁地亲吻斯塔奇家的孩子，事实上他一直拥抱所有的着魔者，于是人们认为他就这样将恶灵传到他们身上。哈特利被指控在地上画魔圈，尽管他极力否认指控，但他还是被判重罪，并在兰开斯特(Lancaster)被绞死。约翰·达雷尔和他的助手德比郡的教堂牧师乔治·摩尔(George More)承担驱魔的任务，在一两天的漫长祷告和巨大努力之后，他们成功地驱赶了恶魔。在这里，愚蠢、欺骗和歇斯底里一起编织了一个可怕的故事。

达雷尔此时是诺丁汉郡的牧师，那里正好住着一个当学徒的年轻音乐家威廉·苏默斯(William Somers)——一位聪明且漂亮的年轻人——他几年前就在阿什比德拉祖什(Ashby-de-la-Zouch)遇见过达
228 雷尔，他们都住在那里。这男孩曾经遇到过一个奇怪的女人并冒犯了她，之后他突然就开始“做一些奇怪且无用的动作，大笑、跳舞以及类似的轻浮举动，让人觉得他是疯了”。1597年11月5日，被邀请来的著名祓魔师即刻就判断出着魔的征兆。这年轻人正为其在诺丁汉犯下的罪恶而承受苦难。于是，达雷尔进行布道并大声祷告，当他一个接一个地说出十四种着魔的迹象时，那个被精心训练过的病人就相应地一一表现出来。

达雷尔很有可能在某种程度上对苏默斯进行了催眠般的控制，苏默斯的表演至少是非常引人瞩目的，他“撕扯，口吐白沫，打滚，面部歪斜，双眼瞪视且舌头伸出”，再加上其他上千种古怪的动作，这些让旁观者留下了极为深刻的印象。最后，男孩像死了一般躺了十五分钟，然后他站起来说自己完全好了。

然而，作祟紧跟着魔而来。恶魔仍然袭击他，苏默斯不久就指控13名妇女用邪术引起他的疾病。猎巫人达雷尔此时已经在小镇获得要职。作为圣母玛利亚教堂的布道者，达雷尔准备帮他的学生帮到底。不过，即便是达雷尔的影响力也不起什么作用，除了两名妇女之外，几乎所有相关的妇女都从监狱被释放。接着，某些感到怀疑的市民开始进行干涉，他们将那个主要演员带到管教所，他在那儿很快就招认了自己的欺骗行为，如其所承认的，他经过了达雷尔的精心指导。这件事于是成了公开丑闻，根据德比(Derby)的副主教的报告，约克(York)大主教指派了一个委员会调查此事。苏默斯被带到三个牧师面前，这三个牧师没有一个能作出正确判断，苏默斯收回先前的话，声称自己是被引诱而诽谤达雷尔的，于是他陷入发作、口吐白沫、扭曲，致使那些无知的人相信他是着魔了。

然而，在诺丁汉巡回法庭，情况却不同了。首席法官埃德蒙·安 229
德森爵士(Sir Edmund Anderson)[1]传唤并鼓励苏默斯说实话，这个可怜的年轻人坦白了所有的骗局。针对艾丽斯·弗里曼(Alice Freeman)的起诉被撤销，埃德蒙爵士震惊于这些骗局，他写了一封严肃的信给坎特伯雷(Canterbury)大主教惠特吉夫特(Whitgift)。达雷尔和莫尔被高等委任法院传讯，伦敦主教班克罗夫特(Bancroft)、两名首席大法官、恳请主事官(the Master of Requests)以及其他高级官员审理案件。显然，班克罗夫特事实上从头到尾掌控了审讯，他既当检

① 巫术的热忱支持者。他已经至少将一名女巫送上了绞刑架，将另一名女巫送进了监狱。

控官又当法官。苏默斯告诉法庭他是如何与达雷尔一直保持联系的。在秘密约见时,达雷尔教苏默斯"做那些凯瑟琳·莱特做过的伎俩",之后让他去查看并向伯顿男孩学习。事实上,达雷尔让苏默斯在他面前将整套表演练习了一遍又一遍,在这些准备和练习之后,这个年轻人才作为着魔者出现在诺丁汉,并被驱魔和展示。这个狡猾的清教徒被公正地逮捕。伦敦主教无疑有一点专制,但毕竟他是在处理一个十足的骗子。达雷尔和莫尔被开除了神职,并被送进监狱。

整个事件被班克罗夫特的牧师萨缪尔·哈斯内特(Samuel Harsnett)在324页的《约翰·达雷尔斯骗行为之发现》(*A Discovery of the Fraudulent Practises of John Darrel, Bacheler of Artes ...*, London, 1599)一书中报道出来,之后有大量的小册子出现。达雷尔和莫尔都回应了哈斯内特,并吸引了一大批人进行论战。这些著作包括《关于一个诺丁汉年轻人威廉·苏默斯着魔的解释或辩护(*An Apologie, or defence of the possession of William Sommers, a young man of the towne of Nottingham ... By John Darrell, Minister of Christ Jesus ...*),一本黑色字体的小册子,未标明日期,不过其可以被确切地归入1599年;《达雷尔的审讯》(*The Triall of Maist. Dorrel, or A Collection of Defences against Allegations ...*, 1599)[①];以及达雷尔的辱骂《萨缪尔·哈斯内特之罪恶的、可耻的、充满谎言的以及荒谬的论文的探查》(*A Detection of that sinnful, shamful, lying, and ridiculous discours of Samuel Harshnet*, 1600)。在同时代的剧作家中,也有一些人涉及这个丑闻。琼森
230 (Jonson)在1616年的《魔鬼是头驴》(*The Divell is a Asse*)(V, 3)中写道:

① 这显然是达雷尔自己的作品,但其在胡特(Huth)的目录(V, 1643)中被归在詹姆斯·班福特(James Bamford)的名下。

先生，这是最简单的事情。
就像嘶嘶作响一样普通：转动眼睛，
嘴里吐白沫：抹点小肥皂。
抹在嘴唇上：总之一句话，
脚趾夹火柴，把火吐出来，
没有读过么，先生，小达雷尔的骗局，
伯顿的男孩，兰开夏郡的七人，
诺丁汉的苏默斯？他们都教这个。
我们就能显出，先生，你的太太对你施了巫术。

哈斯内特的书很有可能在很大程度上只是班克罗夫特观点的代言人[①]，由于班克罗夫特在1604年成为了坎特伯雷大主教，因此他的看法很重要。但是，哈斯内特本人也是一个很有地位的人，他注定要担任高级的神职。作为剑桥大学彭布罗克学院（Pembroke Hall）的教师、剑桥大学校长、奇切斯特（Chichester）主教、诺里奇（Norwich）主教，并最终于1628年成为约克大主教[②]，哈斯内特无疑是那个时代的显要人物之一。因此，哈斯内特的观点不仅相关，而且还可以被视为英国圣公会的权威表达。班克罗夫特是天主教的严酷迫害者，他似乎将收集到的大量材料移交给了哈斯内特，后者于1603年出版了一本名为《对惊人的天主教骗局的宣言》（*A Declaration of Egregious Popish Impostures*）的书，书中尖刻地攻击神职人员和超自然现象。[③] 这激烈且愚蠢的争论充斥着大量粗鄙的言论和轻蔑的亵渎，其像恶意漫骂的刺耳声音一样刺激着读者。愤怒牧师的热烈与详实的

① 达雷尔在他的《萨缪尔·哈斯内特之罪恶的、可耻的、充满谎言的以及荒谬的论文的探查》中写道："无疑，S. H. 表示伦敦主教的牧师萨缪尔·哈斯内特（Samuell Harsnet），但是他本人，或他的主人和他，发现了这伪装和欺骗，这是问题，有人认为此书是出自主教之手，而很多人觉得此书是他们合著的。"

② 他于1629年11月10日在枢密院宣誓。

③ 莎士比亚由此得到了各种恶灵的名字，这在《李尔王》中由埃德加（Edgar）提及。

风格使班克罗夫特的书具有一定的力量，这是皮质的肺和沙哑的舌所发出的粗话及震耳欲聋的漫骂的力量。作为一个冷静的论辩，一种对这个议题和论辩的合乎逻辑的论证是被忽略的，并被全然忘记了。不过，历史上的哈斯内特和班克罗夫特都是重要人物，因为后者起草或至少推动并举行了主教议会，并且加强了1604年的教会法规，其中第
231 72条写道："没有主教的许可或命令(*mandatum*)，任何牧师……都不得试图通过斋戒和祈祷处理任何人的着魔或作祟，以及驱逐魔鬼和恶魔，违者以欺诈或招摇撞骗罪足罪论处，并被革除牧师职务。"

此条款看上去明显是旨在加强英格兰教会的地位。[①] 与其他任何基督教教义一样，整个驱魔问题引发了最尖刻的争论。路德教会在洗礼仪式中保留了驱魔，并且他们对驱魔既迫切又执著。马丁·路德(Martin Luther)本人就清楚地认知并坚定地相信与邪魔斗争的真实性。瓦特堡(Wartburg)城堡的黑色污迹仍然标示着马丁·路德将墨水瓶掷向魔鬼的那间屋子。傻子、盲人、哑巴和白痴经常被认为受到恶魔的困扰，而疯子则被认为肯定是着魔了。医生可能会将这些不幸解释成自然的疾病，但是这样的医生是无知的，他们不知道撒旦的诡计与力量。许多通常被认为是自杀的可怜人实际上是被恶魔捕获并勒死的。魔鬼可以生下孩子，路德本人不正与其中之一有来往吗？[②] 然而，在16世纪接近尾声时，无止境且绝望的争斗在相信驱魔者和完全不相信驱魔的瑞士与西里西亚的教徒中展开[③]，不相信驱魔者要么声称这只属于早期基督教，要么试图用纯理性主义的观点来解

---

① 我不认为现在还有很多英国教会的主教会准许驱魔。当然，具有科学思想的现代英国圣公会的神职议员已经弃绝了这无聊的迷信。他们如何解释我主的话和行为我不得而知，但是我认为根据他们的广博知识，基督——*sit uenia uerbis*——在此处和其他很多地方都被误解了。

② *Colloquia Mensalia*，*passim*.

③ 很难想象像Gaspar von Schwenckfeld(1489/1490－1561)这样的新教领袖的教义会比个人道德与模糊的个人虔诚主义强多少，其众多著作的一个重要版本正在筹备出版的过程中：Hartranft，Schlutter，Johnson，*Corpus Schwenckfeldianorum*，I，Leipzig，1907。

释圣经中的记载。在英格兰,洗礼中的驱魔在 1549 年的第一祈祷书中仍然被保留着,但是到了 1552 年,它由于马丁·布塞尔(Martin Bucer)的权威而被完全取缔了。在伊丽莎白统治时期,日渐增强的苏黎世和日内瓦的影响被给予高度敬意,其完全不相信任何形式的驱魔,这种不信任的态度在朱厄尔(Jewel)及其追随者的各种“说明”和“辩护”中被不断重复且非常清楚地被表达出来。

大主教帕克(Parker)在 1574 年的一封信中[①]谈及两个懒惰的少女艾格尼丝·布里奇斯(Agnes Bridges)和雷切尔·品达(Rachel Pinder)——已被证实的欺骗行为[②],这表明他对着魔的可能性完全持怀疑态度,他的后任、坚定的加尔文教徒惠特吉夫特与他有着同样的想法。

1603 年,五位教士试图为泰晤士街(Thames Street)的一位商人的女儿玛丽·格洛弗(Mary Glover)驱魔,据说她是由于伊丽莎白·杰克逊(Elizabeth Jackson)的邪术而着魔的。“一个著名的福音牧师”约翰·斯旺(John Swan)主导了这项工作,此事在当时引发了不小的轰动。清教徒无疑急切地想要证明他们战胜魔鬼的能力,并且热切地抓住每个机会。斯旺在《关于玛丽·格洛弗的恶魔困扰以及其通过斋戒与祈祷获得解救的真实且简要的报告》(*A True and Breife Report of Mary Glover's Vexation and of her deliverance by the meanes of fastinge and prayer*, 1603)中,成功地宣扬了自己所谓的胜利。此外,在驱魔之后,斯旺将伊丽莎白·杰克逊带回家做仆人,“以免撒旦再次袭击她”。杰克逊大妈(Old Mother Jackson)遭到起诉,伦敦的刑事法院法官约翰·克鲁克爵士(Sir John Crook)将她投入监狱,首席 232

---

① Parker's *Correspondence*, Parker Society, Cambridge, 1856, pp. 465 - 466.

② 通过从嘴里吐出针和稻草,她们使很多人相信他们被施了巫术,但是这些诡计很快就被揭穿,她们在圣保罗教堂进行公众忏悔。一本黑色字体的小册子描述了这个事件: *The discloysing of a late couterfeyted possession by the devil in two maydens within the Citie of London* [1574]。另参见 Holinshed, *Chronicles* (ed. London, 1808), IV, 325; Stow, *Annales*, London, 1631, p. 678。但是,有诈病者并不代表没有真的病人。

大法官埃德蒙·安德森对她的判决是示众四次、监禁一年。对于这些想要成为祓魔师的人以及他们的自负来说,不幸的是詹姆士国王起了疑心,他派遣了一名叫爱德华·乔丹(Edward Jorden)的医生来检查女孩,他揭穿了她的骗局,我不怀疑她经过那些清教徒的精心指导。乔丹医生在小册子《癔病的窒息》(*A briefe discourse of a disease called the Suffocation of the Mother, Written uppon occasion which hath beene of late taken thereby to suspect possession of an evill spirit*, London, 1603)中描述了当时的情况。牧师们大为恼火,斯蒂芬·布拉德维尔(Stephen Bradwell)甚至对乔丹棍棒相向,但这毫无意义,就如同他的著作至今仍没有被出版。[1] 这件事有可能也影响到班克罗夫特起草1604年教会法规的第72条。

弗朗西斯·哈钦森在《巫术史论》(*Historical Essay on Witchcraft*, 1718)[2]中怀疑任何英格兰教会的主教是否曾批准过任何牧师的驱魔。的确,李博士(Dr. F. G. Lee)[3]讲述了关于埃克塞特(Exeter)主教塞思·沃德(Seth ward)于1665年1月给阿尔特南(Altarnon)的教区牧师约翰·鲁德(John Ruddle)签发了带有他签名和印章的批准书,这可能是孤证。即使如此,这也不是严格地谈及驱
233 魔的事,至少没有着魔者被解救。鲁德先生在他的日记中记载,在一片隶属于小佩瑟里克(Little Petherick)教区[4]的荒凉原野上,一名大

---

① *Marie Glover's late woefull case... A defence of the truthe against D. J. his scandalous Impugnations*, British Mseum, Sloane MSS., 831. Sinclar, *Satan's Invisible World Discovered*, Edinburgh, 1685, Relation XII quotes an account of Mary Glover from Lewis Hughes' *Certaine Grievances* (1641-2);以及之后的 Burton, *The Kingdom of Darkness* 和 Hutchinson, *Historical Essay concerning Witchcraft*,二者都指出了一个错误的发生日期(1642年)。

② 增补版,1720年。

③ *The Other World*, London, 1875, I, pp. 59-69. 此事件在 Fortescue Hitchins, *The History of Cornwall*, Helston, 1824, II, pp. 548-51 中被叙述;更完整的细节参见 the Rev. R. S. Hawker, *Footprints of Former Men in Far Cornwall*, London, 1870,引自 Ruddle's MS. Diary。

④ S. Columb 以北六英里(约合9.6558千米),Padstow 以南三英里(约合4.8279千米)。

约16岁的少年见到了幽灵，他是布莱（Bligh）先生的儿子。那个鬼魂是死于8年前的多萝西·杜兰（Dorothy Durant），她经常在这个男孩上下学的必经之路上出现，他因此生了病并最终向家人坦白了他的恐惧，而他的家人认为这事很荒谬，他们在戏谑和嘲笑都不奏效的情况下，严厉地责骂了他。最终，鲁德先生被请来开导这个男孩。然而，这个教区牧师很快就发现年轻的布莱先生说的是事实，他立即陪着这个孩子一起去了那个地方，他们在那里确实看见了那个幽灵，就像他所描述的一样。过了不久，鲁德先生到埃克塞特去拜访教区主教，并获得了驱魔的许可。主教问道："谁告诉你我有权力这么做？众所周知，我们的教会已经放弃了这一古老的力量，以免堕落和滥用。"鲁德先生引用了1604年的教会法规，看来这说服了主教，他召来了秘书并签发了一个"由此事件得以无限制地完成"的批准书。但是，这个可敬的教区牧师在离开前被要求要保持特有的谨慎："请秘密地进行，鲁德先生——可怜的兄弟！可怜的兄弟！"日记提供了一些关于幽灵如何消失的细节，重要的内容包括执行者在地上画了一个圈和一个五角星，以及使用花楸杖或魔杖。鲁德先生提及"一个羊皮卷轴"，他使用古叙利亚语并按照书上的建议驱魔。鲁德先生说："我进行了适当的程序，并完成所有的步骤，这些都被写下，记载在我的备忘录中……经过一些固定的仪式，我确实驱赶了那个令人困扰的幽灵。"如果我们能知道主教规定了什么样的程序和仪式，那么我们将会感到十分有趣。这听起来并不像是天主教驱魔的细节，反而像是一些迷信的魔法仪式。就记载而言，程序在目前很难被整理出来。

尽管新教不认可驱魔，但是记录表明，英格兰的乡村民众在某些 234
情况下也会请求天主教教士的帮助。1815年4月，米德兰（Midland）区的爱德华·皮奇（Edward Peach）神父就被请求来看看伍斯特郡（Worcestershire）国王诺顿（King's Norton）的一个名叫怀特（White）的少妇，她两个月以来一直遭受一种医生既不能辨认也不能医治的怪病之困扰。这个少妇的姐妹声称，一个名声不好的年轻人在被拒绝之后誓言报复，他向达德利（Dudley）的一位有名的男巫寻求帮助，意图伤害这个少妇。无论如何，那悲伤的女孩似乎是濒临死亡，她高喊着说被恶灵日夜困扰，恶灵嘲笑她，威胁将她带离身体和灵魂，并指出自我毁灭是唯一摆脱它们的办法。教区牧师来探望这个女孩，并与她一起祈祷，但是没有奏效。刚巧被召来的一个护士是天主教徒，她被这可怕的怒吼吓到了，于是她取来一瓶圣水，洒在房间和床上，其中几滴落在了患者身上，患者发出了最刺耳的叫喊，大叫道："你烫伤了我！你烫伤了我！"然而，在这次发作过去后，这个少妇实现了几周中的第一次踏实安睡。在情况稍微好转之后的第 48 个小时，这个少妇遭到剧烈痉挛的袭击，她的亲戚大为惊惶，他们在 1815 年 5 月 2 日——祈祷周（Rogation Week）的星期二——派遣使者去请求皮奇神父立刻前来。

当神父到来时，那个女孩正被两名妇女用全力按在床上，当她看见来人时——他对于她来说完全是个陌生人，她也无法从衣着辨认出他的神职——她激烈挣扎，她的丈夫不得不帮忙制住她扭动的四肢。不久之后，女孩完全筋疲力尽，皮奇神父遣走了其他人，这样他就可以跟她进行长久而严肃的交谈。皮奇神父似乎相当确信这是一个真实的着魔案例，他严谨表达且仔细收集的证据使人无法怀疑这奇怪的疾
235 病没有自然的原因。在交谈中，神父发现那少妇没有接受过洗礼。皮奇神父给出一个简单的指导，他发现她情况良好，于是立即帮她洗礼。在圣事的进行过程中，这个少妇像树叶一样颤抖，当圣水洒在她身上时，她可怜地退缩，突如其来的发作扭曲了她的容颜。这个少妇事后声称这给她带来了极大的痛苦，如同沸水浇在她赤裸的皮肤上。在这之后，少妇的健康和精神大为好转，她的丈夫和姐妹大喜过望，认为这不亚于一个奇迹。第二天，皮奇神父又来探望这个少妇，并注意到她迅速地好转，除了稍显虚弱外，她看上去已经痊愈了。神父在一年之后根据当时的笔记写道，女孩那可怕、痛苦的疾病没有复发，也没有任何反复的迹象。

1925年10月11日的《星期日快报》(*The Sunday Express*)在“恶灵困扰女孩”的标题下，用主要的专栏记载了一些超常事件。报道如此开始：

“被淘气的幽灵——被称为恶作剧的鬼(Poltergeist)——困扰了一年有余，精神涣散，差点进精神病院，在一群印第安人的帮助下被治愈，这是19岁的格温妮斯·莫利(Gwynneth Morley)的超凡经历，她与寡母住在基斯利(Keighley)，在海(Hay)先生和莱特(Wright)先生的纺纱厂工作。”

这些现象被亚瑟·柯南道尔爵士(Sir Arthur Conan Doyle)知道，他告诉了休伊特·麦肯齐(Hewet McKenzie)先生，结果那女孩被带到伦敦进行精神治疗。麦肯齐先生是“英国心理科学院的名誉院长”，这个机构据称是“英国最好的心理科学研究中心”，并且其宣扬“实用治疗讲座”“公共神视”“可见的水的颜色的一个小展示……表明灵魂发展，或精神条件下灵魂的经历”。据我理解，“这所学院”是一个著名的招魂集会中心。

格温妮斯·莫利在麦肯齐先生的家中“担任了三个月的女仆，并 236
在密切的观察下接受心理治疗”。

“每天折磨她的恶灵的惊异表现都被记录下来。骚扰在新月和满月之间更盛。格温妮斯将房间中的所有东西扔出去或砸碎。桌子被举起并翻转，椅子被砸成碎片，书架被推翻，沉重的长靠椅被翻倒。”

“在霍兰·帕克(Holland Park)的厨房内，当格温妮斯在场的时候，准备饭食就变成了令人不安的事情。碗里的水会被泼出来，一块块的黄油被扔在地上。”

“另一次格温妮斯在厨房的时候，管家正为早餐准备一些葡萄，但他发现其中一半不见了，厨房和碗碟贮藏室都找不到。格温妮斯拿了两根香蕉摆在原来的位置，并将它们放在她旁边的桌子上，消失的葡萄立刻嗖一下从她耳边扫过，落在她身前，而香蕉消失了。十分钟后，香蕉出现在碗碟贮藏室的桌子上。”

“在所有这段时间内，格温妮斯都在接受心理专家的治疗。格温妮斯每周都和麦肯齐夫妇及其他人坐在一起。人们发现格温妮斯很容易被催眠，桌子向她移动。”

“在治疗的其他时候，恶作剧的鬼似乎在接受挑战。在很激动的一天过后的晚上，巴克尔(Barkel)夫人安抚格温妮斯的头使她平静，麦肯齐夫人让她休息，说‘当你上床之后什么都不会发生’。在格温妮斯上楼的时候，一个小桌子和金属花瓶摔倒了，过了一会儿，巨大的重击和撕扯声从格温妮斯的房间里传出。当麦肯齐夫人走进房间的时候，她发现房间好像是被飓风扫过一样。”

“在6月21日到6月25日的施咒之后，那幽灵一直到7月1日都表现良好，那天女孩又一次发作。格温妮斯突然从椅子上摔落，双手紧握。他们将女孩放到床上，她再次发作，她用力抓住自己的咽喉。”

“那晚之后，格温妮斯再也没有遭到袭击，也没有受到任何侵扰。”

237 治愈的主要原因据称是巴克尔夫人的通灵能力。

“在大多数情况下，巴克尔夫人对格温妮斯进行超凡的神视，她描述死去的亲友以及格温妮斯过去生活中发生过的事，这些事得到女孩的证实与确认。”

“麦肯齐先生说他能清楚地看见一位近亲虚度生命，这个近亲是个酒鬼。女孩害怕并仇恨这个人，在他生前和死后都是。在侵扰开始之前，她就经常看见他。通过巴克尔夫人的指导，麦肯齐先生与他取得联系，他承诺执行任何有利于女孩的指示。”

“他被请求永远不要接触那女孩，除非被请，否则不回来。‘J教授’——另一个世界的工作者——对此产生兴趣。麦肯齐先生要求一帮印第安人(他们表示可以帮忙)处理格温妮斯，并保护她不受袭击和骚扰。”

“第二天，巴克尔夫人提到一个印第安人前来帮忙，从这天起，情况开始好转。那‘教授’提议治疗，并告诉麦肯齐先生，在印第安人的帮助下，他在几周之内会将这个灵媒置于一个全新的精神状况之中。

麦肯齐先生说他完成了诺言。”

我从订阅范围很广的流行报纸上详尽地引用了有关这个案例的内容。所有事情都是真实的，我没有理由怀疑。这是一个普通的作祟案例，其很容易被教士辨认出来，他们的职责需要他们研究这些令人烦恼的现象。我十分肯定有些对所发生现象的解释是完全错误的。神视(clairvoyance)不过是在玩火——我可以说，这是地狱之火——那些人不明白他们正在做什么，他们盲目地唤起了什么样的力量。“J 教授”和“一帮印第安人”——所有这些“另一个世界的工作者”——是邪恶的，或者至少是高度可疑的，他们伪装成光明与善良的灵魂。如果 238
女孩的确从作祟中解脱，那么人们不禁要猜测潜藏在背后的一些隐秘的动机，这不过是为了他们自己的目的而安排的计划的一部分，他们用黑暗隐秘的力量欺骗轻信者。女孩格温妮斯·莫利的驱魔仪式应该由一个接受过培训的合格的祓魔师来完成。这些业余人士既不了解也完全没意识到他们这么做的危害以及他们所遇到的危险。一个鲁莽的人(如瓜佐)可能会用那些我不愿意用的术语——无疑他们是出于善意——详细说明他们的行为。

在阿尔萨斯的伊尔菲特(在米卢斯[Mulhausen]以南五英里[约合 8.0465 千米]处)有一座纪念碑，它由一根三十英尺(约合 9.144 米)高的石柱组成，上面有圣灵怀胎的雕像，柱基上刻有铭文。

约瑟夫·伯纳(Joseph Burner)[①]与他的妻子安娜·玛丽亚(Anna Maria)是清贫但聪明的人，他们因正直和勤奋而被伊尔菲特的村民们敬重。约瑟夫·伯纳一家共有五个孩子，最大的儿子梯耶博(Thiébaut)出生于 1855 年 8 月 21 日，二儿子约瑟夫(Joseph)出生于 1857 年 4 月 29 日。梯耶博和约瑟夫是智力平常的文静男孩，他们在 8

① 关于这些奇异之事的完整和详尽的记录可见 *Lucifer, or the True Story of the Famous Diabolic Possession in Alsace*, London, 1922，布伦特伍德(Brentwood)主教授权出版。保罗·萨特(Paul Sutter)神父汇编原始记录，由西奥菲勒斯·博勒(Theophilus Borer)神父翻译。

岁的时候被送到当地小学去学习常规课程。1864 年秋天，两个孩子得了一种神秘的疾病，普通药物无法治愈这种疾病。阿尔特基克(Altkirch)的利维(Levy)医生被请来诊断这个病例，他承认自己完全困惑了，之后的很多接受咨询的医生也都宣称无法诊断这些异常的症状。自 1865 年 9 月 25 日起，两个男孩呈现出最为反常的现象。仰躺在床上时，两个男孩会如旋转的盖子般快速旋转。两个男孩为痉挛所困，无比灵活地扭曲四肢，或者他们的身体会连续好几个小时变得完全僵直和静止，没有任何关节可以弯曲，而他们像木桩和石头一样躺
239 着不动。这些袭击通常以剧烈的呕吐告终。两个男孩有时连续几天无法说话，只能叽哩咕噜地叫，眼放怒光，嘴涎唾液，有时候他们又会变聋，就算是在他们耳边放一枪也不会对他们产生任何影响。[①] 两个男孩常常异常兴奋，手舞足蹈，大叫不停，但他们的声音却不是寻常的音调，甚至根本不是孩童的声音，而是粗暴男子的有力、刺耳、嘶哑的声音。两个男孩连续几个小时用最下流的言语亵渎、咒骂和诅咒，并大叫着猥亵的词句，他们的邻居被这可怕的景象吓得四散奔逃，他们心烦意乱的父母不知去何处寻求帮助和安慰。患者不仅使用最猥亵的言语，而且他们能用不同的语言正确表达和流利应答，如法语、拉丁语、英语，甚至他们能使用西班牙语和意大利语的各种方言，这些语言他们在正常情况下根本不可能掌握。两个男孩也不可能在任何时候听到这些语言的对话，并在潜意识中吸收它们。一个著名的案例记载了一位教育程度不高的女仆得了病，她在谵妄中用某种语言咕哝着，这种语言被辨认出是古叙利亚语。这件事被解释为这位女仆之前在一栋房子内工作，其中住着一个神学学生，他在考试前夜习惯在楼梯上上下下，在房间里踱步，并大声朗读古叙利亚语的词根和词汇，而她经常听到，于是就记在脑海里了。但是，梯耶博和约瑟夫的案例却无

① Jesus ... comminatus est spiritui immundo, dicens illi: Surde et mute spiritus, Ego præcipio tibi, exi ab eo: et amplius ne introcas in eum. *Euan. sec. Marcum.* IX. 25.

法以此得到解释，因为他们不是用一两种语言说出不连贯的词汇和短语，而是用很多种语言甚至方言进行轻松且理智的交谈。这一直被认为是着魔的一项真实的标志。此外，梯耶博和约瑟夫不断重复且精准 240
详细地描述了发生在远方的事件。经事后调查，两个男孩描述的每个细节都很精准。两个男孩的力量也很异常，在发作和痉挛时，经常分别需要三个有力男子尽最大努力来制住这两个不过 9 岁和 7 岁的孩童。

人们注意到，在发病初期，病人陷入极度强烈的抽搐中，疾病和错乱的每个征兆因任何圣物的出现而加剧，诸如圣水、圣徽、念珠或者其他根据仪式被祝圣过的物品。两个男孩似乎尤其会被圣本尼迪克特的圣徽和永援圣母的圣像激怒。有一次，虔诚的色列斯达（Selestat）市长伊格纳茨・斯派（Ignace Spies）先生将至圣救主会奇术士圣杰勒德・马耶拉[①]的遗物放到两个男孩面前，他们的尖叫和呼喊的确恐怖，并最终以非人的哀嚎和绝望的呻吟告终。还有一次，圣体节游行刚好经过房前，对面竖了一个临时祭坛。孩子们躺在床上，对此一无所知，看上去像是深度昏迷。然而，当圣体临近时，两个男孩的行为据说难以形容，他们口吐秽言和亵渎，四肢扭曲成上千种不自然的姿势；他们的眼睛在头上突出，并且在突然的可怕沉寂之后，危象随即发生，他们爬到房间最远的角落，如同处于致命痛苦中般呻吟、气喘和呕吐。最重要的是，圣母的肖像和圣徽以及召唤她的圣名都使着魔者恐惧与愤怒。只要提及"圣母"——他们这样称呼她——着魔者就会咒骂和怒吼，这使所有听到的人都颤抖和害怕。

伊尔菲特的教区教士查尔斯・布雷（Charles Brey）神父很快就认 241
定这种现象的恶魔本质。这无疑是一个着魔的案例，因为对于发生的一切来说，没有其他的解释。所以，查尔斯・布雷神父将关于这些异

---

① 1726—1755 年。这个伟大的圣徒当时令人崇敬，利奥十三世（Leo XIII）于 1893 年 1 月为他行宣福礼，庇护十世（Pius X）于 1903 年 12 月 11 日为他封圣。他的节日是 10 月 16 日。

常且可怕事件的详细报告提交给教区主教安德里亚·拉斯(Andreas Räss, 1842－87)阁下。然而,这位主教却远没有被说服,他仍然认为可以用自然的原因对此事件进行解释。事实上,直到三四年以后,在阿尔特基克的牧师的建议下,主教才决定对此事进行特别的教会调查。主教最终指派了三位敏锐的神学家:斯特拉斯堡大神学院院长斯杜姆普阁下(Monsignor Stumpf)[①]、教区的代理主教弗莱博格阁下(Monsignor Freyburger),以及米卢斯的教区长塞斯特先生(Mr. Sester)。1869年4月13日周二早上10点,这三位教士不期而至,他们发现约瑟夫·伯纳已经隐藏起来。经过漫长而艰辛的搜寻后,三位教士才将约瑟夫·伯纳从藏身的床底拽了出来。梯耶博假装不知道陌生人的到来。询问持续了两个多小时,调查员直到午后才离开了那所房子。同时,教士们见到了最可怕的场景,从而使他们对着魔的真实性确信不疑。三位教士很快将报告呈交给主教,主教直到那时才相信这些事实。

尽管如此,谨慎的主教还是采取了新的防范措施。1869年9月初,梯耶博在母亲的陪伴下被送到希尔蒂盖姆(Schiltigheim)的圣查尔斯(S. Charles)孤儿院,在拉普阁下(Monsignor Rapp)、斯杜姆普阁下以及斯特拉斯堡耶稣会院长艾舍尔神父(Father Eicher)开展调查期间,他被暂时安置在那里。与此同时,圣查尔斯的教士豪塞尔神父(Father Hausser)和著名学者与心理学家施兰策(Schrantzer)神父受命对男孩进行系统但秘密的严密观察。

大家决定进行驱魔,受人尊敬且富有经验的苏凯(Souquat)神父被主教委任进行这个严肃的仪式。10月3日周日2点,梯耶博被强制
242 带到圣查尔斯教堂,他之前一直尽力躲开这个地方。当被强迫进入教堂时,梯耶博不断发出嘶哑的怒吼,因此人们必须转移他以免造成丑

① 彼得·保罗·斯杜姆普(Peter Paul Stumpf)于1887—1890年继任安德里亚·拉斯(Andreas Räss)的斯特拉斯堡主教之职。

闻或者惊吓其他人员。这个男孩现在被施兰策神父和豪塞尔神父在园丁查尔斯·安德烈(Charles André)——一个健壮的大力士——的帮助下牢牢控制着。受害者站在圣体栏杆前铺开的地毯上,脸朝着圣龛。梯耶博在束缚中挣扎扭动,脸色猩红,两眼紧闭,从他肿胀紧咬的嘴唇间流出一股厚厚的、泛黄的泡沫,一团团黏液滴在地板上。祈祷开始,当神父吟诵到“圣母玛利亚,为我们祈祷”的时候,一声凄厉的尖叫从梯耶博的喉咙里发出。祓魔师不为所动地继续仪式的祈祷和福音。与此同时,着魔者尽最大努力亵渎和蔑视。大家决定翌日继续。于是,梯耶博被困在拘束衣里,并被绑在红色扶手椅上,他的身边站着前述的三位守护者。恶灵以低沉的声音怒吼嚎叫,这引起一阵可怕的喧闹。男孩四肢扭曲,但是绑带紧缚,他的脸色灰白,嘴里充满了唾液的泡沫。教士语气坚定地弃绝恶魔,他将十字架举起在梯耶博的眼前,并最终用圣母的神像说道:“不洁的灵魂,在圣母面前消失!她命令你!你必须遵从!你必须离开!”助手们跪在地下虔诚地吟诵“祝福圣母”(*Memorare*),空气中出现可怖痛苦的叫喊,男孩的四肢在剧烈的痉挛中抽搐。然后,男孩突然躺直,陷入沉沉的睡眠。一个小时过后,男孩慢慢醒来,凝视四周,充满惊奇。男孩问道:“我在哪儿?”施兰策神父问道:“你不认得我么?”男孩回答道:“不,神父,我不认识。”几天后,梯耶博可以回家了,他疲惫、虚弱,但开心、快乐。梯耶博对那些不幸的年月里发生的事情一无所知。梯耶博回到学校,他在各方面都是一个普通的孩子。

约瑟夫不断恶化,同时他与哥哥两人被隔离开来,准备接受驱魔。243
10月27日一大早,约瑟夫被带到伊尔菲特附近的公墓教堂。只有约瑟夫的父母、伊格纳茨·斯派阁下、拉切曼(Lachemann)教授,以及其他超过六个证人在场,这项工作在极为秘密的情况下开展。6点时,查尔斯·布雷神父举行弥撒,然后对这个不幸的孩子进行驱魔。神父等人连着三个小时反复祈祷和命令,直到后来,一些在场的人感到无望。但是,神父热烈的信仰使他们坚持了下来,最终伴随着低沉怒吼般的大声呻吟，一直在狂怒中挣扎尖叫的男孩向后倒下，陷入晕厥，躺着不动。不久之后，男孩坐起来，像刚睡醒一样睁开眼睛，当发现自己在一个教堂里并且很多陌生人围着他时，他大吃一惊。

梯耶博与约瑟夫都不再为这奇怪的疾病所困扰。前者于 1871 年 4 月 3 日死亡，年仅 16 岁；后者在齐利歇姆(Zillisheim)找了份工作，死于 1882 年，时年 25 岁。

一个更近期的着魔案例——每个细节都被可信地、第一手地研究了——与前述案例有很多相似之处。[①] 伊莲娜-约瑟芬·普瓦利埃(Hélène-Joséphine Poirier)是一个工匠家庭的女儿——父亲是个石匠——她于 1834 年 11 月 5 日出生于离卢瓦尔河地区的日安(Gien)镇十英里(约合 16.093 千米)左右的一个小村庄库隆(Coullons)。伊莲娜年轻的时候成为裁缝贾斯汀·贝斯顿(Justine Beston)小姐的学徒，不久就成了一个出色的绣工。伊莲娜因真挚且谦虚的虔诚引人注目，并且她获得了拥有非凡洞察力和判断力的教区教士普雷利耶(Preslier)先生的高度赞扬。1850 年 3 月 25 日晚，伊莲娜突然被一系列刺耳的敲打声惊醒，那声音很快变成强烈的重击声，好像是砸在她所住的小阁楼的墙上。伊莲娜在惊恐中冲进隔壁父母的房间，他们跟她一起回来搜寻，结果什么也没发现，她被说服回到床上。尽管父母
244 听到了异常的声音，但是他们并不觉得有必要惊慌。普雷利耶先生说道："从这一天起，伊莲娜生活在肉体和精神的巨大折磨之中，简直可以与圣约伯相提并论了。"[②]

出现在伊莲娜·普瓦利埃身上的这些现象与著名的"罗切斯特敲击声"相比并不为过，1848 年出现在海德斯维尔镇(Hydesville)的福克

① *Une Possédée Contemporaine* (1834 - 1914). *Hélène Poirier de Coullons* (*Loiret*). Paris, Téqui, 1924. 一部 517 页的经充分研究和具有大量文献记录的著作，由 M. le Chanoine Champault of the diocese of Orleans 编写。

② A partir de cette époque, la vie d' Hélène s'écoulera au milieu de souffrances physiques et morales si grandes, que dans sa bouche les plaintes de Job ne seraient point déplacées.

斯(Fox)家的敲击声被很多作者认为是世界性招魂术运动的现代表征和再现。①

这件事发生的几个月之后,伊莲娜突然僵倒在地,她就好像被强壮的手拉倒一样。伊莲娜可以立即站起来,但是又会再次摔倒。人们认为伊莲娜患了癫痫或者遭到了某种程度不寻常的袭击、发作或痉挛。但是,在当地医生阿泽玛(Azéma)仔细检查了伊莲娜的情况之后,他敏锐地评论道:"只有教士可以治愈你。"从那以后,精神错乱和身体疾病以前所未有的速度与强度增加。"伊莲娜身体和精神上的痛苦始于1850年3月25日,一直持续到1914年1月8日去世为止,也就是说,持续了64年之久。但是,那些着魔现象到1897年就停止了。所以,恶魔的攻击实际上持续了47年,其中的6年伊莲娜着魔了。"②1863年1月,伊莲娜的痛苦、痉挛和恍惚被认为是不可否认地表明了源于超自然的因素。奥尔良执事长布戈(Bougaud)神父在探访伊莲娜之后,建议将她带到大主教迪庞卢阁下(Monsignor Dupanloup)那里,并安排她住在郊外的圣母修女院,布戈承诺派遣一组神学家和医生检查她的情况。1865年10月28日周四,伊莲娜在修道院开始了治疗,她在那里被妥善安置。布戈先生观察了两分钟,并且给了伊莲娜一个可以自由访问主教而无须召见或受到其他延误的正式指示。但是,这里有一些误解,因为一位声名显赫的医生在周五 245
被召到修女院并对伊莲娜进行了长达四十五分钟左右的询问和检查,然后他断然告诉修女院院长她是疯了,彻底疯了,最好立刻被送回家。这位医生的报告看来是影响了主教,因为迪庞卢阁下要求修女立即释放伊莲娜。在经过了一段失望和沮丧的徒劳旅程之后,伊莲娜被带回

① 米德(G. R. S. Mead)先生适切地将其与震颤派教徒被所谓的北美印第安灵魂控制联系起来。这早于1848年。

② Ses souffrances physiques et morales, commencées le 25 mars, 1850, se poursuivirent jusqu'à sa mort, 8 janvier, 1914, soit pendant soixante-quatre ans. Toutefois les vexations diaboliques cessèrent vers la fin de 1897. Ces vexations durèrent donc près de quarante-sept années, dont six de possession.

了库隆。很多人于是开始怀疑伊莲娜,但是主教在翌年(1866 年)四月的坚信礼中走访库隆时又探访了她,并在很大程度上改变了原来的看法。布戈先生在 9 月探望伊莲娜的时候声称自己相信她的症状存在超自然的根源。

接着,最可怕的作祟袭击了伊莲娜,她不止一次地被逼到自杀与绝望的边缘。"从 1850 年 3 月 25 日到 1868 年 3 月,伊莲娜完全被迷惑了。作祟持续了 18 年。结束的时候,伊莲娜被作祟和着魔了 13 个月。1869 年 4 月 19 日,主教在奥尔良许可了对伊莲娜的驱魔,她从作祟和着魔的双重痛苦中被解救了出来。四个月的平静之后,伊莲娜以英雄式的慷慨自愿承担新的苦痛。"

"1869 年 8 月底,为了让著名的杜克罗特(Ducrot)将军皈依,伊莲娜从我主之手遭受了新的作祟和着魔所带来的痛苦。当杜克罗特将军皈依后,伊莲娜于 1875 年 9 月 3 日在卢尔德(Lourdes)从苦难中被解救出来,这救治来自集合在那里的 15 000 名朝圣者的祈祷。新形式的作祟和着魔持续了 5 年。在伊莲娜去世前的 40 年里,她再也没有着魔,但是却不断遭受作祟,这些攻击时而持续时间短,时而漫长严重。每种伊莲娜所经受的痛苦,就像是她有意地提供了神父的胜利和能力。
246 伊莲娜曾经为何被魔鬼折磨了 19 年以及她出于什么意图提供这些折磨(通过经主教命令的驱魔,她从中被解救了出来)将永远是秘密了。"①

---

① Du 25 mars, 1850, au courant de mars, 1868, *Hélène fut seulement obsédée*. Cette *obsession dura donc* 18 *années*. Au bout de ce temps et pendant 13 *mois* elle fut *obsédée et possédée tout ensemble*.

De l'obsession et de la possession elle fut complètement délivrée par les exorcismes officiels, à Orléans, le 19 avril, 1869.

Suivirent quatre mois de tranquillité, jusqu'au recommencement volontaire et généreux de ses peines.

A la fin d'août, 1869, elle accepta de la main de Notre Seigneur les tourments d'une nouvelle obsession et possession afin d'obtenir la conversion du célèbre général Ducrot. La conversion obtenue, elle fut délivrée à Lourdes le 3 septembre, 1875, par les prières des 15,000 pèlerins qui s'y trouvaient réunis. *Obsession et possession* (转下页)

1867年8月13日星期二，一股超常的冲动控制了伊莲娜，她写下一纸亵渎基督和圣母的可憎言论。更重要的是，伊莲娜从手臂取血，签订契约，将肉体和灵魂出卖给撒旦。所幸在剧烈的挣扎之后，伊莲娜抑制住了冲动。在之后的8月28日，可靠的证人两次看见伊莲娜从地上升起来。我们可以将这个现象与灵媒在降神会上的升空进行比较。威廉·克鲁克斯爵士(Sir William Crookes)在1874年1月的《科学季刊》(*The Quarterly Journal of Science*)中说道："至少有一百多例关于霍姆先生从地上升起来的记载。"针对同一个灵媒，威廉·克鲁克斯爵士写道："已经在三个不同场合看到他从房间的地板上完全升起来。"

1868年3月，可怜的受害者显然是着魔了。剧烈的抽搐侵袭着伊莲娜，她突然陷入疯狂的暴怒中，低沉粗哑的声音叫嚣着最令人惊骇的亵渎之词。如果耶稣与圣母的圣名在伊莲娜面前被提起，她会咬牙切齿并口吐白沫，她每每听到"道成肉身"(*Et caro Uerbum factum est*)就会进入狂怒状态，手足乱挥并不连贯地嚎叫。人们用拉丁语对伊莲娜进行审问，她流利轻松地用同样的语言回答。这件事引起了人们广泛的关注，莫米涅(Maumigny)伯爵向《天主教文明》(*Civiltá Cattolica*)的编辑皮齐维罗(Picivillo)神父报告，后者又将此事报告给教皇。神圣的庇护九世[①]万分同情伊莲娜，甚至通过莫米涅伯爵传达

(接上页)*renouvelées* avaient duré cinq ans.

Plus jamais, pendant les quarante ans qu'elle avait encore à vivre, elle ne fut possédée; mais elle continua à être obsédée tantôt plus, tantôt moins. Les souffrances de toutes sortes, qu'elle endura alors, eurent pour but d'obtenir le salut et le triomphe du clergé.

Quant aux raisons et au but des premières perséburions diaboliques qu'elle subit pendant dix-neuf ans et dont elle fut délivrée par les exorcismes officiels, ils sont restés inconnus. *Une Possédée Contemporaine* (1834 - 1914), pp. 171 - 172.

① 教皇法衣的一部分曾经被带给伊莲娜，并在有一次她发作的时候被放在她的前额上。刚一接触到法衣，伊莲娜就大叫："Le Pape est un saint, oui un grand saint!"(教皇是个圣人，真正的圣人!)

了一个有益的建议，教皇要求谨慎处理，避免好奇与张扬。

1869年2月，当受到好几位神父审问时，伊莲娜说出了关于撒旦崇拜团体的特别细节。“要入会必须带来一个或多个神圣的圣体，将他们献给魔鬼，魔鬼会变化成人形主持集会。新入会者被要求以最可
247 怕的方式亵渎圣族，以最谦卑的崇敬膜拜魔鬼，与他和其他人一起从事放肆淫秽的兽行与最下流的交媾。罗马、巴黎和图尔三个城市是撒旦崇拜团体的总部。”①伊莲娜也提及图卢兹的一群恶魔崇拜者。显然，一个普通农妇不可能自然地知道这些恶行，很不幸的是，所有细节都被证实。

同年4月，伊莲娜被带到奥尔良接受检查，并接受严肃的驱魔。审讯由教区的神学顾问德布罗斯(Desbrosses)先生、布戈先生和大神学院院长马莱(Mallet)先生进行，他们见证了最可怕的危象：受难者遭受剧烈的痉挛和抽搐的折磨，她像野兽般嚎叫。但是，三人耐心地坚持。马莱先生时而用拉丁语，时而用希腊语询问伊莲娜关于神学和哲学的艰深晦涩的问题。伊莲娜用两种语言流利地应答，她的回答简洁、清晰、正中要害，这明确地证明了她是遭到了异常力量的影响。两三天后，主教亲自参与了类似的检查，他指派神学院的教授罗伊(Roy)先生来进行驱魔。与罗伊一起的有库隆的教区教士马莱先生和教区代理主教加杜埃尔(Gaduel)先生。由两名修女和普雷利耶小姐固定住病人。仪式需要在连续的日子里被重复五次。最后一次时，伊莲娜的叫喊声令人恐惧。伊莲娜在狂暴发作中翻滚扭动并口吐白沫；她亵渎、诅咒上帝，召唤地狱的恶魔；她以五个男人般的力量挣脱所有束缚，将桌椅和家具扔向四方；人们费尽力气才将她抓住并绑好，以避免

① Pour y être admis, il faut apporter une ou plusiers hosties consacrées, les remettre au démon qui, sous forme corporelle ou visible, préside l'assemblée. Il faut les profaner d'une manière horrible, adorer le démon lui-même et commettre avec lui et les autres sociétaires les actes d'impudicité les plus révoltants. Trois villes: Paris, Rome, et Tours sont les sièges de cette société infernale.

重大的不幸；最终，怪异的叫喊重复了两次，她的四肢松弛下来。在短暂的昏厥之后，伊莲娜醒了过来，平静安详，好像是从安静的睡眠中苏醒。从 1868 年 3 月到 1869 年 4 月，着魔共持续了 13 个月。

关于伊莲娜从 1869 年 8 月 23 日到 1874 年 9 月 3 日的第二次着魔的细节，此处无须进行详细讨论。普雷利耶先生记载道："第二次着魔远比第一次更可怕：首先，就长度来讲，第一次持续了 13 个月，第二次持续了 5 年；其次，第一次缓解如神圣的慰藉，第二次很少有缓解的时候；第三，第一次有很多身体折磨，而第二次有更强烈的精神折磨和剧烈的疼痛。"① 伊莲娜最终于 1874 年 9 月 3 日星期四在卢尔德被彻底解救，但这并不是说她在此后的 40 年生命中没有偶尔发生过异常现象。在愉快微笑地承受了疾病之后，伊莲娜于 1914 年 1 月 8 日寿终正寝，享年 80 岁，她被埋葬在她出生的村庄的墓地里。 248

我们这里所谈论的是一位妇女的例子，她具有无可比拟的巫术和神视。对于今日那些在灵学杂志上自由地宣传他们能力的那些想要成为算命师和魔法师的人来说，如果他们真正意识到这种能力的使用或仅仅只是拥有这样的能力会让他们面临多么可怕的危险与多么真实的精神危害，那么他们可能会避免使用这些假定的异禀，转而谨慎对待并从任何秘术中收手，以免他们受到如此诡谲且强大的邪恶力量之控制和影响，从而最终将他们的身心都置于不能言说的痛苦与比死亡的苦难更黑暗的阴影中。

现代招魂运动得到近来的科学言论的强烈支持，其正越来越多地影响着社会所有阶层，并开始全方位地削弱甚至篡夺许多人的宗教信念与信仰，这些人诚挚认真但是缺乏良好的指导。这个运动的观念基

---

① La seconde possession fut plus terrible que la première. 1e: Par la durée; la première fut de treize mois, la seconde de cinq ans. 2e: La première fut adoucie par de nombreuses consolations surnaturelles; la seconde très peu. 3e: Les dévices abondèrent dans la première; dans la seconde les avanies morales l'emportèrent de beaucoup sur les avanies physiques. *Une possédée Contemporaine* (1834 - 1914), p. 405.

础是认为亡灵不断尝试通过媒介与我们沟通，因此与已故的人联系并
249 对话是可能的。完全不用强调这样的教条为那些失去至亲者带来的几乎无限的安慰与慰藉，这种教义将被怀有思念之情的哀悼者热切地利用，人们将伴随着渴望的爱恋的痛苦坚定地投入到这项实践中，他们的想象将他们置于与离去的亲人的紧密联系和交流中，人们曾渴望听见他们的声音和再次看到他们的面容。众所周知，在“一战”期间与之后，招魂术成倍地增长，许多曾经习惯于嘲笑它、拒绝听它的教义并谴责它是无用的废话的人，现在却成了最忠实的信徒。确实，很少有人体会不出这种信仰将对我们的精神造成的不可抗拒的影响。招魂术看上去充满欢乐、希望、承诺和幸福，它将擦干可怜人眼中悲伤的眼泪，它是受伤心灵的安慰剂，它是神圣的慰藉与同情。招魂术不仅使死亡的藩篱被推翻，而且使死亡不再恐怖。

如果是真的，那么我们是否可以将那些我们曾经如此深爱过的人的灵魂召至身旁并与他们谈论神圣与永恒之事，我们是否可以从他们的广博学识中汲取智慧，是否可以在他们甜美的口音中确认他们永不消逝的爱，是否可以不时看见熟悉的脸庞和感觉他们的手抚触我们并以此得到安慰，这是否是上帝的意志？无疑，招魂术是最神圣和被祝福之事，其慰藉遭受苦痛之人，援助不幸之人，照亮人世黑暗，它是我们所有人都可及的救助。然而，另一方面，如果我们有理由且是严肃的理由假定这些在极特殊的情况下或通过某些非凡的手段建立联系以声称是已故的朋友或亲戚，并用善辩支持他们的论点的灵魂一再被发现是伪装者，他们有些无疑是演技高超的演员，并以完美的技巧扮演他们的角色，但他们绝对不出现在任何能决定性地证明其身份的降
250 神会上；如果事实上这些出现者是骗子，他们出于自己的目的，将欺骗强加在那些心碎的、急切渴望与在战争中阵亡的儿子或丈夫交流的人；如果他们被证实是骗子；如果他们的信息琐碎、含糊、无法被核实、闪烁其词、无知，或是更糟的，即亵渎和淫秽的，那么我们是否能——我们事实上完全能——得出结论，即这些灵魂并不是那些逝者，而是

那些从没有且不再会化成人形的恶灵、不洁的灵魂、恶魔，其无疑是招魂术中最邪恶、最可憎、最危险和最该被谴责的。

这些灵媒自愿向这些灵魂敞开大门并邀请他们进来，从而置身于致命的危险中。一个拥有多年经验的招魂师较早地看到了这种危险并摒弃了这项活动，他写道："通灵很快占据了信奉者所有的时间、能力、希望、恐惧和欲望，这就是招魂术最大的危险之一。沉迷于与隐秘世界中的不可见的居民进行沟通，灵媒们丧失了与日常生活相关的事物之兴趣。他们周围环绕着温和与愉快的气氛。血肉的真实性迷失在理想化的梦境中，无论幽灵带来的幻觉是多么可怕，都没有动力促使他们逃脱如此惬意的生存环境。他们的道德是如此无情，如被热铁烤过一样，罪恶对于他们来说丧失了其邪恶性，他们甘愿受骗于那些热衷控制他们力量的不可见的存在。很少有完全合格的招魂术者能理解基督教义的必要性和福慧，并从他们的病态中抽身而出……"

"大概三个月，我都在幽灵的控制之下，经历着双重存在，被其矛盾的和不满足的作用折磨……它们极大地折磨我，我想要摆脱它们。它们失去了我的信任，它们的亵渎与不洁让我震惊。但是，它们常伴我左右，我无法摆脱它们。它们引诱我自杀、谋杀以及行其他罪恶。251
我困扰、迷惑和受到欺骗。没有人可以帮助我。它们引导我干出很多极端的事，这使我相信，它们的一些幻觉经常使宗教与邪恶以最让人惊讶的方式结合在一起。"①

据我的经验，我自己不止一次地反复看到这些病症确实出现在那些其唯一的人生乐趣与目的是不断参加降神会的人身上。尽管无力阻止和劝阻这些人，但我看到这些特征在那些开始涉足招魂术的人身上快速发展，他们起初无疑是出于轻率和荒唐的好奇心，但很快就变成热望和病态般的专注。大约 15 年前，在英国一个著名的小镇，一群好友组织了一个小团体，他们一起实验旋转板（table-turning）、触物占

① *Spirit possession*, Henry M. Hugunin, published in Sycamore, Ill., U. S. A.

卜、写板占卜、显灵板(ouija-boards)、水晶球等。这些人也许有些厌倦了日常的社交、舞会、音乐会、桥牌、剧院、宴会以及所有那些温和的打发时间的娱乐活动,他们渴望新的刺激,即一些不同寻常的事物。一位刚从伦敦长期旅行回来的女士(似乎)已经参加过一些招魂术聚会,她带来了在那儿目见耳闻的种种奇异之事。奇异与未知的感觉增加了冒险的乐趣。早期的聚会是非正式的,其在不同的房子内被举行。这些人开始时的聚会并不频繁,几乎是随意的,间隔时间很长。接着,每周的某个晚上被定为固定的聚会时间,很快所有相关的人员悉数出席。谁都不愿错过任何一次聚首。不久,这些人一周聚会两次或三次,直至每个晚上进行聚会。职业灵媒参与进来,他们来自伦敦或其他大城市,有些人来参加聚会可谓路途遥远,他们展示奇异的力量。我自己见过其中两位专家,一男一女,我在近期的灵学杂志的广告上看到过他们的名字。不得不说,每次见面时,我对两位专家的印象都
252 非常负面。我并没有觉得这两个人是在骗人或者怀疑他们使用粗陋的诡计或是伪装,他们无疑是诚实的,彻底的信服与真诚,但这让事情倍加糟糕。于是,聚会从最开始的抱持着怀疑甚至有些嘲笑的态度的闲人间的新游戏转变为整个团体对他们的活动作祟,他们变成了狂热者,并专注于与幽灵沟通。这些人不谈论其他任何事情,好像生活的唯一意旨就是晚上参加这些聚会,并进入——如其所想——另一个世界。争论、辩解、非难、权威和正式的警告都被证实无效,人们只能束手无策地任其恶化。种种现象如前所述。有两次,男人们的道德基础显然被暂时摧毁了;还有一次,一位妇女作祟,那些对招魂术全然无知或并不相信招魂术的人低语着怪诞的行为,显示出无法控制的激情与狂乱,种种现象都指向一个错乱的神智,指向精神病院。所有人都进入冷漠的状态,先前的兴趣消失了,社交的愉悦被遗忘了,旧的朋友关系没有理由地断绝了。这些人性格大变、恶化,并且健康受损;他们的脸苍白憔悴,两眼呆滞,只有在讨论招魂术时,两眼才燃着炽热不洁的火焰。有人听说了关于粗野的放纵、亵渎的言论、放纵和堕落的秘密

流言。所幸一系列神意破坏了这个团体，外在环境迫使主要人物离开，最为紧要的原因无疑是其中的一两位突然意识到了他们行为的致命危险和愚蠢。艰难的挣扎使一些人从这完全的盲从中解脱出来，他们的意志被削弱，他们的健康受损。这些人不止一次地重新回到这危险的领域中，不止一次绝望地在放弃的边缘挣扎。但是，在指导之下，以及在得益于接受教会的仁慈之后，这些人坚持了下来，并最终戒掉了恶行。

一定有许多人有着类似的经历，他们非常清楚，尽管他们不必去 253
解救或引导那些被招魂术束缚，并且正在尝试逃脱的人。人们明白这项任务的艰难，也意识到这项任务的艰难，这束缚是多么致命、有力和邪恶。任何曾经接触过且急切地想抛弃自己行为的可怜受骗者都不会轻视招魂术。

招魂术向经常被归为精神错乱的着魔敞开了大门，这成为除持有偏见者或迷信者以外所有人的共识。早至 1877 年，福布斯・温斯洛博士（Dr. L. S. Forbes Winslow）就在《招魂术的疯狂》（*Spiritualistic Madness*）中写道："目前，上万不幸的人被关在精神病院中，因为他们涉足超自然力量。"福布斯・温斯洛博士引用美国某杂志的话："每周都会听说这些不幸的人中的一些自杀或被送到精神病院。灵媒们经常显现出不正常的精神状况，其中一些显然是着魔的迹象。邪恶飞快蔓延，几年内将造成可怕的结果。……两位招魂术的法国作家写了《精神世界》（*Le Monde Spirituel*）与《让我们拯救人类》（*Sauvons le genre humain*），他们死于精神病院。这两个人在他们各自的领域都非常杰出，一位是科学家，另一位是熟知法律的律师。这两个人通过占卜板来与幽灵对话。我还可以征引许多类似的例子，那些能力很强的人可谓抛开一切而遵从了招魂术的教义，并最终在精神病院度过余生。"

约 6 年前，一项调研涉及如下问题：(1)"对精神现象复兴的兴趣的关注"；(2)这种"复兴的精神现象"是否表示"从逻辑的、科学的（演

绎的)生活概念向精神的、神秘的(归纳的)生活概念的转变”,抑或“科
254 学与信仰之间的调和”[①];(3)“关于或反对人类生存的最有力的讨论”;(4)“组织这个(精神)运动的最好方式,哲学、宗教和科学上对国家最为有利的方式,尤其是从长远和平的角度考虑”。55个答案被收集并出版,题目为《招魂术:它的现代意义》(*Spiritualism: Its Present-Day Meaning*)[②],这是一本有趣、有启发性的著作。作为一本专题论文集,所有学派的思想在书中都得到了一定的体现;我斗胆补充一句,书中也有一些完全没有想法的情感抒发,这一事实本身也有其意义。书中有伯纳德·沃恩神父(Father Bernard Vaughan)的坚定的逻辑和合理的常识,他的结论被詹姆斯·阿德利神父(Rev. James Adderley)和马吉神父(Rev. J. A. V. Magee)重申;有布斯(Booth)将军简洁、直率、中肯、生动的评论;有珀西·狄马博士(Dr. Percy Dearmer)[③]模糊、无力的废话,其索然无味且让神学家不安;有伊芙林·安德希尔(Evelyn Underhill)小姐甜蜜的感伤主义,其如此无力,如此流行,以至于被误称为“神秘主义”;有麦卡比(McCabe)先生关于迷信物质主义的无益废话;有信仰坚定的招魂术师的疯狂辩解。同样,我们有很多可以直接证实我们现今论点的文章,诸如布莱恩·唐金(Bryan Donkin)的医学证据、斯托德特(W. H. Stoddart)博士的“心智健康的危险”、伯纳德·霍兰德(Bernard Hollander)博士的“精神的危害”,以及斯科菲尔德(A. T. Schofield)博士的“招魂术的瘟疫”。斯托德特博士写道:“在某些情况下,招魂引起的幻觉强烈地控制了整个精神生活,并使精神状况达到疯狂。我同意布莱恩·唐金爵士所说的,招魂术趋向于引起

① 应该注意到此处科学和信仰相对立的暗示。Dr. Wilfred T. Grenfell 尖锐地说道:“这个问题似乎不合适。我觉得这些概念不对立,如逻辑之于精神。”

② Edited by Huntly Carter. Fisher Unwin, 1920.

③ 他的论文《从非宗教到宗教》(*From Non-Religion to Religion*)将以下表述作为开端:“我觉得招魂术的复兴主要归因于我们心理学知识的增长。”这样的表述只可能是全然无知于神学和历史基督教的人所说的。

疯狂。”[1]霍兰德博士更为强烈地指出，“这种实践很危险。人们被这种幽灵毒害，正如其他人被另一种幽灵毒害。同样地，并不是所有饮酒的人都会醉，也不是所有的招魂术师都显示出沉溺的影响……但是，没有证据反对这种实践的有害特征。作为一名精神病学家，我承认我已经见过这两种病人，那些沉迷于物质幽灵的人比较容易被医治”[2]。 255
如斯科菲尔德博士所指出的，招魂术“为基督教徒所知已有2000年的历史。从中得到的任何好处都为假定的启示的可疑环境和特征所压制（我说‘假定的’，是因为它已经被知道很久了）。然而，如果必须加上现代招魂术经常伴有的危险、恐怖和诈欺，以及不可见世界的知识，那么我们还是不要它们为妙……这瘟疫无疑最终将平息，但是在那之前，可疑起源的精神浪潮的巨大危害将会灾难性地出现，上千不稳定的灵魂将在精神中毁灭，如果不是在心智和身体上……将它归类为宗教是对基督信仰的侮辱”[3]。

威廉·巴雷特（William Barret）爵士曾说过很重要的话：“所有易激动或不稳定的头脑都需要被告诫远离那些可能会引起（在很多情况下已经引起）精神错乱的事物。”[4]伯纳德·沃恩神父说道：“招魂术经常意味着健康的受损、道德的沦丧和信仰的缺失。不用咨询奥利弗·洛奇（Oliver Lodge）爵士、亚瑟·柯南道尔爵士或维尔·欧文（Vale Owen）先生，只需咨询你的家庭医师，他就会告诉你要如同远离鸦片般远离降神会。事实上，毒瘾在很多情况下并不比实践招魂术更致命。我们读一下查尔斯·梅西耶（Charles Mercier）博士、罗伯逊（G. H. Robertson）博士或埃利奥特（R. H. Elliot）上校的警告就会知道，沉迷于招魂术就足以进精神病院了。你可能没有去那儿，但你足以成

---

① *Spiritualism, Its Present-Day Meaning*, p. 258.

② *Idem*, p. 269.

③ *Idem*, pp. 270 – 271.

④ *Idem*, p. 245.

为其中一员。”[1]来自奥尔德姆联合医院(Oldham Union Infermary)的医学士、化学士玛丽·卡德威尔(Mary. G. Cardwell)小姐在下面这封书信中说道:“最近某日,我接收了一位35岁的妇女到我担任住院医生的医院。她因为不能照顾自己和家人而被送进来。她告诉我她是一个灵媒,她被一个男人引入招魂术,这个男人也是个灵媒,他说可以帮她克服一些家庭的烦恼。然而,直接结果却是她忽视了她的孩子,因而政府把他们带走,她的家庭被毁,她自己的精神和道德毁灭。
256 她以牺牲自己的美德为代价,向另一个灵媒付了费。”[2]然而,这并不是孤例,也并非例外。我自己了解类似的案例。

一些特别令人震惊的案例偶尔也会见诸报端,我们有如下的记录,其标题为:“一家十一口发疯。降神会后的纵火狂。孩童险些被献祭。”

“巴伐利亚的克鲁克滕霍芬(Krucktenhofen)村的一家十一口在降神会之后发疯的故事是由巴黎的交换通讯记者提供的,其被援引自《柏林日报》(*Berliner Tageblatt*)。”

“弃绝现世的善,父母、三个儿子、两个较大的女儿,以及其余的四个较小的家庭成员,一起放火烧了他们的家具和寝具。”

“最终,其中一个只有三个月大的女儿差点被烧死,所幸被邻居阻止。整个家庭现在都进了精神病院。”(《每日镜报》[*Daily Mirror*]1921年5月19日)

“无论如何伪装,招魂术及其同源的各种迷信——如通灵术和神秘学——不过是很久之前古老实践的再现。”[3]换言之,这个“新的宗教”不过是旧的巫术而已。我斗胆断言,现代招魂术的任何一个现象都能在关于巫术审判和审问的记录中找到其对应物,每项教义在很久

---

① *Spiritualism, Its Present-Day Meaning*, p. 206.

② *Idem*, pp. 206 - 207.

③ *Idem*, p. 205. 这话出自伯纳德·沃恩神父。

以前就为可憎的诺斯替异端所信奉和宣扬。

有些灵媒给招魂术下的定义就足够吓人，他们坦白地告诉我们，“招魂术是与灵魂沟通的科学和艺术……但并不是说沟通源自‘不可见物’就能说明它是来自上帝的一个启示。它可能是源自刚刚过世的游灵的一项消遣”[1]，或者是来自恶魔的一个陷阱。这种用既定的术语来界定冷血的通灵术的方式真是难以表达地令人厌恶。

现代招魂术通常被认为起源于美国。1848 年，在纽约州韦恩(Wayne)的海德斯维尔居住着一个姓福克斯的家庭，他们是卫理公会教徒，家庭成员包括父母和两个女儿。两个女儿分别叫玛格丽塔 257
(Margaretta)和凯蒂(Katie)，年龄分别是 15 岁和 20 岁。1848 年 3 月，全家都声称他们夜里被异常的嘈杂声、巨大的敲墙声和脚步声吵得睡不着。孩子们闹着玩地模拟这种噪音，她们敲击壁板，但令她们吃惊的是，有回击声传来，于是她们发现自己可以与这个不明中介进行沟通。孩子们会问一个问题，然后请这个不明中介回答，敲击一下表示“否”，敲击三下表示“是”，它一直如此回应。孩子们通过重复字母表和建立一个常规密码来与这个不明中介展开实质性的对话。于是，福克斯夫人开始询问一些有关房子以前住户的问题，并很快发现一个叫查尔斯·瑞恩(Charles Rayn)的小贩据说被谋杀于她两个女儿住的房间，他的尸体被埋在地下室。公众的好奇被激起，大家都相信是那个不幸的受害者的灵魂在搅扰着那个农舍，他试图给他的亲人传些消息。实际上，地下室中并没有尸体，故事中被给出姓名的所谓谋杀犯出现在海德斯维尔，这“将这个故事拖入了困境”。不久之后，这

---

[1] “Seventeen Elementary Facts concerning Spiritualism.” *Light*, 1925, February, 1925. 其中提到，“现代招魂术只是古代一种众人皆知的现象和经验的复兴而已”。值得一提的是，类似的现象(被认为是闹鬼的真实现象)于 1716 年发生在林肯郡(Lincolnshire)的埃普沃斯(Epworth)的萨缪尔·韦斯利(Samuel Wesley)先生的家中，并引起了广泛的关注。据说 1760 年出现在西史密斯菲尔德(West Smithfield)的科克巷(Cock Lane)的帕森斯(Parsons)家中的敲击事件是假的，但我不知道这个事件有没有被公正地研究过。

家人搬到了罗彻斯特(Rochester)——据说他们被海德斯维尔的卫理公会牧师驱逐——这敲击声一路跟随他们,整个城市都躁动起来。人们认为这些声音是刚刚过世的人的信息,而福克斯家的女孩们显然吸引了它们,她们有与幽灵沟通的特殊能力。人们很快就涌向这两个女孩,并请求她们协助自己从过世的亲友那儿获得信息。两个女孩定期召开降神会,并赚了不少钱。但是,没过多久便有其他人发觉自己也有这种超凡的能力,他们可以吸引幽灵显现,还能随意与另一个世界沟通。然而,福克斯家的姐妹是这个领域的第一人,许多富人从美国
258 各地赶来找她们。也存在相反的情况,有时甚至相当暴力。早在1850年11月,待在西特罗伊(West Troy)的布顿(Bouton)先生家的玛格丽塔·福克斯就遭到了袭击。一群暴民包围了房子,他们向窗户扔石头,还开了枪,男男女女都威胁和诅咒"房子里不洁的女巫"。在一次降神会中,著名的北极探险家凯恩(Kane)博士在场,他被玛格丽塔·福克斯的美貌吸引,将她从卑微、有害的环境中拯救了出来,让她在费城接受教育,并最终不顾家人和朋友的不满与福克斯家扯上关系,娶她为妻。

凯恩博士婚后不久就过世了,在由他的遗孀出版的书中,有很多处显示出他对招魂术的厌恶。凯恩博士争论道:"一定要避开幽灵,我不能忍受你参与到这邪恶与欺骗中。"十年间,凯恩夫人确实放弃了招魂术。事实上,1858年8月,凯恩博士还在纽约作为基督徒受洗。然而[①],可能是出于贫穷的困扰,凯恩博士又作为灵媒重操旧业,并得到整个招魂术团体的热烈欢迎。从那时候起,凯恩博士的肉体和道德逐渐腐化。

凯特·福克斯(或被称为詹肯[Jencken]夫人)嫁给了一个伦敦律师,他在1892年6月死于慢性酒精中毒。詹肯夫人的一个孩子被公众认为具有极为超凡的通灵力,招魂术信仰者预言了这个可怜的孩子

① 她在1860年10月25日参加了降神会,但这看起来是个例外。

的光明前途。然而，除了不幸地被其悲惨的母亲忽略之外，没有关于这个孩子其他的记录。凯恩夫人比她的妹妹多活了9个月，她是一个可怜无望的人，只想要喝酒。凯恩夫人生命的最后几周是在一所废弃的房子中度过的。“这个妇人曾经是宫殿豪宅的常客。如今的愚钝脑袋曾经是美国、欧洲和澳洲学者研究与好奇的对象……现在这张除了污言秽语外基本不说话的嘴，曾经宣扬着一个新宗教的教义。”[①]很难想象任何比这悲伤且震撼的彻底堕落的故事更卑下且可悲的事了。现代招魂术的第一代传道者的失败和道德腐化被证明是一个适时的 259
警告与危险的信号，这应该是不会错的。[②]

早期岁月中的招魂术之主题被霍勒斯·格里利(Horace Greeley)、威廉·劳埃德·加里森(William Lloyd Garrison)、宾夕法尼亚大学的化学教授罗伯特·黑尔(Robert Hare)、纽约州最高法院的法官约翰·沃思·埃特蒙兹(John Worth Edmonds)等人研究。在招魂术师中，著名的有安德鲁·杰克逊·戴维斯(Andrew Jackson Davis)，他在出神中口述而成的著作《自然原理》(*The Principles of Nature*, 1847)包含了与斯伟登伯格学派(Swedenborgians)近似的宇宙观。招魂术运动从美国传播到欧洲，海顿(Haydon)夫人和罗伯兹(Roberts)夫人这两位灵媒于1852年来到伦敦，这不仅引起了公众的兴趣，还吸引了当时主要科学家的关注。社会主义者罗伯特·欧文(Robert Owen)坦诚地接受了招魂术对很多现象的解释，而数学家德·摩根(De Morgan)教授在和海顿夫人举办座谈会后声称自己确信“某些人或幽灵懂得他的思想”。1855年春天，丹尼尔·霍姆(Daniel Dunglas Home [Hume])——他是第十一代霍姆勋爵与南安普敦王后酒店的一个女仆所生的孩子，但他在美国长大——还是一个22岁

---

① *Washington Daily Star*, 7 March, 1893, quoted in *The Medium and the Daybreak*, 7 April, 1893.

② 在一些招魂术师为孩子们准备的所谓的“启蒙教育”书中，福克斯姐妹的故事被夸得神乎其神，而她们的毁灭却没有被提及。

的年轻人,他从美国来到英格兰。1856 年,霍姆在罗马被约翰·埃思里奇(John Etheridge, S. J.)神父接收入教会,他承诺不再运用他的通灵术,但他不到一年就打破了誓言,并像以前一样生活。这个著名的灵媒几乎是唯一(如帕德默[Podmore]承认的那样)从来没有被明确地证明有欺骗行为的。科学家大卫·布鲁斯特(David Brewster)爵士和加斯·威尔金森(J. J. Garth Wilkinson)博士——一位正直清白的学者,顺势疗法的主要医生——都声明他们不能用自然的方法解释他们所见到的现象。1855 年,第一本全面探讨招魂术的英文期刊《约克郡灵魂通讯》(*The Yorkshire Spiritual Telegraph*)在约克郡的基思利出版。1864 年,达文波特(Davenport)兄弟访问英格兰;1876 年,亨利·斯莱德(Henry Slade)也来了。在英国灵媒中,威廉·斯坦顿·摩西神父在 1872 年时很有名[①];同年,弗洛伦斯·库克(Florence Cook)
260 小姐因以凯蒂·金(Katie King)的形象出现而出名,这些现象曾被已故的威廉·克鲁克斯爵士严谨地调查过。然而,1873 年和 1874 年,两位灵媒——巴赛特(Bassett)夫人和肖沃斯(Showers)小姐——的诡计被完全曝光。[②] 1876 年和 1877 年,蒙克(Monck)"博士"的声名达到顶峰,皇家学会会员阿尔弗雷德·拉塞尔·华莱士(Alfred Russel Wallace)博士和已故的副主教科利(Colley)都说他们在很多降神会中亲眼看见了很多场合下的种种现象,包括显形。在严格的测试条件下,其真实性不容置疑。确实,蒙克在 1876 年已经深陷麻烦;根据《无业游民法案》,他被判处监禁。大约在同一时间,威廉·艾灵顿(William Eglinton)出现在弗洛伦斯·马利亚特(Florence Marryat)的《没有死亡》(*There is No Death*)一书中,他登上舞台并一度出现在公

---

① 他于 1892 年 9 月 5 日死于贝德福德(Bedford)。他控制的幽灵是统帅,自称先知 Malachias。更详尽的传记参见 Arthur Lillie's *Modern Mystics and Modern Magic*. London. 1894。

② 关于 Mrs. Bassett,参见 *The Medium*, 11 April and 18 April, 1873, p. 174 and 182;关于 Miss Showers,参见 *The Medium*, 8 May and 22 May, p. 294 and 326。

众眼中。威廉·艾灵顿因进行写板占卜(slate-writing)和幽灵显形而出名。然而,威廉·艾灵顿被副主教科利揭发,后者在围绕一个叫威廉的灵媒而展开的讨论中,发现了荷兰降神会中的欺诈行为,他写信给《灵媒与黎明》(*The Medium and Daybreak*):"很不幸,我从艾灵顿的旅行箱中找到了些薄纱和假胡子……我几天前在两个不同的场合下,从另一个被用于扮演阿布杜拉(Abdullah)的形象上取下布片和修剪的毛发。我仍然还留有这些东西。请注意,在取得这些东西的时候,我和一位精通医学的人士(25岁的招魂术师,他作为这个运动的老成员而为人熟知)发现,切下来的薄纱与取来的布料的相应部分恰好吻合。"①

灵媒斯莱德以写板占卜著称,一次当他正要将写板放在桌下的时候被突然抓了个正着。斯莱德的手被紧紧抓住,当写板从他手中被抢走之际,人们发现上面已经有字迹。安娜·罗德(Anna Rothe)死于1901年,她是以其花的显形而著称的灵媒,她在德国曾因诈欺而入狱。当澳大利亚灵媒贝利(Baily)来到意大利时,他拒绝接受为挑战他的能力而设的种种约束。克劳恩(Clowne)的查尔斯·埃尔德雷德 261
(Charles Eldred)擅长显形,他运用了一个制作精巧的双位椅,人们在椅子的凹部发现了他表演所用的全套行头。

美国灵媒威廉斯(Williams)夫人很长一段时间是巴黎招魂术界的关注焦点,她曾让一个令人尊敬的留有长胡子的医生显形,她身边还经常伴有一个穿白衣的年轻女孩。在一次会议上,保罗·莱马里克(Paul Leymaric)先生给出了他们事先商量好的讯号。保罗·莱马里克和一个朋友每人抓住一个幽灵,第三个旁观者抓住威廉斯夫人的助手,第四个人打开灯。莱马里克先生被看到正与灵媒纠缠,那灵媒戴着灰色假发和长长的胡须。年轻的女孩戴着一个面具,上面盖着白色的纱布,灵媒用左手操控它。加利福尼亚灵媒米勒(Miller)被怀疑用

---

① *The Medium and the Daybreak*, 15 November, 1878, p. 730.

薄纱和修女的面纱制造幽灵。[1] 德·罗沙(De Rochas)先生揭发了瓦伦汀(Valentine),他在降神会的时候会发出神秘的光,并快速地到处移动。德·罗沙上校在显灵达到高潮的时候,突然打开一个很强的手电筒,瓦伦汀被看到脱掉了袜子,脚在空中挥舞,上面涂抹了准备好的磷化物。[2] 早至 1875 年 6 月,一个名叫比盖(Buguet)的摄影师被定罪,因为他靠贩卖假的幽灵照片赚了一大笔钱。[3]

众所周知,招魂术的降神会和集会充斥着各种各样的欺骗行为,灵媒们一再被揭发为是骗子,各种辅助道具、填充手套、纱布、薄纱、隐形的线、钩子、胡须、假发经常被发现,发光颜料的使用很有效且很常见,滑动的活板门常常有很大的作用。我们必须考虑到自欺、幻觉、暗示,甚至催眠等因素,但是当所有的一切都被阐明,当我们坦承那些骗局、巧妙的花招、魔术师的巧妙技法、盛大的布景、花言巧语与诡辩、精
262 明的头脑所设计的精妙欺骗手法以及戏剧化的本能和精力的完全展现时——尽管如此——仍然存在大量的例子反复证明着精明又具学识的观察者见证了无论如何也不可能被造假的现象。头脑清醒、理智、具怀疑精神的信仰科学的坚定人士时刻保持警惕,他们在当时与显形的形象和人物进行了对话,并且看到了且实质地摸到了这些不可能由人扮演或人为形成的形象。

蒙克的案子清楚地显示出他坚定地相信自己的灵力,尽管艾灵顿的诡计在很多场合下被揭穿,但仍有不可否认的证据显示,有他在场的降神会中的一些现象十分不可能是人为制造的。米勒的许多显形也都是真的。[4] 对于许多灵媒来说也都是如此。总之,这意味着尽管几乎所有灵媒的显形在一些情况下有可能是人为设计的,但这些现象不能被判定为全部都是欺骗,即使对欺骗的指控变得十分清晰——但

① *L'Éclair*, 6 April, 1909.

② Dr. Grasset, *L'Occultisme*, pp. 56, *sqq.*; p. 424.

③ *Procès des Spirites*, 8vo. Paris, 1875.

④ *La Revue Spirite and L'Echo du mentalisme*, Nov., 1908.

对于大多数的灵媒来说是不可能的——以此推断所有的现象都是骗人的和经过设计的也是一种错误的做法。只有没有逻辑且思想简单的人，才会在很多绝对真实的显形证据面前，依然坚持“一部分的欺骗行为能否定整体”这一观点。作家爱德华·克罗德(Edward Clodd)、约瑟夫·麦卡比(Joseph McCabe)和罗伯逊(J. M. Robertson)先生当然会在不了解事实的情况下或在未衡量证据之前就指责招魂术为明显的荒谬之论，并且认为其不值一辩。我觉得这无关要旨。唯物主义者关于迷信的教条主义在今天遭到了严厉的质疑。诚然，唯物主义者的著作曾广为流传并在一定范围内十分成功。我们可以认为，一知半解、缺乏想象、没有接受过形而上学或哲学训练的劣等想法会吸引不成熟的知识人士、没有受过教育的百姓和吵闹且自大的无知者，他们 263
本身就很渴望这种过时的观念。

在法国，招魂术首先由吉拉尔(Guillard)的小册子《跳舞的板和回答的板》(*Table qui danse et Table qui répond*)进行宣扬。但是，铺陈工作已经持续了很长时间了，这得益于伊曼纽尔·斯维登堡(Emanuel Swedenborg)教义对它的兴趣。巴尔扎克于1835年出版了混杂着秘术的著作《撒拉菲塔》(*Séraphita*, *Séraphitus*)，这是一部充满想象且十分有趣的著作，其中包含了很多神智学的内容。也许巴尔扎克是严肃的，但很难将这些视为浪漫故事以外的东西。1848年，柯奥涅(Cohognet)出版了《永生的秘密》(*Arcanes de la vie future devoilées*)，其中包含一些意图与亡灵沟通的内容，这本书使他立即超过了吉拉尔。1853年，降神会在布尔日、斯特拉斯堡和巴黎举行，并引发阵阵狂潮。人们热衷于谈论招魂术的种种奇迹，然而柯奥涅很快遇到了对手。加斯帕林伯爵(Count Agénor de Gasparin)是瑞士新教徒，他与朋友一起仔细地研究了旋转板，并得出结论说这个现象不过是源于人体的自然力。不得不承认，加斯帕林伯爵的著作《旋转板》(*Des Tables Tournantes*, Paris, 1854)的确不令人信服甚至有些肤浅，但是我们恐怕很难对一位进行了如此复杂调查的先驱提更多的要求。相反地，古尔登施图贝(Guldenstubbe)男爵坚定地相信这些现象以及灵魂介入的真实性,他的著作《幽灵的真实性》(*La Réalité des Esprits*, Paris, 1857)雄辩地论证了他的信念。里瓦伊先生(Rivail)——他的笔名艾伦·卡尔德克(Allan Kardec)更为人所知——的著作《幽灵之书》(*Le Livre des Esprits*, Paris, 1853)成为了关于该主题的世界级的教科书。名人们早期习惯在巴黎的殉道者路(rue des Martyrs)举行降神会。爪哇总督蒂德曼·马尔泰斯(Tiedmen Marthèse)、学者圣-雷诺-塔扬迪埃(Saint-René-Taillandier)、萨尔杜(Sardou)和他的儿子以及弗拉马里翁(Flammarion)都是常客。据说,声名狼藉的霍姆在杜伊勒里宫的降神会后被驱逐出了法国,他在降神会中赤脚碰触了皇后的手
264 臂,并假装那是即将完全显形的小孩的小手之轻抚。我认为没有人会对如下事实感到惊讶:美食家约里斯·卡尔·于斯曼斯兼涉神秘事物,他做了很多招魂术的试验,并经常在他的住所(No. 11, rue de Sèvres)举行降神会。超凡的显形发生,这些人至少招致布朗热(Boulanger)将军显形了一次,或者说将军的幽灵至少在他们面前出现了一次。

目前,招魂术学说在法国如同其在英格兰一样——如果不是更为流行的话——盛行。因此,在《招魂术杂志》(*La Revue Spirite*)的赞助下,新的双月刊杂志《灵魂科学》(*La Science de l'Ame*)得以发行,其中探讨了包括磁力和无线电放射、灵魂分析、生命辐射等问题。1925年开始发行的《招魂术杂志》收录了一封卡米利·弗拉马里翁(Camille Flammarion)从赫利奥波利斯(Heliopolis)寄来的签名信,其中描述她第一次参加降神会的经历,作者父亲的死期被预言在六个月之内,这一预言最终在规定时间的十日后实现。同一期中还涉及国际招魂术大会(International Congress of Spiritism)的详情,该会议于1925年9月在巴黎举行,并向所有同盟、社团和群体开放。可以想见这是一次盛会。会议主席是在英格兰招魂术圈内享有盛名的乔治·贝利(George F. Berry)先生,荣誉成员授予了莱昂·丹尼斯

(Léon Denis)[①]、加百利·德朗纳(Gabriel Delanne)、威廉·巴雷特和欧内斯特·博萨诺(Ernest Bozzano)。

粗略地翻阅一下英格兰的任何一本招魂术杂志,我们都能发现在各方面都有无穷的活动。在《光》(*Light*)周刊的某一期中(1925 年 2 月 21 日星期六),在众多的通告中,有 9 个"周日社团聚会"在伦敦各处开展,周三和周四还有演讲。下面这则消息足够惊人,并且其也是个像样的模仿:"耶稣基督精神福音的圣路加教堂,女王路,弗雷斯特山,牧师:波特(J. W. Potter)。2 月 22 日,6:30,仪式、圣餐和讲演。医治仪式,2 月 25 日周三,晚上 7 点。"下一篇专栏是关于"维尔·欧文牧师的巡回演讲"的详细内容。"伦敦招魂术联盟"有一系列的集会,还有讨论课程以及神视、触物占卜术和神秘图像的展示。在"对你有帮助的书"中,我们可以发现《与死者对话》(*Talks with the Dead*)、 265
《招魂术学报告》(*Report on Spiritualism*)、《耶稣基督的水瓶福音》(*The Aquarian Gospel of Jesus the Christ*)——不知道这有没有被用于耶稣基督精神福音的圣路加教堂——《幽灵特性》(*Spirit Identity*)、《招魂术》(*Spiritualism*),以及更多同样重要的书籍。我们有"英国通灵科学学院"(British College of Psychic Science),霍勒斯·利弗(Horace Leaf)先生是一个小有名气的灵媒,他在那里举办了关于"灵媒的心理学与实践"的演讲,巴克夫人演示冥想通灵,特拉维斯·史密斯(Travers Smith)夫人演示显灵板和自动书写。我们有"伦敦招魂术团体"(London Spiritual Mission)和"温布尔登招魂术师团体"(Wimbledon Spiritualist Mission)。布赖顿的"圣约翰兄弟教会"(St. John's Brotherhood Church)提供了"耶稣基督的精神福音","牧师,约翰神父"。然而,这些都不过是各种公告和广告中的一小部分而已。

无论看上去多么怪诞,这些公告和广告也经常只是幼稚的浮夸之

---

① 他显然相信招魂术的权威来自圣经,很多的先知——甚至是我主——都是灵媒。

词。我们必须记住,这一大堆的告示说明这些人的确非常热衷于此,我不怀疑参加聚会和集会的人是热情的信奉者。在关于维尔·欧文神父于1925年2月15日周日晚上在“郡礼堂招魂术社团仪式”举办的演讲的报道中,我读到“所有的座位在开始前很早就被坐满了。门被关上,好多人一度不能进来。过了一阵子,他们被允许进来,待在讲台边或礼堂里的其他奇怪的角落”[1]。当然,这可能只是一次例外,但是没有迹象表明情况如此。维尔·欧文先生可能是一位非常健谈的演讲者,他能够用他语言的魔力吸引听众。一定是维尔·欧文的方式而非内容吸引了听众,因为他所谓的关于来生的启示是在被控制的情况下写成的,其被号称直接来自幽灵中介,这些被发表在《每周新闻》(*The Weekly Dispatch*)上的启示非常乏味与平庸。如此陈腐的讲演可以博得听众一笑,要不是因为同情的话,任何人都可以如此自欺,并吸引别人相信他的蠢话。

近年来,很多灵媒由于这样或那样的原因而时不时地引起大家的
266 注意,如今还有很多知名的灵媒广泛地从事着这样的活动。费罗(Verrall)夫人和霍兰(Holland)夫人据称得到了已故的迈尔斯(F. W. H. Myers)的讯息,这在很长一段时间内受到通灵研究会(Society of Psychical Research)[2]的密切注意。派珀(Piper)夫人是一位有名的自动书写作家;武特·彼得斯(Vout Peters)先生擅长触物占卜和神视;维恩科姆(Vearncombe)先生和迪恩(Deane)夫人最近可谓声名狼藉[3];乔希·斯图尔特(Josie K. Stewart)神父(Y夫人)——一位来自美国的女士——具有“使其手中的卡片显现字画”的天赋;伊丽莎白·汤姆逊(Elizabeth A. Tomson)夫人尽管在布鲁克林的一个招魂“教堂”被揭穿骗局,但她依然有很多热忱的追随者;弗兰尼克·科鲁斯基

---

① *Light*. Saturday, 21 February, 1925, p. 89.

② 成立于1882年,为了对“有争议的现象”进行科学研究。

③ 参见 the Report presented 11 May, 1992,并由 The Magic Circle, Anderton's Hotel, Fleet Street 出版。

(Franek Kluski)、斯特拉·C(Stella C)和艾达·贝欣奈特(Ada Besinnet)都是美国灵媒界的领军人物;福尼尔·达尔伯(Fournier d'Albe)博士对贝尔法斯特著名的戈利格(Goligher)圈子进行了长达三个月的细致且耐心的调查,并将其经历发表出来。[①] 这些神秘显现的精华所在就是显形,这是最复杂的问题,其被描述为"利用灵媒和显形者身体在物理结构形成中的物质能力,通过日常生活中完全不可知的但在仪式中可能展现出来的原理"[②]。最近(1922年),意大利灵媒埃尔托(Erto)在几个月的时间里成为法国超自然研究所(French Metaphysical Institute)的实验对象,参与实验的人都被要求守口如瓶,直到研究者作出统一的决定。埃尔托制造出的特异现象主要表现为周身放射出不寻常的光。1922年底,两篇论文出现在《超自然杂志》(*La Revue Métapsychique*)上,热那亚的桑奎内提(Sanguinetti)博士和威廉·麦肯齐博士保证:(1)每项科学的预防措施都被安排到位;(2)那些现象是真实的。然而,实验继续进行不久后,《早晨》(*Le Matin*)这本杂志上刊登的斯蒂芬·肖维(Stephen Chauvet)博士的一篇热情洋溢的论文迫使超自然研究所的主管古斯塔夫·热莱(Gustave Geley)博士证实了宣言。为公平起见,我们必须提及热莱博士立即在一定程度上收回了他的言论,他说这灵光可能是铈铁(*ferro-* 267
cerium)发出的,据说人们在埃尔托的衣服上可以找到这东西的痕迹。那灵媒坚称没有造假,并愿意接受进一步的实验。《灵魂》(*Psychica*)上的一位作者倾向于相信这些现象的真实性,不过他后来可能因为力量衰退而做了些手脚。可能就是这么一回事了,鉴于引证了大量证据,我认为不能否认发光最初是异常的。关于这一现象,塞西尔·哈什(Cecil Hush)先生和克拉多克(Craddock)先生曾多次展现过;我们

---

① *The Goligher Circle*, May to August, 1921. Experiences of E. E. Fournier d'Albe, D. SC. London, Watkins, 1922.

② *The Classification of Psychic Phenomena*, by W. Loftus Hare. *The Occult Review*, July, 1924, p.38.

没有任何理由怀疑已故的优萨匹亚·帕拉迪诺(Eusapia Palladino)的超凡显现;"伊娃·卡雷尔"(Eva Carrère)小姐[1]的显形尽管在很多情况下不成功,但在其他情况下却获得了最强的证据之支持;尼诺·贝科拉罗(Nino Pecoraro)被形容为"一个非常强壮的那不勒斯年轻人",他因"通灵力"而著称;斯坦尼斯拉娃(Stanislava P.)、威利(Willy S.)、卡斯泰尔维茨(Castelvicz)伯爵夫人,以及很多其他的招魂术师都拥有超常的力量,尽管如我们可以预见的,这些力量一定要非常小心地被使用,而且其经常耗尽灵媒的精力。毕竟——我们必须记住——显形在特定的情况下是不能发生的,而其在有利的环境下则完全能够出现。关于这个问题,更加详细且权威的讨论参见冯·施伦克-诺青(Von Schrenck-Notzing)男爵的《显形现象》(*Phenomena of Materialization*, Kegan Paul, 1923)。第225页中的照片至关重要,调查在严酷的条件下展开,以避免任何弄虚作假的可能,灵媒们不得不受到最严格的身体上和道德上的束缚。

在最近的灵异现象中,引起人们普遍关注的是被称为"奥斯卡·王尔德手迹"(The Oscar Wilde Script)的现象,它在1923年到1924年被广泛讨论。简而言之,这是指已故的奥斯卡·王尔德的幽灵通过特拉维斯·史密斯夫人(海斯特·道顿[Hester M. Dowden]夫人)[2]和某位V先生的中介,借由自动书写以每小时1020个词的速度和他们进行沟通。诚然,印刷在《星期日快报》(*The Sunday Express*)
268 上的文字有些确实与王尔德的浮夸风格中的浮华特质在表面上相似,但其机智和特色仿佛都消失了,只剩下过度化和模仿化的散文,如同受潮的烟花。就本人而言,我一点也不相信这手迹是由王尔德激发的或口述的。恕我冒昧直言,我并不觉得相关人等是有意进行欺诈或弄虚作假的,这些信息很有可能是由名声不大的人士传达的,总之其没

① 她的真名是 Marthe Béraud。Richet 教授确信,1905年,在 Villa Carmon(Algiers)针对她的实验中真的出现了显形。

② 如前所述,她擅长显灵板占卜和自动书写。

有什么价值。据说王尔德的一部三幕戏剧正在并已经通过显灵板被传达出来。我还没有读过,因此无法点评。

招魂术获得了很多名人的支持。皇家学会会员奥利弗·洛奇爵士曾为它论战,皇家学会会员威廉·巴雷特爵士、皇家学会会员威廉·克鲁克斯爵士、查尔斯·里谢(Charles Richet)教授、珍妮特(Janet)教授、伯海姆(Berheim)教授、隆布罗索(Lombroso)教授和弗拉马里翁教授同样都以他们的权威为它作保,柯南道尔爵士对各种神秘事物提出祝福。[1]柯南道尔爵士甚至支持了威斯敏斯特的维多利亚街(Victoria Street)上一家有吸引力的售卖与招魂术相关的书籍的书店的开幕典礼。

那么我们该如何看待这项强大的运动呢?即便嘲笑招魂术是愚蠢的,我们也不能忽视它。天主教会并没有嘲笑与忽视招魂术,但其依然彻底谴责它。这并非是因为天主教会不相信招魂术,而是因为教会完全相信它,因为教会知道这一运动的真实本质,无论它们能多么巧妙地伪装自己,无论它们的转变和手法多么迅捷和微妙,教会都知道鼓吹和指导整个运动的人士是谁。这是个痛苦的话题,鉴于(我重申)很多善良的人(无疑有很多一心寻求真相的人)被迷惑并被招魂术淹没,而且他们仍然还无知于身体上和道德上的伤害,他们很可能已经玩火多年。不仅如此,招魂术对于很多沉浸在辛酸和悲伤岁月中的人来说是一个甜美的慰藉;所以,通过最甜美的回忆,招魂术使自己在他们眼中是神圣的。这些人可悲地被欺骗。无论多难,我们都要回到事实的基石上来。招魂术至少四次遭到宗教法庭的谴责[2],1898 年 3 269
月 30 日的法令完全禁止所有的招魂行为,与恶魔的交往是被严格排斥的,只有与善的幽灵沟通被允许。现代招魂术仅仅是巫术的复兴。在放宽针对各种魔术戏法和诡计的管制的同时,第二届巴尔的摩全体

---

① 他著有《新的启示》(*The New Revelation*),其中汇编了《招魂术师读物》(*The Spiritualists' Reader*),"收集各种幽灵传达的消息,特别为短阅读准备"。

② 所有的记录都对合理的科学调查和迷信的滥用进行了严格区分。

大会(1866 年)警告信徒们不准支持招魂术,并禁止他们参加降神会,即便他们是出于无聊与好奇,因为至少一部分的显现必须被归因于撒旦的干预,而它们不可能借由其他方式被理解或解释。

第七章 戏剧文学中的女巫

如同世界戏剧中的其他形式，英语戏剧也有一个宗教的起源，或者更准确地说是一个礼拜式的起源。在诺曼征服时，英格兰的修道院开始充斥着有文化的法国学者，而且有证据表明在那儿出现了拉丁对话集、圣徒和殉教者的传说，以及模仿赫罗茨维莎(Hrotsvitha)风格的喜剧。我们无法想象这些是独特的现象，从对这些事物的吟诵到表演这些事物，这是一个简单但的确是不可避免的阶段。因为没有合适情节的吟诵几乎是不可能的。神秘剧正是从礼拜仪式之中产生的。 276

表演早期英格兰行会剧(guild plays)的方法经常被准确地记载，我将仅仅关注从一地到另一地的可移动舞台的一个特征，即位于三个场所中最后一个的地狱之口(Hell-mouth)旁的黑暗洞穴。没有痛苦可以使之免于产生可能的恐怖和逼真。有着可怕头部的恶魔由此产生，同时耀眼的光芒不时被喷出，人们可以听到可怕的呼喊声。因此，狄格拜(Digby)的抹大拉的玛利亚的戏有这样的舞台说明："舞台和其下的地狱。"在考文垂，制帽工有一个代表征服地狱(Harrowing of Hell)的"地狱之口"，织布工有一个代表末日审判(Doomsday)的"地狱之口”，其中有火、辘轳和一个木桶，这些代表地震。在乔丹的“康沃尔创世”(Cornish Creation of World)的舞台说明中，路西法降临地狱，他“以鸟的形象出现，四周都是火”，这个地方充斥着“恶魔和精灵”。1474年，鲁昂(Rouen)戏剧中所需的设备“以一张大口来表现地狱，在
277 需要的时候，地狱之口闭合张开”。有一出来自里摩日的宗教剧(liturgical play)叫《新郎》(*Sponsus*)，其最后的舞台说明——由克罗埃塔(M. M. W. Cloetta)和帕里斯(G. Paris)在12世纪早期编写——将智慧和愚蠢的贞女进行了如下安排：“用这种方式，恶魔得到了愚蠢的贞女，她们被抓入地狱。”

魔鬼本身在神秘剧中是最显著的角色之一，它是剧中的反面角色。因此，《约克故事集》(*York Cycle*)将《路西法的创造和堕落》(*The Creation and the Fall of Lucifer*)作为开篇。当天使在上帝宝座前吟唱“神圣的，神圣的，神圣的”时，撒旦因傲慢而狂喜，他迅速下降到地狱，并在那儿嚎叫抱怨。在彼拉特(Pilate)的妻子之梦的情节中有一个古怪的事件，即在她睡觉时，撒旦在其耳边低语，以鼓动她阻止耶稣的谴责，因为人类可以借此得到救赎。《约克故事集》中的最后一个故事是《最后审判日》(*Day of Judgement*)。

同样，《汤尼利故事集》(*Towneley Cycle*)将《创世记》(*The Creation*)作为开篇，我们有舞台说明“上帝退出座位，路西法占据了这个位置”。当我们听到恶魔因路西法的傲慢而责备他时，布景被迅速转换到地狱。在亚当和夏娃的创造之后是路西法的悲叹。在《最后审判日》(*Doomsday*)的一个较长的情节中，许多非常忙碌的恶魔显现了出来。

魔鬼被呈现为黑色，其有着山羊的角、驴的耳朵、偶蹄和巨大的阴茎。事实上，魔鬼是古老的酒神节游行中的森林之神(Satyr)、自然的精灵、充满欢乐的自由和过度的喜悦，他是没有羞耻感的，因为古代希腊人不知道什么是羞耻。在阿里斯托芬的戏剧中，魔鬼是一个无忧无虑跳舞

的形象,他在大白天赤身裸体①,精力旺盛、狂喜,并大声呼喊着原始的叠句:"*Φαλῆς, ἑταῖρε Βακχίου, ζύγκωμε, νυκτεροπλάνητε, μοιχέ, παιδεραστά*"(菲勒斯[Phales],酒神欢乐的伙伴,舞会中快乐的同伴,夜间嬉闹的游荡者,通奸者。)总之,魔鬼是异教的化身,而异教是基督徒不共戴天的敌人;所以,他们接受他这个酒神的狂欢者,并将他从角到脚弄脏,他成了基督徒的死敌——魔鬼。②

很久之后,有关阴茎的恶魔才从舞台消失,确定的证据表明他在莎士比亚时代仍存在。1620年,爱德华·莱特(Edward Wright)在伦 278
敦出版了《典雅的假面剧》(*A Courtly Masque: The Deuice called, The World tost at Tennis*)。"这已经被数次呈现给尊贵和杰出的观众:由国王的仆人所写。""由托马斯·米德尔顿(Thomas Middleton)和威廉·罗利(William Rowley)创作。"扉页上有一幅描绘了剧中不同角色的粗糙版画,其无疑是来自实际演出的素描。在主要成员之

① 罗马最不道德的节日 *Floralia* 在5月1日之前的第四天开始,在这些庆祝活动中,观众坚持要求演员必须裸体演出,古代的注释者在对马提雅尔(Martial I, 1)的注释中提到,"agebantur [*Floralia*] a meretricibus ueste exutis omni cum uerborum licentia, motuumque obscænitate"。奥索尼乌斯(Ausonius)在 *De Feriis Romanis*(25)中提到,"Lasciui Floralia laeta theatri"。拉克坦提乌斯(Lactantius)在 *De Institutionibus Diuinis*(I, 20)中写道:"Celebrantur ergo illi ludi cum omni lasciuia, conuenientes memoriæ meretricis. Nam praeter uerborum licentiam, quibus obscænitas omnis effunditur; exuuntur etiam uestibus populo flagitante meretrices; quæ tunc mimorum funguntur officio; et in conspectu populi usque ad satietatem impudicorum luminum cum pudendis motibus detinentur."圣奥古斯丁和阿诺比乌斯(Arnobius)都指责这些裸体舞蹈的邪恶。在桑斯(Sens)的愚人节期间,放纵盛行,人们裸体游行。沃顿(T. Warton)在《英国诗歌史》(*History of English Poetry*, II, 233)(哈兹利特[W. C. Hazliit]主编,四卷本,1871年)中提到,在神秘剧中,"亚当和夏娃在舞台上都是裸体的,谈论他们的裸体能非常恰当地引入下一场景;在这一场景中,他们身上都覆盖着无花果树叶"。在切斯特戏剧(Chester Plays)的舞台说明中,我们可以看到,"Statim nudi sunt.... Tunc Adam et Eua cooperiant genitalia sua cum folliis"。钱伯斯(Chambers)在《中世纪舞台》(*The Mediæval Stage*, II, 143)中怀疑演员是否真的裸体,他认为他们穿着白色皮革的衣服。沃顿可能是对的。

② 菲勒斯(Phales)是一个早期的神祇,其与普里阿普斯(Priapus)相似,与酒神的秘密仪式紧密相关。关于叠句,参见 *The Acharnians*, 263-265。

外，还有一个黑色的“魔鬼”形象，他在结尾时出现，并参加最后的舞会，他装备着角、蹄、爪、尾巴和巨大的阴茎。我们可以注意到，这些角在马洛的四开本《浮士德博士》(*Doctor Faustus*)一书扉页上的魔鬼形象的山羊形头部(森林之神)上很突出。在文本中，打扮得像驴一样的角色在莎士比亚和弗莱彻(Fletcher)的《两贵亲》(*The Two Noble Kinsman*. Act III, 5,1613)的舞蹈场景中，也同样戴着阴茎。值得铭记的是，与阴茎有关的恶魔形成了一个古日耳曼狂欢节喜剧的固定角色。此外，17 世纪 20 年代，即兴喜剧(commedia dell'arte)的一些奇怪的类型传统都是如此装饰的。① 在英国戏剧中，如此表现魔鬼是很重要的，它赋予了我们关于邪恶君主的流行观念，并且附带地向当时巫术审判中的怪诞而淫秽的证据投以侧光。

斯克尔顿(Skelton)的佚作《尼格拉曼瑟》(*Nigramansir*)的舞台说明中提到，“有着胡须的巴尔斯普伯(Balsebub)登场”，有着浓密山羊般胡须的黑色脸颊无疑类似于古代的宗教剧。死灵巫师(necromancer，该剧以他的名字命名)的主要作用是在序幕中召唤魔鬼，而魔鬼则拳打脚踢以作为回报。然而，我们仅仅知道沃顿(Warton)的戏剧，并且其由诗人威廉·科林斯(William Collins)于 1759 年在奇切斯特(Chichester)展示。威廉·科林斯写道：“《尼格拉曼瑟》，道德幕间喜剧和短剧，由桂冠作家斯克尔顿所作，于圣枝主日(Palme Sunday)在伍德斯德克(Woodstoke)，在国王和其他贵族面前
279 演出。由温金·德·沃德(Wynkyn de Worde)于 1504 年出版，薄的四开本。这一定是在牛津郡伍德斯德克的皇家庄园或是王宫(现已毁)内，在亨利七世国王面前演出。人物包括死灵巫师或奇术师(conjurer)、魔鬼、公证人、买卖圣职的人(Simony)以及贪财者(Philargyria 或 Avarice)。这出戏部分地是对教会中一些弊端的讽刺……故事或情节是对买卖圣职的人和贪财者的审判。”除了沃顿告

① 参见加洛(Callot)的角色蚀刻版画系列 *I Balli di Sfessanio*。

诉我们的内容之外，我们不知道该剧的更多信息。李特森（Ritson）在《诗歌目录》（*Bibliographia Poetica*，106）中写道："完全无法相信《尼格拉曼瑟》……曾经存在过。"也有人指出，作为一位文学史家，沃顿经常受到怀疑。在达夫（E. G. Duff）的《英国印刷人目录》（*Hand Lists of English Printers*）中，我们不能发现还存在着这种"道德幕间喜剧"。

在英国的道德观中，魔鬼扮演了重要的角色，如同其在法国的情况。魔鬼一向阻止和反对道德目的与教训，这样的情节设计是为了加强道德观。后来的英国戏剧中也被加入了来自这些幕间喜剧的情节，魔鬼总是受欢迎的角色。魔鬼通常有罪恶（Vice）伴随，罪恶这个角色尽管在魔鬼的雇用中是一个仆人或丑角，但他尽力嘲讽、揶揄、折磨和阻挠他的主人，这是为了道德的教导，而非纯粹地娱乐观众。在《坚定的城堡》（*The Castell of Perseverance*）中，路西法以传统的方式——大叫着"Out herowe I rore"——出场，这如同他在神秘剧中出场的方式，他在服饰之外穿着"魔鬼的衣服"。威沃（Wever）的《强壮的青年人》（*Lusty Juventus*）无误地追溯了爱德华六世的邪恶时代的邪恶之事。据记载，在爱德华六世统治时期，魔鬼召唤伪善（Hipocrisy）以寻求帮助，人们准备了大量反映清教徒的仇恨的空洞但辛辣的辱骂，以反对天主教会。我们最终会毫不惊奇地发现，一位令人厌倦的老年绅士伪善地解释了因信称义的教义。

在柯里尔（Collier）名为《人类》（*Mankind*）的幕间喜剧中，淘气鬼（Mischief）召唤恶魔梯梯费留斯（Titivillus）以寻求帮助，它曾出现在汤尼利的《神秘故事集》中。梯梯费留斯曾经是魔鬼的记录员和收费员，而它现在以"罗拉德大师"（Master Lollard）闻名。根据古老的迷 280
信，梯梯费留斯是一个淘气的小鬼，它的工作是收集教士们举行弥撒时遗漏和疏忽的词语。

当转到定期戏剧的起源时，我们可以发现一部非常有意思的戏剧，它引入了——如果不是魔法的话——算命的情节，这就是约翰·黎里（John Lyly）"令人愉快的自负的喜剧"（Pleasant Conceited

Comedie)《邦比大妈》(*Mother Bombie*),其由圣保罗儿童团(Children of Paul's)出演,并于1594年首次上演。尽管情节非常复杂和做作,但如同黎里大部分的故事,《邦比大妈》似乎不是来自任何经典或伪经典。事实上,除了帮助解开时间的谜团之外,标题中的这位罗彻斯特年老女术士(cunning woman)并没有说什么或做什么。当塞莉娜(Selena)对她说"他们说你是个巫婆"时,邦比大妈马上反驳说:"他们撒谎,我是一名女术士。"这是很重要的一段对话。

马洛(Marlowe)的名剧《浮士德博士的悲剧史》(*The Tragical History of Dr. Faustus*)代表了与黎里不同的层次。一个为了无限的知识和绝对的权力而将灵魂出卖给魔鬼的人的故事似乎成形于6世纪,西奥菲勒斯(*Theophilus*)的故事当时由他的学生优迪基安努斯(Eutychianus)用希腊语讲述。当然,每一个术士都将灵魂出卖给了撒旦。在整个中世纪的司法记录中,宗教裁判所的法庭可能讲述了成千件类似的事情。但是,这类特殊的故事似乎吸引了东西方基督教世界的想象,它有各种形式,并被纳入雅各·沃拉吉纳(Jacopo à Voragine)的收集中。这类特殊的故事通过13世纪的法国叙事诗人吕特伯夫(Rutebeuf)而进入游吟诗人的剧目中,并且在早期英国叙事故事和低地德意志的戏剧中得到再现。我们可以追溯故事的爱尔兰变体,它成为教士、诗人威廉·福雷斯特(William Forrest)于1572年所作的一首诗歌的主题,它也成为17世纪的两部耶稣会士"喜剧"的素材。

浮士德的原型是一个真实的人物[1],即一位游方奇术师和江湖郎
281 中,他于1510—1540年间在德意志帝国的西南部以及图林根、萨克森和其他相邻的公国中非常有名,这没有任何疑问。沃尔姆斯的内科医生菲利普·贝加蒂(Philip Begardi)在《健康指南》(*Index Sanitatis*)(1539年)中提到了这位江湖郎中,他是菲利普·贝加蒂认识的很多受骗者之一。菲利普·贝加蒂提到,他在一段时间内经常看到浮士德,

① 不要和印刷商菲什特(Fust)混淆,这是人们一度容易搞错的。

尽管后来没有听说他的任何消息。人们认为，整个故事取材于中世纪十分流行的《认识》(*Recognitions*)中有关克莱芒教皇和他的父亲浮士德(Faustus)或浮士梯尼亚努斯(Faustinianus)的奇异历史。但是，梅兰克顿认识一位出生在符腾堡(Wurtemberg)的克努林根(Knütlingen)并离自己的房子不远的浮士德，其在克拉科夫(Cracow)学习魔法，后来"沉湎和谈论秘密事物"。在16世纪早期有一位浮士德博士，他是帕拉塞尔苏斯(Paracelsus)和科尼利厄斯①·阿格里帕(Cornelius Agrippa)的朋友，也是一位在招魂术实践中获得恶名的学者。1513年，人文主义者康拉德·穆特(Conrad Mutt)在爱尔福特(Erfurt)遇到一位来自海德堡(Heidelberg)的名叫乔治·浮士德·赫米修斯(Georgius Faustus Hermitheus)的游方魔法师。特里特米乌斯(Trithemius)在1506年遇到一位小浮士德，后者夸口如果柏拉图和亚里士多德的所有著作都被烧毁的话，他能够根据记忆将它们复原。这个故事可能最终无疑是来自帕拉塞尔苏斯和科尼利厄斯·阿格里帕的同伴浮士德博士。该故事的第一个文学版本是约翰·史比斯(Johann Spies)于1587年在法兰克福出版的《民间故事集》(*Volksbuch*)，他告诉我们他是"从在史比尔(Spier)的一位好朋友"那儿获得的手稿，该书很快以《约翰·浮士德博士的可憎生活和罪有应得的死亡之历史》(*The History of the Damnable Life and Deserved Death of Dr. John Faustus*)的名字出现在英格兰。这是马洛在他的戏剧中所主要依据的一本书。这个悲剧由16世纪末17世纪初访问德国的英国作家带到了德国，虽然故事本身来自德国，但它极大地影响了——如果不是事实上导致了——德国流行戏剧和木偶剧对同一主题的处理。这些作品很少正式上演，通常都是即兴表演，其与主题一直或多或少地保持紧密联系。沙伊布尔(Scheible)在《修道院》

① 在马洛的戏剧中，浮士德欢迎"德国的瓦尔德斯(Valdes)和科尼利厄斯"。关于瓦尔德斯，并没有令人满意的解释。哈夫洛克·埃利斯(Havelock Ellis)博士认为，瓦尔德斯无疑是指帕拉塞尔苏斯。

282 (*Kloster*, 1847)第五卷中提供了乌尔姆(Ulm)片断,以及汉姆(W. Hamm, 1850;由海德雷克[T. C. H. Heddereick]翻译成英文,1887)、沙德(O. Schade, 1856)、恩格尔(K. Engel, 1874)、比尔朔夫斯基(Bielschowsky, 1882)以及克拉利克和温特(Kralic and Winter, 1885)编辑的牵线木偶版本。

莱辛提供了这个故事的两个版本,克林格(Klinger)将这个主题写成了小说《浮士德之生平事迹与地狱之行》(*Fausts Leben, Thaten, und Höllenfahrt*, 1791;由乔治·巴罗[George Barrow]于1826年翻译成英语)。一部浮夸的悲剧由克林格曼(Klingemann)于1815年出版,同时莱瑙(Lenau)于1836年出版了他的戏剧《浮士德》(*Faust*)。海涅的芭蕾舞剧《浮士德博士》(*Der Doctor Faust, ein Tanzpoem*)首现于1851年。施波尔(Spohr)的歌剧中的歌词由伯纳德所作(1814)。

歌德的名著早在1774年就已被列入计划,并于1808年问世,但第二部分迟至1831年才完成。

普遍的证据指出,马洛的《浮士德博士》出版于1588年,因为芭蕾舞剧《大奇术师浮士德博士的生与死》(*Life and Death of Doctor Faustus the great Conjurer*)出现在1589年2月的《书商注册录》(Stationers' Register)中,它受到了戏剧的影响。现存最早的四开本是1604年的,但其已经有了好几个修订本。《浮士德博士》在舞台上长期受到欢迎;在英格兰,马洛的悲剧可能是不完整的,但它并没有接受这一主题的其他文学作品的补充。老普林(Prynne)在他的《演员的悲剧》(*Histriomastix*, 1633)中转述了一个荒谬的故事,大意是魔鬼亲自"出现在伊丽莎白女王时期的贝尔萨维奇(*Belsavage*)剧场的舞台上",当时正在演出悲剧:"这件事我是从现在还健在的人那里听说的。"在王朝复辟(Restoration)之后,这个故事再度流行,1662年5月26日星期一,佩皮斯(Pepys)和他的妻子看了在红牛(Red Bull)的演出,他们说:"但很拙劣,我们都厌恶它。"1675年秋天,这个故事在皇家剧院演出,但没有任何细节被记录下来。1685—1686年,威廉·芒福特(William Mountfort)的《浮士德博士的生与死，一出轻喜剧，哈利昆小丑和斯卡拉穆恰小丑的幽默》(*The Life and Death of Doctor Faustus, Made into a Farce, with the Humours of Harlequin and Scaramouch*)在多塞特花园(Dorset Garden)上演，这是马洛的场景和意大利喜剧的奇怪混合。哈利昆小丑由机敏的托马斯·杰文(Thomas Jevon)饰演，他是英格兰的第一个哈利昆小丑；斯卡拉穆恰小丑由安东尼·利(Antony Leigh)饰演，他是最古怪的喜剧演员。在 283
第三幕结束时，浮士德被路西法和墨菲斯托菲里斯(Mephistopheles)带走，他的身体被撕成了碎片。然后，“浮士德的四肢集合在一起，舞蹈和歌唱”。这出轻喜剧由于受到极大欢迎而不断上演。在整个 18 世纪，浮士德是哑剧的中心人物。可能有近 40 个有关浮士德故事的戏剧版本，其中有很多是传奇式的，它们受到小剧院的喜爱，包括：索恩(G. Soane)和特里(D. Terry)的《浮士德》于 1825 年 5 月 16 日在特鲁里街(Drury Lane)上演，“欧”·史密斯(“O” Smith)饰演墨菲斯托菲里斯；格拉顿(H. P. Grattan)的《浮士德》或《龙岩的恶魔》(*The Demon of the Drachenfels*)于 1842 年 12 月 5 日在萨特乐斯·威尔斯剧院(Sadlers Wells)上演，亨利·马斯顿(Henry Marston)饰演墨菲斯托菲里斯，莱昂(T. Lyon)饰演“维滕堡(Wittenberg)的魔法师”浮士德，卡罗琳·兰克利(Caroline Rankley)饰演玛格丽特(Marguerite)；罗伯逊(T. W. Robertson)的《浮士德和玛格丽特》(*Faust and Marguerite*)于 1854 年 4 月在公主剧院(Princess's Theatre)上演。其中，还有一些戏剧具有歌剧风格，包括：古诺(Gounod)受欢迎的《浮士德》，其由巴比耶(Barbier)和卡雷(Carré)作词，并于 1859 年在巴黎抒情剧院(Théâtre Lyrique)上演；柏辽兹(Hector Berlioz)的《浮士德的诅咒》(*The Damnation of Faust*)被弗兰德(T. H. Friend)搬到英国舞台，并于 1894 年 2 月 3 日在利物浦上演。很多戏剧是滑稽剧(burlesque)，它们来自 18 世纪的轻喜剧(farce)，包括：柏纳德(F. C. Burnard)的《浮士德和玛格丽特》，于 1864

年7月9日在圣詹姆斯(S. James)上演;黑兹尔伍德(C. H. Hazlewood)的《浮士德:或玛格丽特的轧布机》(*Faust: or Marguerite's Mangle*)于1867年3月25日在不列颠剧院(Britannia Theatre)上演;拜伦(Byron)的《小浮士德博士》(*Little Doctor Faust*, 1877);《三瞬间中的浮士德》(*Faust in Three Flashes*, 1884);《四十分钟的浮士德》(*Faust in Forty Minutes*, 1885);所有模仿中最著名的《现代浮士德》(*Faust Up to Date*)于1888年10月30日在欢乐剧院(Gaiety)上演,罗能(E. J. Lonnen)饰演墨菲斯托菲里斯,弗洛伦斯·圣约翰(Florence St. John)饰演玛格丽特。在法国,梭罗和贡德里耶(Gondelier)的《浮士德》于1827年10月27日在新潮剧院(Nouveautés)首演并获得了巨大成功。第二年,包括安东尼·贝罗(Antony Béraud)、查尔斯·诺迪耶(Charles Nodier)和默尔(Merle)在内的至少三位作家联合制作了三幕剧《浮士德》,音乐由格卢克(Gluck)的对手的孙子路易斯·亚历山大·皮奇尼(Louis Alexandre Piccini)创作。1858年,阿道夫·德内里(Adolphe Dennery)在巴黎的舞台上演了《浮士德》,这是一部"奇妙的戏剧",共五幕十六个场景。格拉顿学院(Grattan School)的戏剧以萨特乐斯·威尔斯的方式而令人印象深刻,无论如何,它使伟大的戏剧家获得好处和称赞。

284 新近的英国戏剧中有很多是以浮士德故事为主题的,其中最引人注目的无疑是威尔斯(W. G. Wills)改编自歌德的悲剧之第一部分的戏剧,它于1885年12月19日在兰心剧院(Lyceum)上演,由康威(H. H. Conway)饰演浮士德,乔治·亚历山大(George Alexander)饰演瓦伦丁(Valentine),斯特林夫人(Mrs. Stirling)饰演玛尔塔(Martha),埃伦·特里小姐(Miss Ellen Terry)饰演玛格丽特,亨利·欧文(Henry Irving)饰演墨菲斯托菲里斯。考虑到其是马洛和歌德的巨著,再比较故事的戏剧版本,此剧的剧本就显得不重要了,优秀的哑剧因得到女巫的厨房、恶魔的酒神节、石版印刷效果、机械论者以及泰尔宾(Telbin)和霍斯·克雷文(Hawes Craven)的画笔协助而被四处宣扬，并被提升到伟大的高度，甚至被欧文饰演的红毛墨菲斯托菲里斯提升到敬畏和恐怖的程度。红毛墨菲斯托菲里斯这一讽刺的、疲倦的、好动的形象虽不真实，但敏捷和充满活力，它支配了整个舞台。

试图比较马洛和歌德是荒谬的，这对于详述巨著的优点而言是多余的。在歌德伟大且复杂的著作中，故事在不朽哲学之中得到了升华。马洛则完全忠于小册子中的事件。在所有亵渎的文学中，我几乎不认为有比浮士德最后的演说更令人感到战栗恐惧和承受极大痛苦的词句：

> 啊，浮士德，
> 现在你只有一个小时可以活着。
> 然后你必须永世受罚！

这个场景令人无法忍受，它充满痛苦而令人不忍卒读，它过度负载了无望的黑暗和绝望。

在某种程度上，这至少与浮士德故事相似。我在这儿不可能不提到一部与浮士德故事相关的早期荷兰世俗戏剧，其被称为“荷兰中世纪文学珍宝之一”，即《尼姆根的玛丽的绝妙历史，她在超过7年时间里与魔鬼交通》（*A Marvellous History of Mary of Nimmegen, who for more than seven years lived and had ado with the Devil*）[1]，其于1520年由安特卫普的威廉·沃斯特曼（William Vorsterman）出版。我们有必要注意故事的一些特征。年老的教士吉斯布希特先生（Sir Gysbucht）的侄女玛丽有一晚遇到了以独眼目南（*Moonen with the* 285
single eye）形象出现的魔鬼，他承诺教她招魂术所有的秘密，但禁止她画十字，并将她的名字改为格雷琴的莉娜（Lena of Gretchen）。但是，

① 由哈利·摩根·艾瑞斯（Harry Morgan Ayres）翻译自中古德语，并由艾德里安·巴诺（Adriaan Barnouw）写序。*The Dutch Library*, The Hague：Martinus Nijhoff. 1924.

玛丽献身圣母，她坚持在她的新名字中至少保留 M，因此她的名字变成了艾玛金（Emmekin）。“因此，艾玛和目南居住在安特卫普。在市场的金树标记之下，目南每天进行谋杀和宰杀，以及做各种不道德的事情。”于是，艾玛下决心拜访她的叔叔，并坚持让目南陪她去尼姆根。这是个节日，艾玛有机会在广场看到在彩车（pageant-waggon）上演出的神秘剧。圣母正在上帝的宝座前为人类祈祷，艾玛听到这些祝福的话后感到懊悔。目南夺去了艾玛的生命，她摔倒、昏厥，最后被她的叔叔发现。尼姆根的教士没有人敢听艾玛的忏悔，甚至是科隆的主教也不敢听，因此她旅行到罗马，那儿的教皇听她忏悔，命令她穿悔罪衣，并用三条坚固的铁条扣住她的颈部和手臂。艾玛回到马斯里奇特（Maestricht）转化罪人（Converted Sinners）的修道院，在那儿她的悔恨是如此强烈，她的谦卑是如此真诚，因此天使显示了神圣的宽恕，在她睡觉时除去了她的铁条。

> 你去马斯里奇特，你能够
> 在转化罪人修道院看到
> 艾玛的坟墓，那儿有三个
> 铁环悬挂在坟墓上方。①

魔法和仙境在罗伯特·格林（Robert Greene）的戏剧中显得很突出，他在英国文学中所处的地位至少有赖于他的散文和他的戏剧。在我看来，《培根修士和邦吉修士可敬的历史》（*The Honourable History of Friar Bacon and Friar Bungay*）（其日期几乎可以被确定为 1589 年，尽管第一个四开本出版于 1594 年）显然是因为马洛的《浮士德博

① 国际剧院协会（The International Theatre Society）提供了一场于 1925 年 2 月 22 日星期日在马斯基林剧院（Maskelyne's Theatre）上演的《尼姆根的玛丽》的私人订购的演出。但是，这样一出有着市民生活、街道、市场等拥挤场景的戏需要巨大的舞台和高昂的制作费。

士》的成功才被创作出来的。格林没有丧失利用流行的机会，他有着十足的英国式偏好，我肯定他参考了一个关于牛津魔法师的古老英国传说，这个传说与被引进法兰克福和维滕堡的故事一样令人印象深刻。认为引进的故事是在一个完全不同的层次上并不是否认它的重 286
要性和极大的魅力。尽管培根声明如下：

> 你知道我已跳入地狱
> 看见魔王最黑暗的宫殿；
> 凭借我的魔法符咒，伟大的贝尔塞冯(Belcephon)
> 已经离开他的住所，跪在我的房间里。

但是，培根的邪术比浮士德有着更清晰的脉络；此外，他的巫术和邦吉的魔法都无法构成戏剧的基本主题。剧中也勾画了威尔士王子爱德华(之后的爱德华一世)对“弗莱辛菲尔德(Fressingfield)的美丽少女”玛格丽特的爱。的确，培根用魔法召唤精灵，我们得知他在布拉斯诺斯学院(Brasenose)学习，并了解到有关铜头(Brazen Head)的片断。人们可能注意到，培根的仆人迈尔斯(Miles)正是道德的邪恶，他最后闹剧般地骑在魔鬼背上飞去，同时培根宣布他在余生中意图为他的招魂术和魔法忏悔。

格林的《愤怒的奥兰多》(*Orlando Furioso*, 4to, 1594)改编自阿里奥斯托(Ariosto)的第 23 诗篇，我们从中可以看到女巫梅利莎(Melissa)；《阿拉贡的阿方索国王》(*Alphonsus, King of Arragon*, 4to, 1599)直接模仿了《帖木儿》(*Tamburlaine*)，其中有一名有着美狄亚(Medea)这一古典名字的女预言家，她用魔法召唤“穿着白色法衣、戴着红衣主教法冠的”卡雷哈斯(Calehas)，这里还有穆罕默德提到的铜头。一部更为有意思的戏剧是《一面窥视伦敦和英格兰的镜子》(*A Looking Glasse for London and England*, 4to, 1594)，这是一部关于希伯来先知约拿(Jonah)的历史和尼尼微悔悟的被精心制作的神秘剧。角色中有一个善天使、一个恶天使以及“一个穿着魔鬼衣服的人”,这个人受到小丑亚当的重击。在出版于1598年并“已经数次公开上演的”《詹姆士四世在弗洛登山被杀的苏格兰史,混合了欢乐的喜剧,由仙女国王奥伯兰上演》(*The Scottish Historie of Iames the fourth, slaine at Flodden, Entermixed with a pleasant Comedie, presented by Oboram, king of Fayeries*)中,仙女仅仅在一篇散文序言和幕间喜剧内出现。

乔治·皮尔(George Peele)的民间传说《年老妻子的故事》(*The Old Wives' Tale*)的迷人片断介绍了术士萨克里邦(Sacripant)的奇异
287 片断的混合。萨克里邦是著名女巫麦罗埃(Meroe)①的儿子,他偷走了迪莉娅公主(princess Delia)并用符咒控制她。萨克里邦的力量来源于魔镜里的光亮,魔镜只有在特定情况下才能被打破。最终,杰克在一个友善的鬼魂之帮助下打败了萨克里邦。镜子碎了,光亮熄灭了,公主回到了爱人和朋友身边。

其他出现在伊丽莎白及其后继者统治时期的各种戏剧中的魔法师包括:《克利奥蒙先生和克莱迈德斯先生》(*Sir Clyomon and Sir Clamydes*, 4to, 1599)中的布赖恩·桑斯弗伊(Brian Sansfoy);《居鲁士的战争》(*The Wars of Cyrus*)中的魔法师;格林的《培根修士和邦吉修士》中的培根修士、邦吉修士和雅克·凡德马斯特(Jaques Vandermast);伪莎士比亚剧作《梅林的诞生》(*The Birth of Merlin*)中的梅林和普洛克西穆斯(Proximus),此剧也呈现了魔鬼的形象;《基督教世界的七位战士》(*The Seven Champions of Christendom*)中的奥曼蒂尼(Ormandini)和阿加利奥(Argalio),剧中还有一位女巫卡利布(Calib)以及她的梦淫妖(incubus)塔帕克斯(Tarpax)和他们小丑般的儿子瑟克布斯(Suckabus);密尔顿(Milton)假面剧中的克姆斯(Comus);克凯恩(Cokain)的《一个假定的王子特拉波林》(*Trappolin*

---

① 在阿普列乌斯的《变形记》(*Metamorphoseon*, I)中,麦罗埃是“saga et diuina”的女巫。

Creduto Principe, *Trappolin suppos'd a Prince*, 4to, 1656)中的奇术师玛戈(Mago)以及他的三个精灵埃奥(Eo)、梅奥(Meo)和埃利奥(Areo),内厄姆·塔特(Nahum Tate)将之改编成《一位公爵和没有公爵》(*A Duke and No Duke*),此剧于1684年11月在特鲁里街上演,并且以一种或另一种形式出现,有时是“滑稽的情节喜歌剧”,有时是叙事歌剧,有时是闹剧,它一直流行至19世纪早期。

由于演员是“时代的概要和简短记述”,因此巫术在莎士比亚戏剧中扮演重要角色并不令人惊奇。除开诸如《仲夏夜之梦》这样纯粹的梦幻幻想,像《错误的喜剧》(*The Comedy of Errors*)中“平庸的魔法师”品契(Pinch)这样的角色,像在赫恩(Herne)闹鬼的橡树下的怪物面具这样的场景,以及像使用“符咒、咒语和人形”的布雷恩福德(Brainford)的老妇人普拉特大妈(Mother Prat)或者是邪恶伤害格洛斯特(Gloucester)公爵理查(Richard)的“爱德华的妻子,一位妖妇和那淫欲成性的娼妓休亚(Shore)”①一般,历史剧《亨利六世》(*King Henry VI*)的第二部中的一个念咒语的场景扮演了重要的角色;浪漫喜剧《暴风雨》(*The Tempest*)和悲剧《麦克白》都有基于魔法与超自然符咒的动机和发展。我们必须注意的是,《亨利六世》(上篇)遭到有关 288
圣女贞德的描述的玷污,这无疑是令英国文学蒙羞的最恶劣和最令人厌恶的不敬。这些词句令人厌恶,我仅仅指出其中一个场景:在此场景中,各种精灵被引入了有关当时巫术审判的最令人厌恶的细节,但若考虑到这些与贞德之间的关系,则这些想象令人厌恶。

在《亨利六世》(中篇)中,格洛斯特公爵夫人雇用了两名教士约翰·休谟(John Hume)和约翰·索斯韦尔(John Southwell)、一名奇术师博林布鲁克(Bolingbroke)和一名女巫玛吉利·乔登(Margery Jourdemain)来召唤能够揭示国王以及萨福克和萨默塞特公爵命运的幽灵。这一场景是被用特别的力量来写就的,并且没有一点敬畏和恐

---

① 莎士比亚的《理查三世》中的第三幕第四场。——译注

怖。正当恶魔在电闪雷鸣中被驱散时，约克公爵和他的护卫闯入并逮捕了巫师。两名教士和博林布鲁克之后被处以绞刑，史密斯菲尔德(Smithfield)的女巫被"烧成灰烬"，而格洛斯特公爵夫人在三天忏悔之后被放逐到马恩岛(Isle of Man)。

莎士比亚所使用的事件是完全正确的。格洛斯特公爵夫人是个野心勃勃且放荡的女人，她无疑咨询了玛吉利·乔登(通常被认为是埃尔[Eye]的女巫)、占星师罗杰·博林布鲁克(Roger Bolingbroke)、圣斯蒂芬的教士托马斯·索斯韦尔(Thomas Southwell)、一位名叫约翰·休谟(或亨[Hun])先生的教士以及某个名叫威廉·伍德海姆(William Wodham)的人。这些人经常秘密聚会，人们发现他们按照通常的方式塑造了一个国王的蜡像，并使它在慢火中熔化。博林布鲁克坦白了，休谟也转而成为告发者。1441 年，博林布鲁克被放置在圣保罗十字架(Paul's Cross)前的一个高绞刑架上，与他放在一起的还有一个雕刻装饰古怪的椅子，这个椅子人们是在博林布鲁克的住所发现的，其被认为是招魂术的工具。在红衣主教温彻斯特的博福特(Beaufort)、坎特伯雷大主教亨利·齐彻利(Henry Chicheley)以及一批庄严的主教的面前，博林布鲁克被迫放弃他邪恶的巫术。格洛斯特公爵夫人被威斯敏斯特(Westminster)教堂拒绝，她被捕并被囚禁在
289 靠近梅德斯通(Maidstone)的利兹(Leeds)城堡。1441 年 10 月，格洛斯特公爵夫人和她的同伙受到审判，对她的裁决如上所述。玛吉利·乔登作为女巫和再犯的异端死于火刑柱，托马斯·索斯韦尔死于狱中，而博林布鲁克于 1441 年 11 月 18 日被吊死在泰伯恩行刑场(Tyburn)。

在《暴风雨》中，与其说普洛斯彼罗(Prospero)是一位男巫，不如说他是一位哲学家，而爱丽尔(Ariel)是小仙人(fairy)而非精灵(familiar)。普洛斯彼罗的魔法才智出众，莎士比亚小心地坚持着与人类热情和报复的分离。普洛斯彼罗对米兰达(Miranda)的爱的确得到了精致的描述，曾几何时——在凯列班(Caliban)卑劣地忘恩负义

时——他的愤怒爆发，但他依然管理着那些受到他温和看管的人的财富，并完全痛恨报仇的想法，他似乎保持着距离，如同天恩指引着事件走向和解和宽恕这般人们所期望的结果。虽然如此，但情境被精巧地置于伊丽莎白时期观众的面前，莎士比亚使用的是何种涉及普洛斯彼罗的“粗糙魔法”之技艺！西考拉克斯(Sycorax)①是典型的女巫，完全邪恶、卑鄙、恶毒、可怕，她是魔鬼的情人。

很少有场景能像《麦克白》的序幕那样抓住世俗的想象力。在暴风雨和荒野中，我们突然面对面地遭遇三个神秘的幽灵，她们乘风而行，并与雷电和雨中的薄雾相混合。三个幽灵不是邪恶的中介，她们就是邪恶，是无名的、幽灵似的、完全恐怖的。在非常短的幕间休息之后，三个幽灵再次上场，讲述诸如杀猪、向水手的妻子乞讨栗子之类的事情，并夸口诸如用溺死舵工的拇指制作护身符，以及属于丹戴克大妈或萨默塞特郡温坎顿的安妮·毕晓普的工作这类的事情。这种变化是否是有意的？我不这样认为，因为这种变化的暴力和迅疾非常不一致。与赫卡忒(Hecate)聚会并不能使事情好转，赫卡忒愤怒地斥责她们：“你们这些恶婆，粗鲁且鲁莽。”不管幽灵引起的恐怖，无论锅中的原料多么有害和令人厌恶，这些都是“无名之举”的材料。这里有一个弱点，而这个弱点不能被明显地感知，这突出了悲剧的特点。不过， 290
当为了戏剧效果而用新鲜的素材来补充念咒的场景时，演员们抓住了这点。戴夫南特(Davenant)在他于1672—1673年在多塞特花园上演的歌剧风格的《麦克白》中难以置信地详细描述了女巫的场景，尽管其大量借鉴了米德尔顿的《女巫》中的歌曲和舞蹈，但他仅仅是遵循了戏剧的传统。②

《女巫》无疑是晚于《麦克白》的戏剧，但我们并不知道《女巫》的确

① 《暴风雨》中凯列班的母亲。——译注

② 《麦克白》几乎从出版起就开始被修改。王朝复辟之后，戏剧复兴，女巫场景被赋予了极大的戏剧重要性。1667年1月7日，佩皮斯宣称自己非常喜欢“幕间歌舞节目，尽管这是一个深奥的悲剧”。

切诞生日期——它于1778年被初印在一份现存于牛津大学图书馆的手稿上——《麦克白》的日期(早于1610年,可能是1606年)也并非十分确定。《女巫》是一部上等之作但非杰作。由于念咒的场景及其与《麦克白》的联系,《女巫》获得了意外的关注和持久的声誉。女巫们本身(赫卡忒和她的同伙)处于《麦克白》第一场中的神秘的命运女神和《埃德蒙顿的女巫》(*The Witch of Edmonton*)中可怜的德克女巫之间;当她们在最初的句子中出现之后,她们就仅仅是处于《麦克白》中的女巫之下了。女巫们的狂欢中存在着恐怖的幻想,这并没有因赫卡忒的儿子小丑费尔斯通(Firestone)的粗劣而减轻。女巫们引起"争吵、嫉妒、冲突和不和,就像生活的头屑",尽管她们的形象常常是奇形怪状的,但其邪恶的能力不容小视。女巫们的很多行话、符咒和举止都逐字逐句地来自雷金纳德·斯科特的《巫术的发现》(*Discoveries of Witchcraft*, London, 1584)。

乡村女巫是一位丑陋的昏聩老妇,她驼背、无知、恶毒、憎恨上帝和男人。如同出现在她同时代人的面前时一样,乡村女巫以相片式的详尽细节出现在《埃德蒙顿的女巫》中。由罗利、德克和福特创作的《一个知名的真实故事》(*A Known True Story*)于1621年秋天或冬天在特鲁里街的科克皮特剧院(Cockpit)上演。此剧在当时是非常流行的,其不仅在公共剧院受到称赞,而且在詹姆士国王面前上演。不过,此剧直到1658年才得到出版。

针对伊丽莎白·索耶的审判和处决(1621年4月19日)吸引了大
291 量的关注。关于这个事件,大量的叙事诗和打油诗被创作出来,它们详细描述了伊丽莎白·索耶的魔法,她如何破坏直立的玉米,一只白鼬和一只猫头鹰如何一直照顾她,以及在狱中陪伴她的许多恶魔和精灵。这些歌谣不仅在处决的日子被高声吟唱,而且很多被印制成传单广为出售。因此,纽盖特监狱加紧写作了《伊丽莎白·索耶的惊人发现》(*The Wonderfull Discoverie of Elizabeth Sawyer, a Witch, Late of Edmonton, Her Conviction, and Condemnation, and*

Death, *Together with the Relation of the Divels Accesse to Her*, *and Their Conference Together*),其“由宣道者和纽盖尔监狱的拜访者亨利·古德科尔所写”,并于1621年由权威出版社(Authority)出版。这篇短文是对话形式的,描述的是古德科尔与犯人之间的提问和回答,犯人坦白了她的罪行。

在某些方面,《埃德蒙顿的女巫》在巫术戏剧中属于非常有趣和有价值的,因为女巫被剥夺了魔法的痕迹,故事被以最彻底的现实主义方式呈现在我们面前。我们看到女巫独居在一间简陋小屋中,“被人们像疾病般躲避和憎恨”;她非常贫穷,身体变形和弯曲,拖着瘫痪的脚穿过田野,她紧抓着干瘪身体上的脏衣服。如果女巫胆敢捡拾角落的干柴,那么她会遭到驱逐,并受到恶言和殴打。女巫嘴中充斥着什么诅咒和报复?

成为一个女巫和被认为是一个女巫是一样的。

然后,黑狗出现,女巫用她的鲜血签订契约。女巫破坏玉米,并向迫害者的家畜传播疾病。马患上马鼻疽,母猪抛落它的猪仔;女仆搅动黄油九个小时却制不成;最重要的是,女巫所憎恨的农场主的妻子发了疯,并死于痛苦之中;破坏和邪恶在城镇传播。但是,现在女巫的精灵遗弃了她,她落入人类公正之手。在适当的审判后,女巫被拖入泰伯恩行刑场,并发出绝望的尖叫和哭喊。虽然悲惨和恐怖,但这确实是一个令人无法怀疑的真实情景。

显然,在《埃德蒙顿的女巫》[1]中,对弗兰克·索尼(Frank 292
Thorney)的弱点和堕落进行最详细研究的是福特。弗兰克·索尼可能与《可怜她是个娼妓》(*'Tis Pity She's a Whore*)中的乔万尼

① 1921年4月24日和4月26日,《埃德蒙顿的女巫》在我的指导下在汉莫史密斯(Hammersmith)的利里克剧院(Lyric Theatre)重演了两次。西比尔·桑代克(Sybil Thorndike)饰演女巫,拉塞尔·桑代克(Russell Thorndike)饰演精灵,埃恩·斯温利(Ion Swinley)饰演弗兰克·托尼,伊迪丝·埃文斯(Edith Evans)饰演安·拉特克里夫(Ann Ratcliffe),弗兰克·科克雷恩(Frank Cochrane)饰演古迪·班克斯(Cuddy Banks)。

(Giovanni)非常相似。温尼弗雷德(Winnifride)也有着福特的女主角安娜贝拉(Annabella)和潘西雅(Penthea)那样多愁善感的魅力。

卡特(Carter)无疑是德克的产物。西蒙·艾尔(Simon Eyre)和奥兰多·弗里斯科巴尔多(Orlando Friscobaldo)都是热心、直率、热情、真诚的人。我还认为索耶大妈是德克的产物。

罗利的风格在古迪·班克斯(Cuddy Banks)和小丑们出场的场景中尤其清晰可辨。

人们可能会提到考菲尔德(Caulfield)的《杰出者的肖像、传记和特征》(*Portraits, Memoirs, and Characters of Remarkable Persons*, 1794)中的伊丽莎白·索耶的形象;鲁宾逊(Robinson)的《埃德蒙顿教区的历史与古迹》(*History and Antiquities of the Parish of Edmonton*)也提到了她,书中附有"来自贝克福德先生收藏中的珍贵印刷物"的一幅木版画。

第二部关于当时的审判的戏剧是海伍德(Heywood)和布罗姆(Brome)的《新近的兰开夏女巫》(*The Late Lancashire Witches*),这是于1634年在戈鲁伯(Globe)上演的"一部被普遍接受的喜剧"①。前一年,即1633年,一系列巫术审判将整个英格兰的注意力吸引到了彭德尔森林。一个名叫埃德蒙·鲁宾逊的11岁男孩与他的父亲(一名贫穷的伐木工)住在这里,他讲述了一个长而详细的故事,这引发了该地区的大量逮捕行动。万圣节那天,当鲁宾逊在地里采野李子时,他看见了两只猎狗,一只黑色,一只褐色,两只狗都戴着金色的项圈。两只狗向鲁宾逊摇尾乞怜,一只野兔此时出现在附近。但是,狗拒绝追逐猎物,于是鲁宾逊用小木棍击打它们,黑色的猎狗突然站立起来,变成了邪恶女巫狄更森大妈(Mother Dickenson)的样子,另一只猎狗则变成了一个他不认识的小男孩。女巫给鲁宾逊钱,用以让他保密或收买他的灵魂,但他拒绝了。于是,女巫从口袋中拿出一个"叮当作响

① 4to 1634:*Stationers' Register*, 28 October.

的"马笼头，套在小男孩的头上，他变成了一匹小白马。女巫抓住鲁宾逊，他们以极快的速度来到一所大房子，那儿聚集了六十个人。炉膛 293
上烧着明亮的火，前面有烤肉。鲁宾逊被邀请共享"木盘中的肉和面包以及杯中的酒"，他尝了一下味道，马上吐了出来。然后，鲁宾逊被带到隔壁的谷仓，那儿有七名老妇拉着七根从屋顶悬挂的缰绳。当老妇们用力拉缰绳时，大块的肉、黄油、面包、黑香肠、牛奶以及各种美味食物落入绳子下的大盆里。当七名女巫疲劳时，另七名女巫则会取代她们的位置。在女巫们从事她们的特殊工作时，她们的脸看来如此残忍，目光如此邪恶，这迫使鲁宾逊逃走。鲁宾逊马上遭到追捕，他看见最前面的敌人是洛伊德大妈(Mother Lloynd)。然而，幸运的是，此时出现了两名骑手和旅行者，于是女巫消失了。当鲁宾逊晚上被派遣去找回两头母牛时，一个男孩在黄昏中与他打斗，他被打得鼻青脸肿。当往下看时，鲁宾逊发现他的对手长着偶蹄，于是他逃跑了，但遇到了手中提着灯的洛伊德大妈。鲁宾逊被往回赶，并再次被偶蹄男孩殴打。①

这个故事被讲述给法官听，并得到了鲁宾逊父亲的确认。恐怖的统治随即出现。狄更森大妈和洛伊德大妈立即被投入监狱，随后的几天有超过 18 个人被捕。告发者和他的父亲通过在一个个教堂的集会中指认那些出现在大屋和谷仓中的人而赚了不少钱。对富有家庭进行勒索，并威胁揭发他们出现在女巫集会上，这为告发者和他的父亲带来了数百英镑。

审判在兰开夏巡回法庭进行，17 名被告被判有罪。但是，法官对这个荒诞的故事完全不满意，并要求执行缓刑。四名犯人被送到伦敦，他们在那儿接受宫廷医生的检查。查理国王亲自审问了其中一个人，他认为整个故事是一个骗局，因此他立即赦免了所有涉案人员。 294

① 1661 年，在苏格兰的一个著名审判中，达尔基斯(Dalkeith)的琼奈特·沃森(Jonet Watson)供认"魔鬼以一个漂亮小男孩的形象出现在她的面前，他穿着绿色的衣服"。

其间，切斯特（Chester）主教约翰·布里奇曼博士（Dr. John Bridgeman）也对案件进行了特别调查。年轻的鲁宾逊被单独关押，他不被允许与家属交流。当鲁宾逊被严密审问时，他屈服了，并供认整个恐慌是由他父亲操纵的，他父亲小心地指导他撒谎。尽管骗局失败了，但谣言并没有马上消失，很多人继续认为狄更森大妈的确是一位女巫，而不论这个事件的证据是否可能是虚假的。我们需要牢记的是，22 年前，在同一个地方，一个以伊丽莎白·丹戴克为首的 13 人女巫团被交付审判，“在兰开夏举行的巡回法庭提审全体囚犯，由爱德华·布罗姆利爵士（Sir Edward Bromley）和詹姆士·埃尔森爵士（Sir James Eltham）主持”。年老的丹戴克——她眼睛瞎了，年龄已 80 多岁——死于狱中，10 名被告被处死，持续了 2 年的审判引起了极大的震动。

海伍德似乎有可能在 1612 年写出一部关于第一次耸人听闻之起诉的戏剧。当同样的事情在不到 25 年后再次在同一地区发生之后，海伍德和布罗姆重新塑造旧的场景。令人尊敬的乡村绅士杰纳罗斯先生（Master Generous）这个角色有一些真正的高贵，他的妻子被发现犯有巫术罪；当她忏悔时，他对其罪行的宽恕带有充满爱意的悲伤，这弥漫于《仁慈的希尔德妇女》（*A Woman Kilde with Kindnesse*）中，同时他对她后来故态复萌的愤怒是非常真实的，尽管海伍德明智地避免了除了用一些非常简单但尖锐的词句之外的其他任何方式来显示一颗破碎的心之意图。整部戏剧是一幅真实的乡村生活图画，它足够朴实，但有一种特定的迷人之美。喜剧片断足够幽默，有一个被魔法颠倒的家庭和遭蛊惑的喜宴，厨房遭到蛇、蝙蝠、甲虫和黄蜂的侵袭，这最终致使不幸的新郎性无能。在第二幕中，有一个拿着木棍的男孩
295 （年轻的埃德蒙·鲁宾逊）和两只猎狗的场景。狄更森老妇不顾其意愿将鲁宾逊带去“一个华丽的宴会”，我们在那儿看见女巫们拉绳子来获得食物：

拉下绳子获得家禽和鱼，
你的盘中不会空空如也。

在第五幕中，男孩告诉道蒂(Doughty)他遇见魔鬼的事，他们问他："他像个男孩一样走向你，你说关于你自己的事?"整个场景小心翼翼地遵循着那些被提供给兰开夏法官的详细证词。女巫古迪·狄克森(Goody Dickison)、玛勒·斯宾塞(Mal Spencer)、哈格雷夫大妈(Hargrave)、约翰逊奶奶(Granny Johnson)、梅格(Meg)和莫德(Mawd)是遭到鲁宾逊指控的真实人物，而杰纳罗斯太太是诗人的虚构。当迟钝的仆人罗宾拒绝为灰马装鞍时，女巫在他头上挥舞缰绳，将他变成一匹马，让他载着她去恶魔聚会。以猫的形象出现的幽灵着魔的磨坊由一名士兵负责看管。士兵两个晚上都没有受到打扰，但是在第三个晚上，"杰纳罗斯太太、玛勒、所有的女巫和她们的精灵(在几个门)进来"。"精灵走近他，发出可怕的声音"，但士兵用剑击打她们，并在混乱中砍下一只猫的爪子。早晨，士兵发现一只白而匀称的手，手指上戴有宝石。杰纳罗斯先生认出这些是他妻子的戒指，杰纳罗斯太太生病了躺在床上，她的一只手从手腕处被切掉，而这决定了她的命运。所有的女巫都受到牵连，她们的符咒和诅咒得到了几个证人的证实，包括那个"看见她们在谷仓，以及看见她们的宴会和巫术"的男孩。

《仁慈的希尔德妇女》显然是在兰开夏巡回法庭之后被创作的，四名被告当时为了配合接受进一步审问而被关押在伦敦的弗利特监狱(Fleet prison)，国王的赦免还没有被宣布。下面的文字出自收场白：

现在女巫们必须等待她们应得的惩罚，
凭借法律的公正，我们请求你
给予谴责；她们的罪行
可能导致她们成熟

并未暴露。极大的仁慈可能
在定罪之后就给予她们
更长的生命。

296 思考《仁慈的希尔德妇女》与下面这部戏剧的联系将会是适宜的，前者主要是由海伍德和布罗姆创作完成的，其在将近50年后在多塞特花园的公爵剧院(Duke's House)中上演，而沙德威尔的《兰开夏女巫和爱尔兰教士提格·奥迪沃利》(*The Lancashire Witches and Teague o Divelly, the Irish Priest*)于1681年秋天(可能是在9月)首演。在剧中使用魔法的观念显然是沙德威尔从他所崇拜的本·琼森(Ben Jonson)的《女王的面具》(*Masque of Queens*)中得来的，《女王的面具》于1609年2月2日在白厅(Whitehall)上演。在模仿中，沙德威尔进一步为第一幕、第二幕、第三幕和第五幕添加了丰富的注释，并为魔法的细节添加了参考说明。在前言(4to, 1682)中，沙德威尔天真地承认："针对魔法部分，我并没有希望要赶上莎士比亚的想象力，他在很大程度上根据自己的想象创作了他的巫术(在这个能力方面，没有人能超过他)，因此我决定根据权威来创作我的作品。为此剧中没有一个行动，也很少有词句涉及它，但它们都借自古代或现代的巫师。你将会在注释中发现，我在那里提供了大量的巫术学说，信不信由你。"沙德威尔的确大量引用了如下材料：维吉尔、贺拉斯、奥维德、普罗佩提乌斯(Propertius)、尤维纳利斯、提布卢斯、塞内卡、塔西佗、卢坎(Lucan)、佩特罗尼乌斯、普林尼、阿普列乌斯、亚里士多德、里奥克利特斯(Theocritus)、卢西恩、西奥佛雷特斯(Theophrastus)；圣奥古斯丁、圣托马斯·阿奎那；波塔(Baptista Porta)；本·琼森(《悲伤的牧羊人》[*The Sad Shepherd*])；多明我会修士斯普伦格和克莱默(Heinrich Kramer)于约1485—1489年写的《女巫之锤》；博丹(1520－1596)的《巫师的恶魔狂热》(*La Demonomanie des Sorciers*, 1580)；尼古拉·雷米的《魔鬼崇拜》(*Dæmonolatria*, 1595)；耶稣会修士马丁·戴尔里奥(1551－1608)的《魔法调查》第六卷(*Disquisitionum Magicarum libri six*);赫克托·博伊斯(Hector Boece, 1465－1536)的《苏格兰史》(*Historia Rerum Scoticarum*, Paris, 1527);约翰·奈德(1380－1438)的《蚁丘》(5 vols., Douai, 1602);克莱沃(Cleves)公爵的医生约翰·韦耶的《恶魔的诡计》(1563 年);著名的乌普萨拉(Upsala)大主教奥拉乌斯·马格努斯(Olaus Magnus)的《北方民族史》(*De Gentibus Septentrionalibus*, Rome, 1555)[①];雷金纳德·斯科特的《巫术的发现》(1584 年);菲利普·路德维格·埃里希的《恶魔魔法》(*Dæmonomagia*, 1607);宗座宫殿(Sacred Palace)的大师、反对异端首领路德的宗座拥护者西尔威斯特·马佐里尼(1460－1523)的《论巫术》(*De Strigimagis*);圣安布罗斯圣会的弗朗切斯科-马里亚·瓜佐的《巫术纲要》(Milan, 1608);约翰·乔治·戈德曼(Johan Georg Godelmann)的《论魔法》(*Disputatio de Magis*, Frankfort, 1584);多明我会修士巴托罗米欧·斯皮纳的《论女巫》;沃尔姆斯主教伯查德(Burchard)的《教令》(*Decretum*,约 1020 年);保罗·格里兰的《论巫术》(Lyons, 1533);科尼利厄斯·阿格里帕的《神秘哲学》(*De Occulta Philosophia*, Antwerp, 1531);红衣主教马扎然(Mazarin)的图书管理员盖布瑞尔·诺德(Gabriel Naudé)的《为所有错误怀疑魔法的伟人申辩》(*Apologie pour tous les Grands Hommes qui ont este faussement supconnez de Magie*, 1625);著名医生和占星家吉洛拉莫·卡尔达诺(Girolamo Cardano)的《论狡黠》(*De Subtilitate*, libri XXI, Nuremberg, 1550);帕拉塞尔苏斯的《伟大的神秘哲学》(*De magna et occulta Philosophia*);布罗斯(Brosse)的领主皮埃尔·勒罗耶(Pierre le Loyer)的《幽灵四书》(*IIII Livres des Spectres*, Angers, 1586),沙德威尔使用的是由琼斯(Z. Jones)翻译的英文版本《关于鬼怪的论文》(*A treatise of Specters...*, 1605)。 297

---

① Liber III. *De Magis et Maleficis Finnorum*.

我们可以看到，沙德威尔在注释中引用了不少于41位作者(魔法的权威)的著述，相同的作者常常被反复引用，并且他提供了一定长度的摘要，而不仅仅是一般的参考书目。

或许是由于这种学问的展示，因此沙德威尔的巫术场景冗长得令人无法忍受，它们冗长但不恐怖。沙德威尔是一位聪明的剧作家，他能够以极大的魅力描绘一个角色，尤其是古怪的人，他的场景是照相式现实主义的胜利。沙德威尔无法辨别和挑选，他将他的世界全部混乱地放在舞台上，如同甚至在风流君主查理二世统治时期也有一些乏味的人，因此观众不时——但不是经常——会在沙德威尔的粗野喜剧中碰到沉重的片断。另一方面，事实上，包括《闷闷不乐的情人》(*The Sullen Lovers*)、《爱普森井》(*Epsom Wells*)、《艺术大师》(*The Virtuoso*)、《贝里集市》(*Bury Fair*)、《阿尔萨提亚的乡绅》(*The Squire of Alsatia*)和《自愿者》(*The Volunteers*)在内的所有他的剧作都充满了喧闹和欢乐，尽管按风俗来说有一些放纵和粗鄙。德莱顿(Dryden)非常了解沙德威尔，并且为了自己目的而聪明地攻击沙德威尔的乏味。从那时起，沙德威尔的乏味一直遭到那些没有读过他作品的人的攻击。但是，沙德威尔在他的整个创作中没有一点诗意。所以，沙德威尔的女巫是引人发笑的，只不过是以一种令人不适的方式，
298 因为他提供了巫魔会令人厌恶的细节，任何人对此都会提出反对，但是作者得到了雷米或瓜佐的权威著作，以及普利埃利阿斯(Prierias)或伯查德的准确篇章的支持。我们的确感到这些女巫是非常真实的，而不管她们的物质性到底如何。女巫们展现了有关恶魔仪式的一个方面的一幅清晰图画，尽管是粗糙的。

虽然如此，我斗胆认为，这些念咒的场景不是剧中最糟糕的部分。对天主教教士提格·奥迪沃利的淫秽描绘令人厌恶，这无法通过言语被表达出来。提格·奥迪沃利被描绘为无知的、懒惰的、淫荡的，一个说谎者、懦夫、小丑，太狡猾因而不是一个傻瓜，太无足轻重因而不是一个主要的反面角色。这是著作中一个丑陋的片断，其是邪恶的和有

害的。[1]

但是，沙德威尔也没有显示出对新教徒的足够尊重，因为爱德华·哈特福特爵士（Sir Edward Hartfort）的牧师斯莫克（Smerk）被描述为“愚蠢、无赖、拥护教皇制度、傲慢、无礼，为了他的利益而卑屈”。

这并不令人惊奇，在戏剧演出两周后，来自高层的抱怨集中在宫廷娱乐主事（Master of Revels）查尔斯·基利格鲁（Charles Killigrew）身上，他迅速派人去拿剧本。起先查尔斯·基利格鲁审查剧本似乎很随意，但他只允许剧本在一些粗鄙的内容被删去后才能继续排练。虽然如此，对话仍是十分无礼和亵渎的。首演时，剧场中出现了一些骚乱，演出遭到了其应得的嘘声。但是，该剧设法进行对抗：那时正值《第三驱逐法案》（Third Exclusion Bill）被颁布的不忠诚时期，但潮流在转变中，一个反叛的议会于3月28日被解散，一个犯有叛国罪的狂热者史蒂芬·考勒治（Stephen College）和每个可能的恶棍于8月31日在绞刑架上得到了应有的惩罚，凶恶的沙夫茨伯里（Shaftesbury）于11月被逮捕。针对不允许在舞台上演出的对话部分，沙德威尔用斜体来印刷它们。[2] 因此，我们清楚地看到，审查员的要求充分地得到了满足。政治讽刺是非常模糊的，对教会的责骂是淫秽的和愤恨的。

《兰开夏女巫》在剧院获得的成功——它经常被重演——完全得 299
益于机械论者和舞台效果，包括女巫的“飞行”以及音乐，而后者是很显著的一个特征，所以唐斯（Downes）毫不犹豫地称其为“一种歌剧”。

在沙德威尔的巫魔会场景中，魔鬼亲自出现，一次以公羊的形象出现，一次以人形出现，他的随从以令人厌恶的仪式崇拜他。女巫是丹戴克大妈、狄更森大妈、哈格雷夫大妈、玛勒·斯宾塞、玛奇以及其

---

① 提格·奥迪沃利由安东尼·利（Antony Liegh）饰演，他是那个时代最有名的喜剧演员，也是沙德威尔的亲密朋友。

② 十分奇怪的是，哈利韦尔（Halliwell）在《巫术的诗歌》（*The Poetry of Witchcraft*，1853）中并没有复制斜体，所有的对话使用的都是罗马字体，这是这个版本的损失。《巫术的诗歌》是海伍德和沙德威尔戏剧的私人重印，仅出版了80本。

他不知名的人。

伊丽莎白·丹戴克和珍妮特·哈格里夫斯(Jennet Hargreaves)来自第一次兰开夏巫术审判,即1612年的诉讼;弗朗西斯·狄更森(Frances Dickenson)和玛勒·斯宾塞被卷入了1633年的鲁宾逊的揭发;显然,沙德威尔混合了两个事件。在沙德威尔的戏剧中,我们可以看到:在一个追捕的场景中,野兔突然变成了丹戴克大妈;女巫们引发了一场暴风雨,并且在爱德华爵士的地窖狂欢作乐,此处有点模仿《英戈尔兹比传说》(*The Ingoldsby Legends*)中的玛奇·格雷(Madge Gray)、古迪·普赖斯(Goody Price)和古迪·琼斯(Goody Jones);玛勒·斯宾塞为乡巴佬克洛德(Clod)套上笼头,并骑着他去参加女巫聚会,玛奇在那儿被纳入恶魔般的姐妹关系;以猫的形象出现的女巫用可怕的刮擦声和叫声困扰着许多人,汤姆·沙克尔海德(Tom Shacklehead)击断了一只猫的爪子,而哈格里夫大妈的手不见了。沙德威尔在注释中说:"切断手是一个古老的故事。"我们可以发现,后来的剧作家都依据海伍德和布罗姆的方法来创作他们的故事,尽管我们可以公正地补充认为,他们也大量汲取了原始资料。

王政复辟之后不久,一部涉及英格兰最有名的女巫之一的剧作出版了,即《西普顿大妈的一生》(*The Life of Mother Shipton*)。"一部新的喜剧。它上演19天,受到极大欢迎……由托马斯·汤姆森(T[homas]T[homson])所作。"剧中人物有地狱之王普路托(Pluto)和他的王后普罗塞耳皮娜(Proserpina)、一个主要幽灵拉达蒙(Radamon)以及四个其他魔鬼。场景是"约克城,或约克郡的纳斯伯勒树林(Naseborough Grove)"。这是一部粗糙的作品,其主要由米德尔顿的《齐普赛街的贞女》(*A Chaste Maid in Cheapside*)和马辛格的《城市夫人》(*The City Madam*)拼凑而成,而涉及西普顿大妈的情节似乎是以很多古老的小册子为基础的,那些小册子叙述了她绝妙的历险和预
300 言能力。当阿加莎·西普顿(Agatha Shipton,她的名字通常被称为厄休拉[Ursula])遇到拉达蒙时,她抱怨自己艰难的命运,拉达蒙是一个

在地狱拥有较高等级地位的恶魔。拉达蒙计划稍后与厄休拉会面，并返回自己的住处夸耀他的成功。拉达蒙装扮成一位富有的贵族，并再次出现在厄休拉的面前，他娶了她，她暂时显得富有和体面。在第三幕的开始，厄休拉发现自己又住在了破旧的小屋。当厄休拉悲伤时，拉达蒙进屋并告之以真实的身份，他给予她魔力。厄休拉的声名被到处传播，如流行的故事所说，贝弗利（Beverley）修道院的院长乔装拜访她，以测试她的魔力。厄休拉马上认出了这位院长，令他懊丧的是，她预言了对修道院的镇压和其他事情。最后，厄休拉智胜且令试图控制她的恶魔感到不舒服，她看到了神圣的景象，并转而忏悔和祈祷。整件事是粗糙的混合体，其古怪性胜过价值性。

在内维尔·佩恩（Nevil Payne）的悲剧《致命的嫉妒》（*The Fatal Jealousie*）①中，有一些写得很好的情节，该剧于 1672 年 8 月初在多塞特花园上演。剧中人物有嘉士伯（Jasper）的婶婶，她是一名女巫，是剧中的反面角色。嘉士伯是安东尼奥（Antonio）的仆人，他请求婶婶帮助他实施邪恶的阴谋。起初，嘉士伯相信他婶婶是一位真的女巫，但她令其省悟，并坦承：

> 我不能招引魔鬼，
> 然而我与罗格斯（Rogues）和泰勒斯（Tylors）结盟，
> 他们能像精灵和妖怪般改变形象——

婶婶的精灵兰特（*Ranter*）和斯沃絮（*Swash*）、戴夫（*Dive*）、弗普（*Fop*）、斯耐普（*Snap*）、吉尔特（*Gilt*）以及皮克洛克（*Picklock*）都是戴着兔子面具的纤细男子，他们被训练进行欺骗。这些人操纵了一个念咒的场景来欺骗安东尼奥，并说服他相信他的妻子西莉亚（Caelia）是假的。随后，“魔鬼的古老舞蹈”由于守卫的强行闯入而被迫中止。婶

① 1672 年 11 月 2 日被允许付梓，以四开本出版，标有日期 1673 年。

婶向嘉士伯展示了一个秘密的隐秘地，于是他杀害了西莉亚，并将尸体藏在洞中。嘉士伯伪称西莉亚是个真正的女巫，她凭借魔法而消失了。守卫队长在很久以前就察觉了婶婶的欺骗行为，并且不久就发现
301 了恶魔的面具和斗篷。后来，一个穿着魔鬼衣服的小男孩被抓，他承认是欺骗行为。在嘉士伯等人的一个秘密房间中，守卫们发现了被刺身亡的女主人的尸体。最后，嘉士伯撕下了面具，他用剑才得以逃脱应得的惩罚。女巫的角色类似于海伍德的《霍格斯顿的女贤人》(*The Wise Woman of Hogsdon*)中的角色，尽管事情在《致命的嫉妒》中有了悲剧式的和血腥的转变。史密斯饰演安东尼奥，沙德威尔夫人饰演西莉亚，诺里斯夫人(Mrs. Norris)饰演女巫。在嘉士伯的角色中，桑德福特(Sandford)是有名的。

德莱顿的悲剧中有念咒的场景，但这些不能在我们的综述中得到展现，魔法师被浪漫化地进行处理，甚至可以说是被装饰性地处理，这里我们无疑找不到现实主义的风格。我们可以看到《印第安王后》(*The Indian-Queen*，1663—1664年在皇家剧院上演)中的著名情景，赞波阿拉(Zempoalla)寻求先知伊斯梅隆(Ismeron)的帮助，以召唤睡梦之神来预言自己的命运①；在《狂暴之爱》(*Tyrannick Love*，皇家剧院，1669年6月)的第四幕中，场景是印第安的一个洞穴，在普拉西迪乌斯(Placidius)的鼓动下，魔法师尼格里努斯(Nigrinus)唤起沉睡的圣凯瑟琳(S. Catharine)，此时的景象是各种星星精灵只在圣徒的守护天使亚玛里埃尔(Amariel)的后人面前飞舞；在德莱顿和李(Lee)的《俄狄浦斯》(*Œdipus*，多塞特花园，1678年12月)中，提瑞西斯(Teresias)扮演了一个重要的角色，第三幕主要涉及招魂术符咒，此符咒能在一个神圣的小树林的深处召唤拉伊俄斯(Laius)的鬼魂。在《吉斯公爵》(*The Duke of Guise*，皇家剧院，1682年12月)中，马里科恩(Malicorne)和他的精灵梅拉纳克斯(Melanax)的形象有几分恐怖，

① 在后来复活时，伊斯梅隆的宣叙调“两千神灵”由普塞尔(Purcell)创作。

其中有这样一个场景①：可怜的男巫尖叫着以承受无尽的痛苦，他的契约被没收了。这个场景读起来令人战栗，甚至是在阅读了马洛的《浮士德》的最后片断之后亦是如此。李的《索芙妮斯芭》（*Sophonisba*，皇家剧院，1675 年 4 月）将战争女神的神殿作为开端，战争女神的女祭司们正在进行可怕的仪式。库玛娜（Cumana）被神激发，她在着魔的愤怒中咆哮，那里有幽灵的舞蹈，并被激发出各种景象。

奥特韦（Otway）重新处理《罗密欧和朱丽叶》，他依照《马略的历史和垮台》（*The History and Fall of Caius Marius*）而将之拉丁化。该剧于 1679 年秋天在多塞特公园上演，叙利亚女巫玛撒（Martha）仅仅出现了一会儿，她预言了马略的好运，并挥舞棍棒引起了幽灵的 302
舞蹈。

查尔斯·戴夫南特的歌剧《瑟茜》（*Circe*，多塞特花园，1676—1677 年 3 月）是对神话故事的惊人改造，其中有没有韵律的歌曲、魔法师的舞蹈、暴风雨、梦境，以及由黑马牵引着的战车中的普路托的幽灵，所有这些都非常具有舞台效果，包括烛光和小提琴，而这些情节被用铅字印刷却让人难以忍受。塔特（Tate）的《阿尔巴的布鲁图斯：或着魔的情人》（*Brutus of Alba*：*or the Enchanted Lovers*，多塞特花园，1678 年 5 月）中的女巫拉古萨（Ragusa）是一个更为可怕的形象。塔特运用技巧来处理魔法，第三幕的结尾处的念咒场景得到了兰姆（Lamb）的称赞。十分古怪的是，《阿尔巴的布鲁图斯：或着魔的情人》的情节是黛朵（Dido）和埃涅阿斯（Aeneas）的故事。塔特表示，维吉尔诗中的人名被更改，"这胜于犯有违背谦虚之罪"。但是，塔特为亨利·普塞尔（Henry Purcell）的歌剧《黛朵和埃涅阿斯》（*Dido and Aeneas*）提供了歌词，其中也出现了女巫。我们不应忘记的是，《麦克白》在整个王政复辟时期非常流行，如上面提到的，其在女巫场景中使

① 由德莱顿创作，他写了第一幕第一场、第四幕全部以及第五幕大部分，李写了悲剧的其余部分。

用了各种舞台手法(机械装置、舞蹈、歌曲和浮华的装饰),以使之得到呈现。此剧一再被重演,且一次比一次更具装饰性,剧院一直聚集着大量观众。杜菲特(Duffett)在讽刺短剧《摩洛哥皇后》(*The Empress of Morocco*,1674年春天在皇家剧院上演)的非凡结尾中模仿了这种风格,要不是所有这些玩笑讽刺,《麦克白》绝对不会失去公众的喜爱。

幽灵大量地出现在奥瑞里伯爵(Earl of Orrery)未出版的悲剧《琐罗亚斯德》(*Zoroastres*)中[①],其主要角色被描述为"波斯国王,第一个魔法师"。该角色受到"几个有着可怕面容的黑衣幽灵"照顾,最后恶魔出现,伴随着摇晃昏暗的火把,他们将国王拖入地狱,空中降下了火。几乎可以确定的是,该剧没有上演,它是在泰晤士河南岸的伦敦剧院中上演的情节剧中最狂野的类型。

爱德华·雷文斯克罗夫特(Edward Ravenscroft)的《多布森夫人,或女术士》(*Dame Dobson, or, The Cunning Woman*,1683年初秋在多塞特花园上演)是英国版的《女预言者,或假魔法》(*La Devineresse; ou les faux Enchantements*,有时也被称为《约宾夫人》[*Madame Jobin*]),其是由托马斯·高乃依(Thomas Corneille)和
303 让·多诺·德·维泽(Jean Donneau de Vise)创作的重要喜剧。法文原剧于1679年上演,演技和使用各种诡计与魔法的熟练方式被认为十分完美。同一主题的英国喜剧《霍格斯顿的女贤人》的复杂是技术的胜利。《女预言者》于1680年出版,附有扉页插图,其中有猫、荣耀之手、有害的杂草、两个闪耀的火把以及其他招魂术所爱的物品。此外,还有八幅可折叠的插图被用来装饰此书,它们对描绘喜剧中的场景很有影响。但是,《多布森夫人》不能被认为是巫术剧,它只是对机巧的骗局的一次有趣的研究。主角本身[②]有着因海伍德的女巫而增色

① 对《琐罗亚斯德》的全面分析和对其批评的考察,参见我在《现代语言评论》(*Modern Language Review*, XII, Jan., 1917)上的文章。

② 剧名角色多布森夫人由科里夫人(Mrs. Corey)饰演,她是喜剧教师,她的幽默得到了塞缪尔·佩皮斯(Samuel Pepys)的高度赞扬。

的不朽姐妹关系，人们认为“她是一位女术士，具有名声，她无知，却能愚弄那么多自认为聪明的人”。

贝恩夫人(Mrs. Behn)在有趣的喜剧《机缘》(*The Lucky Chance; or, An Alderman's Bargain*)(于1686年晚冬在特鲁里街上演，并于1687年出版四开本)的主要场景中实施了假装的魔法。在这个场景中，格曼(Gayman)(由贝特顿[Betterton]饰演)被伪装成魔鬼的学徒布雷德韦尔(Bredwel)(由褒曼[Bowman]饰演)，他被秘密地带到富尔班克小姐(Lady Fulbank)(由巴里夫人饰演)的屋子。格曼在那儿遇到了女仆珀特(Pert)，她穿得像一个老巫婆，他拥抱了他的情人。但是，整个情节被处理得有些胡闹，当然这是一个为了阴谋而被精心设计的假面舞会。①

沙德威尔在1681年认真地对待巫术，尽管他在《兰开夏女巫》开头的“致读者”中缺乏热情地加以否认，但我认为他很明智地辨别出了存在于事物核心的真相，而不管昏聩的巫婆和巫师习惯使用的程式与符咒之古怪。在康格里夫(Congreve)轻松地嘲笑巫术不值得思考后的15年，巫术仍然是一项重罪。弗塞特(Foresight)(《为爱而爱》[*Love for Love*])是“一个无知的老兄，暴躁且积极，迷信，假装了解占星术、手相术、相面术、预兆、解梦等”，当他的侄女安杰利卡(Angelica) 304
由于自己的马车坏了而向他借时，他正与他小女儿的保姆亲密交谈。弗塞特拒绝了安杰利卡，并逼迫她待在家里，他嘀咕了某首古老的打油诗，其意是“如果所有的妇女都在外闲逛，那么对家庭没有好处”。那位女士嘲笑保姆，并用弗塞特年轻妻子的嫉妒嘲讽他：“叔叔，恐怕你并不是命运之主，哈！哈！哈！”弗塞特仍固执地拒绝了安杰利卡，安杰利卡反驳道：“我可以对你半夜非法的实践发誓，你和你那老保

① 贝恩夫人受到了雪利(Shirley)的《风趣美人》(*The Lady of Pleasure*)(该剧于1635年10月15日被亨利·赫伯特爵士[Sir Henry Herbert]批准上演，并于1637年出版了四开本)的提示。必须承认，贝恩夫人比年长的剧作家运用了更多的才智和活力来演出这个场景，剧作家迷人的诗句对于实际的情形来说可能太诗意了。

姆。……我穿过壁橱的锁眼看见你们有一晚在一起，像扫罗和隐多珥女巫那样，转动筛和剪刀，刺破拇指，用血和一些肉豆蔻碎粒写下可怜无辜的仆人的名字，她将这些忘在了饮料杯中。”弗塞特气得发疯，他咆哮道：“贱人，毒妇！”安杰利卡更激烈地嘲讽弗塞特，并指控他和保姆饲养了一个精灵，其是“虎斑猫外形的小魔鬼”。安杰利卡在离开时进行了最后的口头攻击，她在马车里用颤音发出兴奋的声音。

若回到稍早的一代人，那么当时几乎不可能或至少很不可能用这种愉快的态度来处理巫术。可以确定的是，有两部戏剧对这个主题有很大兴趣，但我们仅仅知道它们的名字，即1597年上演的《伊斯林顿的女巫》（*The Witch of Islington*）和1623年获得许可的《女巫旅行者》（*The Witch Traveller*）。

当沙德威尔写作关于魔法的百科全书式的注释时，前面已经提到过的《女王的面具》在某种程度上充当了他的模型。除了《女王的面具》之外，本·琼森在他令人愉悦的田园文学《悲伤的牧羊人》（*The Sad Shepherd*）中也提到了一个苏格兰女巫莫德琳（Maudlin）。这个角色被用有力的笔触加以刻画，现实主义将浪漫糅合了进来。

在《炼金术士》（*The Alchemist*）最开始的争吵场景中，菲斯（Face）威胁塞特（Subtle）：

> 我会带给你这个恶棍，
> 亨利八世的邪术法令。

上当者达珀（Dapper）向塞特要一个精灵，菲斯解释道（I，2）：

> 他问你要精灵，而不是杯子和马，
> 苍蝇；这些都不是你的精灵。

后来，为了彻底欺骗达珀，朵尔·科蒙(Dol Common)以“仙境女 305
王”的身份出现。苏格兰的巫术审判有特别提到埃尔芬(Elphin)或埃尔法姆(Elfhame)的女王，她似乎和法国的巫魔会女王(Reine du Sabbat)是同一个人。1670年，琼·韦尔(Jean Weir)供认，“她在达尔基斯(Dalkeith)开了所学校来教导孩子们，一位高挑的妇女来到她的房子，当时孩子们在那儿。当这个妇女出现时，她的背上有个孩子，并且她身后还紧跟着一两个孩子。这个妇女希望琼·韦尔能雇用她，并且她提到了仙境女王，她说她为女王战斗(这是她自己的话)”①。

博蒙特(Beaumont)和弗莱彻提供给我们一些戏剧中的巫术的例子。在《女先知》(*The Prophetess*)中，我们可以看到一个女魔鬼路西法拉(Lucifera)，但其并不比小丑好多少。德尔斐亚(Delphia)本身是个距离索耶、丹戴克、狄更森和苏尔皮提亚(Sulpitia)很遥远的古代女祭司，她在《郡的风俗》(*The Custom of the County*)中穿着奇术师的服装，并在希波吕忒(Hippolita)的命令下用符咒将芝诺契亚(Zenocia)几乎置于死地，她比女巫更放荡。在《运气》(*The Chances*)中，“有名的男巫”彼得·维齐奥(Peter Vecchio)是一个与弗罗波斯科(Forobosco)一样精明和具有欺骗性的术士，弗罗波斯科是骗子、小偷，他在《客栈的漂亮女仆》(*The Fair Maid of the Inn*)的结尾被揭发并被送到船上服役；雪利的沙基诺博士(Doctor Sharkino)②，愚蠢的男仆就遗失的银勺和餐巾的事咨询他；汤姆基斯(Tomkis)的阿尔布马札(Albumazar)；琼森的塞特。③ 在马斯顿(Marston)的《索芙妮斯芭》

---

① George Sinclar, *Satan's Invisible World Discovered*, 1685. Reprint, Edinburgh, 1871. Supplement, I, p. xii.

② *The Maid's Revenge*, acted 1626, printed 1639.

③ 比较威尔逊(Wilson)的《骗子》(*The Cheats*)(1662年上演)中的莫普斯(Mopus)；《城市夫人》中的斯岱嘎兹(Stargaze)；《罗洛》(*Rollo*)中的鲁斯(Russe)、诺布莱特(Norbrett)和他们的同伙；阿里奥斯托(Ariosto)的 *Il Negromante* 中的亚彻里诺(Iacchelino)；以及其他一些人物。

(*Sophonisba*, 4to, 1606)中出现的埃里克索(Erictho)借用自卢坎。查普曼(Chapman)的《贝茜・达布瓦》(*Bassy d'Ambois*, 4to, 1607)中的修士穿着魔法师的衣服,在一次洪亮的拉丁文祈祷后,他在布茜(Bussy)和塔米拉(Tamyra)的面前招引了幽灵贝希摩斯(Behemoth)与卡托菲拉克斯(Cartophylax)。

比这些更有趣的戏剧是雪利的《爱尔兰的圣帕特里克》(*S. Patrick for Ireland*),该剧于1639—1640年在都柏林上演,其主题是爱尔兰在圣帕特里克的影响下皈依基督教,以及德鲁伊教团成员(Druids)的反对,而德鲁伊教团以大巫师(Archimagus)为首领。圣帕特里克的角色因有着真美的精神上的庄严而从容地在舞台上走动,魔法师的邪恶力量没有使人留下深刻的印象。就这一出关于纯正美德
306 的著作,我会毫不犹豫地在雪利的戏剧中赋予它很高的地位。我们看到圣帕特里克生命中的各种努力:圣徒饮用被掺入毒药的葡萄酒却安然无恙;高级官员米尔科(Milcho,他的仆人曾是圣帕特里克的仆人)将他和他的朋友锁在一所房子里并用火烧,基督徒虽安然无恙,但火焰却吞噬了纵火犯。在最后一个场景中,当圣帕特里克熟睡时,大巫师召唤了大量可怕的蛇去吞食他,但爱尔兰的使徒醒了,他将所有的有毒爬虫动物从岛上永久性地驱逐了出去,大地张口吞食了巫师。特别令人印象深刻的是圣帕特里克的到来,当国王和他的两个儿子,以及他的德鲁伊教祭司和贵族聚集在神庙的门口焦急地协商时,他们看见庄严的队伍穿过森林,并伴随有闪烁的十字架、丝制的旗帜、明亮的蜡烛和熏香,赞美诗的柔美音乐在耳边回荡:

Post maris sæui fremitus Iernæ
(Nauitas cœlo tremulas beante)
Uidimus gratum iubar enatantes
Littus inaurans.

(既然我们穿过大海凶猛的波涛来到爱尔兰的海岸,天堂祝福它可怜的、可怕的流浪者,我们欢快地走着我们的路,我们看见一束阳光照亮了这些海岸。)

如同马洛的《浮士德博士》在这一点上已经被讨论过的,简要地考虑三四个在剧中出现魔鬼的伊丽莎白时代的戏剧不可能是完全无关的,即使魔鬼在其中并不扮演重要角色。这些内容在很大程度上是在半严肃和纯粹的插科打诨之间摇摆着的。因此,《埃德蒙顿的欢乐魔鬼》(*The Merry Devil of Edmonton*, 4to, 1608)的序幕(恶魔要求术士彼得·法贝尔[Peter Fabell]履行契约,彼得·法贝尔欺骗了恶魔)在开始时是以得体的方式被处理的,但其很快就采用了更轻松的甚至更琐碎的态度。威廉·罗利的《梅林的诞生,或孩子找到他的父亲》(*The Birth of Merlin, or The Childe hath found his Father*)(直至1662年才出版)是集闹剧和传奇文学于一身的古怪混合物,其被注入了笨拙的活力,但并不完全缺乏诗意。德克的《如果不好,因为魔鬼在其中》(*If it be* 307
not good, the Divel is in it, 4to, 1612)可以被追溯到古老的散文《拉什修士的历史》(*History of Friar Rush*),它描述了三个次要魔鬼的事迹,他们被派遣去那不勒斯宣扬他们主人的王国。这是一出不平衡的戏剧,它的讽刺非常无力,因为诗人显然在这一主题上不够真诚。①

1616年上演的本·琼森的《魔鬼是头驴》(*The Devil is an Ass*)完全是喜剧。"小魔鬼"普格(Pug)造访尘世,他作为仆人受雇于诺福克的一位乡绅费边·菲茨多特瑞尔(Fabian Fitzdottrel)。普格总是无望地为人类的计谋所战胜。最终,普格发现自己被关在了纽盖特监狱,在面临即将到来的绞刑的危险时,他没有得到"罪恶"和"不公正"

---

① 阿道弗斯·沃德爵士(Sir Adolphus Ward)在《英国戏剧文学》(*English Dramatic Literature*, 1899, II, 465)中提到,朗贝恩(Longbaine)错误地推测这部戏的来源是"马基雅维利关于贝尔菲戈(Belphegor)婚姻的著名的中篇小说"。但是,这是不正确的。朗贝恩写道:"这部戏的开头模仿了马基雅维利关于贝尔菲戈的小说,其中有普路托召唤魔鬼来商议。"

(Iniquity)的拯救,他们剥夺了他地下世界的欢乐。我们可以将普格的命运与威尔逊的杰出喜剧《贝尔菲戈,或魔鬼的婚姻》(*Belphegor: or, The Marriage of the Devil*)(于1690年夏天在多塞特花园上演)中的罗德利哥(Roderigo)进行比较,他和跟班恶魔飞回地狱,以逃避尘世的悲哀。

巴纳比·巴恩斯(Barnaby Barnes)的《魔鬼的契约》(*The Devil's Charter*, 1607)无疑是一出非常严肃的悲剧。如果不是完全模仿,《魔鬼的契约》至少也是受到了马洛的《浮士德》的提示。此剧是浮华的情节剧,它完全是非历史的,到处是地狱的恐怖。剧中的主要人物是对教皇亚历山大六世(Pope Alexander VI)①的一个令人厌恶的模仿。如我们所期待的,文艺复兴讽刺作家和新教小册子作家的所有谎言与诽谤被堆置在一起,从而展现了一个有着强烈欲望和罪行的不可能的怪物。布查德、萨努多(Sanudo)、朱斯蒂尼亚尼(Giustiniani)、菲利普·内利(Filippo Nerli)、奎恰迪尼(Guicciardini)、保罗·焦维奥(Paolo Giovio)、桑纳萨罗(Sannazzaro)和那不勒斯人最卑劣的诽谤已被利用,人们应该提到谨慎的良心。巫术尤其在这些淫秽的场景中占据着非常重要的位置。亚历山大与恶魔亚斯塔罗斯(Astaroth)签订了契约,他所有的成功都得益于这份契约。在第四幕中有一个很长的念咒场景,教皇穿着他的魔法衣,拿着法杖和五角形符号,站在圆圈内,他已经用奇怪的术语进行了召唤,开始时的拉丁文驱魔咒语变成了胡言乱语。各种恶魔现身,教皇看到了恺撒谋杀甘迪亚(Gandia)的
308 情景②以及其他暴行。在场景的高潮处,我们看到宴请红衣主教科尔奈托的阿德里安(Adrian of Corneto)的宴会,客人谈到"魔鬼改变了教

① 对亚历山大六世的恰当描述,请参见 *Le Pape Alexandre VI et les Borgia*, Paris, 1870, by Père Ollivier, O. P.; Leonetti *Papa Alessandro VI secondo documenti e carteggi del tempo*, 3 vols., Bologna, 1880。*Chronicles of the House of Borgia*, by Frederick, Baron Corvo, 1901,对研究颇有益处。Monsignor de Roo's *Material for a History of Pope Alexander VI*, 5 vols., Bruges, 1924,非常有价值,非常权威。

② 谋杀甘迪亚公爵的人在历史上是未知的,即使历史学家不这样认为。

皇的瓶子”。博基亚斯（Borgias）中毒，在延长的“最后的场景”中，亚历山大发表演说，并与嘲笑、折磨他的恶魔进行疯狂的辩论。有一个关于含混的契约的古老设计，即缠着角的魔鬼进场，并召唤不幸的人。当在电闪雷鸣之中被拖走时，这个不幸的人叫喊着无意义的话语。这类场景迎合了低俗观众最残忍的口味。《魔鬼的契约》可以被概括为一场令人厌恶的演出，其有着污秽的内容，如此可憎以致令人身体上感到不适。

根据对那些以巫术作为主题的 17 世纪的戏剧所进行的细致考察，并且抛开对这个主题所进行的本质上的浪漫主义化的处理（一些细节可能是现实主义的）不谈，我认为《埃德蒙顿的女巫》中的索耶大妈的形象无疑为我们提供了最好的伊丽莎白时期女巫之范例。

戏剧本身没有一般的价值和力量，将戏剧与它的同类相分离的理解力和克制使得它能够被提升到真正的悲剧层次。必须注意的是，可以说我们是在制造的过程中看到女巫。索耶大妈确实是乡下人和无知乡巴佬的偏见的受害者。当第一次出现时，索耶大妈仅仅是一个贫穷的老太婆，她被残忍的邻居逼迫到绝境，农夫们宣称她是个女巫，迫害最终使她成了女巫。一旦与恶魔签订的契约得到证实，索耶大妈就变得十分有害和邪恶，她自始就渴望报复她的敌人，并嘀咕“凭借什么样的技艺可以获得称为精灵的东西”。但是，在某种意义上，索耶大妈被驱赶向自己的命运。尽管作者从不怀疑索耶大妈与黑暗力量之间达成的契约及其可耻和有害的生活，但是作者却对她表现出了公正但十分真实的同情。

这种人性的痕迹，对贫穷老妇的悲悯和同情，以及她的令人厌恶、邪恶和恶意，在我看来，这些使得《埃德蒙顿的女巫》成为所有伊丽莎白戏剧中最伟大和最感人的一出。

现在转向 18 世纪的戏剧，这并不是一件令人愉快的工作。女巫 309
被降格了，她是喜剧的、滑稽的、丑角的，并且仅仅是圣诞节哑剧的一个小道具：《哈利昆小丑邦齐大妈》（*Harlequin Mother Bunch*）、《古斯大妈》(*Mother Goose*)、《哈利昆小丑特洛特夫人》(*Harlequin Dame Trot*)、查理·迪布丁(Charles Dibdin)的《兰开夏女巫,或哈利昆小丑的痛苦》(*The Lancashire Witches, or The Distresses of Harlequin*)[①],这些戏剧中华而不实的事物、音乐和哑剧表演在1782—1783年的冬天吸引了伦敦所有的纨绔子弟和淫荡的人去马戏团。

哈里森·安斯沃思(Harrison Ainsworth)的具有感染力的故事《兰开夏女巫》取得了巨大成功,其中有一些细小的先兆——因为它和恐怖的《洛克伍德》(*Rookwood*)可能是一个有才华的作家的最好作品,但却遭到了不恰当的轻视和贬低——似乎暗示了多产的爱德华·菲茨堡(Edward Fitzball)的"三幕传奇戏剧"《兰开夏女巫,彭德尔森林的传奇》(*The Lancashire Witches, A Romance of Pendle Forest*),该剧于1848年1月3日在艾德菲剧院(Adelphi Theatre)上演。这是一部被快速创作完成的作品,因为仅仅在一个月前的1847年12月3日,安斯沃思在给朋友曼彻斯特的克罗斯雷(Crossley)的信中提到,他接受了《星期日泰晤士报》的资助——1000英镑以及作品完成后著作权归作者——他的小说《兰开夏女巫》必须在该报上连载。安斯沃思已经草拟了大纲,他必定会将这个想法告诉菲茨堡,或者至少允许剧作家使用一些粗略的笔记,因为尽管戏剧和小说有很大的不同(人们可能会说根本不同),但戏剧中的主要人物森林中的贝斯(Bess)——"140岁,圣抹大拉女修道院的前院长,注定在一个荒谬的时代犯罪"——正是修女伊索尔特·德·海顿(Isolde de Heton)。[②] 第二幕第四场呈现了月光下的沃利(Walley)修道院的遗迹。在一个念咒场景中,景象逐渐改变:断裂的拱门构成了完美的建筑;常春藤在窗前消

---

① 歌曲在1783年发行(8vo)。

② 弗思布鲁克(Fosbrooke)在《不列颠修道生活》(*British Monachism*)中提到,在亨利六世统治时期,伊索尔特·德·海顿请求国王让她成为沃利(Walley)修道院的女修士。但是,伊索尔特·德·海顿之后离开了修道院,她违背了誓言,国王因此解散了修道院。

失，显露出了彩色玻璃的红宝石色和金色；毁坏的祭坛闪烁着堆积的金属器皿和无数小蜡烛的微光。一队修女从坟墓升起，与鬼怪式的男子跳舞。在修女中有耐特（Nutter）、丹戴克（Demdike）和查托克斯（Chattox），“三个奇怪的姐妹，由于她们的弱点而注定成为女巫”。但是，修女们不说话，并且除了这个情节没有其他戏分。这个场景必定 310
在舞台上被证明格外令人印象深刻，它深受梅耶贝尔（Meyerbeer）的《魔鬼罗贝尔》（*Robert le Diable*）中着魔的女修道院的影响（《魔鬼罗贝尔》于1831年11月在皇家学院上演，几周内分别在特鲁里街和考文特花园［Covent Garden］以盗版形式上演），它与原作无法实现比较。在菲茨堡的情节剧中，史密斯（O. Smith）扮演新角色吉普赛人达兰（Dallan），弗希特小姐（Miss Faucit）（布兰德夫人［Mrs. Bland］）扮演森林中的贝斯。这出戏由于具有强烈的戏剧感情而有其优点，但将其与米德尔顿或巴恩斯相提并论则是荒谬的。

雪莱（Shelley）的天才以令人惊奇的美为我们将卡尔德隆（Calderon）的《大魔法师》（*El Magico Prodigioso*）的场景转化了过来，《大魔法师》是西班牙最迷人的歌曲之一。另一方面，不可否认的是，完全不缺乏自身简单的优美以及有着最强烈哀婉的是朗费罗（Longfellow）的新英格兰悲剧《萨勒姆农场的贾尔斯·科里》（*Giles Corey of the Salem Farms*）。① 科顿·马瑟的真诚、科里本人直率的热忱和他妻子不合适的怀疑——这在很多人看来是合理的常识——玛丽·沃尔科特（Mary Walcot）的歇斯底里以及约翰·格洛伊德（John Gloyd）的恶行，所有这些以非凡的能力、少许恬静动人的笔触被描绘，这使得人物有个性、有活力。

在法国戏剧中，我们看到14世纪早期的《魔鬼罗贝尔的圣母的奇迹》（*Miracle de Nostre Dame de Robert le Dyable*）以及于1505年上

① 这些事件在历史上是真实的。参见 Cotton Mather, *Wonders of the Invisible World*。科里拒绝辩护，并被推向死亡。

演的《将妻子献给魔鬼的骑士的神秘剧》(*Le mystère du Chevalier qui donna sa femme au Diable*)。如同人们在戏剧古典时期所预期的,巫术在法国剧作家的场景中没有地位,它完全是太疯狂与太恐怖的幻想。因此,直到1805年6月11日,一出将邪术作为主题的戏剧才在法国剧院上演,即雷努阿尔(Raynouard)的《圣殿骑士团》(*Les Templiers*)。几年后,由夏尔·诺迪埃(Charles Nodier)和嘉尔穆什(Carmouche)创作的惊耸情节剧《吸血鬼》(*Le Vampire*)于1820年8月13日上演,它将整个巴黎的游手好闲之人吸引到了圣马丁门(Porte-Saint-Martin)。1821年,两位敏捷的作家(Frédéric Dupetit-Mèré 和 Victor Ducagne)因迅速迎合公众的口味而创作了《女巫》(*La
311 Sorcière, ou l'Orphelin écossais*)。大仲马和他的代笔者之一奥古斯特·马科(Auguste Maquet)合作完成了宏大的五幕剧《乌尔班·格朗迪埃》(*Urbain Grandier*, 1850)。1888年在波尔多上演的奥雷里安·维韦(Aurélien Vivie)的独幕剧《卡迪尼女巫》(*La Sorcière Canidie*)没有什么重要性。莫里斯·波特歇(Maurice Pottecher)的《幽灵女王》(*La Reine de l'Esprit*, 1891)在某种程度上是借鉴了《加巴利伯爵》(*Comte de Gabalis*),同一个作者的三幕剧《每个人都在寻找他的财宝》(*Chacun cherche son Trésor*, 1899)中的"巫师的故事"得到了吕西安·米什莱(Lucien Michelet)音乐的很多帮助。有很多借口可以被忽略,此处仅仅提及儒勒·布瓦(Jules Bois)的"神秘剧"《魔鬼的婚礼》(*Les Noces de Sathan*, 1892),以及由洛金(Loquin)和梅格雷·德·贝里涅(Mégret de Belligny)创作的三幕歌剧《巴斯克人或埃斯佩莱特的女巫》(*Les Basques ou la Sorcière d'Espelette*),其于1892年在波尔多上演,并几乎只在当地产生了影响。阿方斯·塔万(Alphonse Tavan)的《巫师》(*Les Mases*)是散文和诗交替的五幕传奇剧,于1897年上演,其受到各种戏剧资源(芭蕾舞、合唱、机械效果以及广告)的帮助。塞尔日·巴塞(Serge Basset)的"独幕巫术剧"《走向巫魔会》(*Vers le Sabbat*)出现在同一年,它需要被认真对待,其中的一个精致的情景是“巫魔会和地狱闸门”，本格里亚（Mons. Benglia）在其中饰演撒旦。此剧在女神游乐厅上演，杂志《疯狂的一夜》（*Un Soir de Folie*，1925－1926）对此进行了详细报道。

最近，维克多·萨尔杜（Victor Sardou）的《女巫》（*La Sorcière*）是暴力但令人印象深刻的情节剧，其于1903年12月15日在莎拉-伯恩哈特剧院（Théâtre Sarah-Bernhardt）上演，德·马克斯（De Max）饰演红衣主教希梅内斯（Ximenes），莎拉·伯恩哈特饰演具有摩尔风格的佐拉亚（Zoraya），该剧获得了应得的成功。悲剧的场景是公元1506年的托莱多，第四幕是宗教裁判所的场景，第五幕是教堂前的广场以及准备火刑的柴堆，这些场景——归功于女演员的天才——确实令人痛苦。当然，此剧是非常华丽的、失衡的、非历史的，但是《女巫》以炫丽的戏剧方式——那儿有所有的古代技艺——使那些满足于单纯的人有着片刻令人激动的战栗。

约翰·梅斯菲尔德（John Masefield）将挪威人韦尔-詹森（Wiers-Jennson）的四幕剧《女巫》（*The Witch*）[①]改编成了一部非常与众不同的作品。这里我们将之与德克和福特的心理进行比较。珍妮特·阿丘齐小姐（Miss Janet Achurch）饰演玛雷特·贝耶（Marete Beyer），莉拉·麦卡锡（Lillah McCarthy）饰演安妮·佩德斯多特（Anne Pedersdotter），她们的表演令人难以忘怀。如同寒冷的斯堪的纳维亚的巫术的恐怖情景，令人生畏的狂热中的阴郁和沮丧是由路德的教条与戒律以及阴沉的命运阴影所造成的。这可能是自300年前的詹姆士国王统治以来，在英国舞台上以家庭风格处理男巫和女巫的众多剧作情景之中最精美的一个。 312

① 最初于1910年10月10日在格拉斯哥皇家剧院（Royalty）上演，1911年1月31日在伦敦宫廷剧院（Court）上演。1913年10月29日在宫廷剧院重演，持续一个月，然后其被包括在之后的三周常规演出季中。

索引

G

H

巍、夏洞奇、张智诸位同仁以及博士生刘招静的帮助，在此表示感谢！

陆启宏

2009 年 8 月

译稿幸赖上海师范大学陈恒教授的关心以及上海三联书店的支持得以出版。上海三联书店的殷亚平和宋寅悦为译稿的出版付出了巨大的心血。译稿在最后的校订中得到了上海财经大学的汪丽红与安徽师范大学的王闯闯的帮助。译稿的出版还得到“上海市浦江人才计划”(项目号:14PJC008)的资助。在此，一并表示感谢！

陆启宏

2020 年 7 月

图书在版编目(CIP)数据

巫术的历史/(英)蒙塔古·萨默斯著;陆启宏等译.—上海:上海三联书店,2025.4
(三联精选)
ISBN 978-7-5426-8092-1

Ⅰ.①巫… Ⅱ.①蒙…②陆… Ⅲ.①巫术-历史-世界
Ⅳ.①B992.5

中国国家版本馆 CIP 数据核字(2023)第 065716 号

巫术的历史

著　　者 / [英]蒙塔古·萨默斯
译　　者 / 陆启宏　汪丽红　等
校　　对 / 陆启宏

责任编辑 / 宋寅悦
装帧设计 / 彭振威设计事务所
监　　制 / 姚　军
责任校对 / 王凌霄

出版发行 / 上海三联书店
(200041)中国上海市静安区威海路 755 号 30 楼
邮　　箱 / sdxsanlian@sina.com
联系电话 / 编辑部:021-22895517
发行部:021-22895559
印　　刷 / 上海雅昌艺术印刷有限公司

版　　次 / 2025 年 4 月第 1 版
印　　次 / 2025 年 4 月第 1 次印刷
开　　本 / 655 mm × 960 mm　1/16
字　　数 / 300 千字
印　　张 / 23.25
书　　号 / ISBN 978-7-5426-8092-1/B·836
定　　价 / 98.00 元